浙江省普通高校"十三五"新形态教材
高等职业院校"互联网+"立体化教材

# 中小企业管理实务

徐 彦　丛红旗　主　编

招建贞　施让龙　徐月成　石锦秀　副主编

电子工业出版社
Publishing House of Electronics Industry
北京·BEIJING

未经许可，不得以任何方式复制或抄袭本书之部分或全部内容。
版权所有，侵权必究。

图书在版编目（CIP）数据

中小企业管理实务 / 徐彦，丛红旗主编 .—北京：电子工业出版社，2022.3
ISBN 978-7-121-43225-5

Ⅰ. ①中… Ⅱ. ①徐… ②丛… Ⅲ. ①中小企业—企业管理 Ⅳ. ① F276.3

中国版本图书馆 CIP 数据核字（2022）第 051985 号

责任编辑：贺志洪
印　　刷：三河市鑫金马印装有限公司
装　　订：三河市鑫金马印装有限公司
出版发行：电子工业出版社
　　　　　北京市海淀区万寿路 173 信箱　邮编 100036
开　　本：787×1092　1/16　印张：20.5　字数：524.8 千字
版　　次：2022 年 3 月第 1 版
印　　次：2023 年 8 月第 2 次印刷
定　　价：59.00 元

凡所购买电子工业出版社图书有缺损问题，请向购买书店调换。若书店售缺，请与本社发行部联系，联系及邮购电话：（010）88254888，85258888。
质量投诉请发邮件至 zlts@phei.com.cn，盗版侵权举报请发邮件至 dbqq@phei.com.cn。
本书咨询联系方式：（010）88254609 或 hzh@phei.com.cn。

# 序

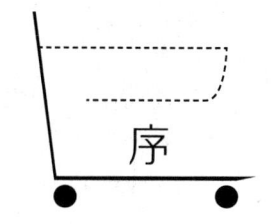

本套教材包含《中小企业管理实务》和《中小企业管理实务操作手册》两本教材，是适应国家关于教育教材改革的要求和中小企业管理岗位的用人要求，面对中小企业对综合型、创新型、应用型高技能人才的渴求，以及大学生创业、就业和发展的需要，由中小企业管理人员和合作院校教师共同编写的浙江省普通高校"十三五"新形态教材。

《中小企业管理实务》是教师和学生的共用教材，主要用于企业管理知识体系、管理工具、管理方法的学习，以及管理思维、管理道德、管理能力、合作能力、发展能力的培养。教材明确了学习任务、学习目标和学习方法，设置了知识导图、案例引导、任务解析和学习指导栏目。教师可以据此设计课堂教学内容，启发学生思考，引发研究兴趣，开展学习活动。学生可以据此了解和把握企业管理的基本环节，以及各环节的基本工作内容、工作流程、工作方法和工作步骤。本教材适合企业管理及其相关专业的职业本科学生学习使用。

**教材编写的思路**

教材的编写秉承"以学生为主体，教师为主导"的教育理念，借鉴建构主义的教育理论，以大学毕业生孙贺创办企业、管理企业、发展企业的真实案例为基本线索，以学生创业项目为载体，设计了创办企业、管理企业、发展企业3个子项目和13个关键任务，据此构建起完成任务的知识体系和技能体系，以项目导向任务驱动，让学生在工作场景中学习建构自己的知识体系，训练基本技能，培养应用知识解决企业管理问题的能力。

**教材体系和体例**

教材遵循企业发展的一般规律，沿着创办、管理、发展的轨迹，设计了项目、任务的体系结构。项目1 创办企业，包含：任务1 认知企业管理，任务2 企业设立。项目2 管理企业，包含：任务3 战略选择与商业模式设计，任务4 经营决策与计划制订，任务5 制订营销策略，任务6 生产运作管理，任务7 人力资源管理，任务8 企业财务管理，任务9 企业物流管理，任务10 企业信息化建设与数字化转型，任务11 企业文化建设。项目3 发展企业，包含：任务12 企业创新管理，任务13 拓展国际化经营业务。

教材体例包括教学导航、知识导图、导入案例、任务解析、任务小结和学习指导。其中，教学导航包含：教学任务、教学目标和方法建议。任务解析包含：完成任务所需的知

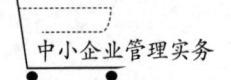

识和技能介绍。学习指导包含：课程总结、知识检测、技能训练、能力提升和下次课预习内容。

**教材的特点**

教材将企业管理的实际问题及工作场景与理论知识学习和技能训练有机结合起来，突出了真实性、场景化、趣味性、时代性、操作性、融合性和便捷性的特点。

（1）场景化教学

教材将孙贺公司的实践案例贯穿在教材的13个任务中。案例再现了公司在不同时期、不同阶段、不同环节遇到的管理问题和工作场景，其工作环境和操作细节，贴近学生创业项目管理和企业管理岗位的工作实际，符合学生的接受能力，融合性较强。

（2）强化技能训练

教材每项核心任务分解出2～5项具体要完成的工作任务，涵盖了经营项目/产品选择，企业注册登记，战略决策，商业模式设计，计划制订，市场营销，生产运作，人、财、物、信息管理，文化塑造，国际化经营等工作中的流程设计、策略选择、方案制订、操作方法和操作步骤等内容，形成较为实用的技能体系，符合岗位工作的实际要求。

（3）突出时代特征

在新经济时代背景下，企业形态和经营模式都发生了变化。教材力图反映网络化、数字化、智能化、全球化背景下企业管理求新求变的需求，融入商业模式创新、智能决策支持、移动互联网营销新趋势、智能制造、数字化转型、产品技术创新、跨境电商业务等内容，力图反映时代特征，体现一定的先进性。

（4）兼顾系统性与碎片化学习之需

教材坚持够用、适用、实用的原则，一方面较为系统地介绍了企业管理知识、管理技术和管理方法，以知识导图、知识总结、知识测验等方式加以呈现，便于学生学习、巩固、掌握理论知识体系；另一方面，将系统内容和实践经验拆解为独立性较强的个案分析、解决思路和操作方法，以专题讨论视频影像、活动设计与指导、问题讨论、知识拓展等形式提供知识点、技能点、操作步骤等学习指导，满足学习者随时随地碎片化学习的需要。

（5）教学资源多样化

教材配备了师生共同录制的讨论视频、课件、案例库、活动设计与指导、试题库、教学网站等教学资源，提供了即时学习的便捷性。

总之，教材力图将理论与实践、经验与创新、内容与形式、过程与方法、学与做融为一体，注重学生的情感与价值观、知识与能力的协调发展，注重技能训练的实效性。希望能对学生学习和教师教学有所帮助。

**教材编写人员**

本书由浙江广厦建设职业技术大学徐彦、丛红旗任主编，由广东白云学院的招建贞；杭州万向职业技术学院的施让龙；浙江广厦建设职业技术大学的徐月成、石锦秀任副主编。编写分工：徐彦编写任务1、2、6、8、10；丛红旗编写任务3、4、9、11、12；石锦秀编写任务5和任务7；李翔编写任务13；张冬玉、祝捍敏、张维君分别参与任务8~10的编写；赵小波、徐月成、刘壆、包晶冰、吴婷婷、章胜晖、吴旻、苏小萍及部分同学参与视频拍摄；余晓花负责网络资源建设工作；洪亚丽负责视频拍摄协调工作。

教材编写中参考和使用了他人的一些研究成果，在此，谨对成果的奉献者致以诚挚谢意。如有不妥之处，请予谅解。

本套教材不免存在疏漏或问题，恳请读者或同行专家批评指正。

编　者

# 导 读

## 1. 总体教学目标

知识目标：掌握企业管理的基本要素、基本问题，企业注册登记的程序和方法，企业战略和商业模式的内容，经营决策与计划的方法和步骤，市场定位和4P策略的内容，生产计划制订的方法，人力资源、企业财务、物流管理的基本内容，数字化转型的方法，企业形象设计的内容与方法，企业创新的策略，国际业务拓展的方法等基础知识。

技能目标：能够运用企业管理的基本知识和方法，完成企业设立、战略制订、商业模式选择、经营决策与计划制订、营销策略制订、生产与物流计划制订、人力资源管理方案设计、财务表格编制、企业形象策划等任务。

能力目标：具有处理关系和业务的能力，包括生产和营销计划能力、活动组织能力、风险控制能力、客户沟通能力、团队合作能力、市场洞察能力以及创新能力等。

素质目标：具备诚信、守规、合法经营、依法治企的理念，敢于创业创新的胆识，勇于担责、忠于职守、爱企敬业的品德，真诚待人、踏实做事的作风，注重细节、追求精致的工匠精神。

## 2. 教材内容与参考课时

教材包含三个项目，各个项目的教学任务、主要内容、参考课时、考核比例在表1中列出。

表1 课程内容、参考课时、考核比例参考表

| 项目 | 任务 | 主要内容 | 参考课时 | 考核比例 |
| --- | --- | --- | --- | --- |
| 项目1 创办企业 | 1.认知企业管理 | 企业的属性和类型；企业管理的基本要素、基本问题、企业经济活动及其关系、企业运行系统；科学管理、人本管理、流程再造的理论简介 | 4 | 知识考核占5% |
| | 2.企业设立 | 企业经营项目、类型、制度选择；企业注册登记的程序 | 2 | 知识+技能，占5% |

续表

| 项目 | 任务 | 主要内容 | 参考课时 | 考核比例 |
|---|---|---|---|---|
| 项目 2 管理企业 | 3. 战略选择与商业模式设计 | 企业总体战略、竞争战略、职能战略的内容；制定战略的步骤及方法；商业模式的类型及商业模式选择的原则与设计的方法 | 4 | 知识+技能，占10% |
| | 4. 经营决策与计划制订 | 决策的原则，决策的程序、方法和步骤，智能决策系统及其应用；企业总体计划、经营计划、职能计划的内容、制订方法和步骤 | 6 | 知识+技能，占10% |
| | 5. 制订营销策略 | 市场细分，目标市场选择，市场定位；品牌战略、产品组合策略、价格策略、渠道策略、促销组合策略的制订；网络营销的新趋势 | 6 | 知识+技能，占10% |
| | 6. 生产运作管理 | 生产计划、生产组织与生产控制；生产现场管理；精益生产；智能制造的趋势 | 6 | 知识+技能，占10% |
| | 7. 人力资源管理 | 工作分析、人力资源规划、招聘、培训、考核、薪酬管理的内容、方法和步骤 | 6 | 知识+技能，占10% |
| | 8. 企业财务管理 | 企业财务预算、筹资管理、资产管理、成本费用管理、利润分配、纳税管理、财务报表阅读与分析 | 6 | 知识+技能，占10% |
| | 9. 企业物流管理 | 企业供应物流、生产物流、销售物流、回收物流与废弃物流的管理 | 4 | 知识+技能，占10% |
| | 10. 信息化建设与数字化转型 | 企业信息化建设的历程与面临的挑战、企业信息化与数字化的关系、数字化转型的背景、企业数字化转型的条件与方法 | 4 | 知识+技能，占5% |
| | 11. 企业文化建设 | 企业文化的内容与层次，企业形象定位与企业形象设计 | 2 | 知识+技能，占5% |
| 项目 3 发展企业 | 12. 企业创新管理 | 企业创新的内容、创新的方法、创新的策略、创新管理 | 2 | 知识+技能，占5% |
| | 13. 拓展国际化经营业务 | 国际化经营模式、国际化经营管理方案制订、跨境电子商务模式及其业务 | 2 | 知识+技能，占5% |
| 总课时 | | | 54 | |
| | | 建议总课时：48/54/68（以上按54课时设计，仅供参考） | | |

### 3. 教学组织

建议将班级分成若干个学习小组，成立创业企业或模拟企业，以该"企业"为模型，边学习，边经营，将知识、理论与实战相结合，培养企业管理素养和管理技能。

### 4. 方法建议

教学方法：线上线下教学法＋模拟企业工作坊。线上：视频讲解，学习指导，知识检测等。线下：课堂讲解、案例分析、小组讨论、工作坊实战演练、企业调研等。

学习方法：在线上，自学课件、视频，参与话题讨论和管理游戏活动，参与知识检测；在线下，参与翻转课堂讨论、案例分析、角色体验、技能训练、课外实践等活动，撰写工作报告。

### 5. 成绩考核

（1）考核类型

可以视课程性质，在以下两种类型中进行选择：

知识考核＋技能考核，100%；

纯技能考核，100%。

（2）考核内容与方法

1）知识＋技能考核

总成绩＝知识成绩＋技能成绩

知识考核，考核内容包括《中小企业管理实务操作手册》中各项任务的知识测试题，通过扫码完成测验。

技能考核，可以选择《中小企业管理实务操作手册》中各项任务的技能训练项目进行考核，以平时实战演练的成绩作为考核依据；也可以选择其中几项核心能力，以方案设计、计划制订、经营模拟的形式进行考核。例如：营销策略设计＋生产计划制订＋经营模拟实战。

2）纯技能考核

总成绩＝过程考核＋成果考核

过程考核：主要考核平时学习表现，包括线上自学、知识测验，以及在案例讨论、角色扮演、经营模拟等活动中的表现。

成果考核：包含策略设计＋计划制订＋经营模拟等实战演练的成绩。

（3）考核标准

知识测验：按照习题答案的正确率评分。

过程考核：对过程考核的考核项目自行设定考核标准，据此评定成绩。

成果考核：参考《中小企业管理实务操作手册》中各项任务评分表中的评分标准评定成绩。

# 目 录

项目1 创办企业 / 001

  任务1 认知企业管理 / 001
    1.1 认知企业 / 004
    1.2 认知企业管理 / 007
    1.3 企业管理的基本理论 / 016

  任务2 企业设立 / 028
    2.1 选择经营项目/产品 / 029
    2.2 选择企业类型和企业制度 / 031
    2.3 设立企业 / 037

项目2 管理企业 / 047

  任务3 战略选择与商业模式设计 / 047
    3.1 战略环境分析 / 049
    3.2 企业战略选择 / 060
    3.3 商业模式选择与设计 / 065

  任务4 经营决策与计划制订 / 073
    4.1 认知企业经营决策 / 075
    4.2 按照科学程序和方法进行决策 / 077
    4.3 制订经营计划 / 089

  任务5 制订营销策略 / 098
    5.1 选择目标市场 / 100
    5.2 制订产品策略 / 104
    5.3 制订价格策略 / 108
    5.4 制订渠道策略 / 111
    5.5 制订促销策略 / 114
    5.6 移动互联网时代营销的新变化 / 117

  任务6 生产运作管理 / 126
    6.1 认识生产运作管理 / 129
    6.2 制订生产计划 / 133
    6.3 生产组织 / 139
    6.4 生产控制 / 141
    6.5 生产现场管理 / 142
    6.6 精益生产与智能制造的发展趋势 / 150

  任务7 人力资源管理 / 157
    7.1 工作分析 / 160
    7.2 人力资源规划 / 161
    7.3 招聘组织与实施 / 164

7.4　培训组织与实施　/ 167
　7.5　绩效管理方案设计　/ 170
　7.6　薪酬方案设计　/ 172

任务8　企业财务管理　/ 179
　8.1　认知企业财务管理　/ 181
　8.2　做好财务预算　/ 182
　8.3　选择筹资类型与渠道　/ 184
　8.4　开展资产管理　/ 186
　8.5　实施成本控制　/ 189
　8.6　协调利润分配　/ 192
　8.7　开展纳税管理　/ 193
　8.8　财务报表阅读与分析　/ 200

任务9　企业物流管理　/ 214
　9.1　企业物流管理概述　/ 216
　9.2　企业供应物流管理　/ 219
　9.3　生产物流管理　/ 225
　9.4　企业销售物流管理　/ 228
　9.5　企业回收物流与废弃物流管理　/ 231

任务10　企业信息化建设与数字化转型　/ 239
　10.1　企业信息化建设的历程及面临的挑战　/ 242
　10.2　数字化转型的背景　/ 246
　10.3　企业数字化转型的条件与方法　/ 250

任务11　企业文化建设　/ 260
　11.1　企业文化的内容及功能　/ 261
　11.2　企业文化建设的步骤　/ 265
　11.3　企业形象设计　/ 268

## 项目3　发展企业　/ 277

任务12　企业创新管理　/ 277
　12.1　企业创新的内容　/ 279
　12.2　创新方法与策略　/ 288
　12.3　创新管理　/ 293

任务13　拓展国际化经营业务　/ 297
　13.1　选择企业国际化经营模式　/ 298
　13.2　制订企业国际化经营管理方案　/ 300
　13.3　发展跨境电子商务业务　/ 307

**参考文献　/ 316**

# 项目 1

# 创办企业

## 任务1 认知企业管理

绪篇《中小企业管理实务》介绍

### 教学导航

| 教学任务 | 1.1 认知企业<br>1.2 认知企业管理<br>1.3 企业管理的基本理论 | |
|---|---|---|
| 教学目标 | 知识目标 | 1. 熟悉企业的含义、特征、类型<br>2. 掌握企业管理的基本要素、基本问题及其运行系统构成，了解科学管理、人本管理、流程再造理论的基本内容 |
| | 技能目标 | 组建创业公司或模拟企业管理团队，设立职能部门，确定人员分工，设计组织结构，确定岗位职责 |
| | 素质目标 | 1. 增强企业社会责任感<br>2. 增强科学管理的意识。树立人本管理理念 |
| 方法建议 | 讲授法、案例分析法、思维导图法、工作坊等 | |

## 知识导图

```
                    ┌─ 管理主体
           ┌─ 基本要素 ─┼─ 管理客体
           │          ├─ 管理环境
           │          └─ 管理目标
           │
           │          ┌─ 生产什么                                           企
企业 ─ 企业 ─┼─ 基本问题 ─┼─ 生产多少                                           业
     管理   │          ├─ 怎样生产                                           管
           │          └─ 如何营销                                           理
           │                                    ┌─ 市场营销 ┐ ┌─ 资源配置   基
           └─ 管理流程 ─ 环境分析 ─ 制定战略、计划 ─┤          ├─┤   与管理   本
                                 选择经营模式    └─ 生产运营 ┘ └─           理
                                                                           论
```

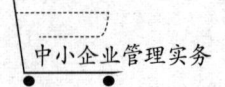

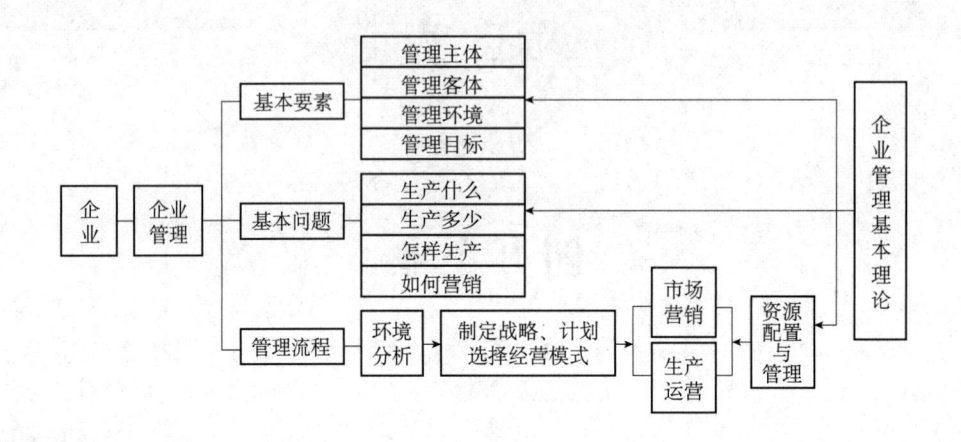

## 导入案例

### 孙贺创业的成长经历

孙贺是某职业学院物流管理专业的学生，最初的理想是创办一家生产机械的工厂，在学习企业经营管理等课程时，边学习边到学院周边的市场、饭店、生产企业进行调研，利用休息日到企业打工，最终在期末考试中设计了"汽车零配件生产厂创业计划"，获得优秀的成绩。毕业实习时，他主动申请到金杯汽车生产车间做一名生产工人，以便了解汽车生产的工艺流程，学习汽车零部件的生产和组装技术，为今后办厂打下基础。毕业后，孙贺先后到沈阳中顺汽车公司和沈阳金杯汽车公司应聘生产工人岗位，但两次应聘都失败了，最后到一家广告公司做了广告销售员，由此跨入广告行业。半年后，创办了自己的广告公司。

他的广告公司创办于2009年，最初只有两人，业务是发送手机短信广告，市场局限在沈阳、营口的房地产行业和商超领域，客户几十家，经营模式为"自拉自发，赚取信息发送费"，年收入近8万元。如今，公司有员工20多位，业务从单一化到多元化拓展，再到集中经营手机短信广告和地铁广告，市场扩展到整个东北地区，客户包括房地产、商超、银行、保险、教育、培训、交通、留学机构等行业的几千家公司和机构。2020年，孙贺创办的广告公司成为某上市公司的分公司，承担东北地区的地铁广告业务。由此，他的公司的经营模式也发生了变化，专注广告设计、制作和传播，深耕广告产品价值链，通过"互联网+"构筑广告价值链上相关产品供应联盟，为广告受众提供关联产品服务。经过十年多的打拼，孙贺从给公司起名、租房、找人、找钱、找客户、找渠道、发手机短信广告，到思考公司的发展方向、更新商业模式、制订营销策略、开发新产品和新市场、建立团队文化、培育专业人才、从事公益活动，一路探索前行，在激烈、残酷的广告业竞争中存活下来，并得到发展。

孙贺作为一名创业小白，创业初期，觉得赚快钱维持存活最重要，对企业的经营理念、

管理理论和发展规律学习很少，理解也比较肤浅，用他自己的话评价："自以为已知，实则不知。"经营中常凭自己的想象和感觉决策，凭敢闯敢干、肯于付出、不惧困难的品格坚持创业。创业过程的艰辛和曲折，让他迷茫过、踌躇过，甚至失误过，好在当他觉醒后，开始进入新一轮的学习、思考、增进和创新过程。他进入北大总裁班学习，参加企业家团队的"稻盛和夫读书会"，规定自己5天读一本书，每天坚持写学习心得发至朋友圈，保持与企业家、客户、老师定期交流，共同讨论企业问题及其产生原因。这些行动让他每天都有所收获和进步，也让他从"小白"成长为一名比较理性的企业经营管理者。他把公司盈利和承担社会责任当作企业经营的目的，把满足客户、员工需求和价值实现看作企业的利润源泉，把文化、制度、技术、经营模式、管理方式的创新当作企业发展的动力，把现代管理理论、管理技术和管理方法当作企业管理的指导思想和工具，把保持员工和企业持续发展当作自己的使命。

【案例分析】

孙贺"创办企业—管理企业—发展企业"的实践经历，可能是每一位在校大学生今天或明天的影子，或许今天的他就是明天的你。细细品味他的经历，其中包含很多值得思考的问题：

1. 企业的属性和目的是什么？
2. 企业管理主要管什么？怎样管？如何提高管理的有效性？
3. 支撑企业和个人成长的重要因素有哪些？
4. 科学的管理理论和方法有哪些？如何掌握精髓并科学应用？

理清这些问题，才可以智慧地创办企业、管理企业并发展企业。

## 任务解析

本章主要学习和理解以下问题：

（1）认识企业，弄清企业的特点和类型。企业是依法设立、自主经营、自负盈亏、自我发展的经济组织，主要从事商品生产、流通和服务等经济活动，以满足社会需要和盈利为目的，具有自主性、经济性、目的性和法律性的特点。

企业有多种类型，中小企业是其中的一种。我国的中小企业数量占企业总数的90%以上，提供了城镇就业中80%以上的岗位，创造了相当于国内生产总值60%的最终产品和服务，上缴了总利税50%的份额，完成了65%的中国发明专利、75%以上的企业技术创新成果和80%以上的新产品开发，在国民经济中发挥着重要的作用。

（2）理解企业管理。企业管理要解决的基本问题是生产什么、生产多少、怎样生产、怎样销售、怎样有效开发和利用资源、怎样提高生产效率和效益。企业管理包含4个基本要素，即管理者、管理对象、管理目标和管理环境。实施企业管理，需要以市场需求、企业可利用的资源条件、市场规律为管理的出发点和依据，以人力资源管理为核心，以计划、组织、领导、控制和创新为主要职能和管理工具，以实现盈利、满足社会需要和可持续发展为目标。

（3）理解科学管理、人本管理、企业再造理论的主要内容。管理理论是实现企业有效管理的理论基础和方法论。理论的高度影响和决定着管理的水平。

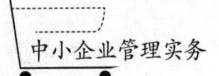

## 1.1 认知企业

【案例场景1】

### 孙贺对企业的认识

孙贺对企业的认识，起初是感性的、表象的，只知道企业有生产产品的、有经销商品的、有提供服务的，这些企业都是由管理者、技术人员和工人组成的，是一个经济利益实体，但对不同类型的企业及其属性、权限、责任都似懂非懂。现在他要重点理解三个问题：

1. 什么是企业？
2. 企业有哪些类型？
3. 企业是如何运营的？企业大厦由哪些系统构成？企业主要有哪些生产经营活动？

任务1 认知企业管理——什么是企业管理

### 1.1.1 企业的含义

企业是指从事商品生产、流通和服务等经济活动的，以满足社会需要和盈利为目的的，依法设立、自主经营、自负盈亏、自我发展的经济组织。

企业具有社会性、盈利性、独立性、经济性的一般特征。

1. 企业是经济组织

企业是从事经济活动的经济实体，主要生产和提供社会所需的产品和服务，其途径是获取资源、生产加工、市场营销、物流配送/提供服务、技术研发等。

2. 企业以满足社会需要和盈利为目的

企业存在有两个目的。一是社会性目的，即满足社会需要。没有社会需要的存在，就没有企业存在的必要。满足社会需要主要是满足顾客的需要，包括消费者、政府、居民、经销商、供应商及其他相关利益者的需要。企业作为社会的一分子，从社会获取多种资源，经过加工或流通，转换成产品（物质产品或精神产品）或服务，回馈给社会，这是企业存在的价值和意义。二是经济性目的，即盈利。盈利是在向社会提供产品或服务中获得的扣除成本之后的利润。它一方面用来满足职工日益增长的物质福利和精神文化需要，为股东提供投资回报；另一方面为企业的经营运转提供资金资源，为企业扩大发展储备财力，为国家财政提供税收，或为社会公益事业尽一份力。没有盈利，这些功能都无法实现。所以，盈利是企业生存发展的条件和经营的动力。

3. 企业自主经营、自负盈亏、自我发展

4. 企业依法设立，合法经营

### 1.1.2 企业的类型

企业作为国家的基本经济单位，有很多种类型，根据不同标准、用不同方法进行分类可以分成以下类型。

（1）按照生产规模划分，分为大型、中型、小型和微型企业。本书所讨论的中小型企业，即指在中华人民共和国境内依法设立的，人员规模、经营规模相对较小的企业。2011年

6月18日，工业和信息化部、国家统计局、国家发展和改革委员会、财政部联合印发了《关于印发中小企业划型标准规定的通知》（工信部联企业〔2011〕300号），公布了中小企业的划分标准。在此基础上，国家统计局于2017年12月28日发布了《统计上大中小微型企业划分办法（2017）》的通知（国统字〔2017〕213号），对2011年制订的《统计上大中小微型企业划分办法》进行了修订。修订后的划分标准如表1-1所示。

表1-1 统计上中小微型企业划分标准

| 行业名称 | 指标名称 | 计量单位 | 中型 | 小型 | 微型 |
|---|---|---|---|---|---|
| 农、林、牧、渔业 | 营业收入（Y） | 万元 | $500 \leq Y < 20000$ | $50 \leq Y < 500$ | $Y < 50$ |
| 工业 | 从业人员（X）<br>营业收入（Y） | 人<br>万元 | $300 \leq X < 1000$<br>$2000 \leq Y < 40000$ | $20 \leq X < 300$<br>$300 \leq Y < 2000$ | $X < 20$<br>$Y < 300$ |
| 建筑业 | 营业收入（Y）<br>资产总额（Z） | 万元<br>万元 | $6000 \leq Y < 80000$<br>$5000 \leq Z < 80000$ | $300 \leq Y < 6000$<br>$300 \leq Z < 5000$ | $Y < 300$<br>$Z < 300$ |
| 批发业 | 从业人员（X）<br>营业收入（Y） | 人<br>万元 | $20 \leq X < 200$<br>$5000 \leq Y < 40000$ | $5 \leq X < 20$<br>$1000 \leq Y < 5000$ | $X < 5$<br>$Y < 1000$ |
| 零售业 | 从业人员（X）<br>营业收入（Y） | 人<br>万元 | $50 \leq X < 300$<br>$500 \leq Y < 20000$ | $10 \leq X < 50$<br>$100 \leq Y < 500$ | $X < 10$<br>$Y < 100$ |
| 交通运输业 | 从业人员（X）<br>营业收入（Y） | 人<br>万元 | $300 \leq X < 1000$<br>$3000 \leq Y < 30000$ | $20 \leq X < 300$<br>$200 \leq Y < 3000$ | $X < 20$<br>$Y < 200$ |
| 仓储业 | 从业人员（X）<br>营业收入（Y） | 人<br>万元 | $100 \leq X < 200$<br>$1000 \leq Y < 30000$ | $20 \leq X < 100$<br>$100 \leq Y < 1000$ | $X < 20$<br>$Y < 100$ |
| 邮政业 | 从业人员（X）<br>营业收入（Y） | 人<br>万元 | $300 \leq X < 1000$<br>$2000 \leq Y < 30000$ | $20 \leq X < 300$<br>$100 \leq Y < 2000$ | $X < 20$<br>$Y < 100$ |
| 住宿业 | 从业人员（X）<br>营业收入（Y） | 人<br>万元 | $100 \leq X < 300$<br>$2000 \leq Y < 10000$ | $10 \leq X < 100$<br>$100 \leq Y < 2000$ | $X < 10$<br>$Y < 100$ |
| 餐饮业 | 从业人员（X）<br>营业收入（Y） | 人<br>万元 | $100 \leq X < 300$<br>$2000 \leq Y < 10000$ | $10 \leq X < 100$<br>$100 \leq Y < 2000$ | $X < 10$<br>$Y < 100$ |
| 信息传输业 | 从业人员（X）<br>营业收入（Y） | 人<br>万元 | $100 \leq X < 2000$<br>$1000 \leq Y < 100000$ | $10 \leq X < 100$<br>$100 \leq Y < 1000$ | $X < 10$<br>$Y < 100$ |
| 软件和信息技术服务业 | 从业人员（X）<br>营业收入（Y） | 人<br>万元 | $100 \leq X < 300$<br>$1000 \leq Y < 10000$ | $10 \leq X < 100$<br>$50 \leq Y < 1000$ | $X < 10$<br>$Y < 50$ |
| 房地产开发经营 | 营业收入（Y）<br>资产总额（Z） | 万元<br>万元 | $1000 \leq Y < 200000$<br>$5000 \leq Z < 10000$ | $100 \leq Y < 1000$<br>$2000 \leq Z < 5000$ | $Y < 100$<br>$Z < 2000$ |
| 物业管理 | 从业人员（X）<br>营业收入（Y） | 人<br>万元 | $300 \leq X < 1000$<br>$1000 \leq Y < 5000$ | $100 \leq X < 300$<br>$500 \leq Y < 1000$ | $X < 100$<br>$Y < 500$ |

续表

| 行业名称 | 指标名称 | 计量单位 | 中型 | 小型 | 微型 |
|---|---|---|---|---|---|
| 租赁和商务服务业 | 从业人员（$X$）<br>资产总额（$Z$） | 人<br>万元 | $100 \leq X < 300$<br>$8000 \leq Z < 120000$ | $10 \leq X < 100$<br>$100 \leq Z < 8000$ | $X < 10$<br>$Z < 100$ |
| 其他未列明行业 | 从业人员（$X$） | 人 | $100 \leq X < 300$ | $10 \leq X < 100$ | $X < 10$ |

注：个体工商户参照以上办法划分。

（2）这些中、小、微型企业分布于不同的行业和部门，就有了工业企业、农业企业、运输企业、商业企业、金融企业等。

（3）如果按照生产要素所占的比重划分，又有劳动密集型企业、资金密集型企业和知识密集型企业。

链接：【拓展阅读1-2】

[拓展阅读1-2] 按照生产要素划分的企业类型

（4）按照企业的组织结构形式或生产的社会化组织程度，可以分为单厂企业、多厂企业、经济联合体、企业集团等。

链接：【拓展阅读1-3】

（5）按资产构成可分为个人独资企业、合伙企业、有限责任公司、股份有限责任公司、股份合作制企业。表1-2对其含义做了介绍。

个人独资企业、合伙企业、有限公司和股份合作制企业是目前中小企业采用的主要类型。这些企业的性质、注册资金、成立条件、经营特征、利润分配及债务责任等内容将在任务2中详细介绍。股份有限责任公司适合于资本较多的大公司，本书不做详细介绍。

[拓展阅读1-3] 按照组织结构形式或生产的社会化组织程度的企业类型

表1-2 按资产构成划分的企业类型

| 企业类型 | 含义 |
|---|---|
| 个人独资企业 | 指个人出资经营，财产完全归个人所有和控制，单独承担无限责任的企业 |
| 合伙企业 | 指由两个或两个以上合伙人共同出资，合伙经营，共享收益和共担风险的企业 |
| 有限责任公司，又称有限公司 | 指由两个或两个以上股东共同出资，每个股东以其出资额对公司承担有限责任，公司以其全部资产对公司债务承担责任的经济组织 |
| 股份有限责任公司，又称股份公司 | 由两个或两个以上股东共同出资组成，将注册资本分成等额股份，并通过发行股票或股权证筹集资本，股东以其所认购的股份对公司承担有限责任，公司以其全部资产对公司债务承担责任的企业法人 |
| 股份合作制企业 | 是一种以合作制为基础，吸收股份制的一些做法，劳动者的劳动联合和资本联合相结合形成的新型企业的组织形式 |

> **课堂讨论**
>
> 下列组织中哪些是企业，属于哪种类型的企业？说明理由。
>
> 你现在就读的学校或培训机构，工商局，校园里的超市，学校附近的小饭店，移动和电信，工商联合会，佐客连锁便利店，华为公司，慈善基金会，中国人寿保险。

1）公司制企业与个人企业、合伙企业的主要区别

公司是指依法定程序设立、以营利为目的企业法人。公司按股东对公司债权人所负的责任分为无限公司、有限公司、两合公司、股份公司等。《公司法》规定，我国公司是指依照该法在中国境内设立的有限责任公司和股份有限公司。公司具有企业的所有属性，因此公司是企业。但是企业与公司又不是同一概念，公司与企业是种属关系，凡公司均为企业，但企业未必都是公司。公司只是企业的一种组织形态。

2）公司的特征

（1）必须依法设立，即按照《公司法》所规定的条件、方式和程序设立。

（2）以营利为目的。《公司法》规定，公司"以提高经济效益、劳动生产率和实现资产保值增值为目的"。这是公司区别于其他法人组织的一个显著特征。

（3）必须具备法人资格。《公司法》规定，有限责任公司和股份有限公司是企业法人，这说明公司属于企业范畴。

## 1.2 认知企业管理

### 1.2.1 企业管理的含义

1. 企业管理

管理，是在特定的环境下，对组织所拥有的资源进行有效的计划、组织、领导和控制，以便达成既定的组织目标的过程。

企业管理，是根据企业的特性及生产经营规律，按照市场需求，对企业生产经营活动进行计划、组织、领导、控制和创新，合理开发利用各种资源开展生产经营活动，以实现企业经营目标的一系列管理活动。其中，计划、组织、领导、控制、创新是企业管理的职能；市场需求、企业可利用的资源条件、市场规律是企业管理的出发点和依据；企业资源和生产经营活动是企业管理的对象；人力资源管理是企业管理的核心；实现经营目标、谋求长期发展、满足社会需要是企业管理的目标。

2. 企业经营

经营，是指经度营造，即筹划、谋略、开拓。

企业经营，指根据企业的资源状况和所处的市场竞争环境，对企业的长期发展进行战略性规划和部署，制订企业的远景目标和方针的战略层次活动。它解决的是企业的发展方向和发展战略的问题，具有全局性和长远性的特点。

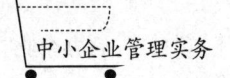

3.企业经营与企业管理的异同

经营与管理都是企业的职能,但二者不是同一理论层次的概念,有着明显的区别,具体表现在:

(1)对象不同。经营研究目标、方向等重大的战略性问题;而管理则研究方法、手段等战术问题。

(2)要求不同。经营通过预测、决策谋求最大的经济效益;管理则在实施过程中提高效率。

(3)地位不同。经营是企业经营者的职能;管理是中下层管理者的职能。

(4)作用不同。经营往往决定企业的发展方向,正确的经营决策帮助企业成功,错误的企业经营决策影响全局;管理往往影响企业的效率,失误的管理仅仅影响企业发展的局部。

(5)着力点不同。经营是"市场功",着力点是市场;管理是企业"内部功",着力点在企业内部的运行秩序和运行机制。

但二者的总目标又是一致的,其关系是相辅相成、相互配合的。有经营没管理,经营只是被束之高阁的思路和决策;有管理没经营,管理就没有明确的方向,管理效率就会大打折扣。管理应是在正确的经营指导下的管理;经营应是有完善的管理做保证的经营。

本书既有企业管理的内容,也包含了企业经营的部分内容。

### 1.2.2 企业管理的基本要素

企业由谁来管、管什么、受哪些因素影响、要达到什么目标,这些构成了企业管理的基本要素。这些基本要素的状况影响甚至决定着经营活动的运行和企业生存发展的状态。

1.企业管理主体——管理者

管理主体是企业中负责设计、组织和实施经营管理活动的管理者个人和机构的统称。

1)管理者的层级

按照管理层级划分,把管理人员分为高层管理者、中层管理者、基层管理者。

不同层级的管理者的角色和作用、工作职责、能力要求及主要技能都不同,在表1-3中做出了分析。

表1-3 管理者的层级、角色及作用、能力、技能要求分析

| 层级 | 角色与作用 | 主要职责 | 综合素质 | | |
|---|---|---|---|---|---|
| | | | 基本素养 | 能力要求 | 主要技能 |
| 高层管理者 | 最高层的组成人员。他们对外代表组织,对内拥有最高职位和最高职权,起着舵手的作用 | 负责制订企业总体目标、总体战略、方针政策;评价整个组织的业绩;以决策为主要职能,拥有人、财、物等资源配置权和控制权 | 政治、文化素养 | 远见卓识,冒险精神,决策、创新、识人用人、沟通协调 | 概念技能强,人际技能较强,技术技能可强可弱 |

续表

| 层级 | 角色与作用 | 主要职责 | 综合素质 | | |
|---|---|---|---|---|---|
| | | | 基本素养 | 能力要求 | 主要技能 |
| 中层管理者 | 组织中层机构的负责人员，起着承上启下的作用 | 付诸实施企业战略目标，执行高层做出的计划和决策，制订具体计划、制度，行使高层赋予的指挥权，负责监督和协调下级管理人员的工作 | 专业知识 | 较强的计划、组织、沟通、协调能力，应变能力，创新能力，执行力，业务能力 | 人际技能强，概念技能和技术技能可稍强 |
| 基层管理者 | 在生产或经营第一线的管理人员，起着冲锋陷阵的作用 | 在基层落实组织的决策，制订作业计划，负责现场指挥与现场监督，协调下属人员的活动 | 身心素质 | 具有较强的执行力 | 技术技能强，人际技能居中，概念技能不要求强 |

2）管理者的三种技能

概念技能，指能进行抽象地思考、形成概念的能力，包括对复杂环境和管理问题的观察、分析能力，对全局性、战略性、长远性的重大问题处理与决断的能力，对突发性问题的应变能力等。这是高层管理者必须具备的也是最为重要的一种技能。

人际技能，指人际关系及沟通方面的技能。管理者大部分时间都与人打交道，对外要与相关组织和人员联系、接触，对内要联系、了解、协调、激励下属。因此，协调和沟通的技能对各层级的管理者都同等重要。

技术技能，指掌握与运用某一专业领域内的知识、技术和方法的能力，包括专业知识、经验、技术、技巧、程序、方法、操作与工具运用熟练程度等。这些是管理人员对相应专业领域进行有效管理所必备的技能，尤其对第一线的管理人员更为重要。

2. 管理客体——企业资源及其经济活动

管理客体是相对于经营管理主体而言的，是企业经营管理的对象。企业经营管理的对象分为两类：企业资源及其经济活动（或称经济运行）。

1）企业资源

企业资源包括有形资源和无形资源两大类。具体内容分析如表1-4所示。

表1-4 企业资源分析表

| 企业资源 | | 核心指标 | 地位作用 |
|---|---|---|---|
| 分类 | 项目 | | |
| 有形资源 | 人力资源 | 员工数量、结构（年龄、性别、文化、专业）、受教育程度、知识技术水平、专业资格、操作技能、心理素质、人际关系、协作力、创造力、技术研发能力等 | 人力资源是企业最宝贵的核心资源，居于决定地位，影响、协同、主导，甚至决定其他要素发挥作用 |

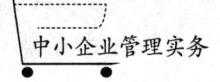

续表

| 企业资源 | | 核心指标 | 地位作用 |
| --- | --- | --- | --- |
| 分类 | 项目 | | |
| 有形资源 | 财力资源 | 企业拥有的资本和资金,包括固定资本、借贷资本、流动资金、信用等级等 | 企业设立的必备条件和生产经营的财力保障 |
| | 物质资源 | 企业拥有的土地、建筑物、设施、机器、原材料、产成品、办公用品等 | 企业生产运营的必要条件和物力保障 |
| | 组织资源 | 企业组织结构、计划、控制、协调机制等 | 决定企业的运作方式和方法 |
| | 信息资源 | "外部内向"信息,指了解、掌握的对企业有用的各种外部环境信息,如市场、技术、竞争对手、商业机密、各种运营数据等信息;"内部外向"信息,指企业的历史、传统、社会贡献、核心竞争能力、信用等信息 | 是决策的依据;是谋求发展的重要条件;是企业发展的机会 |
| | 技术资源 | 技术专利数量及重要性,独占性知识产权数量及从中所获得的收益率,自主研发技术水平,全体员工中技术研发人才的比重等 | 决定企业的工艺水平、生产能力、产品品质等多个方面,是决定企业竞争力的关键因素 |
| 无形资源 | 文化 | 精神文化(经营哲学、企业价值观、企业精神等),制度文化,品牌文化等 | 企业发展的推动力,具有导向、凝聚、教育等功能 |
| | 关系 | 企业内部的人际关系,企业与外部成员的关系,企业外部成员间的人际关系、客户关系、粉丝流量…… | 是企业与环境疏通信息交流的渠道,是协调内外关系的和谐因子,可以为企业的交易活动提供一种信用机制,对社会资源配置有重大影响 |
| | 时间 | 时间中蕴含着机会、速度、效率、效益、挑战和威胁等 | 是不可再生的稀缺资源。对时间的管理关系到工作效率和经济效益 |
| | 形象 | 产品形象、品牌形象、服务形象、竞争形象、信誉形象、环境形象、人员形象、管理形象和文化形象等 | 形象是商誉的载体,形象价值具有高增值性和持久性,形象工程应是企业的重要战略内容 |
| | 品牌 | 品牌要素组合及一系列市场活动表现出来的结果所形成的形象认知度、感觉、品质认知,以及通过这些表现出来的客户忠诚度 | 品牌具有存储功能、维权功能、增值功能、形象塑造功能和降低成本功能,是企业塑造形象、知名度、美誉度,建立并保持客户忠诚度的基石 |
| | 信息数字 | 相关的产业政策、政治经济局势、金融市场、竞争对手、合作伙伴、企业经营管理、客户资源、市场需求、统计资料等方面的信息和数据。 | 是企业重要的信息资源要素,它反映了国家经济政策的导向、市场需求变化的趋势、企业发展的历史和现状,是企业经营者经营决策的依据,是企业宝贵的无形资产。 |

有形资源和无形资源都是企业经营不可或缺的,在现代企业中无形资源已成为企业最宝

贵的资产,是企业长盛不衰的决定性要素。

### 小思考 1-1

可口可乐公司的董事长曾经说过,如果有一天全世界生产可口可乐的工厂都被大火烧光,第二天就会有无数个生产可口可乐的工厂诞生。

他凭什么敢夸如此海口?

2)企业经济活动

企业经济活动是指企业作为一种营利性组织所开展的生产、技术、经营管理及其相关经济活动的总和。企业经济活动主要包括基本活动、管理活动和辅助活动,如图1-1所示。

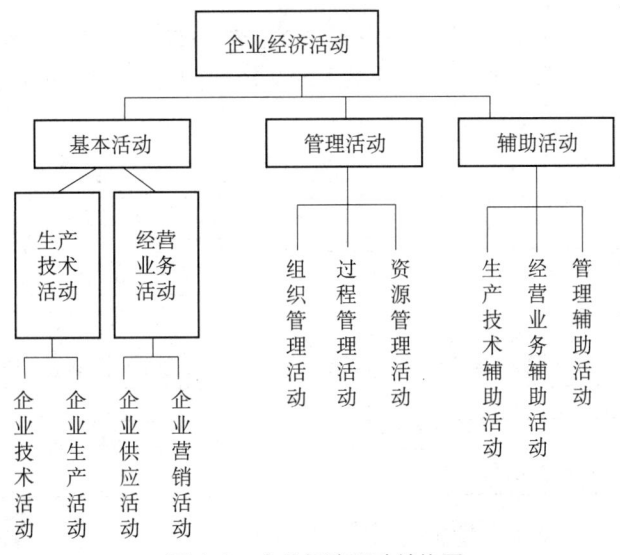

图 1-1 企业经济活动结构图

(1)基本活动

基本活动是为使企业盈利和发展而开展的经营业务活动和生产技术活动。经营业务活动包括企业供应活动和企业营销活动,生产技术活动包括企业技术活动和企业生产活动。

企业供应活动包括:企业采购期量标准的确定,企业询价与议价,供货合同的订立,供应合同的履行,物资选择与督查,物资验收、入库和存储等。

企业营销活动包括:市场调查与预测,目标市场的研究与确立,营销策略的制订与销售渠道与销售网络的建设,产品分销,售后服务、信息反馈等。

企业技术活动包括:新产品开发与研制,生产工艺技术的研究与选用,技术革新与技术改造,新工艺、新技术、新材料、新方法的应用与推广等。

企业生产活动包括:生产技术准备,装备的准备,工艺的准备,工具的准备;产品生产;产品包装;产品保存、运输;装潢、企业标识、品牌;质量检验等。

(2)管理活动

管理活动是指为保证企业自身的经营业务活动和生产技术活动的合理、有序和高效而开展的组织管理、过程管理、资源管理活动。

组织管理活动：为保证企业自身的运作，而开展的整个企业的组织分工、权责配置、组织决策、文化培育等活动。

过程管理活动：为了协调经营业务活动、生产技术活动的各环节、各部门的合作，保证各项活动的有序展开，而进行的计划、度量、控制、改进等一系列活动。

资源管理活动：为了保证企业人、财、物、信息、知识、数据等资源的合理配置、有效利用而进行的管理活动。

（3）辅助活动

辅助活动指为实现企业的价值创造而开展的支持性服务活动，包括：

生产技术辅助活动：为生产技术活动提供支持和服务，如生产设备的维护、保养；专用工具的生产制造；生产前的设备准备、技术准备；生产中的技术服务等。

经营业务辅助活动：为经营业务提供支持和服务，如市场信息的收集，后勤服务，公关宣传活动等。

管理辅助活动：为管理活动提供支持和服务，如各种决策辅助活动，人力资源管理活动，信息收集使用与信息系统管理，企业员工的文体活动，财务管理等。

各项经济活动之间的关系如图1-2所示。

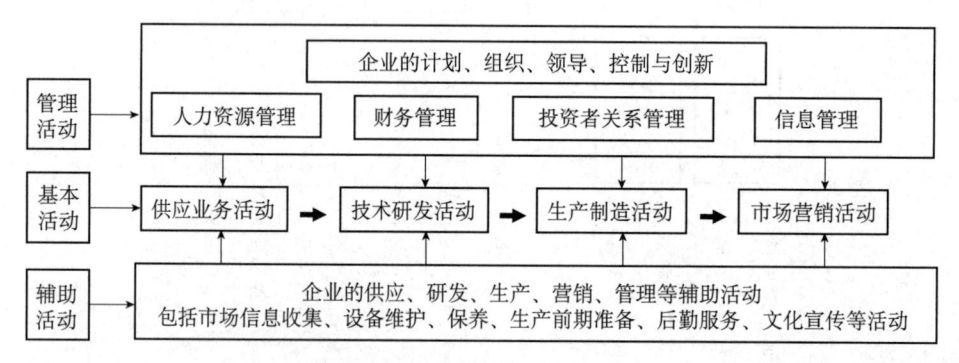

图1-2 企业各经济活动关系图

企业主体对客体的管理主要体现在：一方面，科学、合理地开发、配置、使用企业的资源，取得最大的资源使用效益；另一方面，科学、高效地计划、组织、协调、控制、创新经济活动，保持经济的持续增长和经营目标的实现。

3. 管理环境

企业管理环境是指决定或影响企业经营活动的发生、进行及其效果的要素总和。

1）企业管理环境的类型

企业管理环境，包括企业内部环境和企业外部环境。

企业内部环境是指企业内部的物质、文化环境的总和，主要包括企业资源、企业组织结构、企业物质基础、企业能力、企业文化、信息网络等因素，也称企业内部条件。其中，企业物质基础和企业组织结构构成企业内部硬环境，企业能力、企业文化等是企业内部软环境。软、硬环境要素相互联系、相互影响、相互作用，形成一个有机整体。

企业外部环境是指企业所处的社会环境，可以分为一般外部环境和特定外部环境。

一般外部环境包括政治、法律、经济、社会文化、技术、资源等因素。

特定外部环境包括供应商、顾客、竞争者、合作者、监督者、政府和社会团体等因素。

内部环境和特定外部环境因素对企业的影响是直接的，关系到企业的要害，它们的变化可能给企业带来机会，也可能给企业造成致命的一击。一般外部环境因素对组织的影响是间接的、长远的，当外部环境发生剧烈变化时，会导致组织发生重大变革。

2）企业环境要素的特征

环境要素是动态的：环境要素的变化，可能促使、诱发或限制企业经营管理活动的发生。环境要素是多元的：不同环境对企业经营活动的进行会产生不同程度的促进或妨碍。环境要素对企业的影响是巨大的：有利的环境在很大程度上是企业取得良好业绩的保证；恶劣的、不利的环境会使企业处境艰难，有的环境变化甚至危及企业的生存。

### 小思考1-2

#### 煮青蛙实验

若把活青蛙放到热水中，青蛙会跃起挣扎；若把它放在凉水中，逐渐加温直至青蛙被烫死，它也不会挣扎一下。

这个实验给你哪些启示？

4. 企业目标

企业目标是企业经营所要达到的境地或标准。它是企业从事和评价一切管理活动的依据，是激励员工积极性、创造性的手段。

1）目标的种类

根据不同的标准，可以将目标分为不同的种类：

从战略层次看，企业目标主要包括使命目标、远景目标、战略目标。

从时间层次看，企业目标主要包括长期目标、中期目标、年度目标。

从结构层次看，企业目标主要包括总目标、分目标、子目标。

从内容层次看，企业目标主要有经济目标和非经济目标。

经济目标包括利润目标、产品目标、市场目标、竞争目标、发展目标。

非经济目标主要指社会目标，包括员工发展目标、品牌创造目标、文化建设目标、吸纳就业目标、社会公益目标等。

确定企业目标是企业经营管理的首要任务。没有目标的管理是盲目的管理，没有意义，也注定要失败。

2）目标的制订

使命和远景目标一般由企业高层经营者做出，一旦成文就成为企业的基本目标。

战略目标由企业高层经营者和中层管理者共同制订，一般由高层经营者集中大家的智慧，提出基本的战略构想，在得到大多数领导成员的认可后，形成正式的战略文件，下达到各部门。

中期目标、年度目标及其计划一般由企业的计划部门做出，报有关领导审批，形成正式计划后下达到企业各部门。

5. 四个基本要素的作用及相互关系

在企业管理的四个基本要素中，管理者是企业经营的主导、组织和指挥者，企业资源是企业运营的必备条件，经济活动是主要运营对象，目标是企业经营活动的航向、动力和衡量标准，环境是企业运营的重要影响因素，四者相互作用，相互影响。

四种要素的组合构成了企业大厦的整体框架，其中战略目标居于大厦的顶层，起着指引方向、指导发展、提供动力的作用，其科学性和合理性至关重要。管理活动好比大厦的地基，地基越牢固，大厦越稳定，越有发展的支撑力。经济活动居于大厦中间，构成大厦的主体支柱，支柱越结实，越壮大，企业越有发展潜力和竞争力。管理环境时刻伴随着企业，直接或间接地影响着企业的经营和管理活动。如图1-3所示展示了企业大厦的结构。

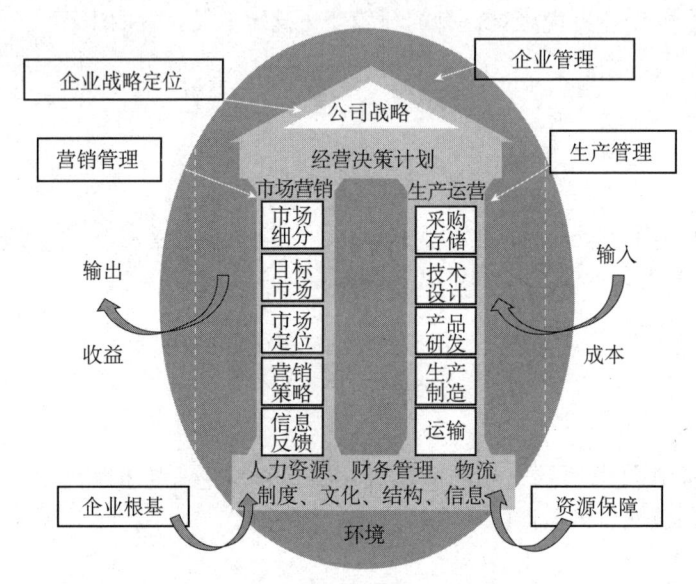

图1-3 企业大厦的结构图

### 1.2.3 企业管理的基本问题

企业管理的基本问题包括：生产什么，生产多少，怎样生产，如何营销。这里的生产既包括实体产品制造，也包括服务产品提供。生产什么解决的是企业经营方向问题，生产多少解决的是企业生产规模问题，怎样生产解决的是生产方式问题，如何营销解决的是营销策略问题。

1. 生产什么——定方向、定领域、定行业、定目标客户

生产什么主要由三方面因素决定，即消费者需要什么、现有市场未满足什么、内外部条件资源允许做什么，考虑清楚这三个问题，就可以确定企业的经营方向、可进入的领域或行业，以及要服务的目标顾客了。

2. 生产多少——定投入量、产量、销量、增长量、收入额

生产多少由市场需求容量、竞争分割状况、自身资源能力状况及企业经营目标四个因素决定。

产品的市场需求容量（现实的和潜在的市场需求量）决定了该产品总的社会生产规模；市场分割的状况决定了你可能进入的市场及其份额；企业的战略目标、能力条件最终将决定你的生产规模。确定了生产规模，才能确定要投入的财力、人力、物力资源量，确定生产进度、销量、利润率、收入额等。

3. 怎样生产——定生产方式和资源组织方式

从生产主体的角度看，生产方式主要有三种：自己生产，委托别人生产，合作生产。生产方式不同，对资源组织方式的要求也不同。

自己生产：需要自己有人力、物力、财力等生产实力，自己掌握制造技术和工艺，能够取得制造优势和制造利润。

委托别人生产：主要源于自身不具备生产实力，或是不想把制造当作自己的竞争优势，或自己制造的成本不如别人低。采取这种经营方式的企业往往掌握品牌、设计专利、市场渠道等资源，把投资量大、风险大的生产环节及其资源组织委托给他人，以降低自己的经营风险和经营成本。这种方式的基本形式是生产外包。

合作生产：主要源于合作双方（或多方）各有优、劣势，各自的生产能力和条件不足，总体竞争力都不够强。采用合作生产方式可以优势互补，强强联合，发挥各自的资源优势，保持其生产的产品具有较强的竞争力。获利后双方利益共享，是一种双赢模式，也是当今比较流行的生产方式。合作生产方式可以选择产品合作、技术合作、资本合作或渠道合作，没有定式，可根据企业情况决定。

4. 如何营销——定营销战略和策略

如何营销不仅仅是如何把产品卖出去的问题，而是通过制订科学有效的营销战略和策略，把顾客需要的产品，以其能够接受的价格，通过方便获取的途径，送达消费者的手中，实现生产产品的价值。一般的营销策略包含产品策略、价格策略、渠道策略、促销策略。具体内容将在任务 5 中研究。

**小结：**

企业管理的基本过程，就是按照经营战略和目标，不断调整经营方向、生产规模、生产方式、营销策略与其客观环境、社会需要、企业自身相互协调、相互平衡的过程。解决好了企业管理的基本问题，企业就能不断形成自身的核心竞争力和竞争优势，不断获取更大的经济效益和社会效益，达到可持续发展的目的。

### 1.2.4 企业运行系统

1. 企业运行

企业运行是一个投入产出的过程，企业运行系统由投入、转换、产出、反馈四个子系统构成。系统的基本模型如图 1-4 所示。

任务 1 认知企业管理——如何管理企业

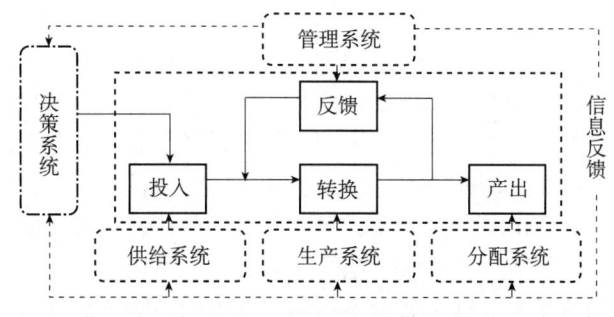

图 1-4 企业运行系统模型

该系统把各种环境因素提供的贡献和资源投入企业，经过生产系统的调整、配合、组织，进行有效的生产运转，转换成产品或服务，通过分配系统输出给社会，接受社会的反馈，据此进行决策，再进入下一个循环。投入、转换、产出、反馈是系统循环运转的四个环节。

投入，是企业把外部环境所提供的资源进行组织与配置，送入转换过程。

转换，指企业的生产加工过程。转换分四个阶段：第一个阶段即资金投入阶段，包含资金的筹措、运用和分配等。第二个阶段即资源转换阶段，一方面将资源转换为劳动资料，即采购供应，包括机器设备、原材料、燃料、动力的采购供应、验收、入库、发放、安装等；另一方面将资源转换为劳动力，包括员工的招聘、录用、选拔、配备、工资管理等。第三个阶段即生产阶段，包括生产技术准备、加工制造、质量检验等。第四个阶段即销售阶段，包括发货、促销、售前和售后服务等。此为生产系统的职能（含部分营销的职能）。

产出，不仅是产品，而且是广义的经营成果，包括产品、服务、盈利等的输出，并分配给环境主体。此为分配系统的职能。

反馈（控制）是提高从投入到产出的效率而采取的全部措施的总和。具体地说就是根据计划的要求，控制实际脱离计划的差距，查明原因，制订出改进的措施。此为管理系统的职能。

决策系统的主要职能是分析市场环境，做出生产什么、生产多少、怎样生产的战略决策，为投入产出系统的运行定目标、定方向。

企业经营管理即以环境分析为起点，经营决策做先导，资源管理为支撑，保障投入产出系统不断循环运行。

2. 企业管理流程

企业管理总体流程（见图1-5）大体分为五步：

第一步，开展环境分析，据此选择企业经营产品或项目；
第二步，制订战略和经营计划；
第三步，根据战略目标和经营计划配置资源要素；
第四步，组织营销和生产；
第五步，根据市场反馈的信息，重新进入管理流程循环，周而复始。

## 1.3　企业管理的基本理论

企业管理理论既是一门管理科学，也是一种管理艺术。它从19世纪末20世纪初诞生以来，如雨后春笋般不断地创新和发展，先后涌现出科学管理、组织管理、人本管理、系统管理、权变管理、管理科学、决策理论、知识管理、创新管理、学习型组织、企业再造等众多理论，指导着企业的经营管理活动。这里，选择了科学管理、人本管理和企业再造理论的部分内容作为创业初期学习的重点，主要基于中小企业或初创企业的管理实际。许多中小企业管理制度需要规范、人员频繁流动、员工激励不足等问题亟待解决，传统的业务流程不能适应数字化背景下的生产、营销服务的需要，经营管理面临诸多挑战。运用科学管理、人本管理、企业再造的理论，找到应对挑战的办法，尤为重要和紧迫。当然，从管理者必备的理论素养和企业管理需要的角度看，这是远远不够的，同学们尚需全面学习管理理论，丰富和夯实自己的理论功底，以指导实践。

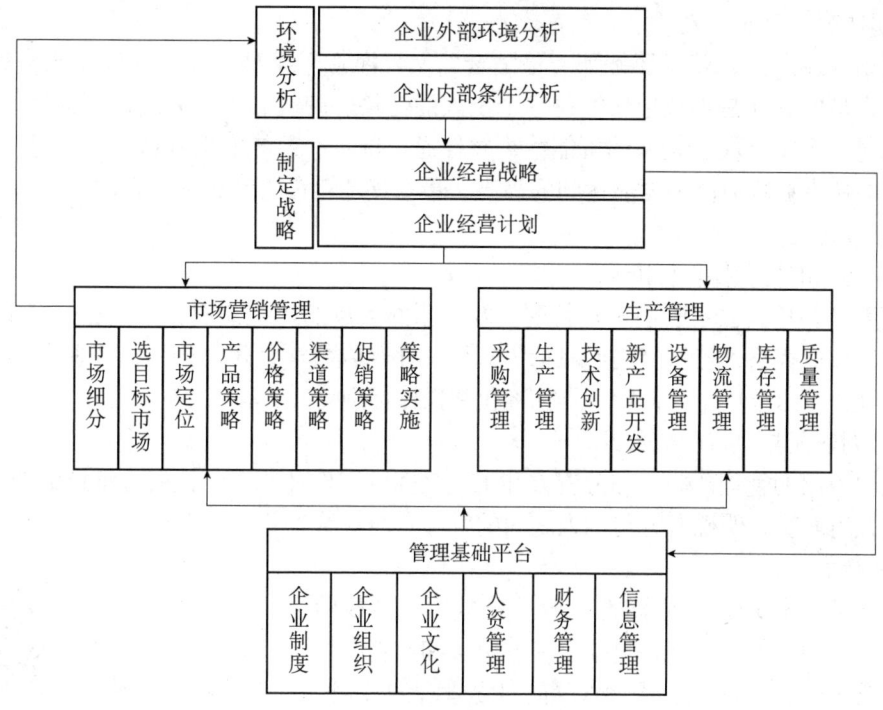

图 1-5 企业管理流程图

## 1.3.1 科学管理

科学管理是针对经验管理而言的。经验管理是一种"积极性+刺激性"的管理，或称"任务管理"，没有制订科学管理准则，只凭工人按个人的经验办事。科学管理倡导用科学的管理思想、管理制度、管理工具、管理方法及手段实行管理。科学管理给工厂管理带来了巨大的变化。效率工程师、发明家泰勒（F. W. Taylor）是科学管理的创始人，他被称为"科学管理之父"。

1. 泰勒的科学管理

泰勒的科学管理的主要观点体现在三个方面：一是管理的中心问题在于提高劳动生产率；二是科学管理的精髓在于劳资双方的密切合作，目的在于雇主和雇员实现最大限度的富裕；三是一切管理制度和管理方法都应当建立在科学研究的基础上，要用科学知识代替个人经验。

科学管理的制度、工具、方法、手段主要体现在以下措施中。

1）实行定额管理

为解决经验管理条件下，资本家和工人因不清楚一个工人一天到底能干多少活而发生的矛盾冲突，企业应设立一个专门制订定额的部门或机构，通过各种试验和测量，进行劳动动作研究和工作研究，确定工人"合理的日工作量"，即劳动定额，根据定额完成情况，实行差别计件工资制，使工人的贡献大小与工资高低紧密挂钩。

2）实行差别计件工资制

制订差别工资率，即对同一工作，设两个工资率，对能够保质保量地完成定额者用较高的工资率计算工资；反之，按较低工资率计算工资。

把工资付给工人而不是付给职位。要对每个人在准时上班、出勤率、诚实、快捷、技能及准确程度方面做出系统和细微的记录，然后根据这些记录不断调整他的工资。

3）挑选第一流的工人

挑选第一流工人，就是要把那些最适合，又最愿意干某种工作的人安排到合适的岗位上。管理人员的责任是细致地研究每一个工人的性格、脾气和工作表现，评估他们的能力；同时发现每一个工人向上发展的可能性，并且通过逐步、系统的训练帮助和指导每个工人，使他们能够从事在能力范围内能达到的最高、最有兴趣、最有利、最适合的工作，并为他们提供上进的机会。

4）工具标准化和操作标准化

管理人员要把过去工人们通过长期实践积累的大量的传统知识、技能和诀窍集中起来，记录下来，编成表格，然后将它们概括为规律、守则或数学公式，再将这些规律、守则、公式通过培训传授给全厂工人，使工具标准化和操作标准化。

5）计划职能与执行职能分开

要设置专门的管理部门，均分资方和工人之间的工作和职责，让资方承担管理职责，让工人承担执行职责，明确资方与工人之间的管理者与被管理者的关系。

6）实行例外原则

企业的高级管理人员应该把一般的日常事务授权给下级管理人员去处理，自己只保留对例外事项、重要事项的决策和监督权。

科学管理理论实现了从经验管理向科学管理的转变，对今天企业管理仍有很强的指导意义。

链接：【拓展阅读1-4】

[拓展阅读1-4] 泰勒的科学实验

### 思考

**泰勒的科学实验**

泰勒的科学管理措施对今天的企业管理有什么意义？如何应用？

2. 法约尔的经营管理

法国管理学家亨利·法约尔首次区分了经营与管理的概念。他认为企业无论大还是小，简单还是复杂，其全部活动都可以概括为六项基本活动，如图1-6所示。

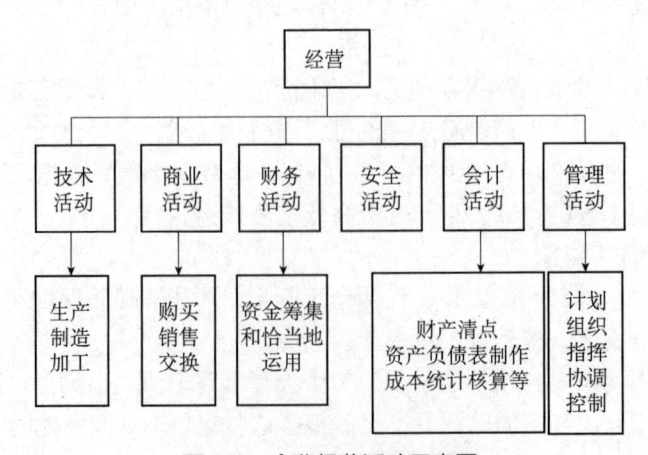

图1-6 企业经营活动示意图

在这六项活动中,管理活动只是其中之一,但处于核心地位。管理活动有计划、组织、指挥、协调、控制五种职能,这五种职能形成了一个完整的管理过程。

企业管理应遵循十四条原则:专业化分工、权力与责任对等、严明纪律、统一指挥、统一领导、个人利益服从整体利益、报酬制度、集权与分权适度、等级制度与跳板原则、秩序、公平、人员稳定、首创精神、集体精神。

法约尔的经营管理,丰富了科学管理理论,在企业管理实践中发挥了重要作用。

### 1.3.2 人本管理

人本管理是一种把"人"作为管理活动的核心和企业最重要的资源,把全体员工作为管理的主体,围绕着充分利用和开发组织的人力资源,服务于组织内外的利益相关者,从而同时实现组织目标和组织成员个人目标的管理理论和管理实践活动的总称。从人性出发,关注人的需求、人的行为、人的价值,使人性得到最完美的发展是人本管理的核心。

> **思考题**
>
> 人本管理的本质特征有哪些?

人本管理在经历了思想萌芽、思想蓬勃发展、理论研究蓬勃发展、理论确立并获得新发展的几个阶段后,产生了众多理论。这里重点介绍以下几个主要内容。

1. 需要层次理论

需要层次理论揭示了有关人的行为的一般规律:人的行为由动机支配,而动机又由需要所引发,当人在某种动机的策划下发生的行为满足了已有的需要后,新的需要又产生,再引发新的动机,这样周而复始。需要是人的行为的原动力。

人的需要有五种,如图1-7所示。

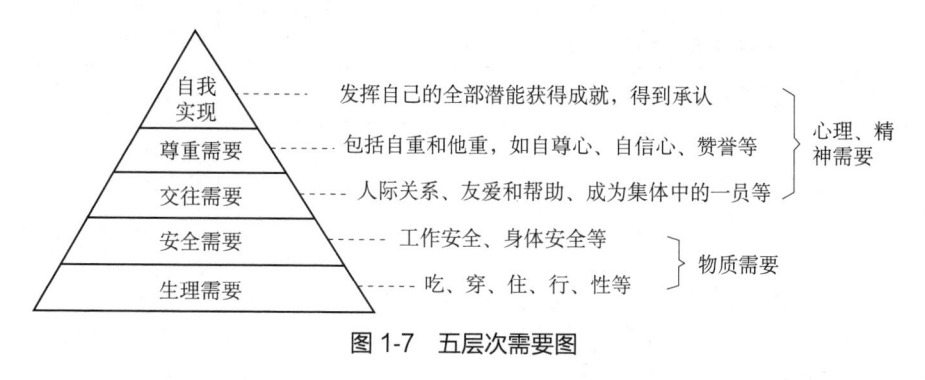

图 1-7 五层次需要图

需要以层次的形式出现,一旦一种需要被满足,另一种需要就会出现,并要求满足。人就是为了满足需要而不断工作的。

现实中,对物质、心理的需要所占比重较大,自我实现需要的比重较少。一般情况下,物质需要较多的人比较容易得到满足,知识程度越高的人,自我实现的需要越多,物质需要的比率却越小。需要梯级一般从低级向高级发展,但也有跳跃发展的现象。

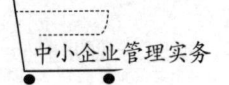

### 理论思考

对人的管理,归根结底就是了解需要,并采取恰当的办法,满足人的主要的、合理的需要。

**【案例链接】案例 1-1:红烧肉的激励**

讨论:该案例运用的激励理论的内容有哪些?采用的方法能否达到激励的效果?说明理由。

[案例 1-1] 红烧肉的激励

2. 激励理论

由于人的需要、人的动机及满足需要、激发动机的方式多种多样,因此,激励的方式方法也多种多样,主要体现在下面的激励理论中。

1)双因素理论

激发人的动机有两种因素:一种叫保健因素,是属于工作环境、工作关系的因素;另一种叫激励因素,是属于工作本身、工作内容的因素。具体内容见表 1-5。

表1-5 保健因素与激励因素

| 保健因素(外在因素) | 激励因素(内在因素) |
| --- | --- |
| 公司的政策与行政管理 | 工作上的成就感 |
| 管理和监督 | 工作本身具有的挑战性 |
| 与上级主管之间的关系 | 个人发展的可能性 |
| 与同级之间的关系 | 职务上的责任感 |
| 与下级之间的关系 | 得到提升 |
| 薪金所得 | 工作得到认可 |
| 工作的安全 | — |
| 工作环境或条件 | — |

保健因素只解决不满意的问题,不能调动人们的积极性,如同保健品只能防病而不能治病一样。激励因素则具有激励作用,处理得当,会使人产生满足感,有助于充分、有效、持久地调动人们的积极性。

### 小组讨论

某些中小型企业人员流动性非常大,招人难,留人更难。请从保健因素和激励因素的角度分析一下这一问题的原因。

2）期望理论

人们都期望企业定的目标合理，且能够实现，实现后能给自己带来较大利益。期望理论所研究的就是：激励人们从事某种活动的内在动力的大小，取决于活动目标对他的价值乘以目标实现的预期概率，即激励力（$M$）= 效价（$V$）× 期望概率（$E$）。

"激励力"指调动人的积极性、激发人的内在潜力的强度，"激励力"越大，人们参与活动的积极性就越高；"效价"指活动目标实现后给人们带来的好处，这是动机产生的主要诱因；"期望概率"指根据经验判断目标达到的可能性有多大。如果目标实现的可能性太小，会挫伤工人的积极性，目标实现太容易，也不能激起工人的热情。

### 理论思考

管理者的任务就是要同时考虑目标的价值性和可行性两个问题，制订相应的政策、制度和措施，使人们既感受到"效价"的激励力，也认同"期望概率"的可实现度，心情舒畅地完成组织任务。

### 辩一辩

某汽车销售企业招聘销售员，要求完成月销售 10 台的业绩，薪酬为无底薪，每台提成 1%。你会去吗？请说明理由。

3）公平理论

绝大多数人都有爱比较的习惯，不仅与自己纵向比较，还与他人进行横向比较，而人的工作动机往往受到这种比较的影响。比如，如果某人感到自己所获报酬与投入的比值同他人的此类比值相等或大于他人时，会感到满意、公平，便心情舒畅，会积极努力地工作。反之，则会感觉受到不公平的待遇，产生紧张、不安的情绪，影响到行为动机，工作积极性下降。在这种情况下，他可能采取这样一些措施：①通过自我解释，主观上营造一种公平的假象，以求自我安慰；②选择另一种比较基准进行比较，以便获得主观上的公平感；③采取行动改变他人的收支比率，如要求领导把别人的报酬降下来或增加别人的劳动投入等；④采取行动改变自己的收支比率，如要求领导给自己增加报酬或减少劳动投入等；⑤发牢骚，消极怠工，制造矛盾或弃职他就。

### 理论思考

管理者应做好两件事：一是遵循"每一个人都应公平地得到报酬"这个古老原则，尽量避免或减少"比较"的影响；二是对已经产生的"比较"影响，应区别上述的五种状态，采取激励措施，使之消除不公平感，调动工作热情。

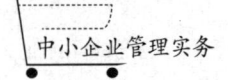

### 4）强化理论

在"需要—动机—行为"的逻辑后面，如果紧接着对行为结果做出一个反应，该行为就有可能重复发生或者消除。这种跟在行为结果之后做出"反应"的过程就是强化。所谓强化，就是通过某种刺激来达到增强、减弱某种行为或使某种行为消失的过程。强化激励理论，是美国哈佛大学心理学家斯纳金（B. F. Skinner）提出的，并在多个企业的管理实践中证明是有效的。强化的类型有正强化、负强化、自然消退、惩罚。

正强化，又称积极强化，即对人的行为结果用奖励、晋升、赞许、安抚等方式，使之保持重复出现。

负强化，又称为消极强化，即预先告知可能的不良后果，以期减少或削弱不期望得到的行为。

自然消退，指取消正强化，即对不希望发生的行为，总是不予理睬，使人感到自己的行为得不到承认、认可，该行为就会逐渐消失。

惩罚，即对一些不符合要求的行为，通过批评、罚款、降职、降薪、开除、取消某些利益等刺激给予否定，就有可能消除这种行为的重复发生。

### 理论思考

事实证明，尽管惩罚措施有时能够快速消除不良行为，但它所达到的效果大多是暂时性的，还可能随之产生不愉快的消极影响，比如情绪不稳定、冲突行为、辞职等。因此，运用强化激励法时，重点在于鼓励而不是惩罚，注意物质奖励与精神奖励结合，正负强化结合，激励力度要适宜，可以充分利用人的趋利避害心理，引导员工的工作行为。

### 知识链接

# 人性假设理论

X 理论假设人是经济人。经济人的工作动机由经济诱因引发，目的在于获得最大的经济利益；它们被动地在组织的操纵、激励和控制之下从事工作；其情感是非理性的。X 理论主张用"命令与统一""权威与服从""制度规范＋物质刺激"的管理方式管理人。

Y 理论假设人是社会人。社会人的工作动机基本上是由社会需求而引发的，人们最重视人与人之间的相互关系，良好的人际关系是调动人的积极性的决定性因素，物质刺激只具有次要的作用。Y 理论主张用启发与诱导、民主参与、授权的管理方式管理人。

超 Y 理论假设人是自我实现人。自我实现人都有一种想充分发挥自己的潜能，实现自己理想的欲望，只有将自己的才能表现出来，才会感到最大的满足和欣慰。人们能够自我激励和自我控制，外来的激励和控制会对人产生一种威胁，造成不良后果。

在适当条件下，个人会自动地调整自己的目标，使之与组织目标相配合。超 Y 理论认为 Y 理论不一定比 X 理论好，不同的人对管理方式的要求不同，管理者应因人、因事而异，灵活运用相应的管理方式管理人。

Z理论假设人是复杂人。每个人的需求有多种，能力也不同，工作动机是复杂多变的，在不同的组织或部门中的动机模式也可能不同，人既要受这些因素的影响，也可依这些因素的状况对不同的管理方式做出不同的反应。Z理论强调一切企业的成就都离不开信任、敏感和亲密，主张以坦诚、信任、开放、沟通为基本原则实行"民主管理"。

3. 人性理论

人性理论主要包括X、Y、超Y、Z理论。它们建立在对人性的不同认识的基础上，主张采用不同的管理方式来管理人。对人性的认识有四种假设，即经济人、社会人、自我实现人和复杂人假设，X、Y、超Y、Z理论各持己见。

### 理论思考

人性理论揭示了人的行为的本源动因，从这些本源动因出发激励人，更能找到具有针对性的、个性化的激励办法和手段，更易于最大限度地调动人的积极性和创造性。

4. 群体行为理论

群体行为理论是说，人的心理、人的行为决定于内在需要和周围环境的相互作用。当人的需要尚未得到满足时，会产生内部力场的张力，而周围环境因素起着导火线的作用。人的行为动向取决于内部力场与情境力场（即环境因素）相互作用，但主要的决定因素是内部力场的张力。

群体由个体组成。群体行为的产生，是群体内部各种力量相互作用的结果，包括群体的领导力量、群体的规范、群体压力和顺从、群体内聚力、群体人际关系和沟通，以及群体决策等影响群体发展变化的所有力量的总和。

### 1.3.3 企业再造

企业再造理论是1993年开始在美国出现的关于企业经营管理方式的一种新的理论和方法，它以一种再生的思想重新审视企业，并对传统管理学赖以存在的基础——分工理论提出了质疑，被称为管理学发展史上的一次革命。

1. 企业再造的基本内容

企业再造理论的"企业再造"就是"流程再造"，是指为了在衡量绩效的关键指标上取得显著改进，从根本上重新设计和安排企业的整个生产、服务和经营过程，彻底改造业务流程，使之合理化。其中，衡量绩效的关键指标包括产品质量和服务质量、顾客满意度、成本、员工工作效率等；彻底改造业务流程，即不是修修补补的渐进式变革，而是企业的再生策略；合理化，即从根源上解决原有的业务流程使组织低效率的问题。

2. 企业再造的适用对象

企业再造适用于三种状况的企业：问题丛生的企业，目前绩效不坏但却潜伏着危机的企业和正处于事业发展高峰期的企业。

### 3. 企业再造的模式

企业再造的模式如图 1-8 所示。

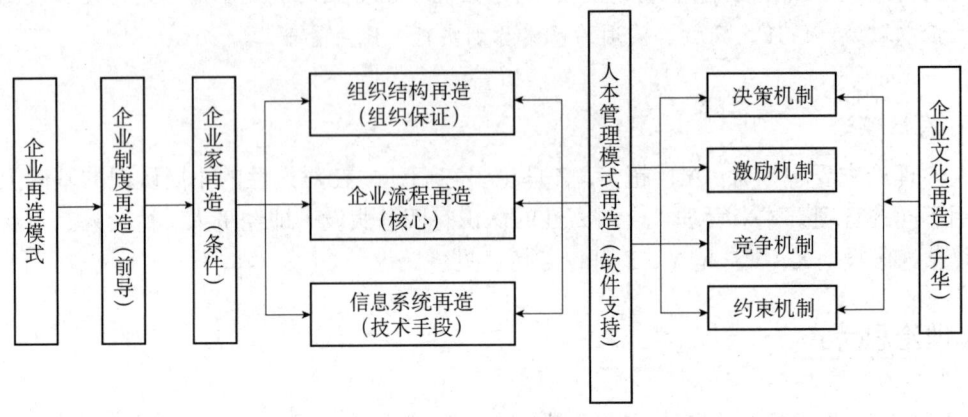

```
企业再造模式 → 企业制度再造(前导) → 企业家再造(条件) → 组织结构再造(组织保证)
                                              → 企业流程再造(核心)       → 人本管理模式再造(软件支持) → 决策机制
                                              → 信息系统再造(技术手段)                              → 激励机制
                                                                                                → 竞争机制
                                                                                                → 约束机制
                                                                                                         → 企业文化再造(升华)
```

图 1-8　企业再造模式

### 4. 企业再造的程序和方法

1）企业再造的程序

（1）对原有流程进行全面的功能和效率分析发现其存在的问题

功能障碍：随着技术的发展，技术上具有不可分性的团队工作（TNE），个人可完成的工作额度就会发生变化，这就会使原来的作业流程支离破碎而增加管理成本，或者核算单位太大造成权、责、利脱节，并会造成因组织机构设计得不合理，而形成企业发展的瓶颈。

重要性：不同的作业流程环节对企业的影响是不同的。随着市场的发展，顾客对产品、服务需求的变化，作业流程中的关键环节及各环节的重要性也在变化。

可行性：根据市场、技术变化的特点及企业的现实情况，分清问题的轻重缓急，找出流程再造的切入点。为了对上述问题的认识更具有针对性，还必须深入现场，具体观察、分析现存作业流程的功能、制约因素及表现的关键问题。

（2）设计新的流程改进方案并进行评估

在设计新的流程改进方案时，可以考虑：将现在的数项业务或工作合并为一；工作流程的各个步骤按其自然顺序进行；给予职工参与决策的权力；为同一种工作流程设置若干种进行方式；工作应当超越组织的界限，在最适当的场所进行；尽量减少检查、控制、调整等管理工作；设置项目负责人。

对于提出的多个流程改进方案，还要从成本、效益、技术条件和风险程度等方面进行评估，选取可行性强的方案。

（3）以流程改进为核心，制订与流程改进方案相配套的组织结构、人力资源配置和业务规范等方面的改进规划，形成系统的企业再造方案

（4）组织实施与持续改善

实施企业再造方案，必然会触及原有的利益格局。因此，必须精心组织，谨慎推进。既要态度坚定，克服阻力，又要积极宣传，形成共识，以保证企业再造的顺利进行。

企业再造方案的实施并不意味着企业再造的终结。企业需要应对新情况、新挑战不断改进企业再造方案，以适应新形势的需要。

【案例情景】

## 孙贺的学习感悟

通过温习知识，孙贺明白了一个道理，理清了基本思路。

一个道理：企业经营和管理是一种风险、一类学问、一门艺术。

一种风险是说企业的重大决策存在着不可准确预知的前途。正确的决策可以帮助企业快速发展；错误的决策会导致企业迅速灭亡。

一类学问是说企业经营管理有一套科学的理论、方法体系，是揭示经营管理的规律的学问，按规律办，可以少走弯路，但不是教条地照搬照套。高明的企业家需要掌握这些规律，加上远见卓识的战略思维、脚踏实地的实干家本色、处理人际关系和复杂事务的能力，以及合理的知识结构、丰富的经验和智慧，才能无往而不胜。

一门艺术是说高明的企业家所创造的商界奇迹是他们的学问、经验和智慧的结晶。这门艺术包含着掌握市场的艺术、把握时机的艺术、应对竞争对手的艺术、为顾客创造价值的艺术、跨文化管理的艺术等。我们应该用心学习和实践。

企业管理是一个系统工程，需要将构筑企业大厦的每一项业务都按照规范、流程严谨操作，用管理理论和管理知识创造性地工作，才能让企业生存发展，创造价值，服务于社会。

至此，孙贺满怀信心地进入创办企业的工作中。

2）企业再造的方法

具体实施方法上，以先进的计算机信息系统和其他生产制造技术为手段，以顾客中长期需求为目标，坚持以人本管理、顾客至上、效率和效益为中心的指导思想，最大限度地删减对产品增值无实质作用的环节和过程，建立科学的组织结构和业务流程，使产品质量和规模发生质的变化。

## 任务小结

- 任务1重点理解企业的特征和企业的类型。

企业有为社会承担责任和营利的双重目的。企业应依法经营、自负盈亏、自我发展。企业的类型有多种，有限责任公司适合于中小企业，股份有限公司适合于大企业集团。

- 任务2重点掌握企业管理与企业经营的区别，以及企业管理的基本要素、基本问题、运行系统和管理流程，这是我们从事企业管理必须清楚明白的基本道理。

- 任务3中的科学管理、人本管理、企业再造三个基础理论，为创办企业提供了最基本的理论指导。有理论指导的行动，会明辨方向，找对方法，提高效率。否则，可能犹豫徘徊，误打误撞，贻误战机。

## 学习指导

本课主要学习了企业管理的相关基础知识和基本理论，这些知识和理论是后续创立企业、管理企业和发展企业必备的思想和知识准备。通过课前、课中的学习讨论，同学对什么是企业管理，以及如何管理企业有了初步的了解，课后还需要进一步深化理解，使其升华为实战技能和能力。为此，还要做好课程总结、知识检测、技能训练和能力提升等各项工作，具体内容如下。

### 1. 课程总结

1）知识体系

知识体系应包括重要概念、基本知识和基本理论。

重要概念：企业，企业管理，个人独资企业，合伙企业，有限责任公司，股份合作制企业，管理主体，管理客体，企业经济活动，企业管理环境，企业目标，人本管理，企业再造。

基本知识：管理者的主要技能，企业管理的基本要素，企业管理的基本问题，企业运行系统，企业管理流程。

基本理论：科学管理理论（企业管理的主要措施）；人本管理理论（需要层次理论，双因素理论，期望理论，公平理论，强化理论，人性理论，群体行为理论）；企业再造理论（企业再造的模式、程序和方法）。

2）实践问题

（1）选择企业类型要考虑哪些因素？

（2）不同层级的管理者应重点学习哪些管理技能？怎样提升这些管理技能？

### 2. 知识检测

思考下列问题：

（1）孙贺公司办公室的墙上挂着企业营业执照，这是企业的哪条属性要求的？（企业的法律属性）

（2）孙贺公司的管理要受到哪些管理环境的影响？（外部＋内部）

（3）孙贺为公司确定了哪些目标？（经济＋社会）

（4）孙贺创办公司时具备了哪些主要资源？（人力＋信息＋关系＋短信发送技术）

（5）孙贺创办公司时具备了哪些管理技能？最应提高哪项管理技能？（思维技能＋人际技能＋技术技能，思维技能）

（6）从综合案例中你看到企业主要有哪些经济活动？企业是怎样经营的？（企业经营流程）

扫码完成知识检测

测试1

### 3. 技能训练

1）组建微型企业管理团队

这项技能训练的步骤和方法在《中小企业管理实务操作手册》教材中的任务2中做了详细介绍。请自行学习，完成训练任务。

2）运用企业管理知识分析企业管理案例

**案例：总经理聘用新经理**

深圳某民营网络技术公司的王总经理，随着企业经营规模扩大，越来越感到企业内部管理机制不顺畅、不健全，已经影响了企业的进一步发展，而自己是搞技术出身的，抓企业管理总没有抓技术、抓销售那样顺手。于是他高薪聘请了新经理刘某，负责公司管理工作。新经理上任后不满三个月，就推出了一整套规范有效的管理制度和措施。管理制度实施2个月以来,各责任部门职责清楚,有章可循,工作效率明显提高,领导之间配合得也挺好。

分析问题:
1. 总经理为什么在此时聘用新经理?
2. 总经理和新经理身上都应具备哪些管理者应有的素质?
3. 如果你是刘经理,你将从哪几个层面设计管理制度和措施?

【案例分析提示】技能训练(1-2)

问题1,从管理者素质的角度进行分析。

问题2,从企业管理的基本要素的角度进行分析。

问题3,从科学管理、人本管理、流程再造的角度进行分析。

### 4. 能力提升

访问企业,了解企业性质、制度、类型、组织架构、资源状况、产品及销售等内容,记录下来。

### 5. 下次课预习内容

(1)自学网络平台任务2中的微课、视频、案例等资料。

(2)了解企业经营项目、企业制度、公司名称选择的方法。

(3)了解公司设立的条件和步骤。

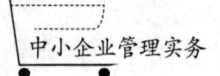

## 任务2 企业设立

### 教学导航

| 任务内容 | 2.1 选择经营项目/产品<br>2.2 选择企业类型及企业制度<br>2.3 企业设立 | |
|---|---|---|
| 教学目标 | 知识目标 | 1. 理解市场需求的含义<br>2. 理解现代企业制度的概念、特征、内容<br>3. 掌握公司设立的条件<br>4. 掌握公司注册的程序 |
| | 技能目标 | 1. 能够分析、选择企业经营项目或产品<br>2. 能够选择模拟企业类型和企业制度<br>3. 能够编写模拟企业协议或公司章程，填写公司登记表格 |
| | 素质目标 | 增强依法设立和依法治理企业的意识 |
| 方法建议 | 建议采用：头脑风暴法、案例分析法、讨论法、工作坊法 | |

### 知识导图

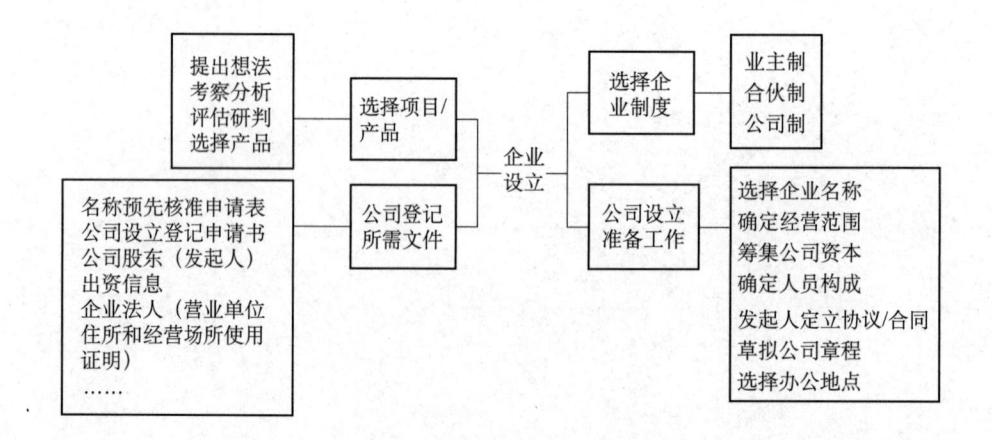

```
提出想法                                              业主制
考察分析 ──┐                              ┌─ 选择企业 ─ 合伙制
评估研判   ├─ 选择项目/                    │   制度      公司制
选择产品   │   产品      ┐                │
          ┘             │                │        选择企业名称
                        ├─ 企业设立 ─────┤        确定经营范围
名称预先核准申请表      │                │        筹集公司资本
公司设立登记申请书 ──┐  │                └─ 公司设立 确定人员构成
公司股东（发起人）   ├─ 公司登记          准备工作  发起人定立协议/合同
出资信息             │   所需文件                  草拟公司章程
企业法人（营业单位   ┘                            选择办公地点
住所和经营场所使用
证明）
……
```

## 导入案例

### 孙贺为公司申请营业执照

创办企业，孙贺首先面临三个问题：做什么产品？创办一个什么性质的公司？怎样注册公司？

1. 选择企业经营项目

孙贺打工时做过手机短信广告业务，对手机短信广告市场有一定的了解，对房地产领域中有短信广告需求的客户做过调查分析，有过业务往来，对项目的前景比较看好。他想选择这个自己熟悉的、有发展前景的项目作为企业初期的经营项目。

2. 选择企业类型和企业法律形态

孙贺把企业类型与企业法律形态结合起来分析，结合自有资源状况，从规避市场风险和利于公司管理与发展的基点出发，他认为选择有限责任公司制度比较合适。

3. 申请企业营业执照

为申请企业营业执照，孙贺查阅了相关的法律文件，又到工商部门进行了咨询。工商部门一位工作人员告诉他，注册企业要明确企业的属性、企业制度、自有资金状况、经营范围、组织机构、人员构成等问题，要具备公司登记条件，按照登记程序注册。孙贺依据法律要求，准备创办公司的各种申报资料，申请了营业执照。

**案例分析：**

上面三个场景表明，要创办一个企业，首先要有产品、有企业组织，并经法律认可，才能开展经营活动。做好经营业务准备、组织准备和法律准备是创办企业的首要任务。在准备工作中会面临以下四个方面的问题：

（1）如何寻找和论证适合自己经营的产品或项目？

（2）哪种企业类型和法律形态适合自己要创办的企业？

（3）具备哪些法定条件才可以取得企业/公司营业资格？

（4）企业/公司登记注册如何操作？

理清这些问题的思路，学习掌握操作方法，是本课的任务。

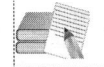

## 任务解析

选择经营项目或产品，是创办企业的首要任务。在寻找和选择的过程中，既不能跟风决断，也不能凭主观臆断裁决，要依据市场需求趋向、自身条件状况和国家政策规定做出正确的判断。创办企业，首先应按照国家相关法律规定做好组织准备和物资准备工作，然后依照法律程序申报设立。本任务主要学习如何选择经营项目/产品（或服务），如何选择企业制度和企业名称，以及如何申请设立公司。

### 2.1 选择经营项目/产品

**1. 企业经营项目或产品的主要来源**

从根本上说经营项目或产品来源于市场需求。

任务2 企业设立——如何选择经营项目或产品

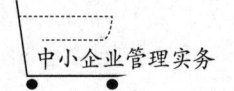

市场需求，是指在一定的地区、一定的时间内和一定价格等条件下，消费者对某种商品或服务愿意而且能够购买的数量。消费者能否购买取决于两个要素，一是消费者有购买的欲望，二是消费者有购买（支付）的能力，两者缺一不可（当然还有外界刺激因素，会在营销部分做讨论）。

市场需求的满足状态有以下三种情况：

（1）消费者有现实需求，但市场上没有提供产品满足其需求。

（2）市场现有产品未能满足消费者的部分需求，存在"痛点"。

（3）消费者有潜在需求，商家并未察觉或开发。

发现和寻找上述三类需求，需要对市场做深度调查和分析。深度调查分析的内容如图2-1所示。

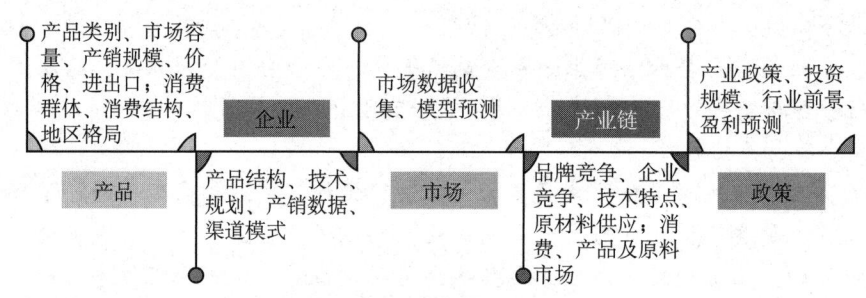

图2-1 市场深度调研分析图

【案例场景2-1】

## 孙贺选品的做法

企业经营什么项目或产品，孙贺有了初步想法后，觉得虽然自己对这项业务有所了解，也积累了一定的资源和经验，经营投资不大，用人不多，操作起来相对简单，但他对这个产品在国家政策层面的前景、市场的容量、自己的驾驭能力还是心中没底，信心不足。为此，他开始从环境、市场、资源和能力的角度对项目的可行性展开深入的调研、分析和论证。他首先想到从企业管理理论中获取智慧，查阅了市场调查的相关理论，拟定了一份调查方案；同时搜索国家和行业关于广告的相关政策和法律法规，了解国家支持什么、限制什么，行业有些什么管理规范和规定。同时深入大连、营口、铁岭、海城、锦州等不同城市，了解房地产业、商业、服务业、制造业等行业、企业的客户需求数量、需求欲望、需求潜力、对价格的预期和敏感度等，分析沈阳广告行业的竞争格局、竞争态势、竞争者的竞争策略和竞争手段，分析自身具有的资源优势、劣势，以及面临的机会和威胁，最终选定手机短信广告业务作为自己创业初期的经营产品。

问题：孙贺是怎样选择产品的？他又认真研读了哪些资料？

2. 选择企业经营项目 / 产品的方法和步骤

图2-2表明了选择企业经营项目 / 产品的基本步骤。

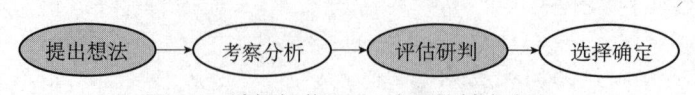

图2-2 选择经营项目 / 产品的基本步骤

第一步，提出企业产品的想法。

提出想法有三种途径：一是从身边的人或自己购买产品时感受到的"痛点"或人们潜在需求中寻找；二是从市场调研分析中寻找；三是从竞争者分析中寻找。

提出想法时可以选用头脑风暴法、属性分析法、关联分析法等。

第二步，针对初选的产品做市场考察分析。

主要从宏观环境、行业与市场环境、企业内部环境三个方面进行考察分析。

宏观环境分析，重点分析国家政策、产业调整、市场走向、技术发展趋势等内容。分析方法可采用 PEKT 分析法、问卷调查法。

行业与市场环境分析，重点分析行业前景、发展规划、产业链构成、品牌竞争、企业间竞争等。分析方法主要有波特五力模型。

企业内部环境分析，主要对企业分析自身的优势、劣势、机会与威胁等。分析方法主要有 SWOT 分析法。

注：头脑风暴法、PEST 分析法、波特五力模型、SWOT 分析法，请在网络学习平台查阅自学。这些方法在战略管理部分会重点学习。

第三步，对调查结果的可行性进行评估研判，研判方法：可以集体讨论，也可以请专家进行论证。评估研判的内容包括：

（1）评估产品的前景（政策导向，消费趋势，技术前景等）；

（2）评估消费者对产品的需求状况（谁需要？需要多少？在哪买？以什么价格买？以怎样的方式买？）；

（3）评估企业自身有无人、财、物、技术、信息、物流等资源整合与利用能力创造出满足顾客需求的产品和服务。

第四步，选择确定企业要经营的产品。选择经营产品的前提条件有：

（1）看产品或服务有无发展前景；

（2）看产品或服务有无足够的市场需求量；

（3）看产品或服务有无原材料、人力等资源供给保障；

（4）看企业有无能力进入并占领一定的市场份额；

（5）看企业是否有优秀的管理团队持续支撑盈利。

选择确定的内容有：

（1）确定要服务的消费群体——目标顾客；

（2）选择要进入的市场区域；

（3）选择要经营的产品种类、系列、型号、档次、品牌等。

## 2.2　选择企业类型和企业制度

关于企业类型和企业制度，孙贺重点研究了以下知识。

1. 适合中小企业的企业类型

从资产构成的角度看，适合中小企业的企业类型主要有个人业主制企业、合伙制企业、有限责任公司和股份合作制企业。这些企业或公司的含义、注册资金、成立条件、经营特征、利润分配及债务责任等内容在表 2-1 中介绍。

表2-1 个人业主制企业、合伙制企业、有限责任公司、股份合作制企业分析表

| 名称 | 含义 | 注册资金 | 成立条件 | 经营特征 | 利润分配和债务责任 | 优、缺点 | 适应性 |
|---|---|---|---|---|---|---|---|
| 个人业主制企业 | 指个人出资经营，财产完全归个人所有和控制，单独承担无限责任的企业 | 无资本数量限制 | 1. 投资人是一个自然人<br>2. 有合法的企业名称<br>3. 有投资人申报的出资<br>4. 有固定的生产经营场所和必要的生产经营条件<br>5. 有必要的从业人员 | 财产为投资人个人所有，业主既是投资者，又是经营管理者 | 投资人以其个人资产对企业债务承担无限责任 | 优点：建立与歇业手续简便，个人决策，经营灵活，效率较高；开支少，成本低，保密性好<br>缺点：资本有限，难以扩大规模；承担无限责任风险较大；受自身素质影响，容易出现决策失误，企业连续性较差 | 不适宜经营风险性大的项目，它适宜小型加工、零售商业、服务业等领域比较活跃 |
| 合伙制企业 | 由两个或两个以上合伙人共同出资，合伙经营，共享收益和共担风险的企业 | 无资本数量限制 | 1. 业主两人以上<br>2. 有两个以上合伙人，并且都依法承担无限责任<br>3. 有书面合伙协议<br>4. 有合伙人的实际出资<br>5. 有合伙企业的名称<br>6. 有经营场所和从事合伙经营的必要条件 | 依照合伙协议，共同出资，合伙经营，共享收益，共担风险 | 合伙人依照合伙协议分配利润，企业债务承担无限连带责任 | 优点：弥补了个人企业在资本筹集、知识、能力等方面的缺陷，扩大了资金来源和信用能力，提高了经营水平和决策能力，一定程度地分散了风险；合伙人共同经营，合伙人负全责，有助于增强企业经营的责任心<br>缺点：合伙经营稳定性差，集体决策易造成决策延误，易形成多头领导，增大管理协调难度；企业规模和业务范围仍受多种限制 | 适合个人资源不足，想合作创办的小型加工、零售商业、服务业等领域的小企业 |

032

续表

| 名称 | 含义 | 注册资金 | 成立条件 | 经营特征 | 利润分配和债务责任 | 优、缺点 | 适应性 |
|---|---|---|---|---|---|---|---|
| 有限责任公司（又称有限公司） | 指由两个或两个以上股东共同出资，每个股东以其出资额对公司承担有限责任，公司以其全部资产对其债务承担责任的企业法人 | 注册资金因不同经营内容立出法定下限 | 1. 股东符合法定人数 2. 股东出资达到法定资本的最低限额 3. 股东共同制订公司章程 4. 有公司的名称，建立合法的有限责任公司要求的组织结构 5. 有固定的生产经营场所和必要的生产经营条件 | 公司设立股东会、董事会和监事会，并由董事会请职业经理经营业务 | 股东按出资比例分配利润，并以出资额为限承担有限责任 | 优点：承担有限责任，降低了经营风险；公司容易组建，一般采用董事单轨制，即董事经理由一人承担 缺点：筹集资本和转让资本较难；易产生投机倾向 | 适合中小企业 |
| 股份合作制企业 | 以合作制为基础，吸收股份制的一些做法，劳动者的劳动联合和资本联合相结合形成的新型企业的组织形式 | 对合作资本无数量限制 | 1. 企业是独立法人 2. 企业的股东主要是本企业的职工，原则上不吸收其他人入股 | 企业依法设立股东大会、董事会、监事会、经理等现代企业的管理机构。职工股东与资本股东共同构成，股东大会通过职工股东大会形式实行民主管理 | 企业以其全部资产承担民事责任，出资人也仅以其出资额为限对企业的债务承担责任，资本以股份构成，职工股东共担风险，劳动与资本相结合，实现按资分配和按劳分配相结合，权益共享、风险共担，自负盈亏，独立核算 | 优点：有限责任，降低了经营风险；企业的职工既是企业的股东大会，又是股份合作的股东，宜于职工民主参与企业管理，按资分配和按劳分配方式比较灵活，劳动与资本的结合宜于企业升级改造，扩大经营规模 缺点：转让承担合作较难；改制后要承担改制前的债务和民事责任，增加负担 | 适合中小企业 |

033

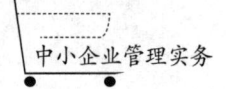

### 知识链接 2-1

股份合作制企业与股份有限公司的区别见表2-2。

表2-2　股份合作制企业与股份有限公司的区别

| 两种类型企业的区别 | 股份合作制企业 | 股份有限公司 |
| --- | --- | --- |
| 企业性质不同 | 资本与劳力的双重结合 | 资本的结合 |
| 企业类型不同 | 对于小型企业则比较适合 | 适宜大中型企业 |
| 企业主体不同 | 投资主体只能是本企业职工，这体现了股份合作制资本和劳力双重结合的性质 | 任何自然人、法人均可 |
| 表决方式不同 | 按人表决，一人一票 | 按股表决，一股一票 |
| 分红方式不同 | 按股分红与按劳分红结合 | 按股分红 |
| 转让股份不同 | 不转让、不上市、不交易、不流通 | 可以转让 |
| 股权设置不同 | 企业自己持有自己的股份，职工有分红权，所有权归企业。有企业集体股、职工集体股 | 企业自己不能持有自己的股份 |
| 产生的途径不同 | 1. 乡（镇）及村办集体企业和国有小型企业实行股份合作制改造<br>2. 户办、私营或合伙企业向股份合作制转化<br>3. 集资新建 | 任何企业都可以实施股份制方式的改制 |

### 课堂讨论

（1）公司制企业与个人企业、合伙企业的主要区别是什么？

提示：前者是法人企业，出资者对企业债务承担有限责任；后者是自然人企业，出资者对企业债务承担无限连带责任。

（2）适合中小型企业的组织形式主要有哪几种？

#### 2. 现代企业制度

企业制度是指在一定的历史条件下所形成的企业经济关系，包括企业经济运行和发展中的一些重要规定、规程和行动准则。它是企业全体员工在企业生产经营活动中须共同遵守的一系列规定和准则的制度体系，其表现形式或组成包括法律与政策、企业组织结构（部门划分及职责分工）、岗位工作说明、专业管理制度、工作流程、管理表单等各类规范文件。

我国经济体制改革中提出了"建立现代企业制度是企业改革的核心"。

现代企业制度是以企业法人制度为基础，以企业产权制度为核心，以产权清晰、权责明确、政企分开、管理科学为条件而展开的，由各项具体制度所组成的，用来处理企业基本经济关系的企业软件系统。

### 知识链接 2-2

## 现代企业制度的特征

1. 产权清晰

企业的设立必须有明确的出资者和法定的资本金。出资者享有企业财产的最终所有权，企业享有独立的法人财产权。实行出资者所有权与企业法人财产权相分离。出资者所有权在一定条件下表现为出资者拥有的股权，并以股东的身份享有资产收益、重大决策和选择管理者的权利。法人财产权表现为企业依法享有法人财产的占有、使用、收益和处分权，以独立的财产权对自己的经营负责。

2. 权责明确

出资者一旦投资企业，其投资额就成为企业法人财产，企业法人财产权也随之而确定。企业以其全部法人财产依法自主经营，自负盈亏，照章纳税，同时对出资者承担资产保值增值的责任。这有效地实现了权责关系的辩证统一。

3. 政企分开

政企分开即政资职能分开，政企职责分开。实行政企分开后，政府与企业的关系体现为法律关系，政府依法管理企业，企业依法经营。

4. 管理科学

现代企业制度确立了一套科学完整的组织管理制度。首先，通过规范的组织制度，使企业的权力机构、监督机构、决策机构和执行机构之间职责分明，相互制约。其次，建立科学的企业管理制度，包括企业机构的设置、用工制度、工资制度和财务会计制度等。通过建立这些科学的领导体制和组织管理制度，来调节所有者、经营者和职工之间的关系，形成激励和约束相结合的经营机制。

1）现代企业制度的基本特征

产权清晰、权责明确、政企分开、管理科学是现代企业制度的基本特征。

2）组成现代企业制度的各项具体制度

组成现代企业制度的各项具体制度包括公司法人产权制度、公司组织制度、公司管理制度、现代企业破产制度。

（1）公司法人产权制度

产权制度是对财产权在经济活动中表现出来的各种权能加以分解和规范的法律制度，它以产权为依托，对各种经济主体在产权关系中的权利、责任和义务进行合理有效地组合、调节。

（2）公司组织制度

公司组织制度是所有者、经营者和生产者之间通过公司的最高权力机构、决策机构、执行机构、监督机构形成各自独立、权责分明、相互制约的关系，并以法律和公司章程的形式加以确立和实现。这种关系结构也被称为法人治理结构。

公司的法人治理结构通常包括股东大会、董事会、监事会及经理人员四部分。按其职能分别形成最高权力机构、决策机构、监督机构和执行机构，如图2-3所示。

```
                股东大会 ------ 最高权力机构
                   ↕
        监  →    董事会  ------ 决策机构
监督机构 事             
        会  →   经理人员 ------ 执行机构
```

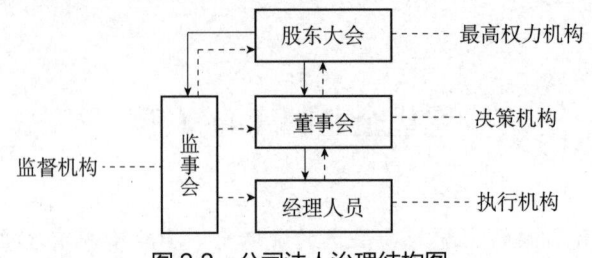

图2-3 公司法人治理结构图

股东大会选举产生董事会，董事会受股东大会委托经营股东的财产，行使经营决策权，董事会对股东大会负责；董事会任命总经理，总经理受董事会委托行使管理权，总经理对董事会负责；股东大会选举产生监事会，以监督董事会、经理人员的经营管理活动，监事会对股东大会负责。

（3）公司管理制度

管理科学是建立现代企业制度的保证。一方面，要求企业在管理人才、管理思想、管理组织、管理方法、管理手段等方面实现现代化，并把这几方面的现代化内容同各项管理职能有机地结合起来，形成有效的现代化管理企业；另一方面，还要求建立和完善与现代化生产要求相适应的各项管理制度，主要包括现代企业领导制度、现代企业劳动人事制度、现代企业财会制度。

## 知识链接 2-3

# 公司管理制度

1. 现代企业领导制度

企业领导制度的核心是关于企业内部领导权的归属、划分及如何行使等所做的规定。现代企业领导制度应该体现领导专家化、领导集团化和领导民主化的原则。

2. 现代企业劳动人事制度

企业劳动人事制度是用来处理企业用工方式、工资分配以及企业法人、经营者与劳动者在劳动过程中所形成的各种经济关系的行为准则。

现代企业根据劳动就业供求状况和国家有关政策规定，由董事会自主确定本企业的工资水平等内部分配方式，实行个人收入货币化和规范化。职工收入依岗位、技能和实际贡献确定；高层管理人员的报酬由董事会决定；董事、监事的报酬由股东会决定；兼职董事和监事实行津贴制度。

现代企业制度的重要内容：建立能促进企业和劳动者双方相互选择、获得最佳经济效益和社会效益的市场化、社会化、法制化的企业劳动、人事和工资制度，从而实现劳动用工市场化、工资增减市场化、劳动争议仲裁法规化。

3. 现代企业财会制度

现代企业财会制度是用来处理企业法人与国家、股东、劳动者之间财会信息沟通和财产分配关系的行为准则，以保护股东和国家的利益不受侵犯。

现代企业有充分的理财自主权，包括自主的市场取向筹资、自主投资、资产处置、折旧选择、科技开发费提取，以及留用资金支配等权力。

现代企业有健全的内部财会制度，并配备合格的财会人员，其财务报告须经注册会计师鉴证，上市公司要严格执行公开披露财务信息的制度。

（4）现代企业破产制度

破产制度是用来处理企业在生产经营过程中形成的各种债权债务关系，维护经济运行秩序的法律制度。它不是以行政命令的方式来决定企业的存亡，而是以法律保障的经济运行方式"自动"筛选和淘汰一些落后企业，为整个经济运行提供一种优胜劣汰的途径。

## 孙贺的选择

孙贺在比较了个人企业、合伙企业、有限公司的特征、优缺点后，分析自己目前的资源条件和能力水平，最终选择有限责任公司及其现代企业制度作为自己创办企业的类型和制度。

## 2.3 设立企业

【案例场景2-2】

现在轮到孙贺注册公司了。在学校时，孙贺经常听人说：某某学长开办了一家公司，某某学姐成立了一家企业，某人办的企业正在设立中。当时他只是听听而已，这回轮到自己要注册公司，他开始琢磨开办、设立、成立为什么说法不一，有什么区别吗？

任务2 企业设立——企业设立

为解决这一问题，孙贺侧重学习了以下知识。

1. 公司开办、设立、成立之间的关系

公司开办是指公司创办人，通过人力、物力、财力等方面的投资和基本建设，形成公司最初的生产经营能力的过程，它是一种单纯的经济行为。

公司设立是指公司创办人，为使公司取得法人资格按照一定的程序所实施的法律行为。公司设立既具有经济意义，又具有法律意义。其经济意义与公司开办相同，法律意义则不然。

公司成立是指公司的法人资格依一定程序在法律上被确认。公司成立和公司设立的目的都是为使公司取得法人资格，只不过设立是为达到目的而实施的行为，成立是设立行为最后达到的结果。工商机关签发营业执照之日，就是公司成立之日。

孙贺明白了，要成立有限公司，先要做开办的准备工作，包括企业设立前的市场可行性分析，选择经营项目，初步确定经营方向，做好人力、财力、物力等方面的投资和基本建设准备，使之具备法律规定的公司设立的条件，再按照法定程序实施公司设立的

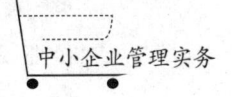

行为。

### 2. 公司设立的法定条件

孙贺为了弄清设立有限公司的法定条件，他直接到工商局进行咨询，得到如下指导。

1）公司设立的原则

我国《公司法》规定，对一般的有限责任公司的设立采取严格准则主义，即只要经过工商行政机关的登记就能成立；而对特殊的有限责任公司的设立采取核准主义，即对特定行业的经营项目，由法律、行政法规规定在有限责任公司登记前必须报经有关部门审批的，必须先经行政部门审批，再到登记机关登记。对于股份有限公司的设立，必须经过国务院授权的部门或省级人民政府批准，才能到相应的公司登记机关登记。

2）有限责任公司设立的方式

有限责任公司设立的方式为发起设立，也称单纯设立，指发起人认足公司的全部资本即可设立公司。这种方式适合于所有公司，而有限责任公司只能采取这种方式设立公司。

**思考题**

公司还有其他的设立方式吗？

3）有限责任公司设立的条件

（1）有创办人

任何公司设立都必须有创办人。创办人是指那些积极筹备组建公司，并在公司章程上签字盖章的人。他们既可以是法人也可以是自然人（中国、外国的都可以）。公司成立后，创办人成为初始股东。

《公司法》对创办人规定了限制条件：①创办人资格：创办人是自然人的，必须是完全行为能力人，不能是法律、法规限制、禁止从事营利性活动的人；创办人是法人的，必须是有权代表国家投资的政府部门和机构、企业法人、事业法人、社会团体法人，而党政机关法人不能以党政机关名义作为公司的创办人。②创办人住所地：设立有限责任公司应有2～50个发起人；设立股份有限公司的，应当有5个以上发起人，其中必须有过半数的发起人在中国境内有住所。③国企改建为股份有限公司的，发起人可以少于5个，但应当采取募集方式设立。

（2）有公司章程

公司章程是指所有公司组织及行动的基本规划的书面文件，是公司存在和活动的基本依据。《公司法》规定，设立公司必须依据本法制订章程。

订立公司章程的方式：通过制订——只要全体创办人的签字即为生效；委托制订——委托一名或数名股东制订，是有限责任公司的具体制订方式；共同制订——发起人共同制订章程，是股份有限公司的具体制订方式。

公司章程的内容：主要记载公司从产生到消亡的主要事项，其中包括公司所享有的权利、承担的义务和责任以及组织机构的构成和职责范围等。

有限责任公司章程的内容：公司名称和住所；公司经营范围；公司注册资本；股东的姓名或者名称；股东的出资方式、出资额和出资时间；公司的机构及其产生办法、职权、议事规则；公司法定代表人；股东会会议认为需要规定的其他事项。股东应当在公司章程上签名、盖章。

公司章程生效后，不得随意变更。当情况变化，不得不变更时，应按法定条件和程序进行。

（3）有公司资本

在我国，公司资本指公司章程确定的，在公司登记机关登记的，公司全体股东实缴的出资或股本总额。对于有限责任公司，它是公司股东实缴的出资总额；对于股份有限公司，它是公司的实收股本总额。

股东出资达到法定资本最低限额：根据《公司法》的规定，有限责任公司的注册资本不得少于下列最低限额，即以生产经营为主的公司人民币50万元；以商品批发为主的公司人民币50万元；以商业零售为主的公司人民币30万元；科技开发、咨询、服务型的公司人民币10万元。特定行业的最低限额需高于前款所规定限额的，由法律、行政法规另行规定。股份有限公司注册资本的最低限额为人民币1000万元。需高于该限额的，由法律、行政法规另行规定。上市公司的股本总额不得低于人民币5000万元。

股东的出资方式：股东的出资方式不只有货币，也可以实物（包括动产、不动产、债权、有价证券等）出资，以无形财产（包括工业产权、非专利技术、土地使用权等）折价出资。我国《公司法》规定，有限责任公司和股份有限公司以工业产权、非专利技术作价出资的金额不得超过公司注册资本的20%，采用高新技术成果的公司，高新技术作价金额不得超过公司注册资本的30%。国家工商总局对公司注册资本条例规定，以非专利技术出资，应在领取营业执照的一个月内办理财产转移手续；而以工业产权、土地使用权出资的，应在领取营业执照的六个月内办理财产转移手续。

（4）必须登记

①登记事项。我国公司的登记事项包括：名称、住所、法定代表人、注册资本、企业类型、经营范围、营业期限、股东或发起人的姓名或名称。

a. 名称，一般由行政区划、字号、行业、组织形式依次组成。其中，行政区划指本企业所在地县级以上行政区划的名称或地名。市辖区的名称不能单独用作企业名称中的行政区划。除国务院决定设立的企业外，企业名称不得冠以中国、中华、全国、国家、国际等字样。字号，由2个以上的符合国家规范的汉字组成。行业，指根据企业主营业务，依照国家行业分类标准划分的类别标明所属行业或者经营特点。组织形式，指符合国家法律、法规以及国务院决定规定的且与企业组织结构或者责任形式一致的组织形式。公司不得再称"总公司""集团公司"，对于符合企业集团性质的，其核心企业可以登记为"集团有限责任公司"或"集团股份有限公司"。

b. 住所，指公司的主要办事机构所在地，应在公司登记机关辖区内。

c. 法定代表人，是公司的董事长。对于不设董事会的有限责任公司，执行董事是公司的法定代表人。

d. 注册资本，是在公司登记机关登记的全体股东实缴的出资额或实收的股本总额。

e. 企业类型，指公司的法律形式——有限责任公司或股份有限责任公司。

f. 经营范围，指在公司章程中载明的，经公司登记机关核准的，公司从事经营活动的范围。

g. 营业期限，指公司章程中确定的公司经营时限。永久存续也是一种营业期限。

h. 股东或发起人的姓名或名称：有限责任公司应向登记机关登记全体股东的姓名或者

名称；股份有限公司则应登记全体发起人的姓名或名称。

②申请登记时须提交的文件。

a. 公司董事签署的设立登记申请书。
b. 全体股东指定代表或者共同委托代理人的证明。
c. 公司章程。
d. 具有法定资格的验资机构出具的验资证明。
e. 股东的法人资格证明或者自然人的身份证明。
f. 载明公司董事、监事、经理的姓名、住所的文件以及有关委派、选举或者聘用的证明。
g. 公司法定代表人任职文件和身份证明。
h. 企业名称预先核准通知书。
i. 公司住所证明。
j. 法律、行政法规规定设立有限责任公司必须报经审批的批准文件。

5）有限公司设立的程序

a. 订立发起人协议。
b. 订立公司章程。
c. 必要的行政审批。
d. 股东缴纳出资。
e. 确定公司组织机构。
f. 申请设立登记。

## 孙贺的抉择

孙贺比较上述条件，觉得自己有独立承担民事责任的能力，有5万元资金，一部分用来注册，一部分用来租房，买点简易的办公工具和设备，可以自己经营一个有限责任公司。但他知道，今天没有一个人可以靠单打独斗赢得天下，更何况自己一没经验、二缺少资源，仅靠打工取得的一点经验是远远不够的，要创业成功，得靠团队的力量，共同打拼，在相互学习、激励中，积累经验，共同成长。于是，他决定与同学共同注册一家广告有限责任公司，短期目标是企业成功设立，有广告业务往来，有收入进账，能立稳脚跟；中期目标是拓展业务和市场范围，扩大公司规模，提升实力；长期目标是创建公司品牌。经营范围是广告设计、制作、安装、服务以及文化传播。注册资金5万元，从业人员3人，经营地点选择在沈阳市和平区繁华地段的租用写字楼内。公司名字初定为：沈阳××广告传媒有限责任公司。

这些事情做完后，孙贺开始走注册程序。

3. 有限责任公司登记注册流程

公司正式成立运营前，需要先完成公司工商登记注册审批以及相关的手续流程工作。有限责任公司的注册流程如图2-4所示。

注册公司的途径有多种，可以在各级工商局的网站上直接填表完成注册，也可以到各地工商局的办事大厅按照流程办理。可以自己办理，也可以委托经纪人或委托代理公司办理，交一定的服务费。委托代理公司代理注册时，要注意选择资质好的公司，免得上当受骗。

孙贺当年选择自己到工商局注册登记。

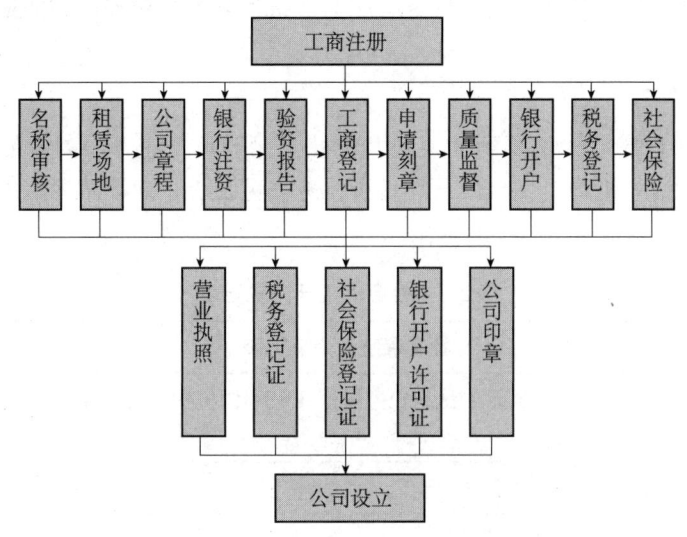

```
                        ┌──────────┐
                        │ 工商注册 │
                        └────┬─────┘
  ┌────┬────┬────┬────┬────┬┴───┬────┬────┬────┬────┐
 名称 租赁 公司 银行 验资 工商 申请 质量 银行 税务 社会
 审核 场地 章程 注资 报告 登记 刻章 监督 开户 登记 保险
  │    │    │    │    │    │    │    │    │    │    │
       ┌────┬────┬────┬────┐
      营业 税务 社会 银行 公司
      执照 登记 保险 开户 印章
            证   登记 许可
                  证   证
                    │
               ┌────┴────┐
               │ 公司设立│
               └─────────┘
```

图 2-4　有限责任公司注册流程

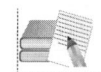

### 知识链接 2-4

## 浙江省公司注册流程及费用

步骤一：向工商局申请公司名称核准；通过后领取《企业名称预先核准通知书》。

步骤二：租房，要有房产证或相关的产权证明，租房后要签订租房合同，并让房东提供房产证的复印件。

步骤三：编写"公司章程"，由所有股东签名。

步骤四：刻法人私章（刻章店都可以刻）。

步骤五：到会计师事务所领取《银行询证函》（认缴制可以忽略此步骤）。

步骤六：银行开立公司验资户：银行会发给每个股东缴款单并在询证函上盖银行的章，询证费各银行不同（认缴制可以忽略此步骤）。

步骤七：办理验资报告：由会计师事务所出具验资报告（认缴制可以忽略此步骤）。

步骤八：到工商局窗口办理，领取营业执照（网上公司设立时预约的窗口）。

带上以下资料：注册地址证明（租赁合同、房产证等）；股东会决议；股东、法人身份证；验资报告；公司章程；公司设立登记表；企业名称预先核准通知书。

步骤九：凭营业执照到公安局备案刻章，备案完成再到指定刻章店刻章（公章及财务章必须刻，其他章可等需要时再刻）。

步骤十：30 日内到当地税务局办理税务报到。税务局将核定企业缴纳税金的种类、税率等事务（公司成立后次月必须报税，即便没有营业收入也需要建账及零申报）。

步骤十一：去银行开基本户（把前面办理的所有证件及资料都带上）。

——载自浙江省企业注册登记指引资料，2019 年 1 月

**小结：** 企业注册登记涉及工商、税务、质监、银行等各个相关部门的业务办理流程与操作方法。

4. 社会保险登记

完成上述注册程序后，还要到社保局办理社会保险开户业务，需要带的资料有：身份证、国税税务登记证、组织机构代码证、地税税务登记证、企业职工名册的原件及复印件各一份，填写开户登记表，如表2-3所示。

表2-3　社会保险开户登记表

| 社会保险开户登记表 | |
|---|---|
| 应提交的材料 | 1.工商营业执照证 2.地税税务登记证 3.组织机构代码证 4.企业职工名册的原件及复印件 |
| 单位编号 | 如果没有，可以不填 |
| 单位名称 | ×填写公司的完整名称 |
| 单位类别（性质） | ×填写"有限责任公司""私营企业""股份有限公司""国有企业"等 |
| 主管部门或机构 | 如果没有可以不填 |
| 开户银行 | ×填写公司开户银行的名称 |
| 账　　号 | ×填写公司开户银行的账号 |
| 单位地址 | ×填写公司租赁场所的地址或自有办公场所的地址 |
| 邮政编码 | ×填写公司所在地的邮政编码 |
| 法定代表人（负责人） | ×填写法人代表的姓名 |
| 身份证号 | ×填写法人代表的身份证号 |
| 劳资联系人 | 如果没有可以不填 |
| 电　　话 | 如果没有可以不填 |
| 财务联系人 | 如果没有可以不填 |
| 电　　话 | 如果没有可以不填 |
| 备　　注 | 如果没有可以不填 |

至此，公司可以正式营业了。

## 任务小结

企业获得合法的身份才能正常经营，同时受到国家法律的保护。企业设立这项任务，正是创办企业首先要解决的企业身份问题。

企业设立有一些必备的条件要求：①有确定的经营项目或产品（或服务）；②有合规的

名称；③有能够支撑企业经营的人、财、物、场所、组织等必需的资源条件保障；④有发起人协议或公司章程；⑤要依规申报，并通过政府相关管理部门的审批。

为此，选择经营项目/产品、确定企业名称、组建组织、筹集资源、准备相关文件、填写申报表格是完成本项任务的必备技能。

## 学习指导

### 1. 课程总结

在自学、集中听课、研讨、交流的基础上，同学们自己总结一下本课程的知识体系、实践问题的具体内容，总结提示如下。

1）知识体系

重要概念：市场需求、现代企业制度、公司法人治理结构、公司设立。

重点知识：个人独资企业、合伙企业、有限责任公司、股份合作制企业设立的基本条件、经营特征、利润分配和债务责任以及优缺点，现代企业制度的内容，有限责任公司设立的法定条件，公司章程的内容，有限公司设立的程序。

主要方法：分析、选择产品的操作步骤和方法。

2）实践问题

如何选择公司经营项目？公司形式有哪几种？如何选择公司制度？

为公司命名时要注意哪些问题？公司注册成立主要包括哪些环节？

公司注册时涉及哪些机构与部门？分别要办理哪些手续？公司正式成立后，会领到哪些证件？

建议用思维导图法完成本课总结。

### 2. 知识检测

请同学们扫码完成知识测验。

测试2

### 3. 技能训练

技能1，分析、选择模拟企业的经营项目或产品，确定经营范围。

技能2，选择创业企业的类型。

技能3，确定创业企业的名称。

技能4，按照登记的事项和流程填写创业企业登记的相关表格。操作建议：

1）阅读案例，理清思路

操作前要通过案例系统思考四项技能的关系，明确操作的意义。

建议仔细研读孙贺设立企业的全部案例场景，结合案例，从系统、全局的视角理解三项技能在企业设立中所处的环节、占据的地位和发挥的作用，从而更准确地理解操作内容和操作目标。

导入案例中场景1、2、3介绍了孙贺设立企业的过程，是创办企业初期的准备工作。从企业管理基本问题的角度看，创办企业的首要问题是确定生产什么，它是考虑生产多少和怎么生产的前提条件。后两个问题涉及企业规模、组织形式和生产方式等，它属于企业类型和企业制度的范畴。前面的选择关系企业生存，后两个选择关系企业发展。三项选择高质量完成才能按照不同类型的企业设立条件去准备相应的申报资料。三个环节相互衔接，前一环节的工作质量影响后一环节的工作进度和质量,总体工作质量影响企业的生存和发展。

2)操作的组织形式

以前期组建的创业企业管理团队为基本单位进行操作,先选出法定代表人,再明确工作分工,责任到人。

3)操作技法及成果

对这四项技能,本教材主要介绍了操作的步骤和方法,《中小企业管理实务操作》任务2中,每一个操作步骤都有方法指导和成果呈现形式。四项技能操作在那里完成。

### 4. 能力提升

1)案例分析

**【案例1】**

2020年10月,刘先生自筹资金30万元,欲设立一家开发生产销售快餐的公司,他将公司命名为"东盛食品科技开发公司",起草了公司章程,并已前往卫生防疫主管部门办理食品经营卫生许可证。待卫生许可证发下来之后即前往工商局办理注册登记。

根据上述文字,请你分析:

(1)该公司能否获准登记注册?为什么?

(2)这位刘先生在设立公司时存在哪些问题?

**【案例2】**

中国首家股份合作制企业发展纪实

1983年1月15日,温岭县工商局给牧屿公社一家名不见经传的小企业,即牧南工艺美术厂的"联户企业"核发了企业性质为"社员联营集体"的营业执照(见图2-5),自此,温岭牧南工艺品厂经工商注册成立,全国首家股份合作制企业诞生。此举的意义在于,它率先大胆打破体制禁区,确认企业的性质为股份合作制,这是我国农村经济体制上的重大突破。

首家社员联营企业的诞生,在当地引起了巨大反响。至1983年年底,温岭县先后批了200多家联户经营集体企业。1984年,全县达到高潮,共批了千余家这样的企业。

成为国内第一家股份合作制企业后,牧南工艺美术厂一直保持良好的发展态势。至2007年,企业正式更名为中国宝利特集团股份有限公司。2008年,宝利特获得台州市第一家中国驰名商标的荣誉称号。如今,公司拥有固定资产3亿元,厂区占地面积108亩,建筑面积135000平方米,员工2000人以上,宝利特品牌在100多个国家注册,赢得国内外一致好评。

图2-5 全国第一家有据可查的由工商行政管理部门批准的股份合作制企业营业执照

35年间，牧南工艺美术厂经历六次更名（见图2-6），每次更名都紧跟改革浪潮。

1987年，牧南工艺美术厂更名为"温岭县第二鞋帽厂"。一家家庭作坊得以冠名"县城第二"的称号完全得益于政府的支持。改名后，公司进行了厂房的扩建和改造。厂越造越大，生意也随之越来越好。当时的制鞋生意好到要排队领号才能进门买鞋，而排队的号子一转手就能卖到50元。

1992年，公司又改名为"台州达利宝鞋业有限公司"。

1994年，公司又迎来了重大的发展进程。买地、建厂房，正儿八经地从作坊式生产转变为工业化生产，同时，公司名字正式改为"台州宝利特鞋业有限公司"。

1997年，响应政府发展外向型经济的号召，宝利特尝试做外销，"当时都喜欢在公司名字前冠以中外合资这四个字，宝利特更名为'中美合资台州宝利特鞋业有限公司'参加广交会以及国外的展会"。1999年引进ISO9000质量认证体系。2000年，再次兴办工厂，从中国台湾引进管理团队，引进先进的冷干鞋流水线……宝利特几乎每一年都有新动作。

2002年，完成股份制的改造，更名为"浙江宝利特股份有限公司"。

2006年，宝利特开始尝试多元化经营，启动了光伏发电项目，成立浙江宝利特新能源股份有限公司。"新能源公司直接以股份制的形式去注册，希望它能够有机会做成一家上市公司，或者从股份上能够灵活"，陈敏智等新一代人对企业管理有更新的理解，而事实证明这种迎合历史发展的创新终将超越传统，到2018年年底，宝利特的新能源部分已经超越了传统鞋业。"新能源的销售额已经可以做到4亿元左右，鞋业3.9亿元"。

2007年，宝利特正式更名为"中国宝利特集团股份有限公司"，并沿用至今。

公司每一次改名的背后，都和改革浪潮的推动密不可分。每一次改名，都凝聚着创始人和管理者的大胆革新精神和创新精神。正如继承父亲事业的集团副总裁陈敏智所说，"宝利特发展了那么多年，一直紧跟改革的步伐，才会去不断地创新和拓展"。

35年走下来，宝利特集团三个创始股东的股权结构一直没变——三分天下，三分平均股。宝利特敢于创新的基因，在新能源公司灵活的股权机构上可窥一二。在宝利特新能源股份有限公司，一些经营者的股权进来了，包括一些核心干部的股权也进来了，总经理是职业经理人，董事会、股东会、经营管理层以及下面中层干部使整个公司的治理结构更加规范，各司其职。在股权分配方面包括利润分配方面，也更加开放。而集团的另一大重

改名之路

1982年
温岭县牧南工艺美术厂

1987年
温岭县第二鞋帽厂

1992年
台州达利宝鞋业有限公司

1994年
台州宝利特鞋业有限公司

1997年
中美合资台州宝利特鞋业有限公司

2002年
浙江宝利特股份有限公司

2007年
中国宝利特集团股份有限公司

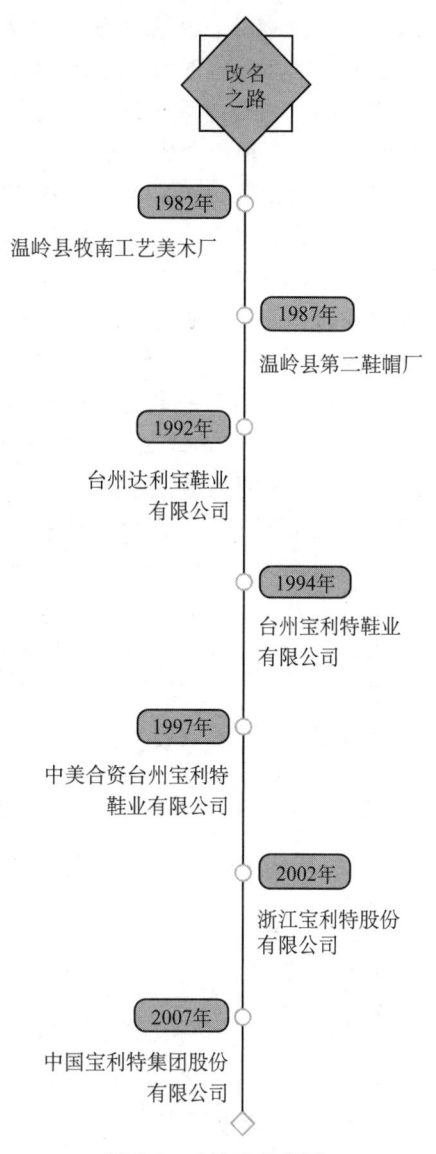

图2-6 六次改名经历

头——鞋业部分，在企业管理制度的创新方面也可圈可点。鞋业部分组织机构较为庞大，光管理干部就有 100 多人。管理事务繁杂，绩效也比较差。从 2014 年开始，宝利特就开始尝试推行内部市场化这个概念。内部分厂进行独立核算，如果核算出来有盈利，就拿出 10%～30%，由经营团队自己分。车间团队也采取一样的办法，"我们的后续目标是做到车间级别的独立核算，车间的每个人，每个车间的主任，就好像车间的老板一样，对车间的收入、支出，以及产能能效的利用率进行核算"，陈敏智说产生这样的想法，是想让员工有自己当家做主的积极性，利用公司的平台让一些优秀的人才发展得更好，人才发展了，才有事业心去发展企业，企业也就能越来越好。

如今，新一代企业经营者，利用现代企业制度，紧抓改革机遇，将企业越做越大。

后记：国内第一家股份合作制企业制度的改革创新，产生了巨大效应和能动作用。截至 2017 年年底，浙江省股份制企业总数已经达到 18456 家。从生产要素联合的方式看，有劳资合作型和劳资合股型两种。目前，浙江省的股份合作制企业早已走出初创阶段的"低、小、散、土"状况，呈现出进一步拓展提高的发展趋势：在入股结构上，早已从单一个人资金投股向人才、资源、知识产权等多形式、多层次的混合型方向发展；在发展领域上，早已从农村工业向现代工业、第三产业迅速迈进，从农村向城市迈进；在市场导向上，早已由国内为主向对外开放型方向发展；在科技进步上，更加向注重人才和产品开发方向发展。

根据《中国首家股份合作制，现在竟然这样了……》一文改编。

请根据案例回答下列问题：

（1）该公司六次更名的背景因素有哪些？

（2）企业名称对企业的意义及影响？

（3）该公司做过哪些管理制度的创新？

2）社会实践

请选择一家企业，通过网上查阅资料和现场访谈相结合的方法，了解该企业的法律性质、产权制度、经营范围、主营业务、管理制度、治理结构、机构设置、各部门的主要业务等内容。

**5. 下次课预习内容**

（1）自学网络平台任务 3 中的课件、视频、案例等资料。

（2）搜集一个中小企业的企业战略案例。

（3）搜集适合中小企业经营的商业模式。

# 项目 2

# 管理企业

## 任务3　战略选择与商业模式设计

任务3　企业战略制订与商业模式设计——为什么要制订企业战略

### 教学导航

| 教学任务 | 3.1　战略环境分析<br>3.2　企业战略选择<br>3.3　商业模式选择与设计 | |
|---|---|---|
| 教学目标 | 知识目标 | 1. 掌握企业外部环境及内部条件分析的内容与方法<br>2. 掌握企业战略的类型及三个层次战略选择的方法和步骤<br>3. 了解商业模式的类型与内容<br>4. 掌握商业模式选择与设计的方法 |
| | 技能目标 | 1. 能够选择企业战略<br>2. 能够设计简单的商业模式 |
| | 素质目标 | 增强企业战略意识和商业意识 |
| 方法建议 | 建议采用小组学习法＋案例分析法进行教学。建议采用小组学习的方式，进行讨论式学习 | |

## 知识导图

```
                        ┌─ 分析企业战略环境 ──┬─ 企业外部经营环境分析
                        │                    └─ 企业内部条件分析
                        │
                        │                    ┌─ 公司层战略选择
企业战略选择与 ─────────┼─ 选择适宜的企业战略 ┼─ 事业层战略选择
商业模式设计            │                    └─ 职能层战略选择
                        │
                        │                    ┌─ 认知商业模式
                        └─ 选择与设计商业模式 ┼─ 了解商业模式的类型及特点
                                             └─ 选择与设计商业模式
```

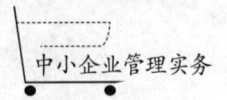

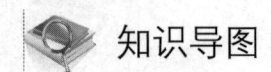

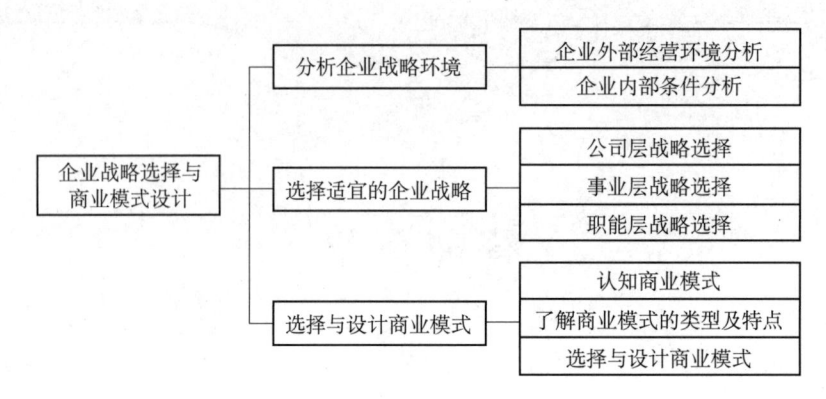

## 导入案例

### 孙贺对公司未来的思考

孙贺的公司运行了 3 年，总体状况不错。其主营业务是房地产短信广告，年净收入为：第一年 20 万元，第二年 50 万元，第三年 60 万元。这样的收入说明：第一年缺乏经验，所以收入不多；第二年有了一定的经验，积累了一些比较可靠的客户，所以收入有了成倍的增长；第三年收入只有小幅增长，这主要说明房地产短信广告市场趋于饱和。如果不开拓新的广告业务的话，公司难以有较大的发展。更为要害的是，房地产短信广告收入的账期长、回款难，有些客户的回款几年都收不回来。

在与同行的交流中，孙贺发现他们的经营也很困难，有些做广告的小公司已经难以为继了。那么未来这些广告公司的出路在哪里呢？更为可怕的是，有统计资料显示中国中小企业的平均寿命不足 3 年，那么自己的公司还能存活几年呢？有忧患意识的孙贺不得不考虑公司未来的发展！他参加了某高校举办的总裁班学习，意识到这是公司战略问题。以前觉得战略是大公司考虑的事，对小公司没用。小公司就这点事，全在心里。现在他开始思考战略问题了。

**案例分析：**

在了解了孙贺公司的战略问题之后，我们又对部分中小企业做了调查，发现许多小企业根本没有战略，老板的观点与孙贺的"没用论"基本一致。稍大些的企业对战略问题也模糊不清，或以营销战略代替企业战略，或把业务计划当作企业战略，或缺乏战略执行力。这些问题都源于对企业战略的理解和执行存在着误区。实践证明：没有战略的企业多半是短命的企业。要想走得长久，企业必须首先考虑清楚发展方向的问题，还要将企业战略落地，这就涉及商业模式的问题。

**问题：**

1. 如何正确理解企业战略？
2. 如何选择制订企业战略？

3. 如何实施企业战略？
4. 如何选择和设计商业模式？

### 任务解析

企业战略是指企业为了实现长期的生存和发展，在综合分析企业内部条件和外部环境的基础上做出的一系列带有全局性和长远性的谋划。

战略管理是对一个企业的未来发展方向制订决策和实施这些决策的动态管理过程。一个规范的、全面的战略管理过程可分为三个步骤，即战略环境分析、战略选择与评估、战略的实施与控制。

任务3 企业战略制订与商业模式设计——如何制订企业战略

第一步，战略环境分析。

环境是企业经营的主要制约因素，这是因为环境在很大程度上规定了经营者可能的战略选择。成功的战略大多是那些与环境相适应的战略。一般说来环境分析包括企业外部环境分析和企业内部条件分析，其任务是认识环境的特征，找出企业现在和将来的机遇、威胁及自身的能力条件。

第二步，战略选择与评估。

战略需要分别在公司层、事业层和职能层设立。战略要着重解决两个基本问题：一是企业的战略经营领域，二是企业在某一特定经营领域的竞争优势。经营者需要分别在上述层面开发和评价不同的战略，然后选择一组符合三个层次要求的战略组合。进一步评估这些战略是否能够最佳地利用组织资源和能力，以充分利用环境机会，克服威胁，形成自己的竞争优势。

第三步，战略的实施与控制。

无论战略计划制订得多么有效，如果不能恰当地实施，那么也不会成功。实施既定的战略需要解决如下问题：组织内哪些变革是必不可少的；如何在现有的企业文化背景下更好地实施战略；各种类型的组织结构与战略的关系是什么；有哪些不同的实施路线可供选择；成功地实施战略需要什么技巧。

在战略的实施过程中，为了使战略达到预期目的，必须对战略的实施进行控制。通过监测和评估战略管理过程来改进和提高战略运行效果。

上述三个步骤构成了战略管理的全过程，这是一个动态反复的过程。这个过程需要强劲的推动力和方向指引，这体现在组织的战略导向和使命方面。因此，企业在制订战略的过程中必须明确其战略导向和使命。

本项任务主要运用 PEST 分析法、波特五种力量分析法和 SWOT 分析法重点分析战略环境与战略制订的内容。

好的战略需要好的商业模式来配合实现。选择和设计适合企业的商业模式是战略实施的关键。

## 3.1 战略环境分析

【案例场景3-1】

孙贺要制订公司的战略，首先必须做好环境分析，因为环境分析是制订正确战略的基

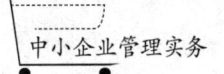

础。环境分析不到位、不准确，就不可能做出正确的公司战略。

战略环境分析包括公司外部环境分析和公司内部条件分析，为此要收集大量的政治、法律、经济、文化、社会、技术、行业、竞争者等相关资料，走访业内的精英，咨询相关的战略策划机构。通过大量的调查研究，得出比较可靠的环境分析结论。

为此，孙贺花费了半年的时间开展以上的工作。

### 3.1.1 企业外部经营环境

在战略选择过程中，企业外部环境分析是最基本的分析。因为，外部环境提供机会或威胁，内部环境提供利用机会、避免威胁的条件。企业外部环境分析不透，将难以发现机会或威胁，企业战略选择会因此而出现失误。

1. 企业外部环境的构成

企业外部经营环境是指那些影响企业成败的，但又在企业外部使企业无法全部控制的因素。这些因素包括宏观和微观两个方面。

任何一个企业的生产经营活动，总是存在于某一产业（行业）环境之内，受产业环境的直接影响；同时，也必然受行业外其他因素，如政治—法律、经济、社会—人文、技术等因素的间接影响。直接影响企业生产经营活动的产业环境被称为企业外部微观环境，间接影响企业生产经营活动的外部环境被称为外部宏观环境。它们构成了企业的外部经营环境，并且相互联系，相互影响，共同作用于企业的战略管理。

2. 宏观环境因素分析

宏观环境要素主要包括政治-法律、经济、技术、社会文化、自然环境因素。宏观环境的分析方法主要有 PEST 分析法。

1）政治-法律因素

政治-法律因素指对企业经营活动具有现存和潜在作用的政治力量，同时也包括对企业经营活动予以规范的法律和法规等。

政治因素包括企业所在国家和地区的政局稳定状况，执政党所要推行的基本政策以及这些政策的连续性和稳定性。这些基本政策包括产业政策、税收政策、政府订货及补贴政策等。就产业政策来说，国家确定的重点产业将为企业提供更多的增长机会和发展潜力；政府的税收政策影响企业的财务结构和投资决策；政府订货及补贴政策，影响消费走向，进而影响企业的战略选择方向。

法律因素主要指国家为了规范市场、企业的经济行为，促进企业发展所制订和颁布的相关法律、法规和要求。如规范企业行为的公司法、经济合同法、企业破产法、商标法、专利法等，对环境污染、卫生标准、产品安全、产品价格的限制和要求等条例。

政府因素对企业行为的影响主要是通过制订一些法律和规章间接地影响企业的活动，其影响比较复杂，对企业起着限制、引导、规范等作用。

2）经济因素

经济因素是指构成企业生存和发展的社会经济状况及国家经济政策，主要由社会经济结构、经济发展水平、经济体制和宏观经济政策等要素构成。

在众多的经济因素中，首先要分析宏观经济的总体状况，主要考虑企业所在国家或地区的经济发展形势，是属于高速发展还是属于低速发展，是处于停滞状态还是倒退状态。一般说来，在宏观经济大发展的情况下，市场扩大，需求增加，企业发展机会就多。如国民经济处于繁荣时期，建筑业、汽车制造业、机械制造业以及轮船制造业等都会有较大的发展，而这些行业的增长必然带动钢铁业的繁荣，增加对各种钢材的需求量。反之，在宏观经济低速发展或停滞，甚至倒退的情况下，市场需求增长很小，这样企业发展机会也就少。反映宏观经济总体状况的关键指标是国民生产总值（GNP）增长率。比较高的、健康的国民生产总值增长率表明国民经济处于良好运行状态，而经济的总体状况通常受到政府赤字水平以及中央银行货币供应量这两者相互关系的重大影响。

除上述宏观经济总体状况以外，企业还应考虑中央银行或各专业银行的利率水平、劳动力的供给、就业水平、消费者收入水平、价格指数的变化（通货膨胀率）等。这些因素将影响企业的投资决策、定价决策以及人员录用政策等。对于从事国际贸易的企业来说，还必须考虑关税种类及水平、国际贸易的支付方式、东道国政府对利润的控制、税收制度等。一些国家政府有时限定外方公司从该国提取的利润额，有时还要对外方公司所占有的股份比例加以限制。

3）技术因素

技术因素既包括那些引起时代革命性变化的发明，也包括与企业生产有关的新技术、新工艺、新材料的出现和发展趋势及应用前景。技术力量主要从两个方面影响企业战略的选择：

一方面技术革新为企业创造了机遇。表现在：第一，新技术的出现使得社会和新兴行业增加对本行业产品的需求，从而使得企业可以开辟新的市场和新的经营范围。例如，互联网技术促进义乌小商品市场营销方式的转变和升级，利用网络营销，拓展海外市场，扩大经营范围。第二，技术进步可能使得企业通过利用新的生产方法、新的生产工艺过程或新材料等各种途径，生产出高质量、高性能的产品，同时也可能会使得产品成本大大降低。例如，机器人技术使汽车制造企业大幅度降低生产成本，极大地提高了生产效率；大数据技术帮助一些企业精准找到目标顾客，制订适销对路的销售策略，有效地避免了盲目推广。

另一方面技术革新可能会对另一个产业形成威胁。例如，塑料制品业的发展在一定程度上对钢铁业构成了威胁，许多塑料制品成为钢铁产品的代用品。无人驾驶技术在电动汽车领域的应用对以往的汽车制造业构成威胁，目前有许多汽车制造企业产品滞销，连年亏损。在国际贸易中，某个国家在产品生产中采用先进技术，就会导致另一国家的同类产品价格偏高。例如，华为的5G技术使通信基站的性能大大提高，价格大大降低，对美国的电子通信产业构成威胁，面对威胁美国将华为列入围剿的黑名单。因此，要认真分析技术革命给企业带来的影响，认清本企业和竞争对手在技术上的优势和劣势。

4）社会文化因素

社会文化因素包括社会文化、社会习俗、社会道德观念、社会公众的价值观念、职工的工作态度以及人口统计特征等。社会因素影响人们对企业产品或分工的需要，也一定程度地影响和制约企业的战略选择。

社会文化是人们的价值观、思想、态度、社会行为等的综合体。文化因素强烈地影响着人们的购买决策和企业的经营行为。

不同的国家有着不同的主导文化传统，也有着不同的企业文化群、不同的社会习俗和道德观念，从而影响人们的消费方式和购买偏好，影响企业的经营方式。因此企业必须了解社会行为准则、社会习俗、社会道德观念等文化因素的变化对企业的影响。

一些利益团体（如消费者协会、环境保护组织等）对企业的行为有很大的影响力，甚至对企业的活动有很大的限制作用。因此，需要鉴别出对企业有影响的各种利益团体。

人口统计指标是社会环境中的另一重要因素，它包括人口数量、人口密度、年龄结构的分布及其增长、地区分布、民族构成、职业构成、宗教信仰构成、家庭规模、家庭寿命周期的构成及发展趋势、收入水平、教育程度等。庞大的总人口数量再加上较高的购买力，就会形成巨大的市场。这是企业战略选择必须慎重考虑的因素。

5）自然环境

自然环境是指企业所处的生态环境和相关自然资源，包括土地、森林、河流、海洋、生物、矿产、能源等。对于需要自然资源较多的企业，需要考虑这些资源的供给量，获得的可能性，资源市场的变化趋势等。资源的获得性关系到企业能否持续经营，能否保持较低成本，从而形成竞争优势。

## 小思考

宏观环境因素分析主要解决什么问题？

3. 产业竞争性分析

产业竞争性分析属于外部环境中的微观环境分析，它的内容主要是分析本行业中的企业竞争格局，以及本行业和其他行业的关系。行业的结构及竞争性决定着行业的竞争原则和企业可能采取的战略。因此，产业竞争性分析是企业制订战略的最主要基础。

产业竞争性分析通常采用波特的五种竞争力量分析法。按照波特的观点，一个行业中的竞争，远不止在原有竞争对手中进行，而是存在着五种基本的竞争力量，即潜在的行业新进入者的威胁、替代产品的威胁、购买商议价的能力、供应商议价的能力及现有竞争者之间的竞争。

这五种基本竞争力量的状况及综合强度，决定着行业的竞争激烈程度，从而决定着行业中获利的最终潜力。在竞争激烈的行业中，不会有一家企业能获得惊人的收益；在竞争相对缓和的行业中，各企业普遍可以获得较高的收益。由于行业中竞争的不断进行，企业的投资收益率会逐步下降，直至趋近于竞争的最低收益率。若投资收益率长期处于较低水平，投资者将会把资本投入其他行业，甚至还会引起现有企业停止经营。反之，就会刺激资本流入和现有竞争者增加投资。所以，行业竞争力量综合强度还决定资本向本行业的流入程度。下面详细分析这五种竞争力量。

1）潜在的行业新进加入者的威胁

这种威胁主要是由于新进加入者加入该行业，一方面，会带来生产能力的扩大，对市场占有率的分割，这必然引起与现有企业的激烈竞争，使产品价格下跌；另一方面，新进加入者要获得资源进行生产，可能促使行业生产成本升高。这两方面都会导致行业的获利能力下降。新进加入者威胁的状况取决于进入障碍和原有企业的反击程度。如果进入障碍高或原有企业激烈反击，潜在的新进加入者难以进入该行业，加入者对行业的威胁就小；反之，威胁就大。决定进入障碍的主要因素有以下几个方面：

（1）规模经济。这是指生产单位产品的成本随生产规模的增加而降低。规模经济的作用是迫使行业新进加入者必须以大的生产规模进入，并冒着现有企业强烈反击的风险，或者以小的规模进入，但要长期忍受产品成本高的劣势。这两种情况都会使加入者望而却步。如在钢铁行业中存在规模经济，大企业的生产成本要低于小企业的生产成本，这就是进入的障碍。

（2）产品差异优势。这是指原有企业所具有的产品商标信誉和用户的忠诚。这种现象的产生归因于企业过去所做的广告、对用户的服务、产品差异或者仅仅是企业在该行业悠久的历史。产品差异化形成的障碍，迫使新进加入者要用极大代价来树立自己的信誉和克服现有用户对原有产品的忠诚。这种努力通常是以亏损作为代价的，而且要花费很长时间才能达到目的。如果新进加入者进入失败，那么在广告商标上的投资是收不回任何残值的。因此这种投资具有特殊的风险。

（3）资金需求。这种进入障碍是指在行业经营中不仅需要大量资金，而且风险性大，新进加入者要在拥有大量资金、冒很大风险的情况下才敢进入。形成需要大量资金的原因是多方面的，如购买生产设备、提供用户信贷、进行存货经营等都需要资金。

（4）转换成本。这是指购买者为转换供应商所支付的个性成本。它包括重新训练业务人员、增加新设备、检测新资源的费用以及产品的再设计等。如果这些转换成本高，那么新进加入者必须为购买商在成本或服务上做出重大的改进，以便购买者可以接受。

（5）销售渠道。一个行业的正常销售渠道，已经为原有企业服务，新进加入者必须通过广告合作、广告津贴等来说服这些销售渠道接受其产品，这样就会减少新进加入者的利润。产品的销售渠道越有限，它与现有企业的联系越密切，新进加入者进入该行业就越困难。

（6）与规模经济无关的成本优势。原有的企业常常在其他方面还具有独立于规模经济以外的成本优势，新进加入者无论取得什么样的规模经济都不可能与之相比较，它们是：专利产品技术、独占最优惠的资源、占据市场的有利位置、政府补贴、具有学习或经验曲线以及政府的某些限制政策等。

2）现有竞争者之间的竞争

现有竞争者之间采用的竞争手段主要有价格战、广告战、引进产品以及增加对消费者的服务和保修等。竞争的产生是由一个或多个竞争者感受到了竞争的压力或看到了改善其地位的机会。如果一个企业的竞争行动对其对手有显著影响，就会招致报复或抵制；如果竞争行动和反击行动逐步升级，则行业中所有企业都可能遭受损失，处境更糟。在以下状况中，现有企业之间的竞争会变得很激烈：①竞争者众多或势均力敌；②行业增长缓慢；③行业具有非常高的固定成本或库存成本；④行业的产品没有差别或没有行业转换成本；⑤行业中的总体生产规模和能力大幅度提高；⑥竞争者在战略、目标以及组织形式等方面千差万别；⑦退出行业的障碍很大。

[拓展阅读3-1] 影响现有竞争者竞争的行业因素分析

链接：【拓展阅读3-1】影响现有竞争者竞争的行业因素分析

3）替代产品的威胁

替代产品是指那些与本行业的产品有同样功能的其他产品。替代产品的价格如果比较低，它投入市场就会使本行业产品的价格上限只能处在较低的水平，这就限制了本行业的收益。替代产品的价格越有吸引力，这种限制作用也就越牢固，对本行业构成的压力也就越大。正因为如此，本行业与生产替代产品的其他行业进行的竞争，常常需要本行业所有企业共同采取措施和集体行动。如果替代产品在价格和性能上优于该行业的产品，或替代产品产自高收益率的行业，则应格外注意。

4）购买商议价的能力

购买商可能要求降低购买价格，要求高质量的产品和更多的优质服务，其结果使得行业的竞争者们互相竞争残杀，导致行业利润下降。在下列情况下，购买商们有较强的议价能力。

（1）购买商们相对集中并且大量购买。如果购买商们集中程度高，由几家大公司控制，这就会提高购买商的地位。如果销售者行业急需补充生产能力的话，那么大宗的购买商就更处于特别有力的竞争地位。

（2）购买的产品占购买商全部费用或全部购买量中很大的比重。这时，购买商愿意花费必要的资金购买，购买商议价的能力就大。反之，只占购买商全部费用的一小部分，那么购买商通常对价格不敏感，无须议价。

（3）该行业购买的产品属标准化或无差别的产品。购买商在这种情况下确信自己总是可以找到可挑选的销售者，可使供应商之间互相倾轧。

（4）购买商的行业转换成本低。高的转换成本将购买商固定于特定的消费者身上。因此，如果转换成本低，那么购买商议价能力就强。

（5）购买商的利润很低。这样，他们会千方百计地压低购买费用，要求降低购买价格。高盈利的购买商通常对价格不太敏感，他们还会考虑维护与供应商的长期利益关系。

（6）购买商们宁愿自己生产而不去购买，对销售者构成威胁。

（7）销售者的产品对购买商的产品质量或服务无关紧要。如果销售者的产品对购买商的产品质量影响很大，购买商对价格一般不太敏感。

（8）购买商充分掌握供应商的信息，这样，购买商便会在交易中享有优惠价格，而且在受到供应商威胁时可以进行有力的反击。

5）供应商议价的能力

供应商的威胁手段一是提高供应价格，二是降低供应产品或服务的质量，从而使下游行业利润减少。在下列情况下，供应商有较强的议价能力。

（1）供应行业由几家公司控制，其集中化程度高于购买商行业的集中程度。这样，供应商能够在价格、质量的条件上对购买商施加相当大的影响。

（2）供应商无须与替代产品进行竞争。如果存在着与替代产品的竞争，那么即使供应商再强大有力，他们的竞争能力也会受到牵制。

（3）对供应商来说，所供应的行业至关重要。在供应商向这些行业销售产品且每个行业在其销售额中所占比例不大时，供应商更易于发挥其议价的能力。反之，如果某行业是供应商的重要客户，供应商就会为了自己的发展采用公道的定价。

（4）对买主们来说，供应商的产品是很重要的生产投入要素。这种投入对于买主的制造过程或产品质量有重要的影响，这样便增强了供应商议价的能力。

（5）供应商们的产品是有差别的，并且使购买者建立起很高的转换成本。这样，购买者便不会设想"打供应商的牌"。

（6）供应商对买主的行业构成前向"一体化"的威胁很大。如果这样，购买商所在行业若想在购买条件上讨价还价，就会遇到困难。例如，矿石公司想要自己用矿石炼铁，这将对炼铁公司构成很大的威胁。

> **小思考**
> 产业竞争性分析主要解决什么问题？

### 3.1.2 企业内部条件分析

对企业内部条件进行分析的目的是确定现实或潜在的核心竞争力，即不宜被竞争对手超过的优势所在。当外部环境处于多变状态时，组织自身的特征，如资源和能力将在相当程度上决定企业的竞争基础。战略的制订应当能够弥补组织的劣势，或能够将原来的劣势转化为优势。

1. 影响企业战略的内部因素

影响企业战略的内部因素主要包括领导层的经营观念、技术创新能力、运营管理能力和市场营销能力。这些因素间的基本关系如下：

（1）领导层的经营观念。领导层的经营观念在总体上决定着企业战略的基本方向和水平，是影响企业战略的关键因素。作为企业领导者应具备先进的人才观、系统观、发展观、科技观、学习观、管理观，真正做到与时俱进，才可能使得企业战略定位高远，保持先进。

（2）技术创新能力。技术创新能力是企业制订战略所依据的基础之一，没有技术创新能力的企业，很难制订出以高技术为依托的发展战略。尤其是在竞争日益激烈的今天，即使企业当前具有好的产品，如果缺乏技术创新能力，最终也会被淘汰出局。

（3）运营管理能力。运营管理能力是企业投入减去产出的能力，是产品高质量、高效率、低成本生产的保证，也是企业高服务水平的保证。仅有好的观念、好的技术，而没有好的运营管理，是不会有好的效率和效益。

（4）市场营销能力。企业的基本功能，一是做产品，二是做市场。做产品靠的是技术创新和运营管理，做市场靠的则是市场营销和客户管理。产品是市场营销的基础，市场营销是产品的翅膀。仅有好的产品，没有好的营销，好的产品就不能实现其应有的价值。

2. 企业的独特资源和竞争力

企业的独特竞争力保证了其在竞争中超越竞争对手，并获得较大的利润。企业独特竞争力有两个互相补充的来源，即企业所具有的独特资源和独特能力。

1）企业的独特资源

企业所具有的资源可分成两大类：一类是有形资源，如土地、建筑物、工厂、设备等；另一类是无形资源，包括商标、专利、工业知识产权、合同协议、商业秘密、声誉、技术或市场营销诀窍、商业交易网络、企业文化等。企业所具有的资源不一定构成其独特竞争力，只有独特的和有价值的资源才能成为独特竞争力。所谓独特资源是指其竞争对手所不具有的资源。例如，美国拍立得（Polaroid）公司的独特竞争能力就是基于它的独特的无形资源——即时成像方面的技术诀窍，这种技术诀窍受到专利保护而免受模仿的威胁。由于拍立得公司的技术诀窍为公司的成像产品创造出巨大的市场需求，因此它构成了该企业的独特竞争力。

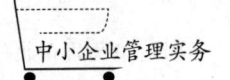

2)企业的竞争力

企业竞争力是指企业协调资源并使其发挥生产作用的技能。这些技能存在于企业的日常活动中,存在于企业决策和管理过程中。概括起来说,企业的竞争力是组织结构和控制系统的产物。这些系统规定了在企业内部如何做出决策、怎样做决策、如何实施日常管理等。企业竞争力也是企业独特竞争力的重要组成部分,但企业能力不仅仅存在于企业中的单个人员身上,其更多地体现在企业范围内个人之间相互作用、相互配合和做出决策等方式上。

3. 构造企业的核心竞争力

企业核心竞争力就是企业长期形成的,蕴含于企业内质中的,企业独具的,支撑企业过去、现在和未来竞争优势,并使企业在竞争环境中能够长时间取得主动的核心能力。

企业的竞争力分为三个层面:

第一层面是产品层,包括企业产品生产及质量控制能力、企业服务、成本控制、营销、研发能力等,是表层的竞争力。

第二层面是制度层,包括各经营管理要素组成的结构平台、企业内外部环境、资源关系、企业运行机制、企业规模、品牌、企业产权制度等,是支持平台的竞争力。

第三层面是核心层,包括以企业理念、企业价值观为核心的企业文化、内外一致的企业形象、企业创新能力、差异化个性化的企业特色、稳健的财务、拥有卓越的远见和长远的全球化发展目标等,是最核心的竞争力。

有人认为企业核心竞争力具有"偷不去、买不来、拆不开,带不走,溜不掉"的特点。

"偷不去",是指别人模仿你很困难,如你拥有的自主知识产权——品牌、文化。

"买不来",是指这些资源不能从市场上获得。

"拆不开",是指企业的资源、能力有互补性,分开就不值钱,合起来才值钱。

"带不走",是指资源的组织性。整合企业所有资源形成的竞争力,才是企业的核心竞争力。

"溜不掉",是指提高企业的持久竞争力。今天"拆不开"、"偷不走"的资源,明天就可能被拆开、偷走,所以,企业家真正的工作不是管理,而是不断创造新的竞争力。

例如 CT 这项技术是由 EMI 公司高级研究人员亨斯菲尔德发明的,这项发明使 EMI 公司独享制造医用 CT 机的技术诀窍。然而遗憾的是,EMI 公司缺乏在市场上成功挖掘这种资源的能力,缺乏争取潜在客户的市场营销技能,也缺乏售后服务和对这种产品的支持性技能,结果在开发出医用 CT 机的 8 年之后,EMI 公司便难以从事 CT 机业务。而它的模仿者——通用电器公司,则成了这方面的市场领导者。这就是说,EMI 公司尽管具有独特和有价值的无形资源,但它由于缺乏挖掘和整合这些资源的能力,最终没能形成自己独特的核心竞争力而获得高收益。

4. 建立核心竞争力的模仿障碍

由于核心竞争力可使企业获得超额收益,竞争对手总是极力去模仿它们,因此,所建立的模仿障碍越大,模仿就越难,企业的竞争优势就越持久。然而,所有核心竞争力最终都是能被竞争对手所模仿的。关键因素是竞争者模仿所花费的时间。竞争者模仿核心竞争力所花的时间越长,企业建立起竞争对手难以攻击的强大市场地位和声誉的机会就越大。此外,竞争者模仿所花的时间越长,企业改进这种独特竞争力或建立新的竞争力的时间就越长,这就使竞争者很难跟上企业的竞争步伐。

建立核心竞争力的模仿障碍可以从以下两个方面来考虑。

1）可模仿的资源

有形资源较容易模仿，无形资源模仿较难。

竞争者最容易模仿的独特竞争力是基于那些独特而有价值的有形资源，这是由于竞争对手能够看到这些资源并且在市场上可购买到。例如，如果某个企业的竞争优势是它具有高效率和大规模的生产设施的话，则竞争对手可能会很快地购买类似的设施。在20世纪20年代，福特汽车公司通过采用装配流水线的汽车制造技术，获得了超越通用汽车公司的竞争优势。但是通用汽车公司很快模仿了这项生产技术，并使福特汽车公司的这种独特竞争力消失殆尽。

模仿无形资源要难得多，特别是公司的品牌或商标更是如此。例如，华为的品牌是经过长期的创造创新、技术攻关、品质管理、人才培育、市场拓展、客户服务等非凡能力的培养形成的，很难在短时间内模仿得来，照搬其商标是违法的。市场营销及技术诀窍也是企业重要的无形资源，然而，它们却不像品牌这类无形资源，公司特定的市场营销及技术诀窍可相对容易地被模仿，这是因为技术人员在不同公司之间的流动有助于技术诀窍的扩散和传播，尤其是市场营销技术，由于它能被竞争对手看到，所以很容易被模仿。

2）难以模仿的能力

模仿一个企业的能力要比模仿一个企业的有形及无形资源难得多，主要是因为企业的能力对外界来说是不可见的。企业能力存在于企业做出决策以及管理过程的方式中。外界人很难识别一个企业内部运作的实质，因此也就难于模仿一个企业的能力。企业能力不可见性的这一特点对防止模仿可能是不充分的。理论上讲，竞争者可以通过雇请企业的人员窃取出该企业的运营秘密。但是，企业的能力很少只存在于个人身上，相反它是在一个独特的公司环境中，是许多个人相互作用的方式或方法的产物，因此就可能出现公司中没有任何一个人熟悉企业的内部运作程序和方式的情况。在这种情况下，竞争对手从一个成功的公司中雇请一些人员并不能保证它可模仿到该公司的关键能力。

总之，企业的独特竞争力来自企业所具有的资源和能力。资源比能力更容易被模仿。因此基于企业能力的独特竞争力要比基于企业资源的独特竞争力更具有持久性。

### 小思考

如何形成企业的核心竞争力？

### 3.1.3 孙贺的战略环境分析

在掌握了以上知识之后，孙贺组织了战略设计小组，收集了大量的资料，通过整理这些资料，形成了企业外部环境和内部条件的分析报告，报告的简要内容如下。

1. 企业外部环境分析

政策环境：政策环境总体上是利好的。

在区域政策上，国家有东北老工业振兴计划；在产业政策上，广告行业"十三五规划"中有多项鼓励和支持政策（投资、信贷、税收、使用资源、市场准入等方面）。

经济环境：在宏观经济层面，中国经济连续40年中高速发展，经济活力仍然不减。目前国家大力推进企业转型升级，为企业的发展提供了新的机会。

在广告市场方面，2015年全国广告营业额为5973亿元，比2010年增长了1.5倍，成为全球第二大广告市场。这说明中国的广告市场正处在高速发展阶段，它为广告企业提供了非常难得的发展机会。

技术环境：目前互联网+广告、微信广告已经成为广告行业新的经济增长点，互联网应用技术、社区平台技术正在快速地取代以往的技术，包括短信应用技术。这些新技术手段无疑给传统的广告形式带来了巨大的威胁。

社会文化环境：当今社会最典型的变化就是互联网、电子商务对人们生活习惯的影响，手机越来越成为人们每天工作、生活的必需品，各种App成为人们互相沟通的桥梁。作为满足人们各种需求的企业，如果不能尽快地抓住这些应用，走进人们日益变化的生活习惯中，就必然被淘汰。

2. 产业竞争性分析

1）竞争者分析

在沈阳广告市场中，广告企业有上百家，但有规模的企业不过15家。其中辽宁报业集团、达可斯广告有限公司、新潮传媒集团位居前三名，占有市场份额约三成。这些大的广告公司，其业务并不与孙贺公司的业务发生直接的竞争。经营短信广告业务的主要有分众传媒、点动无线、维迈广告等。孙贺的公司主要做的是房地产业的短信广告，在这个领域占有绝对的优势。只要维护好老客户，不断开发新客户，就可以在这块细分市场上有所发展。

2）供应商分析

短信广告的供应商主要是三大通信运营商——移动、联通、电信。这些年来，孙贺公司与中国移动沈阳公司一直有很好的合作，关系稳定。在业务操作上从不违规，深得移动公司的信赖。对移动公司的利润分成，一直给予优先保证。反过来，移动公司短信技术的升级也总是给予孙贺公司及时的支持。

3）客户分析

目前孙贺公司在房地产广告市场上已积累了50多家大客户，在金融、汽车、教育、医疗、食品等广告市场上开发了许多新客户。大多数客户对广告的需求都是刚需，而且同样的广告常常需要间隔一段时间再发。因此，只要能够获得客户满意，客户的黏性还是很高的。

维护好客户关系是公司的第一要务，这是孙贺对员工最核心的要求！

3. 企业内部条件分析

1）经营思想

孙贺信奉"只有为客户着想，才能赢得客户"，这是他在这些年的经营实践中体会最深的一条理念。在早期与他人的合作过程中，曾经与合作者在对待客户的问题上产生过分歧，而事后的结果证明，怎样对待客户，就会有怎样的结果。为此，孙贺终止了与他们的合作。

孙贺在对员工的培训中十分重视对待客户的态度，他要求员工对待客户就像对待自己的兄弟姐妹一样。正是这样的理念在公司中通行，才使得这些年员工为公司赢得了良好的客户关系。当然公司的业务规模也在不断扩大。

2）短信发送技术

一般情况下，三大通信运营商提供了短信通信平台，提供相应的短信发送技术，但他们不会允许太多的公司在这个平台上运营，这样会搅乱这个市场。只有早期的进入者，以及诚信的经营者才被授权。短信通信平台运营权在一定程度上成为短信广告市场上独特的资源。利用这个平台，孙贺与一些广告公司合作，让这些广告公司去揽业务，孙贺为他们发广告，发挥各自的优势，既扩大了规模，又可利润共享。

3）客户回款

在短信广告业务中，往往是广告公司先发广告，客户后结账。有些公司常常拖欠应付款，甚至到年底也不结账。实在不好拖欠了，就用实物顶账，像房地产公司就用房子顶账，家具公司就用家具顶账。追账是最为头痛的事情，追的次数多了，自己都烦了。不追吧，公司的流动资金就告急了。

总之，这个问题不解决，公司难以持续经营。

4）员工能力

目前公司有员工8人，其中，老员工3人，新员工5人。员工的优势主要体现在学习能力强，团队意识强，服务意识强。劣势主要表现为工作经验不足，对广告的新技术不够熟悉，处理人际关系的技巧不足。好在员工的学习能力强，经过一段时间的历练会担当起各自的责任的。

根据以上两方面的分析，运用SWOT分析法进行整理。

SWOT分析法是将企业外部环境和内部条件联系起来进行分析，从而寻找二者最佳可行战略的组合。它将两者用优势（S）、劣势（W）、机会（O）和威胁（T）四个尺度来衡量，并标识在SWOT矩阵（见表3-1）上，从而策划出一系列有针对性的战略选择方案。

表3-1　SWOT分析矩阵

| 外部 | 内部 ||
|---|---|---|
| | 优势（S） | 劣势（W） |
| 机会（O） | （O）vs（S）策略 | （O）vs（W）策略 |
| 威胁（T） | （T）vs（S）策略 | （T）vs（W）策略 |

1）确定机会和威胁

外部环境中任何有助于实现组织目标的因素均可称为"机会"，反之，妨碍组织目标实现的因素将被视为"威胁"。机会和威胁超出管理者直接控制的范围，企业若想保证在竞争中取胜，就必须建立相应的社会信息系统，了解和掌握环境的变化，做出积极的反应，也就是环境监测。

2）确定优势和劣势

优势和劣势源自组织内部，管理者可以直接控制，要确定企业具有哪些优势和劣势，必须对企业整体进行全面分析，包括组织结构、高层管理人员的结构和素质、财务管理、生产管理、营销管理、人力资源管理、研究与开发管理等诸多方面。

3）SWOT矩阵与战略方案

SWOT矩阵是一个以外部环境中的机会、威胁为一个维度，以企业内部条件的优势、劣势为另一个维度的二维度矩阵，管理者依据 SWOT 的不同组合着手制订方案。这些方案要能充分利用外部机会，避免和克服威胁，扬长避短。在此过程中要注意两方面的一致性：一是内部一致性，即战略方案要与企业的使命和目标相一致；二是外部一致性，战略方案要与外部环境相一致。有人认为前者是必要条件，后者是充分条件，企业及其资源与外部机会的吻合是战略管理的关键。孙贺公司的 SWOT 分析如表 3-2 所示。

表3-2 孙贺公司的SWOT分析

| | | 外部环境分析 | |
|---|---|---|---|
| | | 机会（O）<br>政策利好<br>市场发展空间较大<br>广告新形式突显 | 威胁（T）<br>广告新形式冲击老形式<br>客户回款障碍<br>进入门槛较低 |
| 内部力量分析 | 优势（S）<br>短信平台资源<br>可靠的经营理念<br>员工学习能力强 | 优势机会策略（SO）<br>充分利用短信平台资源，扩展原有业务<br>积极学习广告新技术，开拓广告新业务 | 优势威胁策略（ST）<br>全力缓解客户回款<br>强化自身实力，抵御恶性竞争 |
| | 劣势（W）<br>广告形式少<br>员工经验不足<br>资金不充裕 | 劣势机会策略（WO）<br>增加新的广告形式<br>强化团队学习，提升员工经验<br>开拓资金渠道，保证公司运营 | 劣势威胁策略（WT）<br>稳定与保护短信业务<br>建立客户正常回款的机制<br>注意对手新的竞争手段 |

【案例场景 3-2】

在环境分析与自身条件分析的基础上，孙贺开始制订公司的战略。这里需要考虑两方面的问题：现有业务如何保持与发展？应该开拓哪些新业务？

## 3.2 企业战略选择

在战略环境分析的基础上，接下来要做的就是战略选择。如前所述，企业战略分为三个层次，中小企业应根据实际情况进行战略选择。

### 3.2.1 公司层战略选择

公司层战略着重解决组织从事一种什么样的事业，以及怎样管理这些业务。有两种普遍的方法，即公司的总体战略和公司的业务组合矩阵。对于小型公司来说，总体战略是为实现组织总体目标而设置和制订的。确定总体战略就要选择竞争的领域，是发展、稳定还是退缩防守，以及是集中还是多样化等不同的发展方向和途径。可供选择的公司层战略有四种。

1. 稳定战略

稳定战略的特点是持续地向同类型的顾客提供同样的产品和服务，寻求与过去相同或相似的战略目标。在以下三种情况下适合选择稳定战略：一是组织对当前的绩效感到满意，总体环境看上去还会保持稳定时；二是管理层不希望承担大幅度改变现行战略所带来的风险；三是战略的改变所需要的资源配置难以实现，会触及既有的配置格局，导致利益失衡。

## 2. 发展战略

选择发展战略（也称增长战略）意味着提高组织的经营层次，如更高的销售额、更多的雇员、更大的市场份额等。可供选择的发展战略有：

（1）选择集中化战略，即公司把全部人、财、物等力量投入具有增长趋势的行业或某一种经营活动中，通过专门的技术和专业的效率以获得竞争优势。采取集中化战略最大的风险就是所在行业的衰落或被竞争对手所控制，一旦发生这种情况，企业就会难以为继。

（2）选择多样化战略。公司可以通过合并、兼并等手段涉足另外某一个或某几个行业，谋求相关多样化或不相关多样化的发展。相关多样化和不相关多样化的区别在于扩大的经营活动与原活动是否相似或有联系。

发展战略可以通过直接扩张、合并同类企业或以多元化经营的方式来实现。

## 3. 防御战略

防御战略的目的恰与发展战略相反，它不寻求企业规模的扩张，而是通过调整来缩减企业的经营规模。防御战略一般包括抽资转向战略、调整战略、放弃战略和清算战略等。

（1）抽资转向战略，即减少公司在某一特定领域内的投资。这个特定领域可以是一个战略经营单位、生产线或是特定的产品。采取这种战略的目的是削减费用支出和改善公司总的现金流量。然后把通过这种战略获得的资金投入到公司更需要资金的新领域，或重要领域。

（2）调整战略，即调整、减少某个市场领域或产品种类等，适合于要扭转公司财务状况欠佳的局面，提高运营效率，使公司能度过危机，希望将来情况发生变化再采用新战略的情况。

（3）放弃战略，即要卖掉公司的一个主要部门。它可能是一个战略经营单位，一条生产线，或者是一个事业部。该战略适合于当抽资转向战略或调整战略失效的情况。

（4）清算战略，即通过拍卖资产或停止全部经营业务来结束公司的存在。该战略是最无吸引力的战略，只有当其他的战略全部失灵后才适合采用。当然，及早地进行清算较之追求无法挽回的事业可能更加适宜。

## 4. 战略组合运用

由于企业环境复杂、实现企业战略目标途径的多样性以及企业内部组织结构的差异性，在实际的战略选择中，企业多侧重于运用战略组合来实现自己的战略目标。战略组合就是将相关的战略配合起来使用，使几种战略形成一个有机的整体。一般的战略组合方式有下列两种形式：

（1）选择顺序组合，即按照战略方案实施的先后顺序，依次运用各种相关战略或依据产品的市场寿命周期采取不同的战略。

（2）选择同时组合，即在同一战略时期内同时运用几种相关战略，以实现企业整体的战略目标。在企业具有多种不同经营业务或多个事业部的情况下，通常采用同时组合的战略组合方式。

总之，对大多数企业来说，可采用的战略方案是多种多样的。管理者既可以采用一种战略方案，也可以同时采用多种战略方案，形成一套战略组合。

> **小思考**
>
> 公司层战略选择主要解决什么问题?

### 3.2.2 事业层战略选择

对于具有多种经营业务的公司来说,事业层战略主要研究如何在某一给定的经营业务内确定竞争的问题。它的影响范围小于公司层战略,且仅运用于单一的战略经营单位,故又称其为经营战略或竞争战略。

基本竞争战略是指无论在什么行业,或什么企业都可以采用的竞争性战略。美国哈佛商学院著名的战略管理学家迈克尔·波特(M. E. Poter)在其1980年出版的《竞争战略》一书中,提出三种竞争战略,即成本领先战略、差别化战略和重点集中战略。

1. 成本领先战略

采用成本领先战略是指企业通过在内部加强成本控制,在研究开发、生产、销售、服务和广告等领域将成本降到最低限度,成为行业中成本领先者。

企业采取成本领先战略主要考虑三个方面的问题:一是降低生产成本,为行业的潜在进入者设置较高的进入障碍;二是降低资金费用成本,使应付投入费用增长,提高企业与供应者的讨价还价能力;三是降低技术研发和营销成本,提升新产品和优质服务的能力,吸引顾客,降低或缓解替代品的威胁,保持成本领先的竞争地位。

2. 差别化战略

选择差别化战略,即企业应提供与众不同的产品和服务,满足顾客特殊的需求,形成竞争优势。运用这种战略主要是依靠产品和服务的特色,而不是产品和服务的成本。企业采用这种战略,可以很好地防御行业中的五种竞争力量,获得超额利润,比如,形成进入障碍、降低顾客敏感程度、增强讨价还价能力、防止替代品威胁等。

3. 重点集中战略

选择重点集中战略,即企业把经营战略的重点放在一个特定目标市场上,为特定的地区或特定的购买者集团提供特殊的产品和服务。

重点集中战略与前两个基本竞争战略不同。成本领先战略与差别化战略面向全行业,在整个行业的范围内进行活动。而重点集中战略则是围绕一个特定的目标进行密集性的生产经营活动,要求能够比竞争对手提供更为有效的服务。企业一旦选定了目标市场,便可以通过产品差别化或成本领先的方法,形成重点集中的战略。

重点集中战略与前两个战略一样,可以抵制行业中各种竞争力量,使企业在本行业中获得高于一般水平的收益。

> **小思考**
>
> 什么样的企业适合选择成本领先战略?什么样的企业适合选择差别化战略?

### 3.2.3 职能层战略选择

在企业确立了战略目标，选择了公司层战略和事业层战略之后，还要为每一个职能部门制订出职能战略。这些职能战略必须互相支持和互相补充，以保证战略经营单位的竞争战略得以实现。职能战略的时间跨度要较公司战略短得多，更具体和专门化，且具有行动导向性。职能战略主要包括市场营销战略、研究与开发战略、生产战略、物流战略、财务战略、人力资源战略。

**1. 市场营销战略**

市场营销战略的主要内容包括：使企业现有的或潜在的产品或服务与顾客的需要相适应；将产品或服务的信息传递给顾客；在适当的时间和地点提供产品和服务，以及为产品或服务确定价格。可供选择的市场战略有：市场渗透战略、市场开发战略、产品开发战略、多样化市场战略。

**2. 研究与开发战略**

研究与开发战略所考虑的问题是企业研究与开发的远景规划及方向。一般来说，可供选择的企业研究与开发战略有四种类型：

（1）革新型战略，即重点开发新产品、新服务或新的生产技术，通过技术的革新和首创求得市场占有率上的领导地位。选择这种类型战略，需要较多的投资，因此需要雄厚的实力。

（2）保护型战略，即改进现有产品和生产技术，重点维持企业目前的技术地位和现状。

（3）追赶型战略。这一战略与保护型战略密切相关。选择这一战略要紧紧追随在革新型企业后面采用新技术，研究竞争对手的产品或服务，并将这些产品或服务的最优点纳入自己所生产的产品之中。这种企业也有一定的开发研究力量，但不是着眼于创新，而是推出比革新型企业"功能/价格"更好的产品。

（4）混合型战略，即企业混合应用上述的三种研究与开发战略。

一个企业采用哪种研究与开发战略主要取决于它的财力、规模、技术领先程度、愿望、环境状况以及竞争对手的情况。

**3. 生产战略**

选择生产战略，要做好生产能力规划、工厂地设置规划、生产作业流程规划、技术设备水平的总体规划和产品质量总体规划。

**4. 物流战略**

物流战略是为营销战略和生产战略服务的，因此，必须根据营销战略和生产战略的要求来制订物流战略。制订物流战略应把握好物流战略定位、设计物流系统结构、设计物流渠道等环节。

**5. 财务战略**

财务战略是以经营战略为指导，为营销、研发、生产、物流提供支持和服务的战略，主要内容包括：筹集资金的总体方案、投资的总体方案、股利分配政策和基本方案资本运营的财务方案。

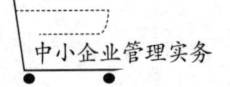

6. 人力资源战略

人力资源战略，是为实现企业的经营目标，根据企业的发展需要和内外条件，运用科学的方法，对人力资源需求和供给状况进行分析和预测，在职务编制、人员配置、教育培训、薪资分配和职业发展等方面所编制的人力资源管理的职能性计划和策略。

> **小思考**
>
> 职能层战略的主要任务是什么？

### 3.2.4　适合中小企业的战略选择

1. 市场缝隙战略

日本经济学家长岛总一郎在20世纪90年代通过对几百家企业的企业管理进行诊断，率先提出了市场缝隙理论。该理论是一种能够充分反映小企业特性的企业经营与发展战略。它认为，在现代市场中总会存在着市场的盲点。中小企业生产经营活动要围绕着"寻找市场缝隙"而展开，并以新产品的开发作为实施市场缝隙战略的核心。对于一家企图占据较小细分市场，求得生存的中小企业，现存大企业可能不予理睬。比如温州打火机之所以能够占据全球90%以上的市场份额，浙江中小企业之所以能够在巴西里约热内卢繁华的圣保罗商业区开发占地4000平方米的中华小商品城就属于这种情况。通过市场缝隙战略，中小企业可以找到适合自己的市场空间和产品/服务，实施专业化经营，获取竞争优势。

2. 中小企业集群战略

亚当·斯密（Adam Smith）认为，中小企业集群是由一群具有分工性质的中小企业为了完成某种产品的生产联合而成的群体。德瑞奇和特克拉定义"中小企业集群"为"通过相互间的配套合作能获取绩效优势的众多中小企业在地理上的集中"。罗森菲尔德定义"中小企业集群"为"相似的、相关联的或互补的众多中小企业在一定地理范围内的聚集"。综合上述观点，我们认为，中小企业集群战略，即建立在某种产业领域内相互联系的、在地理位置上相对集中的中小企业和机构的集合体，在可以不限定产权所属的条件下，形成互相关联的企业群，以发挥规模经济的效益。

目前在许多地区的中小企业抱团取暖，采用集群战略，催发区域内小企业共同发展。选择中小企业集群战略，一般需要具备以下条件：经营同一行业产品的大量中小企业扎堆于有限的地理区域，存在共同的历史，或拥有某种传统；企业数目少到几十家，多到几百家或更多，多属于微型企业；集群内企业之间劳动分工细密，存在许多工序型企业，专业市场和生产基地相互支持；集群内的多种经济主体，如生产商、贸易商、供应商、各种中介组织、在水平方向和垂直方向存在多种联系和网络合作关系。例如虎门女装企业集群和大唐袜业集群。在新经济条件下，运用中小企业集群战略，有利于集群内企业生产率的提高，促进并形成集群式创新；有利于新供应商和新企业的形成，进而使中小企业集群扩张；有利于经济规模性与企业的灵活性并存；有利于数据联通和数据共享，形成难以模仿的竞争优势。

### 3.2.5 孙贺公司的战略选择

在学习了有关的企业战略知识后,经过对这些知识的整理与思考,孙贺的结论是:
(1)小公司的战略可以把公司层战略与事业层战略合一。
(2)不同的业务应该采用有差异的战略。

具体说来,原有的短信业务可以分为两个阶段:第一阶段是大市场,主要采取低成本战略,以赢得客户,占有较大的市场份额;第二阶段是稳定客户,在基本控制了短信平台资源后,就不适合采用低成本战略了,而是以提高服务质量为核心。

在扩展新业务方面,总体上还是要做专业化,即主要的业务还是围绕广告来做。可以选择的广告业务主要有以下几类:

(1)地铁广告。地铁是人流量非常集中的地方,是打广告的理想之地,公司应该集中资金购买地铁广告资源。一旦掌握了地铁广告资源,加上精心运营,一定会获得众多的客户。

(2)车体广告。车体广告经济实惠,观众很多,只要选择好路线,会获取意想不到的效果。还有相关的公交车站的站牌广告也有不错的效果。

(3)LED 大屏广告。在大商圈选择 LED 大屏,也会有很好的辐射效果。这种广告虽然价格较高,但与固定的擎天柱式样的广告相比较,具有更换内容方便的好处。公司可根据自身的实力来选择,对于好地块的 LED 大屏,可以与其他合作者共同购买。

## 3.3  商业模式选择与设计

中小企业的快速成长有赖于两个方面:一是有利的外部市场、行业、政策等条件;二是内在的技术、人力等资源优势。在二者都呈弱势的情况下,如何用企业内部有限的资源去把握"无限"的市场需求,其间需要有合理的商业模式去嫁接。因为,战略规划用于解决企业发展问题,商业模式用于解决企业生存问题。一个好的战略构想,若没有一个好的商业模式的配合,就不能落实到一个切实可行的整体解决方案上,也将难以成为一个快速成长、持续赢利的企业。"现代管理学之父"彼得·德鲁克(P. F. Drucker)说:"当今企业之间的竞争,不是产品之间的竞争,而是商业模式之间的竞争。"因此,中小企业在战略制订过程中,还必须研究、选择与设计适合自己的商业模式。

任务3  企业战略制订与商业模式设计——如何设计商业模式

### 3.3.1  认知商业模式

1. 何为商业模式

关于什么是商业模式,有多种观点。李振勇在《商业模式》一书中将商业模式定义为"为实现客户价值最大化,把能使企业运行的内外各要素整合起来,形成一个完整的高效率的具有独特核心竞争力的运行系统,并通过最优实现形式满足客户需求、实现客户价值,同时使系统达成持续赢利目标的整体解决方案"。无论哪种观点,其内容都阐述了商业模式要解决的问题是企业如何赚钱,即利润从哪里来,源于什么样的价值链条,以及主要由价值链中的哪些环节实现。

赚钱的方式有很多种,但无论哪种赚钱方式,都至少要把以下问题考虑清楚:
(1)赚钱的目标是利润最大化,并且表现为持续性赢利。短期内赢利的赚钱方式不可能实现利润最大化的目标，好的商业模式是具有持续性赢利能力的赚钱方式。因此以什么方式可以获得更多的和持续的利润增长是赚钱模式的主线，也是构造商业模式的主线。

（2）利润最大化的源泉是顾客价值最大化。市场经济条件下的人性假设是经济人，市场交换原则是等价交换，每个人或每个经济主体赚钱的必要条件是满足他人的需求，实现他人的价值。你的利润最大化必须以他人的利益最大化为前提。因此客户价值最大化是商业模式的核心价值。

（3）赚钱的途径是找到适合目标顾客需求的产品或服务。精准选择目标顾客，正确预测其所需的产品和服务，提供降本、高质、高效、令其满意的服务方案是商业模式的重心。

（4）赚钱的条件是具有满足顾客需求的资源，或者是具有聚集这些资源的能力。整合人、财、物、知识、信息、技术资源，优化配置，形成核心竞争力是商业模式的主要内容。

（5）赚钱的手段是能够形成一套有效率的运营系统和运作方式。企业为目标顾客提供产品或服务靠的就是一套有效率的运营系统，这需要根据顾客需求和产品特点，进行巧妙的组织机构、信息系统、运作方式等的综合性设计，还要通过试运行进一步完善这套系统。这套系统应展现出它不同于竞争对手的优势，这个优势就是企业的核心竞争力。

### 小思考

如何理解商业模式的本质？

2. 了解商业模式的类型及特点

商业模式有多种类型。

1）按照企业经营的职能来分类

可以把商业模式分为供销一体化（即一条龙型）型、生产型、销售型、研发型、服务型、资本型、扩展型和虚拟型。

（1）供产销一体化型。这种类型的企业大多把自己看作全能型的，从原料供应到产品生产，再到产品销售，形成一条龙的经营。其基本理念是"肥水不流外人田"，好处在于利润独享，局限性是难以扩大企业规模，承受风险的能力也较弱。

（2）生产型。生产型企业把资金全部集中于生产，把产品销售转让给商业企业，从而使企业的规模迅速扩大，其规模经济带来的效益明显大于一条龙模式。

（3）销售型。专门从事产品销售的企业，也把资金集中于扩大规模，同样也获得规模经营带来的效益。

（4）研发型。这是指一些从事研发新产品和新技术的企业，通过技术转让获利的商业模式。

（5）服务型。这是指以提供劳务、信息、技术、人才和智慧等无形产品来满足用户需求而获利的商业模式。服务型模式又可分为直接服务与中介服务两大类。

（6）资本型。这是指那些把企业当作投资对象，通过买卖企业、战略投资或风险投资企业从中获利的商业模式。目前许多传统型、创业型、科创型企业也常常利用资本市场发行债券和股票来筹资，以此资金促进企业发展。

（7）扩展型。这是指企业为了在市场中占有主动权，保持竞争优势和持续发展而采取的有针对性的发展手段，具体说来分为三种类型：职能扩展、供应链扩展和模式扩展。其中职能扩展有多种形式，如生产＋设计、销售＋设计、生产＋销售、生产＋物流等形式。供应链扩展是指企业以自身的核心竞争力与其他企业共同构造一条具有整体竞争优势的供应链。当前市场竞争已由企业间的竞争转向供应链间的竞争，这种模式可以带动整个供应链企业的发展。模式扩展是指经营者设计的经营方式具有较强的规范性、较强的可操作性，可以在短期内迅速复制，从而迅速扩大企业规模。模式扩展主要通过特许经营和连锁经营的方式扩展。

（8）虚拟型。这是指企业为了适应急剧变化的市场，尽可能地规避风险、降低成本、减少损失，将非核心能力弱化，将组织机构弹性化，根据市场需求的变化，及时整合外部资源，迅速满足用户需求。

2）按照互联网时代商业模式创新的视角分类

主要有工具＋社群＋电商模式、长尾型商业模式、跨界商业模式、免费商业模式、O2O商业模式、平台商业模式。它们都利用互联网平等、开放、协作、共享的精神来颠覆和重构整个商业价值链，以此获得利润。

（1）工具＋社群＋电商模式。互联网的发展，使信息交流越来越便捷，志同道合的人更容易聚在一起，形成社群。同时，互联网将散落在各地的星星点点的分散需求聚拢在一个平台上，形成新的共同的需求，并形成了规模，解决了重聚的价值。

如今互联网正在催熟新的商业模式，即"工具＋社群＋电商/微商"的混合模式。比如微信最开始就是一个社交工具，先通过各自工具属性/社交属性/价值内容的核心功能过滤出海量的目标用户，加入了朋友圈点赞与评论等社区功能，继而添加了微信支付、精选商品、电影票、手机话费充值等商业功能。

（2）长尾型商业模式。长尾概念由克里斯·安德森（Chris Anderson）提出，这个概念描述了媒体行业从面向大量用户销售少数拳头产品，到销售庞大数量的利基产品的转变，虽然每种利基产品相对而言只产生小额销售量。但利基产品销售总额可以与传统面向大量用户销售少数拳头产品的销售模式媲美。通过C2B（消费者到企业）实现大规模个性化定制，核心是"多款少量"。

所以，长尾模式需要低库存成本和强大的平台，并使得利基产品对于兴趣买家来说容易获得。

（3）跨界商业模式。互联网为什么能够如此迅速地颠覆传统行业呢？互联网的颠覆实质上就是利用高效率来整合低效率，对传统产业核心要素的再分配，也是生产关系的重构，并以此来提升整体系统效率。互联网企业通过减少中间环节，减少所有渠道不必要的损耗，减少产品从生产到进入用户手中所需要经历的环节来提高效率，降低成本。因此，对于互联网企业来说，只要抓住传统行业价值链当中的低效或高利润环节，利用互联网工具和互联网思维，重新构建商业价值链就有机会获得成功。

（4）免费商业模式。"互联网＋"时代是一个"信息过剩"的时代，也是一个"注意力稀缺"的时代，怎样在"无限的信息中"获取"有限的注意力"，便成为"互联网＋"时代的核心命题。注意力稀缺导致众多互联网创业者们开始想尽办法去争夺注意力资源，而互联网产品最重要的就是流量，有了流量才能够以此为基础构建自己的商业模式，所以说互联网经济就是以吸引大众注意力为基础，去创造价值，然后转化成赢利。

很多互联网企业都是以免费、好的产品吸引到很多的用户，然后通过提供新的产品或服务给不同的用户，在此基础上再构建商业模式，比如360安全卫士、QQ用户等。互联网颠覆传统企业的常用打法就是在传统企业用来赚钱的领域免费，从而彻底把传统企业的客户群带走，继而转化成流量，然后再利用延伸价值链或增值服务来实现盈利。

（5）O2O商业模式。O2O是Online To Offline的英文简称。O2O狭义来理解就是线上交易、线下体验消费的商务模式，主要包括两种场景：一是线上到线下，用户在线上购买或预订服务，再到线下商户实地享受服务，目前这种类型比较多；二是线下到线上，用户通过线下实体店体验并选好商品，然后通过线上下单来购买商品。

（6）平台商业模式。平台型商业模式的核心是打造足够大的平台，产品更为多元化和多样化，更加重视用户体验和产品的闭环设计。

平台型商业模式的依据是在互联网时代，用户的需求变化越来越快，越来越难以捉摸，单靠企业自身所拥有的资源、人才和能力很难快速满足用户的个性化需求，这就要求打开企业的边界，建立一个更大的商业生态网络来满足用户的个性化需求。平台的开放性，可以让所有的用户参与进来，实现企业和用户之间的零距离，可以快速汇聚资源，满足用户多元化的个性化需求。所以平台模式的精髓，在于打造一个多方共赢互利的生态圈。

互联网已经深度融合，从消费互联网到产业互联网变化的今天，中小企业要转型，就要用互联网思维对经营模式进行重新定义，充分应用互联网信息技术，从产品研发、用户需求、柔性生产、快速响应、快捷物流、用户体验多方面维度去设计公司发展商业模式，最终满足用户需求。

### 3.3.2 商业模式选择与设计

商业模式是企业制胜的法宝。适合本企业资源特点和能力水平，能够形成独特的竞争力，并能不断适应市场变化的商业模式才能够持续创造盈利。

1. 商业模式选择

中小企业选择商业模式时需要考虑以下问题：

（1）商业模式要与企业的战略构想相一致。

（2）商业模式要与客户的需求相一致。

（3）商业模式能够带来竞争优势。商业模式在符合客户需求的基础上，要尽可能地选择优于竞争对手的商业模式，也就是说要有自身的独特性。这种独特性恰恰就是企业的核心竞争力，没有核心竞争力的企业不会走远。

（4）商业模式能给客户带来便利。便利是客户普遍的、恒久的需求，不懂得这个道理就做不出好的商业模式。

（5）商业模式应具有较强的操作性。一种商业模式需要许多人来操作，尤其是在中小企业，如果这种商业模式很复杂、很难操作，那么，它就难以得到有效的实施。

（6）商业模式应可复制。一种商业模式要想迅速扩大企业规模，就必须可以复制。可复制的模式要求运作流程规范化、工作标准化、人员职业化、专业化，这样才能保证复制之后无差异，让客户感到放心。

（7）商业模式应构造模仿障碍。商业模式可复制的同时，很容易被竞争对手模仿。因此，必须构造模仿障碍。模仿障碍可以是关键技术，也可以是独特的原料、配方，还可以是独特的企业文化。

2. 商业模式设计

商业模式设计是企业基本盈利假设和实现方式，以及由此产生的不同价值链和不同资源配置模式。一切竞争都是从设计开始的。为客户生活、工作和学习过程中的困难和不便寻求解决方案是商业模式设计的核心。

商业模式设计应采用以下步骤。

1）通过客户细分找到未被满足的需求

满足客户需求主要源自发现需求—挖掘需求—创造需求。选定特定产业或行业领域的特定市场、用户、竞争对手的相关信息，运用市场调查、互联网、大数据和云计算等先进技术，对客户市场进行细分，从中找到潜在的、未被竞争对手满足的需求，以及变化中的、未被竞争对手关注的需求，甚至客户自己也未必意识到的需求。

2）确定价值主张和战略定位

确定价值主张，就是明确公司将通过什么产品和服务向消费者提供其所需的价值。它是商业模式的核心。战略定位，就是确定企业的产品、形象、品牌等在预期消费者的头脑中占据什么样的位置。例如，海尔"客户永远是对的"价值主张，华为5G技术领先者的地位定位，格力产品创新的品牌形象等。

3）建立盈利模式

在完成需求分析、确定价值主张和战略定位工作后，就是选择盈利的路线了。盈利可以走资源垄断、品牌聚能、产品功能、生产服务、营销致胜、资本运作等路线，具体要做好四项核心工作：①建立能够完成满足客户需求、实现价值主张和战略定位所需要的核心资源，包括技术研发能力、战略控制能力、人才培养能力等；②制订关键业务流程及其组织机制，包括线上线下销售运营流程及协调机制、生产制造流程及数字化转型机制、技术研发流程及创新机制等；③建立稳定的供应链，包括建立与上游关联企业业务往来的价值实现通道和技术保障，不断拓展供应链各节点的功能和长度，协调供应链上各类合作群体及利益相关者的关系；④设计成本控制及盈利机制。

**链接【拓展阅读3-2】盈利模式36式**

4）进行价值链整合

价值链整合的路径有多种，像资源整合、产业整合、市场整合、资金整合、网络整合、平台整合、价值链和价值网整合、战略联盟等都有许多成功的案例，企业可以衡量自己的能力状况进行选择。可以通过并购、合并、合资等方式加以实现。

[拓展阅读3-2]
盈利模式36式

5）确定正确的实现形式

实现客户的价值，不同的企业有不同的实现路径。例如，有的通过设计解决方案、有的用于增强品牌文化特征、有的创新服务方式、有的加大附件附加值等，都为客户带来了更好的价值实现，但这背后的功夫还在于用经营管理做保障。从传统型管理转型到数字化管理，提升经营管理的层次，从产品经营提升到品牌经营、资本经营、人才经营、战略经营，创新营销方式，从产品推销、打价格战提升到文化营销、知识营销、智能营销，都是数字经济时代比较可行的客户价值实现形式。

【案例分析】

案例1：汽车4S店的商业模式

汽车4S店，改变传统的汽车销售模式，设计和采用了售后利润的盈利模式，即在从事汽车销售的主体业务的同时，引进有关的延伸服务，包括提供终身服务解决方案等业务来满足消费者对爱车、护车的高消费需求，在产业链的后续环节实现利润。

案例2：家政服务公司的商业模式

家政服务公司的核心模式是：第一，引进原本不在价值链上的当地妇联组织，规避员工的风险；第二，明确重点服务对象，如高端客户，酒店、饭店等大客户；第三，会员制和增值服务锁定下游客户；第四，公司设立两步收费法，成为公司会员的会员费＋客户接受家政服务时，每个月向客户按约定的价格收取服务费。

这是典型的打造核心价值链模式。通过对公司上下游比较复杂的商业系统进行连续的设计与再设计，不断提升系统效率，获得上下游之间不可替代的存在价值。

## 小思考

如何选择和设计你们公司的商业模式？

## 任务小结

本项目主要介绍了企业战略的制订及商业模式的设计。通过学习，首先应增强企业战略管理意识，理解企业战略的知识体系，掌握制订企业战略的方法和步骤，能够为中小企业制订简单的战略规划。其次，增强对商业模式的认识，理解商业模式的类型及其适用特征，能够按照设计步骤为中小企业设计简单的商业模式。

## 学习指导

这部分主要通过课程总结与知识检测，在巩固和掌握知识的同时，提升自学能力。通过完成三项技能操作任务，提升自己的动手能力。

### 1. 课程总结

课程总结包括知识体系总结与实践问题总结。

（1）知识体系总结提要

什么是企业战略；企业战略环境分析的内容；企业战略环境分析的方法；企业战略的内容；商业模式的内容。

总结的重点在环境分析的主要内容和企业战略的内容。

（2）实践问题总结提要

为什么要学习企业战略？如何应用SWOT分析法？中小企业的企业战略应该怎样做？孙贺公司的企业战略给我们哪些启示？商业模式设计的核心问题。

这部分总结的关键是通过比较孙贺公司的企业战略与大企业战略的区别，在比较中体会中小企业的企业战略。

### 2. 知识检测

请同学们扫码完成知识测验。

测试3

### 3. 技能训练

选择一个创业型企业，对其完成以下工作：

（1）做本公司的经营环境分析。

（2）为自己的创业公司选择总体战略和职能战略。

（3）为自己的创业公司设计商业模式。

各组在全班展示完成成果，同时介绍工作思路及工作方法。演示完毕，各组展开互评，思考不同的思维方式和工作方法，从中吸取他组的设计思路，以及团队配合。

对这三项技能操作，本书主要介绍了操作的步骤和方法，《中小企业管理实务操作手册》任务3是实际动手操作。

操作建议：

1）阅读案例，系统思考

操作前要通过案例系统思考三项技能的关系，明确操作的意义。

建议仔细研读孙贺制订企业战略的基本思路，结合本公司的宗旨、企业外部环境、内部条件，思考如何制订本公司的企业战略。

2）操作的组织形式

以前期组建的模拟企业管理团队为基本单位进行操作，先选出总策划人，再明确分工，责任到人。

前期没有组建创业团队，有创业想法的同学，可以独自招募人员，自己组织具体操作。

3）操作技法及成果

《中小企业管理实务操作手册》任务3中，每一个操作步骤都有方法指导和做出的成果记录，三项技能操作在那里完成。

### 4. 能力提升

（1）请比较孙贺公司的企业战略与大公司的企业战略有何异同？

（2）比较几个小公司的商业模式特点，说明为什么会这样设计？有什么更好的设计方案？

（3）案例分析

案例1　A公司的商业模式转型

**链接：案例　A公司的商业模式转型**

[案例]A公司的
商业模式转型

回答下列问题：

（1）就公司战略和商业模式选择而言，从上述案例中你获得哪些启发？

（2）对目前的电子防盗器市场进行调查分析，在此基础上，思考A公司的发展战略和商业模式在哪些方面还需要进行改进和创新？尝试设计一个简要的创新设计方案。

案例2　便利蜂——创新的便利店模式

便利蜂的便利店模式是"全自动驾驶"模式。其特征是数字驱动，全部直营。

数字驱动：数字化店铺设计＋数字化选址＋个性化的SKU＋数字化管理（自动定价，自动订货，自动排班）。

全部直营：自建鲜食生产工厂、鲜食供应基地，全部直营店，重商品研发，开发热食、鲜食，研发自由品牌商品19大类、上百个SKU，保证门店的高品质和高标准。

3年时间开出1500家店，募集资金达15亿美元。

（摘编自《便利蜂是怎么逆袭的》，2020年06月07日12：21，政商参阅微博）

问题：传统便利店的模式是否需要转型？请说明理由，同时提出转型的建议。

### 5. 下次课预习内容

（1）自习教材本项目任务4的内容，总结决策的类型与方法。

（2）查阅资料，了解目前已经研发并应用的智能决策系统。

（3）自学网络学习平台上本项目任务4的课件，了解计划的类型和制订计划的方法。

# 任务4　经营决策与计划制订

## 教学导航

| 教学任务 | 4.1　认知企业经营决策<br>4.2　按照科学程序和方法进行决策<br>4.3　制订经营计划 |
|---|---|
| 教学目标 | 知识目标：1. 掌握经营决策的含义、标准、原则、步骤和方法<br>2. 了解智能决策辅助系统及其应用领域<br>3. 掌握经营计划的内容、类型和编制计划的程序和方法 |
| | 技能目标：1. 能够对给定的具体任务进行决策<br>2. 能够制订经营计划 |
| | 素质目标：增强决策意识与计划意识 |
| 方法建议 | 1. 建议采用"小组学习法＋案例分析法"进行教学<br>2. 建议采用小组学习的方式，进行讨论式学习 |

## 知识导图

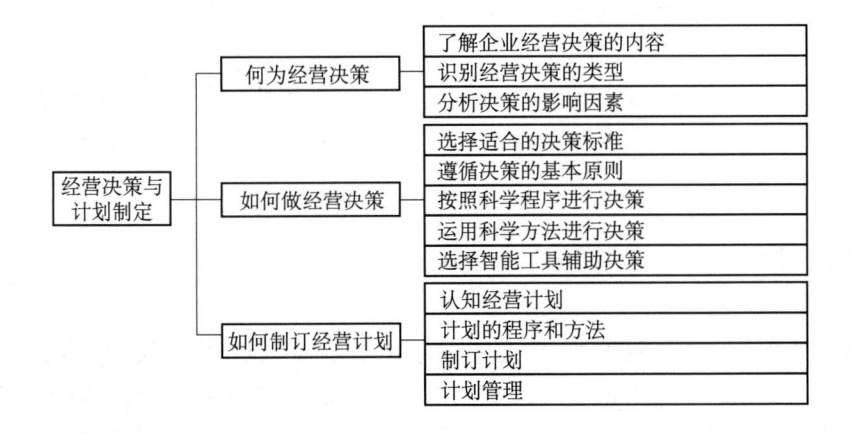

```
                    ┌─ 何为经营决策 ──┬─ 了解企业经营决策的内容
                    │                 ├─ 识别经营决策的类型
                    │                 └─ 分析决策的影响因素
                    │
经营决策与          │                 ┌─ 选择适合的决策标准
计划制定 ───────────┼─ 如何做经营决策 ─┼─ 遵循决策的基本原则
                    │                 ├─ 按照科学程序进行决策
                    │                 ├─ 运用科学方法进行决策
                    │                 └─ 选择智能工具辅助决策
                    │
                    └─ 如何制订经营计划 ┬─ 认知经营计划
                                       ├─ 计划的程序和方法
                                       ├─ 制订计划
                                       └─ 计划管理
```

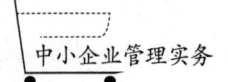

## 导入案例

### 孙贺对公司决策和计划的思考

公司战略确定之后,孙贺要依据公司战略制订计划,包括公司的年度计划、主营业务计划、市场营销计划、客户关系计划、新项目上马计划、后勤计划、人力资源计划、财务管理计划等,总之,公司的每一项工作都要有计划,这是从实践的教训中得出的结论。创业前几年,往往是干起来再说,计划工作常被忽视,结果是工作目标比较模糊,工作分工不清,缺少工作标准和绩效考核,部门之间相互依赖,效率低下,无法追责。后来按照计划工作,凡事先做计划,确定工作任务、要求、成果目标、工作标准、工作时限、工作步骤及方法、考核办法及奖励措施,计划实施后,前面提到的问题避免了许多。

无论做什么样的计划都要决策,例如,广告业务是多元化还是集中化?是车体(内、外)广告、站牌广告、站台视频广告全覆盖,还是选择性购买和使用,这些决策的科学与否直接关系到计划是否符合实际,关系到公司的成败得失。所以决策对于一个公司的运营,甚至一个组织的命运,都是至关重要的。

公司的经营者是公司的决策人。一般说来决策人的决策水平越高,公司的发展就会越快,竞争实力就会越强。孙贺在公司的运营过程中深深体会到这一点,因此,孙贺在做重大决策时,会运用多种决策方法,征询业内专家、公司业务负责人、一线员工、相关咨询机构的意见,从他们的建议中总结可行的方案;利用盈亏平衡分析等工具,做出比较科学的决策和计划。

在决策的过程中,孙贺曾有过一些疑惑:
1. 什么样的决策过程是科学的?
2. 针对不同的任务,什么样的决策方法是合适的?
3. 不同的决策思维会产生不同的决策方案吗?
4. 如何制订出符合实际的计划?
5. 企业经营者如何提高决策水平?

**案例分析:**

以上这些问题是中小企业经营者面临的比较普遍的问题。要想正确认识和理解这些问题,首先应该熟悉决策与计划的相关知识,然后在实践中应用这些知识,并不断总结经验,提升决策和计划水平。

## 任务解析

企业经营决策是企业经营管理的核心。凡事预则立,不预则废,说的就是这个道理。经营决策正确与否,取决于能否正确认识并应用经营决策标准、原则、方法和步骤进行科学的决策。决策思维影响决策标准的选择和决策方案的制订。决策标准是经营决策的依据。决策原则是决策必须遵守的规律和法则。决策方法和技术影响决策的速度和质量。人工智能决策技术对决策的影响和作用愈加明显。只有按照这些原则、方法步骤来实施经营决策,才能做出对的、高水平的决策。

经营计划是企业经营管理的首要职能。科学制订与实施经营计划，需要掌握科学计划的步骤和方法。

## 4.1 认知企业经营决策

企业经营决策是企业为实现一定目标，按照科学的程序方法对有关企业全局性重大问题进行分析、研究对比，选择其中一个最佳方案，并加以组织、实施的过程。

任务4 企业经营决策与计划制订——认识企业经营决策

1. 企业经营决策的内容

从企业经营管理的主要内容看，企业经营决策的内容主要包括：①生产决策。生产决策是为保证产品适销对路，达到优质、高产、低消耗，对产品开发、品种、产量、质量、生产工艺、技术改造、生产设备、原材料消耗、能源消耗、产品包装等做出的计划与部署。②营销决策，是为有效占领市场，扩大销售，达到用最省的销售费用，售出最多商品，对产品定价、销售渠道、销售方式、销售时间与地点、推销服务等做出的计划与部署。③人事决策，是为充分利用人力资源，调动职工积极性，对企业内部的劳动组织、职工培训、工资福利等做出的计划与部署。④财务决策，是为有效使用资金，加强经济核算，对资金的来源、使用、管理等做出的计划与部署。科学的经营决策的必备条件是：决策目标明确；有多个供决策选择的方案；有指导决策的科学方法；有实施决策的控制手段。

2. 识别决策的类型

【案例情景4-1】

孙贺公司的决策多半属于市场拓展、广告销售、客户服务等业务型决策和程序化决策，战略、战术性决策不多。尤其在创业的前10年，他把企业生存放在第一位，把保住客户、保证销量作为企业工作的核心，至于长期发展方向性问题考虑得较少，就造成前面说的情况。也就在近两年，他对企业长期发展的问题有了思考，做出企业加盟战略合作伙伴、转型升级的战略决策。

问题：决策类型有哪些？如何理解业务决策、程序化决策、战略决策等内容？

决策的类型根据不同的角度有多种分法。

1）按照决策的性质可分为战略决策、战术决策和业务决策

战略决策是指对与组织发展方向有关的重大问题所进行的决策，是一种涉及全局，关系长远的决策，如经营方针、重大技术革新和技术改造、新产品开发、生产经营规模、组织机构等方面的变动和调整。

战术决策又称管理决策，是指为保证组织战略目标实现，对各种管理措施进行的决策。它实际上是战略决策的具体化，如各种规章制度的制订，人力、物力、财力的调配和控制等。

业务决策是指为提高工作效率和经济效益，对日常生产经营活动所做的决策，如生产决策、存货决策、销售决策等。

一般来说，当组织外部环境比较稳定时，业务决策对组织的发展显得特别重要；但当组织外部环境复杂多变时，战略决策成为最重要的决策。

2）按照决策权限的层次可分为高层决策、中层决策和基层决策

高层决策的对象是全局性的及与外部环境有关的重大问题，包括全部战略决策和部分战术决策所涉及的问题。

中层决策的对象是组织在计划期内的生产经营任务，以及某些职能管理方面的问题，包括部分战术决策和部分业务决策所涉及的问题。

基层决策的对象是日常作业中的安排调度问题，属于业务决策。它包括两个方面：一是常规性的工作安排；二是业务工作中出现的技术性问题。

3）按照决策问题出现的反复程度可分为程序化决策和非程序化决策

程序化决策是指对管理活动中经常遇到的问题，由于已经形成一套成熟的解决办法，当问题再度出现时只需按预先规定的程序、方法和标准来处理的决策类型。这类决策具有例行性色彩，又称常规决策或重复性决策。

非程序化决策是指对管理活动中非反复出现的问题进行决策的决策类型。这种决策由于无先例可循，因此更多地依赖于决策者的知识、经验、判断力和决断力。

4）按决策环境因素的可控程度分为确定型决策、风险型决策和不确定型决策（具体内容在决策方法中介绍）。

5）按决策主体分为个人决策和群体决策。

上述几种决策类型，在中小企业发生的频率有所不同。在现代化程度较高，组织、制度比较健全的企业，多种决策类型都有应用；在多数家族制和个人创办的小、微型企业中，往往业务决策比较多，战略决策常被忽略，高层决策常常替代中层和基层决策。识别决策的类型，同时识别自己是哪种类型的决策者，对调整决策思维有益。

[拓展阅读4-1] 内向者更能够作出好的决策

链接【拓展阅读4-1】内向者更能够做出好的决策 _ 你是哪种类型的决策者？

分析企业决策的影响因素：影响企业决策的因素有很多，从环境、组织自身、决策问题的性质和决策主体的角度看，主要包括以下内容，如图4-1所示。

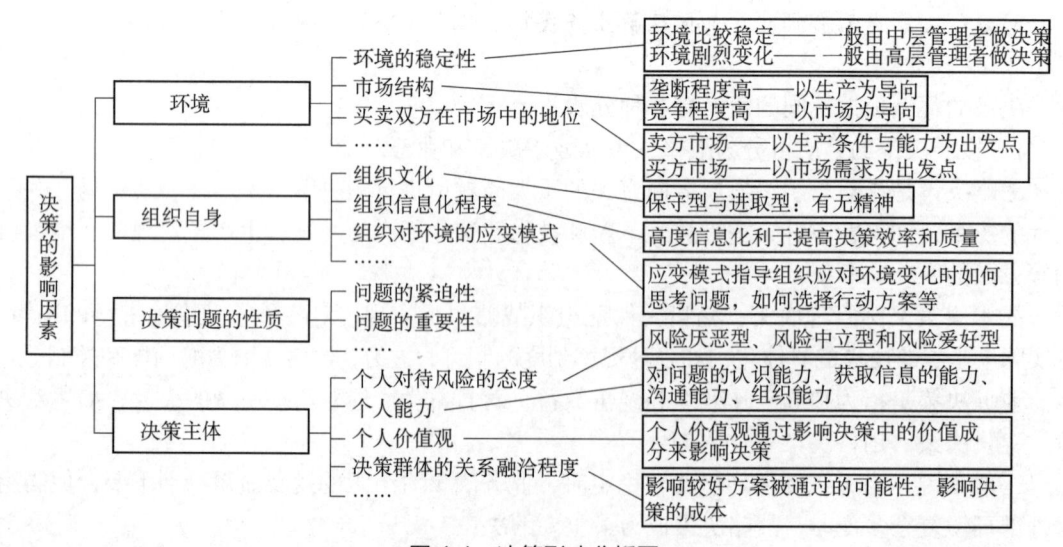

| 决策的影响因素 | | | |
|---|---|---|---|
| 环境 | 环境的稳定性 | 环境比较稳定——一般由中层管理者做决策<br>环境剧烈变化——一般由高层管理者做决策 | |
| | 市场结构 | 垄断程度高——以生产为导向<br>竞争程度高——以市场为导向 | |
| | 买卖双方在市场中的地位 | 卖方市场——以生产条件与能力为出发点<br>买方市场——以市场需求为出发点 | |
| | …… | | |
| 组织自身 | 组织文化 | 保守型与进取型：有无精神 | |
| | 组织信息化程度 | 高度信息化利于提高决策效率和质量 | |
| | 组织对环境的应变模式 | 应变模式指导组织应对环境变化时如何思考问题，如何选择行动方案等 | |
| | …… | | |
| 决策问题的性质 | 问题的紧迫性 | | |
| | 问题的重要性 | | |
| 决策主体 | 个人对待风险的态度 | 风险厌恶型、风险中立型和风险爱好型 | |
| | 个人能力 | 对问题的认识能力、获取信息的能力、沟通能力、组织能力 | |
| | 个人价值观 | 个人价值观通过影响决策中的价值成分来影响决策 | |
| | 决策群体的关系融洽程度 | 影响较好方案被通过的可能性；影响决策的成本 | |
| | …… | | |

图4-1 决策影响分析图

【案例分析】

孙贺做地铁电视屏幕广告决策时，比较慎重地考察政府政策、竞争者的策略、客户的市场地位等环境因素，从不同的广告使用者的需求出发决定租用时段、租用价格、活动方式方法等问题。对客户提出的紧迫性问题，他会当即拍板满足其要求；对比较重要的决策，他会广泛征求专家意见，让业务部门广泛讨论，至少拿出三套以上的方案，共同商量决策。有时因成员间价值观念、知识储备、认识能力等因素的差异，表面看都认同目标，实施中却暴露出对目标的理解并未达成一致，因而操作起来会偏离目标的情况。这说明，决策者做决策时要格外重视影响决策的因素。

## 4.2 按照科学程序和方法进行决策

科学决策也称理性决策，是指在科学的决策理论指导下，以科学的思维方式，应用各种科学的分析手段与方法，按照科学的决策程序进行的符合客观实际的决策活动。

任务4 企业经营决策与计划制订——按照科学标准、原则和程序进行决策

科学决策是一种较之经验决策更为高级的决策形式，它是现代人类社会决策的主要形式。科学决策具有程序性、创造性、择优性、指导性的特点。

### 4.2.1 选择适合的决策标准

【案例情景4-2】

孙贺公司的决策基本上选用满意标准和合理标准，因为他坚信决策受诸多因素影响，企业的条件很有限，个人的认知能力很有限，决策只能尽可能地考虑全面，使客户满意、自己满意就好。

问题：决策标准有几种？都是什么意思？应如何应用？

1. 决策标准类型

决策标准一般有三种：

（1）最优标准。最优标准是一种"极限理性"思维，主张任何一项管理活动都存在一种最佳的工作方式，即最优方案，决策的责任就是要找到这样一种方案。

（2）满意标准。满意标准是一种"有限理性"思维，主张由于现实中的决策者不具有获得最优方案所需的完备知识和能力，因而在决策活动中只能将影响决策的外部因素尽量简化，不考虑事物之间的所有联系，凭相对简单的经验进行决策，用满意方案代替最优方案。

（3）合理标准。合理标准是指在现有条件下（包括环境、限制条件、信息等），决策人本着寻找最满意方案的思想，尽自己的能力做出的决策就是合理决策。

2. 如何选择决策标准

在不同的阶段，面对不同的问题，中小企业的决策者们应依据特定的环境、条件、已掌握的信息量、自有知识和经验，以及掌握的决策技术和工具的不同，依据不同的标准进行决策，既不能盲目追优，也不能随意降低标准。例如，如果你掌握足够多的市场数据，那么在使用人工智能技术进行决策时，可以考虑选择最优标准；反之，在信息数据储备不足、经

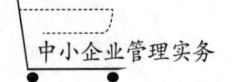

验有限的情况下，靠自己决策，实现最优目标比较困难，应考虑选择满意标准或合理标准。

### 4.2.2 按照原则要求进行决策

**【案例情景 4-3】**

孙贺公司的决策有些是在征求专家、部门负责人、员工意见的基础上做出的，有些则是个人"拍脑门"做出的。例如，广告推广决策——网络直播，是在未对广告的各要素、各环节做出系统思考和安排的情况下做出的。当时只想多赚点流量，没有考虑清楚广告受众类型与企业真实客户群的关系，没有对受众喜好与客户需求契合度做分析预测，对直播内容和形式也没做具体要求。结果是流量倒是赚到一点，但不是目标客户群的流量，直播内容不符合目标客户的实际需求，直播形式与客户层次素养及企业形象不一致，效果也就不可能符合企业预期目标了。所以，没几天就停止了直播。

**案例分析：**

"网络直播"决策失误的直接原因是没有按照决策的系统性、科学性、效益性等原则来做决策。

**问题：**

决策的基本原则有哪些？应用时应该注意些什么？

决策原则是指能够反映决策过程的客观规律和要求的准则与规定。决策的基本原则有系统性原则、效益原则、科学性原则、民主化原则、发展原则和预测性原则。坚持以这些原则为指导，就要按照原则的要求进行决策。

1. 系统性原则的基本要求

系统性原则就是要把各要素、各环节作为决策系统的子系统来考虑，同时把决策系统纳入更大的环境系统之中，分析它们彼此之间的联系和影响。它要求决策时应注意各要素、各环节的全面性、完整性、关联性和具体细节。

2. 效益原则的基本要求

效益原则是指以较少的人、财、物及时间耗费取得最大的效益或争取最小的损失。它要求决策者在制订备选方案时，要充分利用准确、完整、及时的市场信息做好资源整合，寻求"1+1"大于2的效果；在评估和选择方案时，既要以经济效益为中心，同时也要坚持经济效益、社会效益、生态效益三者的平衡。

3. 科学性原则的基本要求

科学性原则要求决策思想科学化、决策体制科学化、决策程序科学化、决策方法科学化，且它们互相联系，不可分割，缺一不可，中小企业受体制、人才、环境、资源等条件的限制，要实现决策的"四化"比较困难。正因如此，中小企业在决策时，确定决策目标要有充分的科学依据和客观可能性，切忌脱离实际；决策活动应按照制度和程序来开展，避免决策过程和组织的混乱；选用科学方法进行决策，切忌"拍脑门"的冲动。

4. 民主化原则的基本要求

民主化原则是指决策者要充分发扬民主作风，调动决策参与者，甚至包括决策执行者的积极性和创造性，共同参与决策活动，并善于集中和依靠集体的智慧与力量进行决策。目前，中小企业的决策中采用个人主观决策的仍然占多数。

民主化原则要求决策时做到：第一，要充分尊重其他参与决策者的地位和权利，合理划分各层次的决策范围，调动各级决策者和各类人员参与决策的积极性和主动性；第二，充分相信和依靠员工，广泛听取员工的建议和意见；第三，重视发挥智囊团的作用，利用专家学者搞好调查研究、咨询论证，尤其是重大问题决策，要吸收各有关方面专家的意见；第四，加强决策领导层的建设，健全决策工作的民主化程序，对重大问题要坚持集体讨论和集体决策。

链接：【案例4-1】斯隆的民主决策风格

[案例4-1] 斯隆的民主决策风格

5. 发展原则的基本要求

发展原则包含两层含义：第一，决策的制订不仅要立足于现实，更要着眼于未来；第二，决策系统自身要不断发展变化，不能停留在现有水平上。对中小企业而言，发展原则一方面要求决策者积极吸收科学技术最新的发展成果，不断更新决策观念，提升综合素质，提高决策能力；另一方面要求企业引进先进的决策方法、工具和系统，使决策系统在发展中不断趋于完善。

6. 预测性原则的基本要求

预测是运用各种知识和科学手段由已知推知未来的未知。决策的正确与否，取决于对未来后果判断的正确程度，不知道行动后果如何，常常造成决策失误。预测性原则要求决策者，要强化预测是决策的前提和依据的意识，在调研和预判的基础上选择决策方案。

### 4.2.3 依照科学程序进行决策

决策的程序，概括起来包括：提出问题，确定决策目标—拟定可行方案—评价与选择方案—实施与反馈这四个阶段。四个阶段紧密衔接，不可遗漏和逾越。每个阶段又有各自的步骤及要做好的工作，如表4-1所示。

表4-1 决策各阶段的工作内容

| 四个阶段 | 8个步骤的工作内容 |
| --- | --- |
| （1）提出问题，确定决策目标 | ①识别机会或诊断问题——调查、分析、预测外部环境，诊断企业状况，发现问题<br>②识别、确定决策目标——识别发现问题的性质，对问题的重要性、紧迫性和欲获取的价值进行排序，选择排序靠前的问题作为决策目标 |
| （2）拟定可行方案 | ③搜集资料——围绕决策目标、外部环境和内部条件状况，搜集具有完整性、时效性和价值性的信息<br>④拟定备选方案——找出解决问题的途径和方法，设计备选方案。备选方案应有多个（至少2个以上） |
| （3）评价与选择方案 | ⑤评价备选方案——通过定性和定量的科学方法，对备选方案的经济指标、社会效益指标、实施条件、评价标准等做出评价<br>⑥正确选择决策方案——比较各方案，从中选择措施具体可行、指标可以衡量和评价、效益可以实现的备选方案作为决策方案 |
| （4）实施与反馈 | ⑦实施方案并跟踪决策<br>⑧监督、检查与反馈 |

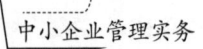

### 4.2.4　应用科学方法进行决策

决策的方法有定性决策方法和定量决策方法。企业经营决策中常将两种方法结合使用。

**1. 定性决策方法**

定性决策方法是指依据问题包含的逻辑关系，依靠管理者和专家的经验及判断力进行分析推理，寻求解决问题的最佳方案的决策方法。定性决策方法一般有专家会议法、头脑风暴法和反头脑风暴法、德尔菲法。

1）专家会议法

专家会议法有现场会议和视频会议两种方式。目前，视频会议应用比较广泛。应用该方法时，需要注意以下事项：

（1）挑选的专家应有一定的代表性、权威性。

（2）提出的决策问题要明确说明决策目标和决策标准。

（3）给专家提供的决策信息要充分、客观、具体。

（4）讨论问题集中，有针对性。

（5）人数在10～15人为宜，时间以20～60分钟效果最佳。

（6）视频会议应提前安排会议时间、会议室地址、参会成员签到等情况，保证会议网络畅通。

2）头脑风暴法和反头脑风暴法

头脑风暴法的特点是邀请专家和内行，就决策问题召开讨论会，通过发挥每个人的创造力来相互启发，找到解决问题的各种方案并做出决策。具体步骤如下：

第一步，准备工作。内容包括：明确议题，确定与会人数，选择参加讨论的人员。这里的人员应是这一方面的专家，相互之间的知识结构有互补性，相互之间没有直接的隶属关系。

第二步，活跃气氛。通过提出一两个与会议主题无关的话题，使会场上的气氛活跃起来，让与会者的情绪处于兴奋状态，以消除他们的拘谨。

第三步，介绍情况。将所要讨论的议题向与会者做简要的说明。为了避免束缚与会者的头脑，打开他们的思路，介绍应尽量不涉及过多的背景材料和已有的方案设想，在讨论过程中，要鼓励独立思考、拓宽思路，不重复别人的意见。同时，对别人的意见不批评、不反驳，但可以补充和发表相同的意见。

第四步，重述问题。从另外一个角度，采用新的方式对问题重新进行分析，找出问题的不同方面，使与会者对问题有更深刻的认识和理解。

第五步，提出方案。让与会者针对问题和要求提出各种解决方案，方案越多越好，数量不受限制，也不怕相互矛盾。

第六步，评价方案。组织专门的评审小组将各种方案汇集在一起，找出内容相同或设想互补的方案，以此为基础形成几种方案。然后确定方案评价标准，对各种方案进行评议，从中确定备选方案并做出决策。

反头脑风暴法正好与之相反，同意的、肯定一致的意见一概不提，而专门找寻对方想法的毛病，进行评议，以此启发思路，找到较为理想的解决问题的方案。这两种方法一正一反，运用得当可以起到互补作用。

3）德尔菲法

德尔菲法即专家意见法。这种方法的特点是采取不记名的方式，请专家就决策问题提出看法和意见，经过多次反复后，使专家意见趋于一致，从中得到可靠性较大的结论。其具体做法是，首先形成含义明确的决策问题；其次将问题分寄给经过选择的10～40名专家，请他们各自提出解决问题的方案；再次将专家们的意见归纳、分类，并采用匿名方式将意见再度反馈给他们，请他们重新发表意见；最后再将这些新的意见进行归纳、分类，继续反馈给专家，再次征询新的意见。这样经过三四轮的反复征询后，基本上能够使专家们的意见趋于一致，从而得到决策方案。

2. 定量决策方法

定量决策法是指运用运筹学中的各种分析工具进行决策的方法。它主要有确定型决策方法、风险型决策方法和不确定型决策方法。

1）确定型决策方法

确定型决策方法是指决策问题的未来发展趋势十分明确，决策者可直接对确定的自然状态下各种方案的决策变量值进行比较，从中找出一个最佳方案。自然状态是指所要决策的问题在未来可能发生的状况，其概率一般是通过调查研究或对历史资料进行统计分析得到的，也可以来自决策者的主观判断。决策变量是指每个活动方案在每种自然状态下的损益值，它是评价方案优劣的主要依据。

确定型决策的问题必须具备以下条件：一是存在一个明确的决策目标；二是只存在一种确定的自然状态；三是存在着可供选择的两个或两个以上的行动方案；四是决策变量能够确定。

决策的过程是：第一步，按照一定条件和方法建立数学模型；第二步，确定目标和目标函数，作为评价方法和标准；第三步，获取表示资源情况的各种参数，作为实现目标的制约条件；第四步，通过计算模型中的各种函数关系，达到决策的最优化。

常用的确定型决策方法有盈亏平衡分析法和线性规划。

**【案例情景4-4】**

孙贺企业目前有500万元流动资金，路牌视频广告的价格在30万～50万元之间，他想开展这项业务。做这笔投资，需要弄清在哪个区域、哪个商圈、什么位置放置合适，成本是多少、保本的数量是多少，用多长时间才能获利、可获利多少。请你给他建议，选用什么方法、如何来做这项决策。

（1）盈亏平衡分析法

盈亏平衡分析法又叫量本利分析法或保本分析法，是通过分析产量（或销量）成本和利润之间的关系，来预测利润，控制成本，判断经营状况的一种数学分析方法。

使用该方法时，通常假设企业生产出来的产品都能销售出去，即产量和销售量相等，企业期初和期末的产品库存量相同；产品价格和单位变动成本都不随产量的变化而变化。

应用盈亏平衡分析法的关键是找出企业不盈不亏时的产量。一般情况下，企业收入＝成本＋利润，如果利润为零，则收入＝成本，此时，企业盈亏平衡。如图4-2所示的盈亏平衡分析图反映了企业产量、成本和利润之间的关系。

盈亏平衡分析法的应用：

①盈亏平衡点：是成本总额与销售收入的相交点。盈亏平衡点时的产量$Q_0$与成本和利润的关系为：$Q_0=F/(P-C_r)$

其中，$F$ 为固定成本，$P$ 为单位产品的售价，$C_r$ 为单位产品的变动成本。

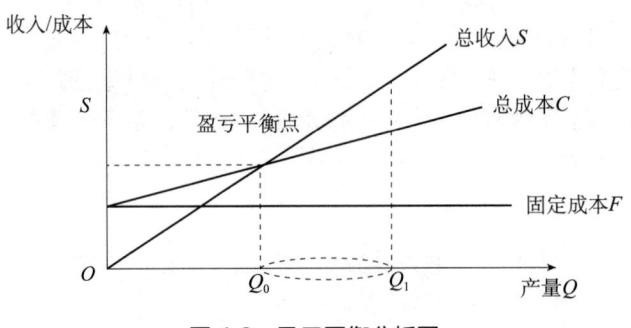

图 4-2 盈亏平衡分析图

②盈亏平衡图的应用。

a. 判断企业目前的销售量对企业盈利和亏损的影响：$Q$ 是产量，$Q_0$ 是盈亏平衡点时的产量，当 $Q>Q_0$ 时，企业盈利；当 $Q=Q_0$ 时，企业保本；当 $Q<Q_0$ 时，企业亏损。

b. 分析企业的经营安全率。

经营安全率是安全边际（$Q-Q_0$）与实际销售量 $Q$ 的比率。经营安全率（$\eta$）=（$Q-Q_0$）/$Q_\eta$。$\eta$ 值越大，企业经营状况越好；$\eta$ 值越小，企业经营的风险越大；$\eta$ 值等于零时，企业经营状况不佳。

c. 降低保本点产量 $Q_0$ 的措施：因为 $Q_0=F/(P-C_r)$，所以从下面 4 方面着手降低 $Q_0$ 产量，即降低单位产品的变动成本 $C_r$；降低固定成本 $F$；降低单位产品成本；增加销售价格 $P$。

③盈亏平衡点的确定。

产量法：已知单位变动成本 $C_r$，固定成本 $F$，营业税金 $i\%$，产品价格 $P$，则平衡点产量的计算公式为：$Q_0=F/[P\times(1-i\%)-C_r]$。

销售收入法：已知固定成本（$F$）、变动成本（$V$）和销售收入（$S$），则盈亏平衡点的销售收入 $S_0$ 的计算公式为：

$$S_0=\frac{F}{1-\dfrac{V}{S}}$$

例题 4-1：某企业生产销售一种产品，单位变动成本为 5 元，年固定成本为 30000 元，销售单价为 20 元。求：

① 盈亏平衡点产量（件）。
② 盈亏平衡点的销售收入。
③ 当年度销售量为 6 万件时企业可获得的利润。
④ 营业税税率为 5% 时，该产品的临界产量。

解：① 盈亏平衡点产量 $Q_0=F/(P-C_r)=30000/(20-5)=2000$（件）。

② 盈亏平衡点的销售收入 $S_0=P\times Q_0=20\times2000=40000$（元）。

③ 当年度销售量为 6 万件时，企业可获利润 = 销售收入 − 成本 =$20\times60000-(30000+5\times60000)=870000$（元）。

④ 营业税税率为 5% 时，该产品的临界产量：$Q_0=30000/[20\times(1-5\%)-5]=2143$（件）。

**案例分析：**

在调研的基础上，孙贺运用该方法分析后决定：在三个最繁华的商业区人流密集的地点，购买三个大屏幕广告位，运营一年。

（2）线性规划

线性规划是在一些线性等式或不等式的约束条件下，求解线性目标函数的最大值或最小值的方法。

例题 4-2：某运输公司执行每天至少要送 180 吨支援物资的任务。公司有 8 辆载重为 6 吨的 A 型卡车与 4 辆载重为 10 吨的 B 型卡车，有 10 名驾驶员；每辆卡车每天往返的次数为 A 型卡车 4 次，B 型卡车 3 次；每辆卡车每天往返的成本费 A 型车为 320 元，B 型车为 504 元。

问：如何调配车辆，使公司成本费最低？

解题步骤：

① 确定影响成本费最低的变量：A 型卡车（设为 $x$ 辆）和 B 型卡车（设为 $y$ 辆）的数量。

② 列出目标函数方程：最低成本费 $z=320x+504y$。

③ 找出约束条件：$0 \leq x \leq 8$，$0 \leq y \leq 4$，$x+y \leq 10$，$24x+30y \geq 180$（$x, y \in N$）。

④ 求解——求出最优车辆调配方案，使成本费最低。

根据上面的约束条件，做 $x+y \leq 10$，$24x+30y \geq 180$ 两条直线，围成区域 $N$。

作 $L_0$：$320x+504y=0$，往上平移直线 $L_0$，过点 $A$（7.5，0）可使 $z$ 最小，但 $A$ 不是整点，继续平移，最先经过整点（8，0），如图 4-3 所示。即只调配 A 型卡车，所花最低成本费 $z=320 \times 8=2560$（元）。

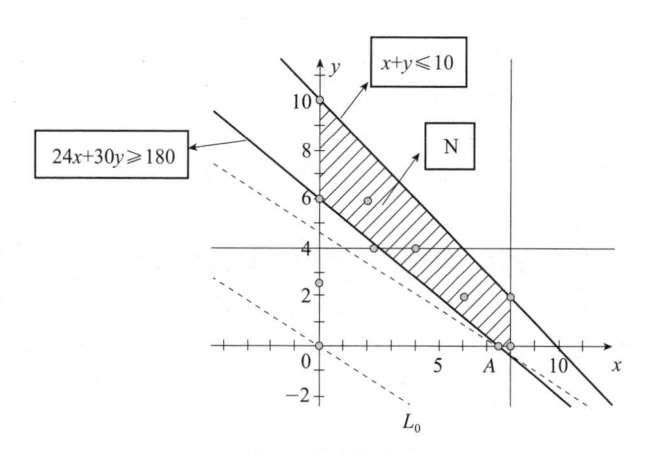

图 4-3　线性规划图

通过例题 4-2 可以看到利用线性规划进行决策的过程：建模—求解—优化后的分析。

建模：在分析实际情况的基础上，建立线性规划的数学模型（变量确定、目标函数、约束条件）。

求解：按照一定的算法，求出结果。

优化后的分析：又称灵敏度分析，是对所得的结果进行分析，以观察其是否符合实际，在环境有较小变动的情况下，决策是否稳定等。

2）风险型决策方法

风险型决策也称随机性决策。其特点是，由于存在不可控制的因素，每个方案都存在几种自然状态，最后将出现何种自然状态无法确定，所以无论采用哪种方案都有一定的风险。但各种自然状态的概率可以通过计算得到，所以不同方案的风险大小不一样。决策的目的就是要从中找出风险最小的一个方案。

常用的风险型决策方法是决策树分析法。

决策树分析法是把决策中的多种方案，按照它们的相互关系用树状结构图表示出来，然后根据目标与评价标准，从中选出最佳方案的决策方法。

决策树的一般模型如图4-4所示。

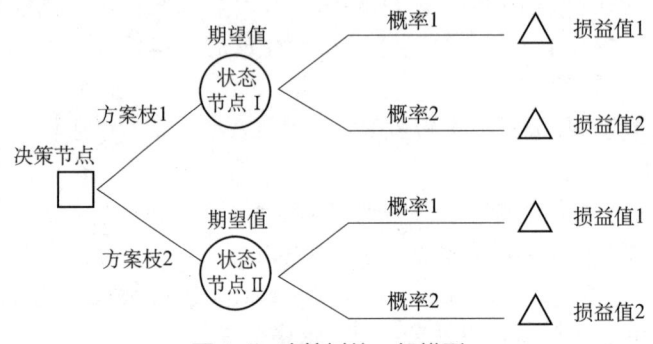

图4-4 决策树的一般模型

○是状态节点，表示各种自然状态下所获效益的期望值。由决策节点引出的分枝称为方案分枝，每一分枝表示一种方案。由状态节点引出的分枝称为状态分枝，每一分枝表示一种自然状态。△是结果节点，表示不同方案在各种状态下的结果，即效益值。

决策树分析法的步骤：

第一步，绘制决策树图。如图4-4所示，从左向右依次画出决策节点、方案枝、状态节点、状态枝（标注概率）和结果点（标注效益值）。

第二步，计算各个方案的效益期望值。

各方案的效益期望值 = 状态1的效益值 × 概率1+ 状态2的收益值 × 概率2+……，把计算结果标在各方案状态节点的上面。

第三步，剪枝。比较各方案的期望值，选择期望值最大的方案为最佳方案。把最佳方案的期望值标在决策节点的上方，表示选择的结果；同时，在淘汰的方案枝上画上双截线（//），表示这些方案被放弃。说明决策结果。

例题4-3：某罐头食品厂拟生产一种新的水果罐头，通过分析研究得出以下一些结论：如大量生产，销路好时可获利50万元，销路差时则亏损10万元；如小批量生产，销路好时可获利20万元，销路差时盈亏相抵。又知市场销路好与差的可能性概率分别为0.6和0.4，问如何决策可以使该厂取得最大的经济效益？

解题：① 绘制决策树。

② 依据上述数据进行计算：

大批量生产的期望值 =50×0.6+（-10）×0.4=26（万元）

小批量生产的期望值 =20×0.6+0×0.4=12（万元）

③ 用决策树决策，如图4-5所示。

决策：大批量生产获得的效益期望值26万元比小批量生产的期望值大，因此大批量生产方案为决策方案。

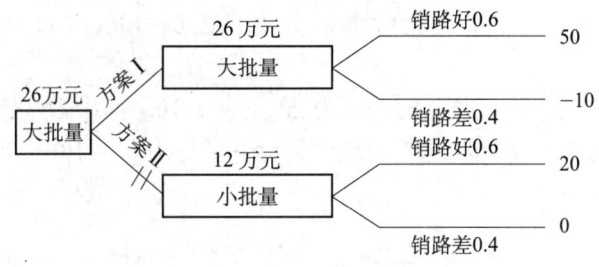

```
                        销路好 0.6
        26万元    ┌─────────┐ ──────── 50
        方案Ⅰ    │  大批量  │
                 └─────────┘ ──────── -10
26万元 ┌──────┐               销路差 0.4
      │大批量│               销路好 0.6
      └──────┘ 方案Ⅱ 12万元 ┌─────────┐ ──────── 20
                            │  小批量  │
                            └─────────┘ ──────── 0
                                销路差 0.4
```

图 4-5　决策图

3）不确定型决策方法

这类决策与风险型决策非常相似，不同之处在于，每个方案可能出现的各种结果的概率无法计算，因此决策只能依据决策者的经验和心理因素来做出。不确定型决策常用决策表进行，具体有乐观决策法、悲观决策法、后悔值决策法和等概率决策法四种。

（1）乐观决策法，又称大中取大法或最大收益法。这种方法的特点是决策者总是抱着乐观的态度，从最好的客观状态出发，从各种方案中找出预期效益值最大的方案，并将其视为决策方案。

（2）悲观决策法，又称小中取大法或最小收益值法。这种方法的特点是决策者总持悲观的态度，不利因素考虑得多，在各种最坏的情况下找出一个相对较好的方案。

（3）后悔值决策法，又称最小最大后悔值法。决策者做出决策后，如果情况不够理想，决策者必然有后悔的感觉。后悔值法就是按照这种现实，将各方案在每种自然状态下的最高效益值定为该状态的理想目标，并与该状态中的其他值相减，所存在的差额叫作未达到理想的后悔值。找到各方案在不同状态下的最大后悔值，从中选择最小者作为决策方案。

（4）等概率决策法。这种方法的基本思路是：由于没有充足的理由可以证明各种自然状态出现的可能性是多少，因此假定各种自然状态发生的概率相等。将每个方案在各种自然状态下的损益值相加再乘以发生的概率（概率值 =1 除以方案数），求得各方案的效益期望值。比较期望值大小，从中选择收益最大的方案并将其作为决策方案。

例题 4-4：某企业打算生产某产品。根据市场预测，产品销路有三种情况：销路好、销路一般和销路差。生产该产品有三种方案：a. 改进生产线；b. 新建生产线；c. 与其他企业协作。据估计，各方案在不同情况下的收益如表 4-2 所示。

问题：

①若用乐观决策法来分析，企业应选择哪个方案？

②若用悲观决策法来分析，企业应选择哪个方案？

③若用最小最大后悔法分析，企业应选择哪个方案？

表4-2　各方案在不同情况下的收益　　　　　　　　　　　　单位：万元

| 方案 | 销路好 | 销路一般 | 销路差 |
| --- | --- | --- | --- |
| a. 改进生产线 | 150 | 100 | 20 |
| b. 新建生产线 | 140 | 110 | -50 |
| c. 与其他企业协作 | 100 | 60 | 10 |

解：① a、b、c 三个方案的最大收益值分别为 150、140、100，其中 150 最大，选 a 方案。

② a、b、c 三个方案的最小收益值分别为 20、-50、10，其中 20 最大，选 a 方案。

③ a、b、c 三个方案在不同状态下的理想目标分别是 150、110、20，求出各方案在不同状态下的后悔值，如表 4-3 所示。

表4-3　各方案在不同状态下的后悔值　　　　　　　　　　单位：万元

| 方案 | 销路好 | 销路一般 | 销路差 |
| --- | --- | --- | --- |
| a. 改进生产线 | 0 | -10 | 0 |
| b. 新建生产线 | 10 | 0 | 70 |
| c. 与其他企业协作 | 50 | 50 | 10 |

a、b、c 三个方案的最大后悔值分别是 0、70、50，其中最小的是 0，故选择 a 方案。

### 3. 中小企业的项目决策

在实际工作中，中小企业的决策主要可分为两类，即项目决策与日常运营决策。日常运营决策关系到企业的生存问题，项目决策则关系到企业的发展问题。日常运营决策大多属于确定型决策，项目决策大多属于风险型决策，这里主要说明项目决策的一般方法。项目决策可分为稳健型决策和风险型决策。稳健型决策是指无还贷风险，一般不会影响企业正常运营的决策（项目投入的资金可以自筹，建设期有各类资源保障，企业的技术改造、扩建、设备更新等基本上属于此类项目）。风险型决策主要是指新产品项目，面对日益不确定的外部环境，企业能否持续发展，新产品项目决策就显得尤为重要。正确的决策带来企业的持续增长，错误的决策可能会毁灭企业。

新产品项目决策大体上需要考虑以下因素：

（1）机会成本。机会成本是经济学的一个重要概念，意思是说在做某件事的同时，必须放弃做另一件事，这另一件事的收益就是做某件事的机会成本。

例如，有 A 和 B 两个项目，A 项目的年收益是 100 万元，B 项目的年收益是 150 万元，以企业当时的能力只能选择其中一个项目，如果企业选择了 A 项目，不得不放弃 B 项目，那么选择 A 项目的机会成本就是 150 万元。反之 B 项目的机会成本是 100 万元。

（2）预期收益与风险比较。虽然 A 项目的机会成本比较大，预期收益比较小，但其风险也比较小（A 项目的投入是 20 万元，如果项目失败只损失 20 万元）。反观 B 项目，虽然其机会成本比较小，预期收益比较大，但风险也比较大（B 项目的投入需要 50 万元，如果项目失败就要损失 50 万元）。

企业的项目决策需要权衡机会成本、预期收益与风险的关系，具体的决策方法可参考前面提供的方法。

（3）规避风险。一般说来，项目的收益与风险成正比，企业要想获得较高的收益，就要冒较高的风险，因此学会如何规避风险就显得十分必要。企业规避投资风险有多种选择，如合伙投资，争取天使投资、风险投资、员工内部投资，发行企业债券、股票等。

### 4.2.3 借助智能决策支持系统辅助决策

智能决策支持系统 IDSS 是计算机管理系统向智能化和产业化发展的第四代产物。其特点是：将人工智能的概念、方法和技术，如专家系统、知识工程模式识别、图像处理、神经网络引入，在办公信息系统 OA、决策支持系统 DSS 和 MIS 的基础上扩展计算机管理系统的功能，开发具有全方位管理的集成化系统。

1. 智能决策支持系统

人工智能决策系统能把企业信息化的数据孤岛整合起来，提供一个全局的视图，在各个领域各个部门中找到企业与市场需求间的关系，以降低决策失误的风险性。

目前多数中小企业都面临三大决策难题：信息孤岛、认识能力有限和决策技术单一。信息孤岛，使内、外部信息缺少系统、集成和共享，信息难以快速反映市场需求变化，决策依据天然不足；决策者的知识储备和认知水平能力有限，影响对决策机会和细节的分析和把握；经验型为主的决策，使决策的科学性和合理性大打折扣。选择适用的人工智能决策辅助系统帮助企业决策，可以在不同程度上帮助中小企业解决上述决策难题。现在，已经有一些中小企业应用人工智能决策系统辅助决策，获得了不错的决策效益。

2. 几款智能决策辅助系统介绍

下面介绍几个人工智能决策系统，可以供决策者参考。

1）Deep Matrix 系统

Deep Matrix 是由百分点集团于 2016 年发布的中国首个行业人工智能决策系统。该系统是融合数据与人工智能技术，基于动态知识图谱和行业业务模型，具备自优化和自适应能力，支持复杂业务问题的自动识别、判断并做出前瞻或实时决策的智能化产品系统。

该系统包括面向五大行业的智能决策应用产品系列：

（1）智能安全分析系统 Deep Finder。利用"动态知识图谱技术"汇聚人、地、事物、组织等数据和信息，结合关系、时间、空间，快速进行交互式分析研判，用数据还原现实世界。

（2）智能政府决策系统 Deep Governor。汇聚行业专家知识，结合六大类 50 余种社会经济发展综合决策模型，推动政府科学决策水平和决策能力现代化，助推"数据治国"。

（3）智能全媒体服务系统 Deep Editor。提供智能专题库、传播影响力分析、全媒体智能用户洞察等服务，是一套实现媒体内容"策采编"智能加工、传播优化、用户追踪洞察的全视角、快反应的智能系统，推动媒体融合创新发展。

（4）智能营销系统 Deep Creator。该系统具有六大功能，即全渠道数据整合、智能标签管理、精准定位目标客群、千人千面个性化推荐、自动化营销执行、全方位分析洞察。

全渠道数据整合：可对企业全局数据进行盘点、整合、汇聚，拉通企业自有的线上线下数据、用户标签数据、交易明细数据等，并支持外部数据的对接，实现用户全触点数据的统一管理，形成企业用户资产，为构建用户动态全景画像提供数据支撑。

智能标签管理：可基于整合的企业数据，针对用户、产品等多实体，为企业构建具备行业特征的标签体系，包括用户基本属性标签、用户行为标签、用户交易类标签、用户业务特征标签、行业特征标签等，可帮助企业快速对接业务应用；支持标签自定义，并可根据规则自动生成标签，支持可视化方式灵活调整标签，快速响应业务需求。

精准定位目标客群：可基于标签、实时行为、模型算法等多维度，任意交叉组合精准筛选客群，并支持全方位的客群分析，包括客群标签画像、客群特征提取、客群变化分析、相似客群扩散、客户微观画像、客户溯源、客户行为轨迹分析等，支持差异化营销。

千人千面个性化推荐：可基于用户的行为偏好，结合推荐算法、规则引擎和效果评估体系，建立人与产品、内容的精准匹配，实现"千人千面"的个性化推荐，帮助企业有效提升用户活跃度、转化率等，优化用户体验。

自动化营销执行：可根据业务需求和营销目标，通过预置和自定义的营销决策树，进行实时营销决策，并自动执行营销策略，实现从客群筛选、营销触达效果评估的全流程自动化营销，完成端到端的高效触达，最大化营销效能。

全方位分析洞察：可实时采集营销全流程数据，监测企业与用户的沟通渠道，分析营销过程中各渠道的转化情况和用户情况，进行营销效果评估，及时捕捉用户的实时意向，结合后续的"持续引导转化"或"及时挽留追回"策略，构建真正的营销闭环，从而提升营销和运营效率。

（5）舆情洞察系统：从不同维度对信息进行分析洞察，帮助客户快速了解舆情态势，可应用于企业口碑监测与预警。

（摘编自 Percent 百分点官网）

2）数据管理平台（Data Management Platform，DMP）

这是一款由深演智能公司开发的人工智能决策系统，是"管理和整合分散的第一方、第二方和第三方数据的统一技术平台，并对数据进行标准化和细分管理，以及对目标受众进行挖掘洞察和策略输出"。这里的第一方数据是指企业主自有用户数据，包括网站/App 监测数据、CRM 数据、电商交易数据等。第三方数据是指非直接合作方拥有的数据，如运营商数据等。第一方数据是企业主自己的东西，用起来更顺手，也更可靠。利用企业高质量的自有客户数据与第二方、第三方数据整合形成洞察，建立企业特有的第一方数据管理平台，可以帮助企业在 CRM 端、市场调研、后链路和公众号运营等方面做出更好的决策。

当今，企业正在发生着深刻的数字化转型，每个企业都将进化出智能决策的"神经系统"。使用企业第一方数据管理平台是实现数据打通、精准客户洞察及智能决策过程中至关重要的一环。

（摘编自 Forrester 资深分析师王晓丰在 2019 年 AI 营销峰会上的演讲内容，《人工智能的下半场是智能决策》，互联网资讯指南，2020-04-02）

3）Hubble 人工智能临床辅助决策系统

Hubble 人工智能临床辅助决策系统由零氪科技公司开发，其以海量真实肿瘤患者的病例数据为训练样本，结合医学知识图谱、药物应用画像、患者临床路径等多种数据，运用深度学习、自然语言处理、神经网络等技术，构建精准的诊疗模型，给出诊疗建议和背后的数据支持，为医生的诊断提供可视化、场景化、智能化的系统解决方案。

3. 人工智能决策系统的应用领域

人工智能被应用到多种决策场景的时候，它的作用越来越明显，许多科技公司大力投资开发人工智能决策技术和决策系统，为各类企业提供更便利、更有效的决策服务。例如，百分点智能决策系统提供行业服务；第四范式的人工智能决策系统为企业捕捉商机；临床决策支持系统为推广标准化治疗、医院/科室管理、科研协作平台搭建、结构化病历系统建立、患者交互及患者教育、医生继续教育、药物警戒、医疗控费等提供技术支持。

人工智能决策系统还可应用到企业投资、人力资源管理、生产调度、库存控制、物流配送、网络营销、客户管理等方面。

有人预言，人工智能将在未来成为高管人员不可或缺的工具。在未来10年内，没有人会在无人工智能的情况下进行运营。

## 4.3 制订经营计划

计划是管理的首要职能，是关于未来行动的蓝图。在当今时代，企业常常面对着不确定的环境，许多事情很难预料，从而使运营带有很大的风险性，而计划正是减少风险性的一种手段。在竞争日益激烈的现代社会里，计划工作已成为企业生存和发展的必备条件，良好的计划是增强企业竞争力的重要途径和有力工具。

任务4　企业经营决策与计划制订——制订计划

### 4.3.1　认识计划的内容和类型

动词意义上的计划，是指为实现决策目标而制订计划的工作过程。

名词意义上的计划，是指用文字和指标等形式表达的、在计划工作中所形成的行动方案。

广义的计划是指制订计划、执行计划和检查计划三个阶段的工作过程。

狭义的计划是指制订计划。

计划就是根据实际情况，通过科学的预测，权衡客观的需要和主观的可能，提出在未来一定时期内要达到的目标，以及实现目标的途径。

1．计划的内容

计划主要包括三个方面的内容：第一，分析和研究外部环境和自身条件、确定组织目标。第二，制订保证目标实现的全局战略和策略。第三，编制行动计划。这是企业针对未来活动方向和行动目标所进行的具体工作，旨在详细研究为实现企业目标，企业的各个部门或环节所应该采取的具体行动计划与行动方案。这是计划的重心。

计划具有目的性、普遍性、预见性、有效性、稳定性和弹性的特征。

2．计划的类型

由于组织活动的复杂性和多元性，计划的种类也变得十分复杂和多样。人们根据不同的需要而制订出各种各样的计划。按照不同的分类标准，可将计划分为不同种类。

1）按计划的时间期限划分

根据计划时期的长度不同，可以将计划分为长期计划、中期计划和短期计划。

长期计划通常又称远景规划，是为实现组织的长期目标服务的具有战略性、纲领性的综合发展规划。它主要规定组织在未来为实现长期目标的主要行动步骤和重大措施，其时间跨度一般为5年左右。

中期计划是根据长期计划提出的战略目标和要求，并结合计划期内的实际情况所制订的较为详细和具体的计划，具有衔接长期计划和短期计划的作用，其时间跨度一般为2～3年。

短期计划是中长期计划的具体安排和落实,是为实现组织的短期目标服务的,其时间跨度一般为一年左右。当然这个时间标准不是绝对的。例如,一项航天研究项目的短期计划可能是5年,而一家小型食品厂由于市场变化,其短期计划可能只适用几个月。

2)按计划范围的广度划分

可将计划分为战略计划和作业计划。战略计划是指应用于整个组织,为组织设立总体目标和寻求组织在环境中的地位的计划。作业计划则是指规定总体目标如何实现的细节计划。

3)按计划的明确性来划分

可将计划分为指导性计划和具体性计划。指导性计划只规定一些重大方针,指出重点但不限定在具体的目标上,或是特定的行动方案上。具体性计划具有明确规定的目标、行动步骤及操作指南。例如,一个企业增加利润的具体性计划,可能具体规定在未来的6个月中,成本要降低4%,销售额要增加6%;而指导性计划也许只提出未来6个月中计划使利润增加5%~10%,而不明确具体规定是通过降低成本,还是通过提高销售额来实现的。

4)按组织职能划分

组织的类型和规模不同,具体职能部门设置也会不同。但一般而言,具有职能的部门有供应、生产、销售、财务、人力资源、技术设备等。因此,相应的就有安排这些职能部门工作的计划,如供应计划、生产计划、销售计划、财务计划、人力资源开发计划、设备技术管理计划等。

### 4.3.2 计划的程序和方法

计划是管理的首要职能,计划工作的质量直接影响组织的运营绩效。因此,做好计划工作必须掌握计划制订的程序和计划编制的方法。

#### 1. 计划工作的程序

一项计划的制订通常包括三个方面的工作:分析预测环境和确立目标;制订实现目标的行动方案并择优;制订辅助计划和编制预算。具体而言,可以分为以下7个步骤。

1)评估状况

评估状况是计划工作的起点,要对组织未来的内外部环境和所具备的条件进行分析和预测(即SWOT分析),弄清计划执行过程中可能存在的有利和不利条件。组织在确定计划的前提条件时,必须较准确地预测经济、社会、市场、技术、资源等内外部环境的变化,形成计划编制参与者的基本共识,这样组织计划的制订和实施才更加协调和有效。

2)确立目标

目标是组织存在的依据,是组织的灵魂,是组织期望达到的最终结果。在评估状况的前提下,为整个组织确定未来一定时期内所要实现的目标。

确定目标要具体、明确、可操作、可实现,尽可能量化。例如,某家公司的经理希望明年的业务收入和利润额有较大幅度的增长,这是一种不明确的目标,要根据过去的情况和现在的条件进行科学的预测以确定一个可行的目标。比如业务收入增长30%,利润增长20%。这种具体的目标不能凭空想象,必须建立在科学分析与预测的基础上。

3)制订备选方案

在计划的前提条件明确之后,就可以着手寻求各种能实现目标的方案和途径,实现一个目标,往往有很多计划方案。这一步需要计划编制的参与者发挥创造性和想象力,集思广益、群策群力，尽可能提出多个可行方案，为最后选择"最满意"的方案创造条件。

4）评价备选方案

这一步骤是根据前提和目标来权衡各种因素，对每一个方案的优劣进行全面、彻底地分析和评价。评价所得出的结论取决于评价的标准和评价者对各个标准所赋予的权数。在多数情况下，存在很多可供选择的方案，而且有很多要考虑的可变因素和限制条件，评价会极其困难，因此，在分析评价方案时可借助数学模型和计算机手段，再结合计划人员的经验和直观判断能力对方案做出评价，即做到定性分析和定量分析相结合。

5）选择可行方案

这是制订计划的关键一步，也是做出抉择的紧要环节。在做出抉择时，应当考虑在可行性、满意度和可能效益三个方面结合得最好的方案。有时在分析评价后，可能存在两个或两个以上方案难分伯仲。在这种情况下，管理人员在确定首先采用的方案的同时，可以决定把其他几个方案作为备选方案，这样有利于提高计划工作的弹性，使之能更好地适应未来环境的变化。

6）制订辅助计划

辅助计划是总计划下的分计划。其作用是支持总计划的贯彻落实，如供应计划、生产计划、销售计划、财务计划等就是组织总计划的辅助计划。

7）编制预算

计划工作的最后一步是将选定的方案用数字更加具体地表现出来，如收入和支出总额，所获得的利润或者盈余。预算编得好，还可以成为汇总和综合平衡各种计划的手段，也可以成为衡量计划完成情况的重要标准。

2. 编制计划的方法

计划工作的效率高低和质量好坏，很大程度上取决于计划编制的方法。现代计划编制方法大量采用数学、计算机科学的成果，如线性规划、非线性规划、概率论和数理统计、网络计划法等，这些方法不仅大大提高了计划工作的质量，而且大大加快了计划工作的进度。下面说明几种主要的方法。

1）滚动计划法

滚动计划法是一种定期修订未来计划的方法。这种方法根据计划的执行情况和环境变化情况定期修订计划，并逐期向前推移，使短期计划、中期计划和长期计划有机结合起来。由于这种方法是在每次编制和修订时，都要根据前期计划执行情况和客观条件的变化，将计划向前延伸一段时间，使计划不断滚动、延伸，所以称为滚动计划。例如，五年计划规定每年编制一次，每次向后滚动一年；年度计划规定每季（或半年）编一次，每次向后滚动一季，如图4-6所示。

2）网络计划技术

网络计划技术于20世纪50年代后期在美国产生和发展起来。这种方法包括各种以网络为基础制订计划的方法，如关键路径法、计划评审技术、组合网络法等。我国于20世纪60年代初开始使用这种方法。应用该方法可以有效地利用人力、物力和财力，用最少的劳动消耗，达到预定目标。

网络计划技术的基本原理，是用网络图的形式来表达一项计划中各项工作（任务、活动事项、工序等）的先后顺序和相互关系，通过绘制网络图找出计划中的关键工序和关键路线，通过不断改善网络图选择最优方案，并在计划执行过程中进行有效的控制和监督，保证

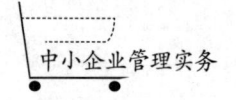

取得最佳的经济效益。

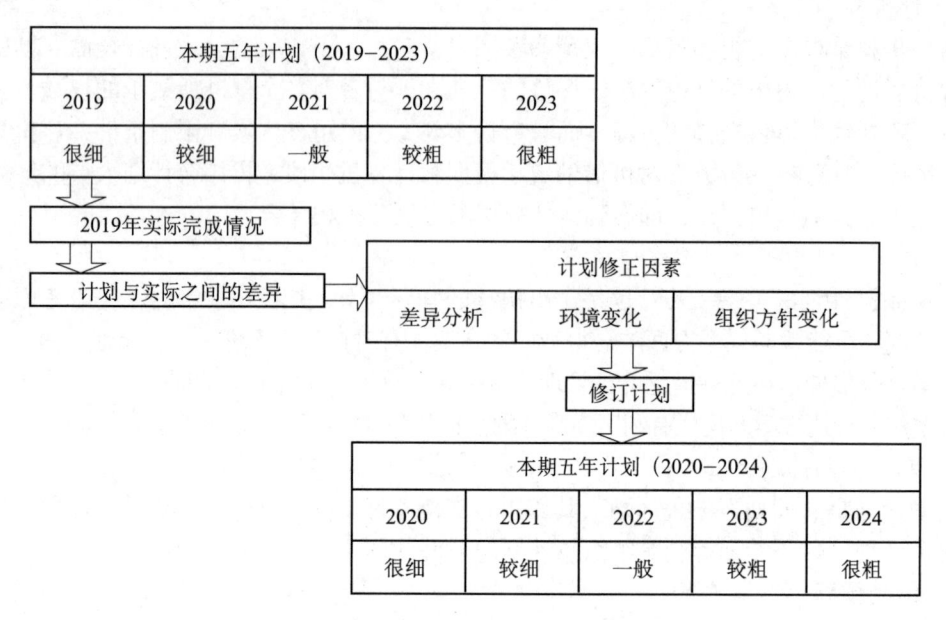

| 本期五年计划（2019—2023） | | | | |
|---|---|---|---|---|
| 2019 | 2020 | 2021 | 2022 | 2023 |
| 很细 | 较细 | 一般 | 较粗 | 很粗 |

2019年实际完成情况

计划与实际之间的差异

| 计划修正因素 | | |
|---|---|---|
| 差异分析 | 环境变化 | 组织方针变化 |

修订计划

| 本期五年计划（2020—2024） | | | | |
|---|---|---|---|---|
| 2020 | 2021 | 2022 | 2023 | 2024 |
| 很细 | 较细 | 一般 | 较粗 | 很粗 |

图 4-6　滚动计划法示意图

网络计划技术的基本步骤如图 4-7 所示。

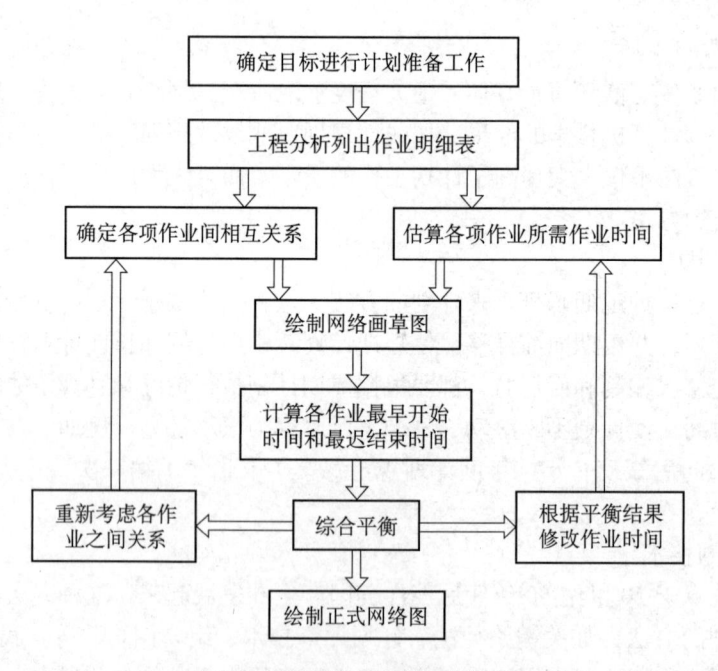

确定目标进行计划准备工作
↓
工程分析列出作业明细表
↓
确定各项作业间相互关系　　估算各项作业所需作业时间
↓
绘制网络画草图
↓
计算各作业最早开始时间和最迟结束时间
↓
重新考虑各作业之间关系 ← 综合平衡 → 根据平衡结果修改作业时间
↓
绘制正式网络图

图 4-7　网络计划技术的基本步骤

在管理工作中如何应用网络计划技术？

例如：假定你负责一座办公楼的施工过程，必须决定建楼需要时长。表 4-4 概括了主要事件和你对完成每项活动所需时间的估计。

表4-4　建楼各项活动需要的时长　　　　　　　　（单位：周）

| 事件 | 期望时间 | 紧前事件 |
| --- | --- | --- |
| A 审查设计和批准动工 | 10 | — |
| B 挖地基 | 6 | A |
| C 立屋架和砌墙 | 14 | B |
| D 建造楼板 | 6 | C |
| E 安装窗户 | 3 | C |
| F 搭屋顶 | 3 | C |
| G 室内布线 | 5 | D,E,F |
| H 安装电梯 | 5 | G |
| I 铺地板和嵌墙板 | 4 | D |
| J 安装门和内部装饰 | 3 | I,H |
| K 验收和交接 | 1 | J |

绘制网络图如图4-8所示。

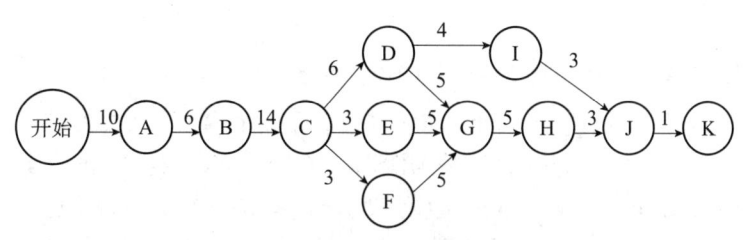

图4-8　网络图

图4-8中，"→"表示工序，"○"表示事项。由始点"○"出发，沿"→"方向组成的连续不断地到达终点的每一条通道称为"路线"，即解决问题的路径。

追踪网络关键路线：需要50周。关键路线为：A—B—C—D—G—H—J—K。

案例分析：从上例可以看出，科学、合理地安排各件事情，能节省时间，提高效率。在企业管理中，无论工作有多么复杂，各项活动之间总存在一定联系。有些工作可以同时进行，有些必须分个先后，只有当先行工作完成之后，后续工作才能开始。只要遵循客观规律，进行合理安排，不但能节省时间，提高效率，还可以充分利用各种资源，降低费用。网络计划技术就是对这类例子的概括。

3. 编制计划方案

计划方案是对未来行动的一种说明。编制计划方案，重点说明以下问题：要做什么（What to do it）、为什么做（Why to do it）、何时做（When to do it）、何地做（Where to do it）、谁去做（Who to do it）和怎么做（How to do it），简称为"5W1H"。

（1）要做什么。是要明确计划工作的具体任务和要求，明确每一个时期的中心任务和工作重点。例如，企业生产计划的任务主要是确定生产哪些产品、生产多少，合理安排产品投入和产出的数量与进度，在保证按期、按质和按量完成订货合同的前提下，使得生产能力得到尽可能充分的利用。

（2）为什么做。就是要明确计划工作的宗旨、目标和战略，并论证可行性。计划工作要有明确的目的或使命，要确定组织工作、人员配备、指导与领导工作和控制活动所要达到的结果。例如，工商企业计划的基本宗旨是向社会提供有经济价值的商品或服务。

（3）何时做。规定计划中各项工作的开始和完成的进度，以便进行有效的控制和对能力及资源进行平衡。

（4）何地做。规定计划的实施地点或场所，了解计划实施的环境条件限制，以便合理安排计划实施的空间组织和布局。

（5）谁去做。计划不仅要明确规定目标、任务、地点和进度，还应规定由哪个主管部门负责。例如，开发一种新产品，要经过产品设计、样品试制、小批试制和正式投产几个阶段。在计划中要明确规定每个阶段由哪个部门主要负责、哪些部门协助，各阶段交接时，由哪些部门、哪些人员参与鉴定和审核等。

（6）怎么做。制订实施计划的措施，以及相应的政策和规则，对资源进行合理分配和集中使用，对人力、生产能力进行平衡，对各种派生计划进行综合平衡等。

此外，一个完整的计划还应明确控制标准和考核指标，告诉实施计划的部门或人员，做成什么样、达到什么标准才算是完成了计划。

### 4.3.3 计划的管理

1. PDCA 管理环是一种科学的计划管理方法

PDCA 管理环是用来描述计划制订和实施过程的一种模型，它是由美国统计学家戴明（W. E. Deming）提出来的，因此也叫"戴明环"。PDCA 是四个英语单词的组合，即 Plan（计划）、Do（执行）、Check（检查）、Action（处理），它构成一个制订和实施计划的完整程序：计划→执行→检查→处理，并形成循环圈。

PDCA 管理循环经历 4 个阶段，分 8 步运行，如图 4-9 所示。

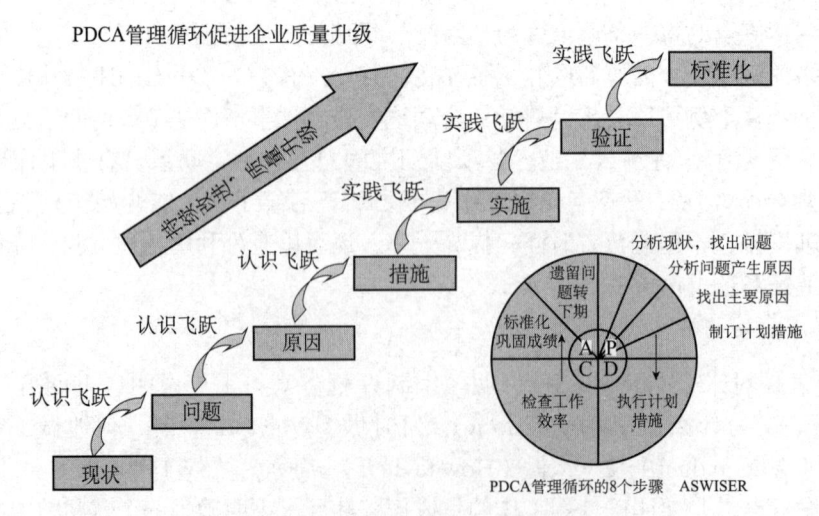

图 4-9　PDCA 循环的 8 个步骤

（1）计划，即分析问题，找出问题；分析问题产生原因；找出主要原因；制订计划措施。

（2）执行，即按计划执行。

（3）检查，即检查工作效果。检查的目的，一是了解实施的情况和结果，二是寻找存在的问题。

（4）处理。处理有两项内容：一是提出解决问题的办法，推进工作标准化；二是将遗留问题转入下一循环，并提出改进意见。

企业管理活动是企业计划管理的大环，包含着部门计划管理环的中环，中环则还可能包含着更小的部门的小环。形成大环套小环，一环扣一环的体系。依据 PDCA 管理环来开展工作，就要注意组织层次和工作内容的上下衔接、沟通与协调。

PDCA 管理环不是停留在一个水平上的循环，而是每完成一次就在更高的水平上继续循环，滚动上升。

2. 目标管理是计划管理的有效方法

目标管理是美国管理学家德鲁克 1954 年在《管理的实践》一书中首先提出来的，之后，他又在此基础上做了发展。他认为，企业的目的和任务必须化为目标，企业的各级主管必须通过目标对下级进行领导，以此来达到企业的总目标。如果一个范围没有特定的目标，则这个范围必定被忽视；如果没有方向一致的分目标来指导各级主管人员的工作，则企业规模越大、人员越多时，发生冲突和浪费的可能性就越大。

目标管理是根据组织对经营活动的全过程进行有效控制的一种科学方法。其基本内容是：组织首先制订一定时期的总目标，再将总目标分解到下属各个部门，并围绕目标的实现开展一系列组织、执行、激励、控制和评价等活动。目标管理的指导思想是以 Y 理论为基础的，即认为在目标明确的条件下，人们能够对自己负责。强调生产经营目标要由上级和下级共同制订，通过上下级协调、员工参与来达成这些目标，并实现员工的自我评价、自我控制。

### 任务小结

本项任务重点掌握以下知识。

1. 理解企业经营决策的内容和类型

内容包括：什么是生产决策、营销决策、人事决策、财务决策。类型包括：战略决策、战术决策和业务决策；高层决策、中层决策和基层决策；程序化决策和非程序化决策；确定型决策、风险型决策和不确定型决策；个人决策和群体决策。

2. 按照科学程序和方法进行决策

选择适合的决策标准：最优标准、满意标准、合理标准。

遵循科学程序进行决策：提出问题，确定决策目标—拟定可行方案—评价与选择方案—实施与反馈。

运用科学方法进行决策：决策方法主要分为两类，分别是定性决策和定量决策。定性决策方法：专家会议法、头脑风暴法和反头脑风暴法、德尔菲法。定量决策方法：确定型决策方法、风险型决策、不确定型决策。

还可以借助智能决策支持系统辅助决策。

3. 制订经营计划

计划的内容：要做什么、为什么做、何时做、何地做、谁去做、怎么做，通常称作5W1H。

计划的类型：按照不同的视角分为不同类型，如长期计划、中期计划和短期计划；战略计划和作业计划；生产计划、营销计划、人力资源计划、财务计划、物流计划等。

编制计划的程序：评估状况—确立目标—制订备选方案—评价备选方案—选择可行方案—制订辅助计划—编制预算。

编制计划的方法：滚动计划法、网络计划技术等。

编制计划方案：分析和研究外部环境和自身条件、确定组织目标；制订保证目标实现的全局战略和策略；编制行动方案。

计划管理：主要采用 PDCA 管理环和目标管理的方法。

# 学习指导

1. 课程总结

1）基本知识

重要概念：决策，人工智能决策，机会成本，计划。

重点知识：决策过程，决策标准，决策原则，头脑风暴法，盈亏平衡分析法，风险型决策方法，不确定型决策方法，人工智能五要素，5W1H 法，计划工作程序，网络计划法，目标管理法。

主要方法：盈亏平衡分析法，风险型决策方法，目标管理法。

2）实践问题

如何选择项目？如何制订企业计划？如何做好企业的目标管理？

3）思考题

企业的决策有哪些类型？决策的主要方法有哪些？人工智能决策会取代人的决策吗？

2. 知识检测

请同学们扫码完成知识测验。

测试 4

3. 技能训练

1）机会成本分析

2）活动计划的制订与实施

这两项技能在《中小企业管理实务操作手册》任务 4 中提供了实际操作要完成的步骤和方法。

3）绘制网络图

案例情景：孙贺每天早晨乘地铁上班，必须在 7 点 35 分离家去乘车，7 点 50 分到单位。他事先查好地铁的班次，规划好自己的时间。其上班前的活动如下：睡醒后立即打开煤气灶烧水（水烧开需要 5 分钟），然后开始穿衣（用时 1 分钟），接着跑步下楼去取牛奶（来回共需4分钟)。回来后立即热开牛奶(5分钟),同时完成洗漱、"解手"、穿外衣(5分钟完成),然后吃饭(5分钟完成),最后走路去地铁站(5分钟),乘地铁到单位(10分钟)。如果孙贺家中只有一个灶头(热源),并忽略像打开煤气灶之类占用时间极少的活动。问孙贺最晚该何时起床?

请运用网络计划的方法为孙贺设计从起床到单位的网络图。

### 4. 能力提升

1)分析案例

请分析孙贺公司的经营计划,提出你的看法和建议。

2)社会实践

请选择一家企业,通过网上查阅资料和现场访谈相结合的方法,了解企业然后制订部门职能计划。

### 5. 下次课预习内容

(1)自学网络平台任务5中的微课、视频等资料。

(2)搜集一个中小企业的企业营销案例。

(3)阅读教材任务5。

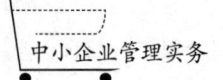

# 任务5 制订营销策略

任务5 制订营销策略——
营销策略的总体介绍

## 教学导航

| 教学任务 | 5.1 选择目标市场 |
| --- | --- |
| | 5.2 制订产品策略 |
| | 5.3 制订价格策略 |
| | 5.4 制订渠道策略 |
| | 5.5 制订促销策略 |
| | 5.6 移动互联网时代营销的新变化 |
| 教学目标 | 知识目标 | 1. 了解 STP 相关概念,掌握目标市场选择的流程及方法;了解品牌的内涵,掌握品牌设计的流程及方法<br>2. 了解影响企业定价的因素,掌握定价策略步骤及选择;掌握渠道设计的流程<br>3. 理解促销策略,掌握促销策略制订应考虑的因素;了解移动互联网时代营销的新变化 |
| | 技能目标 | 1. 能够根据市场状况合理地选择目标市场,确定合适产品的定位;能够根据产品特性制订合理的 4PS 策略<br>2. 能够设计完整的市场营销活动方案 |
| | 素质目标 | 培养学生的洞察力、应变思维、创造性思维;增强学生的营销意识 |
| 方法建议 | 案例分析法、思维导图法、讨论法等 |

## 知识导图

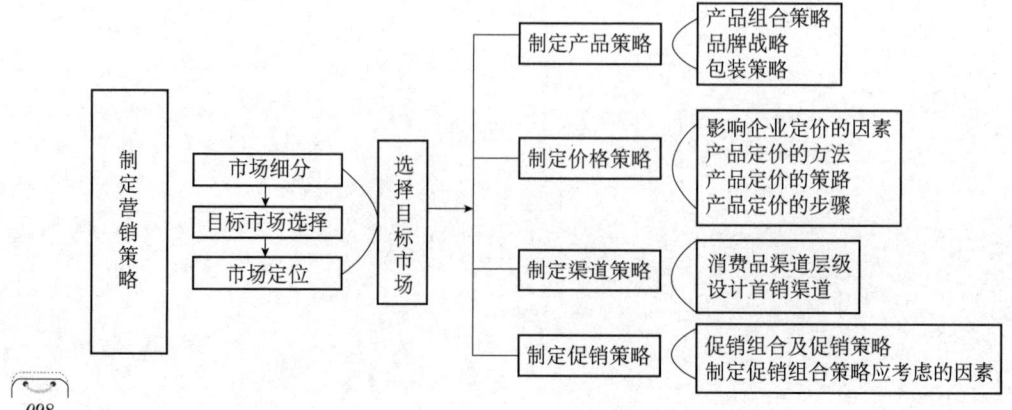

```
                                              ┌─ 制定产品策略 ── 产品组合策略
                                              │                品牌战略
                                              │                包装策略
                                              │
            市场细分                           ├─ 制定价格策略 ── 影响企业定价的因素
制定         ↓          选择                  │                产品定价的方法
营销 ── 目标市场选择 ── 目标 ──               │                产品定价的策略
策略         ↓          市场                  │                产品定价的步骤
            市场定位                           │
                                              ├─ 制定渠道策略 ── 消费品渠道层级
                                              │                设计首销渠道
                                              │
                                              └─ 制定促销策略 ── 促销组合及促销策略
                                                                制定促销组合策略应考虑的因素
```

> **导入案例**

## 孙贺的营销策略

### 1. 选择目标顾客

2008年，孙贺毕业后的第一份工作是做销售。起初，他每天坐在办公室里，按照老板分配的任务，搜索客户信息，挨个儿打电话，联系广告业务。后来，客户有意向时，老板让他去跟客户约谈广告业务。这段销售经历，让他把从学校里学到的营销知识与实践结合起来，深化理解，这为他日后制订销售策略打下了基础。

2009年，他与朋友商定要合伙创办广告公司。对于怎么区分市场，怎么选择目标客户，他有一套自己的思路。

首先，他给自己做了一个规划：选择市场，第一，接收短信广告的人口基数要相对大；第二，发送短信广告业务的客户数量要相对多，购买力要强；第三，区域间的路程要短，交通便利，时间可控，便于提高工作效率；第四，市场机会比较多，潜力更大，还要方便进入。

其次，按照这样的规划，他做了区域市场细分。当时国家政策是打造环渤海经济带，包括大连长兴岛、营口鲅鱼圈、盘锦、锦州、葫芦岛五个沿海城市。这些海港城市比内地城市发展机会多，但盘锦、锦州和大连长兴岛这三个地区的人口基数比较小，市场容量小，商品贸易不是很发达，发展速度不会有较大突破，市场发展潜力不大。盘锦地区的石油生产企业比较多，商业较少；锦州市场不够活跃，大连长兴岛是一个新开发的区域，市场规模受限，这三个城市的商业都不太发达。葫芦岛相对这三个城市来说，人口基数比较大，但它与其所含的兴城和绥中两个地区距离较远，市场间拉的战线太长，跑业务时间成本较大，效率比较低。营口鲅鱼圈新开发的港口与老区相连，新区老区圈内人口相对比较多，以港兴市吸引了众多企业的进入，房地产、旅游、饮食、文化、贸易等行业市场活跃，机会较多，是一个具有较大潜力的市场。沈阳是他的居住地，虽然不在环渤海经济带内，但它是省会城市，是东北老工业基地，是辽宁政治、经济、文化教育的中心，人口基数大，工业、商业、房地产业、文化、教育都比较发达，客户资源较多。所以，通过细分市场，他选择了沈阳和营口作为他的经营业务的主要市场。

最后，他做了客户细分。他们的客户主要分布在房地产业、商业、金融等行业。当时的房地产业发展势头较好，沈阳和营口鲅鱼圈共有大小房产开发商300家左右，他们需要不断地向人群发送房产信息；商场活动不断，需要不断地向其会员发送活动信息；银行、证券、保险向他们的客户群发送存货、理财、股票、保险等业务信息。这些行业的企业众多，群发信息的需求量大，购买力较强。因此，他们选择了房地产、商场、金融企业作为他们的主要目标客户顾客群。对于信息发送的对象，除了企业指定的人群外，他还帮助企业对接收信息的人群阶层做了细分。比如，房地产业中有购房需要的人群主要分四部分：第一部分是为房产增值而购房的群体，喜好增值潜力大或廉价的房产信息；第二部分是用于改善居住条件和环境的人群，中等收入中的中、老年人群；第三部分是高校毕业留在沈阳就业或创业的人群；第四部分是青年结婚用房的人群。

通过区域市场、企业客户和消费群体的细分，最终他们确定了在沈阳和营口鲅鱼圈开展广告业务,目标顾客主要是房地产、商场、银行、证券、保险等行业的企业。

**2. 主要营销策略**

产品策略。主要产品有短信广告、路牌广告、主要商业区的大屏幕广告、地铁广告等。

价格策略。短信业务主要依据市场定价。按照市场的价格规则,确定短信的基础价格,再按照信息发送量的大小,实行折扣定价。比如,有些房产广告发送量大,发送频率高,折扣率就大些。地铁广告,公司主要承担候车大厅的大屏幕广告。实行统一定价与差别定价相结合的定价策略。比如,各站点的价格一致,但使用屏的材质、功能不同,使用价格有差异。LED屏有活动实时互动功能,使用价格要高些,其他屏无此功能的价格就低些。

销售渠道策略。主要有五种销售渠道,即拜访、电话销售、短信渠道、短视频渠道、网络直播渠道。

促销策略。孙贺为了增加公司知名度、美誉度,增进客户黏度,除了为客户提供合同规定的服务之外,还主动协助客户完成线下活动。如协助客户在地铁里试吃、试穿、试用、搞庆典、专题活动等。以公司名义联合房地产、商场、银行等客户实行现场推广或公益活动,传播企业形象,如赞助贫困学生学习、赞助边远山区的学校图书和学习用品等。通过网络直播吸引客户粉丝,增强与客户的互动,增进客户黏度等。此外,孙贺还定期拜访老客户,维系感情,为优质客户提供更优惠、更贴心的广告服务。

**案例分析:**

根据上述案例,搜索资料思考以下几个问题:

1. 选择目标市场需要考虑哪些方面的因素?
2. 孙贺公司提供的产品是哪种类型的产品?这种类型产品有哪些特点?
3. 孙贺公司给产品定价的依据是什么?
4. 孙贺公司的促销手段有哪些?有更好的建议吗?

## 任务解析

市场营销不是简单的产品销售,这其中有产品是否适销对路、价格是否能被接受、购买信息和渠道是否畅通、交易双方是否能达成满意的效果等一系列问题。应对这些问题,企业首先,要仔细研究自己的服务对象是谁?在哪里?数量有多少?有哪些偏好?有什么需求?自己是否有能力满足他们的需求?这就是市场营销的首要任务——目标市场选择。这些数据影响营销的有效性。其次,针对选定的目标市场,要制订相应的产品策略,以满足他们日益变化的产品需求;制订合理的价格策略,使他们愿意接受;制订快捷便利的渠道策略,保证产品和服务即时送达;策划独特、新颖、有激励性的促销策略,使产品信息及时传播到他们脑中,并激起购买欲望。这样的营销策略决定营销的效益性。再次,利用网络营销、数字营销等新技术,提高营销品质和效益。本任务主要就是学习如何选择目标市场,如何制订有效的营销策略。

## 5.1 选择目标市场

在巨大的多样化的市场中,一个公司不可能为所有的顾客服务,因为

任务5 制订营销策略——STP策略

顾客人数太多，且购买需求又各不相同，所以一个公司需要辨认出它能为之进行最有效服务的目标市场。为了有效完成任务，许多公司把营销工作集中在具有最大购买兴趣的买主身上，即从事目标市场营销。而有效的目标营销需经过三个步骤：①市场细分，确定有若干不同需要和偏好的购买者群体，并描述他们的特征；②确定目标市场，选择一个或几个准备进入的细分市场；③市场定位，对于每一个目标市场，要建立和传播公司的产品所带来的具有特色的利益。

通过此任务的学习，我们将掌握目标市场选择策略，学习一个公司应该如何进行市场细分，应该如何选择具有吸引力的目标市场，应该如何对品牌或产品进行有效定位。

【案例场景 5-1】

## 孙贺的广告公司的市场定位

孙贺在决定把广告公司设立在沈阳和营口时，主要考虑的因素是人口基数、工业、商业、房地产业、文化、教育等的发达程度及客户资源的问题。

那么，他最终把自己的目标顾客定为房地产业、商业、金融等行业，主要考虑的因素有哪些？

1. 孙贺广告公司细分市场考虑了哪些方面的因素？
2. 房地产业、商业、金融等行业在广告需求上有哪些特征？
3. 请为孙贺的广告公司做一个好的定位，方便它的目标顾客接受并喜爱。

### 5.1.1 市场细分

1. 市场细分的概念

市场细分是根据消费者的消费需求和购买习惯的差异，将整体市场划分为由许多消费需求大致类同的消费者群体所组成的子市场群。一个个被分隔的子市场可称为细分市场，每个细分市场内的消费者具有相对类同的消费需求。

2. 有效细分的条件

市场细分的依据和方法有许多种，但并不是所有的市场细分都是有效的。例如，以性别来细分服装市场是非常普遍的，但对大多数消费者分析后发现性别因素不起作用。因此，要使市场细分有效，必须要做到以下五点：可衡量性；足量性；实现性；差异性；可操作性。

3. 市场细分的步骤

依据需求选定产品市场范围；评估潜在的顾客需求；分析潜在顾客的不同需求；移去潜在顾客的共同需求；为分市场暂时取名；进一步认识各分市场的特点；测量各分市场的大小。

### 5.1.2 目标市场选择

市场细分的目的在于正确地选择目标市场，如果说市场细分显示了企业所面临的市场机会，那么目标市场选择则是企业通过评价各种市场机会、决定为多少个细分市场服务的重要营销策略。

1. 目标市场策略

评估完各个细分市场后，公司必须决定以哪几个细分市场为目标。目标市场指公司决定为之服务的，具有共同需求或特点的购买者群体。目标市场的选择可以有不同的战略：无差异营销可以非常广泛地选择目标市场；集中营销只能非常狭窄地选择目标市场；介于两者之间的是差异化营销。

1）无差异营销

运用无差异营销（或大众营销）战略，公司可以不考虑细分市场间的区别，仅推出一种产品来追求整个市场。为此，它设计一种产品和制订一个营销计划来吸引大多数的购买者。它凭借广泛的销售渠道和大规模的广告宣传，在人们心中为该产品树立一个超级印象。成功运用这一战略的两个经典案例是福特和可口可乐。曾经，福特公司只提供黑色的T型福特汽车；可口可乐公司在20世纪60年代以前曾以单一口味的品种、统一的价格和容量（6.5盎司约192毫升）、同一广告主题将产品展示给所有顾客。

2）差异化营销

运用差异化营销战略（或称细分市场战略），公司决定同时经营几个细分市场，并为每个细分市场设计不同的产品服务。雅诗兰黛公司针对女性和男性的不同品味来定位它的市场：旗舰品牌即原创的雅诗兰黛吸引较为年长的顾客；倩碧满足那些中年女性的需求；M.A.C.则针对年轻人；艾凡达适合那些芳香疗法的狂热者；而品木宣言则针对的是那些追求天然成分化妆品的消费者。

3）集中营销

集中营销战略是公司将整个市场细分为若干细分市场后，只选择其中某一细分市场作为目标市场，目的是把企业的人力、物力、财力集中于某一细分市场，在此市场上获得较大的市场份额。这种策略适合资源稀少的小企业。集中营销可以大大节省费用和增加盈利，在生产、渠道和促销等方面更容易实现专业化，能更好地满足特定消费者的需求，利于企业取得优越的市场定位。比如朵唯女性手机，只针对女性手机市场。

2. 选择目标市场营销策略应考虑的因素

1）企业能力

企业要根据自身能力选择目标市场营销策略。如果企业实力雄厚，且市场营销管理能力比较强，可以采用差异化营销或无差异营销的策略；如果企业能力有限，则适合选择集中营销策略。

2）产品同质性

一般同质性较强的产品竞争都主要表现在价格和提供的服务上，这类产品适合采用无差异营销策略，如水、电、石油、煤气等。异质性需求产品则可根据企业资源力量，采取差异化营销或集中营销策略。

3）市场的需求状况

如果消费者的需求、偏好比较接近，对市场营销刺激的反应差异不大，可采用无差异营销策略；否则采用差异化营销或集中营销策略。

4）竞争者状况

企业选择目标市场营销战略还要考虑竞争者的状况，如果竞争对手采用无差异营销策略，企业选择差异化营销或集中营销战略更有利于市场的开拓，有利于提高产品的竞争力；

如果竞争对手采用差异化营销,企业则不应该采用无差异营销战略。

> **思考**
> 
> 孙贺的广告公司该采取何种目标市场营销战略?

### 5.1.3 市场定位

**1. 市场定位的概念**

市场定位指公司为自己的产品或形象在目标顾客心目中占据一定的特殊位置而采取的行动。这里所指的"位",是产品在顾客感觉中所处的地位,是一个抽象的心理位置的概念。市场定位并不是企业对一件产品本身做些什么,而是企业在潜在顾客的心目中做些什么。定位的结果就是成功地创立以顾客为基础的价值主张,即给出为什么目标市场应该购买这种产品的令人信服的理由。

**2. 市场定位的方法**

1)"第一"定位法

在心智战中,胜利往往属于进入潜在顾客心智中的第一个品牌、第一种产品。成为第一,是进入顾客心智的捷径。通常,第一个进入人们心智的品牌所占据的长期市场份额通常是第二个品牌的 2 倍、第三个品牌的 4 倍,而且这个比例不会轻易改变。

2)重新定位竞争对手

有时也许你找不到空位,市场上的每一个品类中都有成百上千种不同产品,发现空位的机会可谓少之又少。那么公司怎样才能用广告将其打入人们的心智?最基本的营销战略是"重新定位竞争对手"。

3)跟随者的定位法

如果成不了市场领导者,企业是否应该跟随领导者的做法呢?答案是否定的,因为跟风产品并不能达到理想的销售目标。作为跟随者的企业,应该如何给自己定位呢?答案是寻找空位,即在顾客心智中找出空位,然后填补上去。

4)其他有效定位

性别也是一个空位。万宝路是第一个在香烟领域里建立男性定位的品牌。年龄是另一个可供运用的定位战略。美国的 Aim 牌牙膏定位于孩子的产品,在被佳洁士和高露洁割据的牙膏市场上开辟出了 10% 的市场份额。此外,一天中的时段也可能成为定位目标,白加黑感冒药便是一个成功的例子。

**3. 市场定位的步骤**

1)明确潜在竞争优势

明确企业的竞争优势主要包括:了解影响定位的因素,了解竞争者的定位状况,了解竞争者提供的产品、服务及在顾客心目中的形象。评估企业自身的成本及经营状况,并了解目标顾客对产品的评价标准。企业要抓住顾客的关注点,以此作为决策依据,并要确定目标市场的潜在竞争优势。企业要与竞争者在产品、促销、成本、服务等方面做比较分析,确定自身的竞争优势。

2）选择相对的竞争优势

相对的竞争优势是指企业能够胜过竞争对手的能力。企业可以根据自己的资源配置设计合适的差异化的营销方案以突出自己的产品特色，获得消费者的认可。

3）显示独特的竞争优势

这一步骤的主要任务是企业要通过一系列的宣传推广活动，把自身产品的独特优势准确传递给消费者，并在其心目中留下深刻印象。企业第一步要使目标消费者了解、熟悉、认同、喜爱企业的市场定位，建立消费者认同感；第二步要稳定目标消费者的态度，达到情感共鸣，来巩固企业的市场形象。在此过程中，要时刻关注目标消费者对企业定位的理解是否出现偏差，如果有则应该及时纠正。

### 思考

孙贺的广告公司的定位可以是怎么样的？

## 5.2 制订产品策略

**【案例场景 5-2】孙贺公司的产品策略**

从综合案例中可以看到，孙贺广告公司目前的产品主要有短信广告、路牌广告、主要商业区的大屏幕广告、地铁广告等。随着广告行业的竞争越来越激烈，客户需求的多样化，以及客户的目标顾客偏好的改变，孙贺发现公司目前提供的产品和服务已经不能满足客户需要了。他决定调查市场，开发新产品来满足客户日益变化的需求。

任务 5　制订营销策略——4PS策略

### 思考

通过资料查找，为孙贺广告公司开发新产品提供策略思路。

菲利普·科特勒认为，产品是能够提供给市场以满足需要和欲望的任何东西（包括实体商品和服务）。

### 5.2.1 产品组合策略

产品组合也称为产品品种搭配，是指企业生产或销售的全部产品的大类产品项目组合。产品组合不恰当可能造成产品的滞销积压，甚至引起企业亏损。

产品组合的宽度，是指该公司具有多少条不同的产品线。产品组合的长度，是指它的产品组合中的产品项目总数。产品组合的深度，是指产品组合中每一产品有多少品种。

产品组合的关联度，是指各类产品线在最终用途、生产条件、分销渠道或其他方面相互关联的程度。

一般情况下，企业增加产品组合宽度，有利于扩大经营范围，发挥企业特长，提高经济效益，分散经营风险；增加产品组合的深度，可占领更多细分市场，满足消费者广泛的需求和爱好，吸引更多的消费者；增加产品组合的长度，可以满足消费者的不同需求，增加企业经济效益；增加产品组合的关联度，可以使企业在某一特定领域内增强竞争力和获得良好声誉。

一个企业的产品组合决策不是任意确定的，应遵循有利于销售和增加企业总利润的原则，根据企业的资源条件和市场状况灵活选择。

从动态角度分析，可供选择的产品组合策略有以下几种。

1. 扩大产品组合

扩大产品组合是指增加产品系列或产品项目，扩大经营范围，扩大产品组合的宽度与深度，生产经营更多的产品以满足市场需要。这一策略的特点是降低企业的市场风险和平衡风险，但企业的投入将增加，成本提高，利润将减少。

2. 缩减产品组合

缩减产品组合是指降低产品组合的宽度与深度，删除一些产品系列或产品项目，提高专业化水平，集中力量生产经营一个系列的产品或少数产品项目，力图从生产经营较少的产品中体现企业的竞争力。该策略的特点是集中企业优势，发展利好产品，虽然降低了成本，但同时增加了企业的市场风险。

3. 产品线扩展策略

一个企业超过现有的范围来增加它的产品线长度，就叫作产品线扩展。产品线扩展策略包括向上扩展、向下扩展和双向扩展。

**思考**

孙贺公司为适应市场需要，应该选择的产品组合策略是什么？

### 5.2.3 品牌战略

企业围绕品牌问题，要做出一系列决策，如是否要建立品牌，使用谁的品牌，怎么样使用自己的品牌等。要解决这些问题，就必须选择品牌策略，将品牌作为核心竞争力。在科技迅速发展的时代，产品、技术、管理等都容易被模仿，难以成为核心竞争力，而品牌形象一旦树立就很难被模仿，因为品牌是一种消费者认知，是一种感受。因此，品牌战略的作用不容小觑。中小企业更加要树立品牌战略意识，现在很多中小企业仍然处在来料加工、贴牌生产的阶段。这种经营模式虽然能够维持企业生存，但是最大的利润还是给了品牌商。电子商务迅猛发展的现代，中国产品遍布世界各地，而中国品牌却鲜为人知。阿里巴巴旗下速卖通正致力于让中国制造、中国品牌走出国门。中小企业应该抓住利好形势打造自身品牌，把最具价值的部分抓在自己手里，才能在未来的国际竞争中立于不败之地。

1. 建立产品和品牌战略

"品牌"一词源于古挪威文字 brandr，意思是"烙印"，它非常形象地表达出了品牌的含

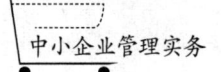

义——如何在消费者心中留下烙印？

品牌是一种名称、名词、标记或设计，或是它们的应用组合，其目的是借以辨认某个销售者或销售群体的产品或劳务，并使之同竞争对手的产品和劳务区别开来。

品牌是一个集合的概念，其主要要素为：品牌名称，即可以直接用语言表达或称呼的部分；品牌标志，即符号和图案，这是品牌中易于识别但不能直接用语言称呼的部分；商标是产品名称的法律界定，是经过国家权威机构依法定程序审核通过后获取的，国家依法授予企业的一种权利。

2. 品牌名称设计

1) 设计要求

易懂好记，易于传播沟通。鲜明、独特，富有个性。优秀的品牌名称是与众不同的，一般都特殊鲜明，极有个性，使顾客一目了然，过目不忘。

揭示产品功能、利益。品牌要表示产品的性能、用途，揭示产品能够提供给消费者的效用和利益，要与产品实体相符合，能反映产品的效用。如江中牌健胃消食片，一看名字就知道它的效用是健胃消食。

突出情感诉求，富有内涵。消费者归根到底购买的不是产品服务本身，而是心理上的想象和感受。如果产品名称仅仅停留在属性或功能上，那么在同质化产品的海洋里，消费者只能随机选择，而不能特别关注。因此，只有突出情感、文化内涵的诉求，才能吸引顾客。如朵唯女性手机，只为女性制造。

2) 设计思路

核心价值的定位。品牌的典故、功能、个性、风格都可能成为品牌定位的依据，通常一个品牌理论上只能有一种真正意义上的定位。

要有清晰的概念。概念清晰准确，能够振奋人心，先声夺人，使消费者在清晰的概念里知道自己应该选择什么品牌。

要有鲜明的描述。简洁、明了、富有感染力的名称描述，表达了品牌的特征，能在消费者心中占据地位，并能迅速传播开来，提升品牌形象。

3) 常用方法

确定一个令人满意的、让消费者乐于接受的品牌名称，常用的方法有：人名（企业名称）作为品牌名，如"张小泉""李宁""福特"；地点作为品牌名，如"茅台酒""青岛啤酒"；动物名作为品牌名，如"小天鹅""白象"；花草树木名作为品牌名，如"迎客松""春兰"；数字或数字与文字组合作为品牌名，如"三枪"；以产品功能作为品牌名，如"脑轻松""健力宝"；象征地位的名字作为品牌名，如"太太""老板"；组合首字母作为品牌名，如"NEC""IBM"。

3. 品牌标志设计

1) 设计要求

第一，品牌标志设计要求以符号、图案为内容。

第二，品牌标志要图文并茂。因为人们的思想是具体的、活生生的。

第三，品牌标志要便于消费者识别、记住。

第四，品牌标志要可以引起消费者的联想。

第五，品牌标志要可以强化品牌定位，使消费者印象深刻，易于联想。

2）设计思路

简洁、凝练。标志设计要一目了然、使人过目不忘。符号和简单的图形比较得宠。独特、新颖。标志要有创意，能吸引消费者，能与竞争对手区分开来，避免被模仿。

3）基本形式

名称标志。把品牌名称与品牌标志合在一起，把名称的文字、数字艺术化，可以作为与众不同的品牌标记，如 IBM。

符号标志，如"三菱"是由三个菱形符号组成的图案标志。

【案例场景 5-3】

## 孙贺公司的品牌战略

孙贺深谙营销之道，他在公司设立之初就考虑过要把公司做大做强，因此在公司设立之初，公司创始人们就开始出谋划策，为公司名称、LOGO 等方面的设计做了规划，为了让目标顾客更容易接受，他还给公司名称赋予了一个很好的使命和寓意，决定为公司取名为：沈阳蓝天广告传媒有限责任公司。他考虑得很深远，希望通过自身的努力，为顾客定制服务，以培训品牌的知名度与顾客的忠诚度，为企业长远发展打下基础。

### 思考

1. 请为孙贺的广告公司设计 LOGO，并赋予美好寓意。
2. 企业为什么要建立品牌，如何提升目标顾客对产品的品牌忠诚度呢？

### 5.2.4 包装与包装策略

在前面已经说到，产品包括无形的产品和有形的产品。无形的产品一般以服务为主，服务的包装策略应该注重客户的体验感；而有形的产品的包装是指产品的容器或外部包装物，有着识别、便利、美化、增值和促销等功能。产品包装是一项技术性和艺术性很强的工作，通过产品的包装可以达到多种效果。包装设计应针对消费者心理，显示产品特色和风格。包装形状、大小应为运输、携带、保管和使用提供方便。包装策略主要有以下几种。

1. 类似包装策略

类似包装，亦称产品线包装，即企业所生产的各种不同产品，在包装上采用相同或相似的图案、形状或其他共同特征，使消费者容易发现是同一家企业的产品，如化妆品玫琳凯，粉色外包装，加上玫琳凯的字样，各种产品都是类似的。

2. 等级包装策略

等级包装策略，即按照产品的价值、品质分成若干等级，并实行不同的包装，使包装与产品的价值相称，如优质包装与普通包装、豪华包装与简易包装等，有利于消费者辨别产品的档次差别和品质优劣。等级包装策略的缺点是增加了包装的设计成本。

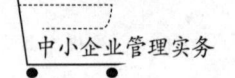

### 3. 组合包装策略

组合包装策略，指把使用时相互关联的多种产品纳入一个包装容器中，同时出售，如家用药箱、工具包等。

### 4. 复用包装策略

复用包装策略，指在原包装的产品使用后，其包装物还可以做其他用途。这样可以利用消费者一物多用的心理，使他们得到额外的使用价值。同时，包装物在使用过程中，也可以起到广告宣传的作用，诱导消费者购买或重复购买，如把饮料瓶设计成水杯形状，消费者喝完饮料后可以将瓶子当杯子用。

### 5. 附赠品包装策略

附赠品包装策略，指在产品包装物内附赠给购买者一定的物品或奖券。桂格公司老船长脆麦片（Cap'n Crunch）就是其中一个典型的例子，它曾做过一次赠品与产品搭配得非常完美的包装内赠送。老船长脆麦片附送与海有关的潜水海豚玩具，而且儿童食品送儿童玩具也符合消费对象需要，自然对产品印象的加深帮助极大。

### 6. 更换包装策略

更换包装策略，指对原产品包装进行改进或更改，重新投入市场以吸引消费者；或者原产品声誉不太好，销售量下降时，通过更换包装，重塑形象来保持市场占有率。

## 5.3 制订价格策略

【案例场景 5-4】

### 孙贺公司的定价策略

孙贺公司在现有产品的价格策略上主要是针对不同业务，采取不同的定价方法。短信业务主要依据市场定价。按照市场的价格规则，确定短信的基础价格，再按照信息发送量的大小，实行折扣定价。比如，有些房产广告发送量大、发送频率高，折扣率就大些。对于地铁广告，公司主要承担候车大厅的大屏幕广告，实行统一定价与差别定价相结合的定价策略。比如，各站点的价格一致，但使用屏的材质、功能不同，使用价格有差异，LED屏有活动实时互动功能，使用价格要高些，其他无此功能的屏的价格就低些。

**思考**

孙贺公司的产品主要采用了哪些定价方法？

狭义上说，价格是为产品或服务收取的货币总额。广义上说，价格是顾客为获得、拥有或使用某种产品或服务的利益而支付的价值。长期以来价格一直是影响购买决策的重要因素。价格是企业营销组合的要素之一，也是营销组合策略中唯一不需要费用支出，却能增加销售收入的因素。价格的高低不仅涉及交换各方的经济利益，而且直接关系到产品的销售及产品策略、渠道策略、促销策略的实施。因此，企业进行合理的定价，是其营销活动中一项非常重要的工作。

### 5.3.1 影响企业定价的因素

**1. 顾客感知价值和产品成本**

公司的价格介于两种价格水平——太高以至于没有需求和太低以至于没有利润之间。图 5-1 总结了制订价格需要考虑的主要因素。顾客对产品价值的认知设定了价格上限。如果顾客认为价格高于产品的价值，他们就不会购买产品。产品成本设定了价格的下限。如果价格低于产品成本，公司将亏损。公司在这两种极端的价格水平之间制订价格，同时需要考虑一些其他的内外部因素，包括公司整体的营销战略和营销组合、市场和需求的特点，以及竞争者的战略和价格。

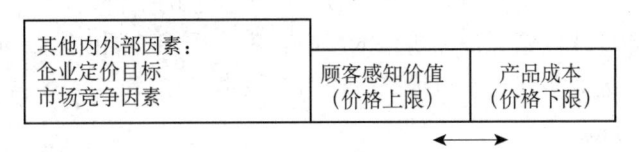

| 其他内外部因素：<br>企业定价目标<br>市场竞争因素 | 顾客感知价值<br>（价格上限） | 产品成本<br>（价格下限） |
| --- | --- | --- |

**图 5-1 影响定价的因素**

**2. 企业定价目标**

企业定价目标是指企业在对其生产经营的产品制订价格时所要达到的目的和标准。它是定价的主要依据。

企业定价目标有以下几种：以利润为定价目标、以销售数量为定价目标、以应付与防止竞争为定价目标、以社会责任为定价目标、以维持企业生存为定价目标。企业最终选择何种定价目标受很多条件限制，如受企业规模和企业生产经营管理水平差异的影响。另外不同的行业有不同的定价目标，相同的行业不同的企业定价目标也可能不同，同一企业在不同时期的定价目标也可能有差异，所以企业在确定定价目标时要多方综合考虑。

**3. 市场竞争因素**

产品竞争的激烈程度不同，对定价的影响也不相同。竞争越激烈，对价格的影响也越大。完全竞争的市场，企业几乎没有定价的主动权；在不完全竞争的市场中，竞争的强度主要取决于产品制作的难易和供求的形势。由于竞争影响定价，企业要做好定价，必须充分了解竞争者的情况。

### 5.3.2 产品的定价方法

**1. 成本导向定价方法**

这是一类成本加利润的定价方法。具体地说，按多少成本，用多少利润率，有几种不同的选择，构成几种不同的定价方法。但是，它们都属于按卖方意图的定价方法。

**2. 需求导向定价法**

现代市场营销观念要求企业的一切生产经营活动必须以消费者需求为中心，并在产品、价格、分销和促销等方面予以充分体现。根据市场需求状况和消费者对产品的感觉差异来确定价格的方法叫作顾客导向定价法，又称"市场导向定价法""需求导向定价法"。需求导向定价法主要包括认知价值定价法、需求差异定价法和逆向定价法。

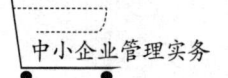

3. 竞争导向定价法

竞争导向定价法是一种根据竞争状况确定价格的定价方法。企业在制订价格时，主要以竞争对手的价格为基础，与竞争者价格保持一定的比例。这种定价法的特点是，价格与成本和需求不直接发生联系，产品成本或市场需求变动了，由于竞争者价格未变，就维持原价；反之，虽然成本与需求不变，但由于竞争者价格变动，所以也应相应调整价格，否则，就可能被竞争对手击败。这类定价法主要包括随行就市定价法、主动竞争定价法、招标投标定价法。

### 5.3.3 产品的定价策略

企业对于产品的定价，除采用各种定价方法，还应当按照当时市场和产品的具体情况，利用种种策略和技巧，吸引购买者，扩大市场，实现自己的定价目标。所谓定价策略，是指企业根据市场中不同变化因素对商品价格的影响程度，采用不同的定价方法，制订出适合市场变化的商品价格，进而实现定价目标的企业营销战术。

1. 新产品定价策略

新产品定价策略是营销策略中的一个重要内容。新产品初上市的价格，将决定其能否在市场上站住脚，也将影响市场竞争和企业的前途。

当新产品在市场上没有类似产品时，定价多采用两种相互对立的策略，即撇脂定价策略和渗透定价策略。

1）撇脂定价策略

这一策略是指新产品刚投放市场时，企业将产品价格定得较高，尽可能在产品生命周期的最初阶段，赚取较大利润。撇脂是从鲜奶中提取乳酪，取其精华之意，这种策略因此而得名。

2）渗透定价策略

渗透定价策略是新产品刚投放市场时，企业把价格定得很低，以利于被市场接受，迅速打开销路，扩大市场占有率。

2. 心理定价策略

心理定价策略主要是零售商针对顾客的消费心理采用的定价策略，常用的有以下几种：尾数定价；整数定价；声望定价；招徕定价；习惯定价。

### 5.3.4 产品定价步骤

每一个产品的价格都绝非随意定制的，而必须按照企业和产品的特性，结合市场现状，进行科学合理的制订。一般来说，对产品定价需要遵循以下几个步骤。

步骤一：选择定价目标。公司一般通过定价追求6个目标：生存、最大当期利润、最高当期收入、最高销售成长、最大市场撇脂和产品质量领先。企业的目标越清楚，制订价格越容易。

步骤二：确定需求。每一种价格都将导致不同水平的需求，并且由此对营销目标产生不同的效果。通常来说，价格越高，需求越低；价格越低，需求越高。不过，还需要考虑消费者的价格敏感度、价格弹性等。

步骤三：估计成本。公司的成本是底线，公司想要制订的价格，应能包括它的所有生产、分销和推销该产品的成本，还应包括对公司所做的努力和承担的风险的一个公平的报酬。

步骤四：分析竞争者。在由市场需求和成本所决定的可能价格的范围内，竞争者的成本、价格和可能的价格反应也在帮助企业制订产品的价格。

步骤五：选择定价方法。在掌握需求、成本和竞争者价格的基础上，企业就可选取合适的定价方法来进行定价。

常用的定价方法有成本加定价法、目标收益定价法、认知价值定价法、价值定价法、通行价格定价法、拍卖式标价法和集团定价法。

步骤六：选定最终价格。通过上述定价方法缩小从中选定最终价格的范围。最后，企业引进一些买家的考虑因素，包括消费者心理等其他营销因素，对价格做出最终敲定。

【案例场景 5-5】

## 孙贺公司新产品的定价策略

广告公司自成立到 2016 年，市场份额增长稳定，公司在稳步扩张。2016 年开始，公司管理层准备为适应移动网络自媒体营销的发展需要，开发新产品。经过市场调研，公司决定开发公众号运营、短视频营销（如抖音）两个主要新产品。由于产品较新，市场上定价比较混乱，孙贺等人不想因为新产品随意定价而流失客户，也想通过新产品增加客户体验感，进而增强客户黏性。

练一练：请为孙贺公司的新产品制订价格策略。

## 5.4 制订渠道策略

很少制造商会将产品直接卖给最终用户，大多数企业通过中间商将产品投放市场。它们努力建立营销渠道。营销渠道又称分销渠道，是由一系列的组织组成的，通过这些组织的协助，使得产品或者服务可供消费者消费或企业用户使用。

### 5.4.1 消费品市场渠道层级

制造商和最终消费者都是每个渠道的组成部分。企业可以设计不同形式的分销渠道，使消费者更容易获得产品和服务。凡是可以完成某些工作从而使得产品及其所有权更贴近消费者的每一层中间机构都代表一个渠道层级。中间商层次的数量便是渠道的长度。图 5-2 举例说明了几种不同长度的消费者市场营销渠道。

1）直接营销渠道

零级渠道，也叫直接营销渠道，没有中间商层级，制造商直接将产品出售给消费者。直接营销的主要方式是上门推销、邮购、电话销售、电视直销、网络销售和厂家直销等。比较著名的是玫琳凯。

2）间接营销渠道

除零级渠道以外的都是间接营销渠道，包含一家或多家中间商。从制造商角度而言，渠道层级越多，获得最终用户信息和进行控制也越困难。

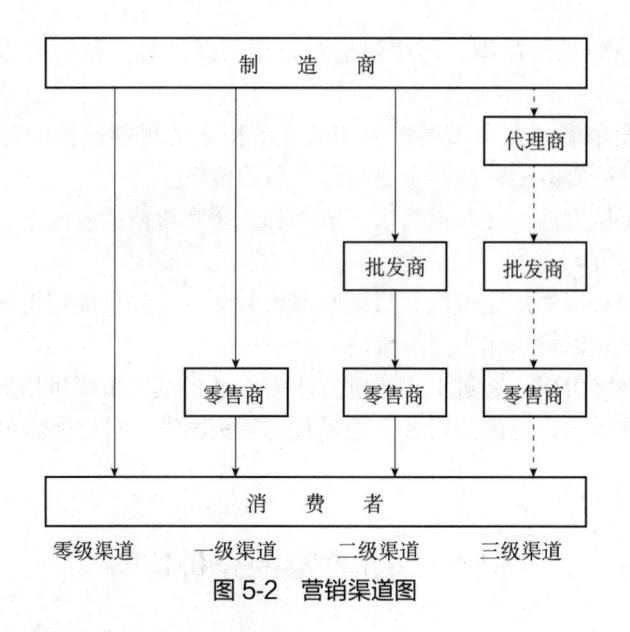

```
                    ┌─────────────────┐
                    │   制  造  商    │
                    └─────────────────┘
                     │    │    │    │
                     │    │    │    ▼
                     │    │    │  ┌──────┐
                     │    │    │  │代理商│
                     │    │    │  └──────┘
                     │    │    │    │
                     │    │    ▼    ▼
                     │    │  ┌────┐┌────┐
                     │    │  │批发││批发│
                     │    │  │ 商 ││ 商 │
                     │    │  └────┘└────┘
                     │    │    │    │
                     │    ▼    ▼    ▼
                     │  ┌────┐┌────┐┌────┐
                     │  │零售││零售││零售│
                     │  │ 商 ││ 商 ││ 商 │
                     │  └────┘└────┘└────┘
                     │    │    │    │
                     ▼    ▼    ▼    ▼
                    ┌─────────────────┐
                    │   消  费  者    │
                    └─────────────────┘
    零级渠道    一级渠道   二级渠道   三级渠道
```

图 5-2 营销渠道图

一级渠道包括一个销售中间商，如零售商。

二级渠道包括两个中间商，在消费者市场，一般是一个批发商和一个零售商。

三级渠道包括三个中间商，例如，在肉类包装行业中，代理商出售给批发商，批发商再出售给零售商。

### 5.4.2 设计营销渠道

#### 1. 分析消费者需要

营销渠道是顾客价值递送系统的一部分，每个渠道成员和渠道层级都为顾客增加价值，因此，营销渠道设计的第一步是找出目标顾客希望从渠道中获得什么。顾客希望在附近的区域购买产品还是愿意前往更远的中心城区？他们喜欢电话订购还是网络购买？他们是否需要大量的附加服务（送货、修理、安装）？

#### 2. 制订渠道目标

企业应根据上一步确定的目标顾客服务水平来制订渠道目标。通常，企业发现不同的细分市场对渠道服务水平的需求是不同的。针对每一个细分市场，企业应在满足顾客服务需求的前提下，使渠道总成本最低化。制订渠道目标时，还需考虑以下因素。

1）产品特性

渠道目标因产品的特性不同而不同。易腐产品要直接营销，如海鲜产品；体积庞大的产品，要求在最短运输距离、搬运次数最少的渠道，如建筑材料；非标准化产品要求公司销售代表直接销售，如定制机器；需安装和长期服务的产品通常由公司或独家经销商经销，如中央空调、电梯等；单位价值高的产品一般由公司人员销售，很少通过中间商，如涡轮机。

2）竞争者

进入新市场时，公司通常需要与竞争者在同一零售店内或在附近展开竞争。企业可能会避开竞争者采用的渠道。例如，玫琳凯公司避开了与其他化妆品制造商争夺零售店的稀缺空间，通过百万独立美容顾问将产品直接销售给消费者。

3）经济形势

经济形势和法律等环境因素也可能会影响渠道目标和设计。例如，在经济危机时期，制造商需要利用较短的渠道将其产品推向市场，并取消一些会提高产品最终价格的非根本性服务。

3. 确定备选渠道方案

企业可以选择通过不同的渠道到达消费者。每种渠道都有自己的优劣势。公司的销售人员可处理复杂的交易，但费用高；互联网销售很便宜，但是无法处理复杂的交易；分销商可以创造销售额，但公司却无法直接联系顾客。大多数公司采用混合渠道，情况就更加复杂。一个渠道选择方案由三方面的要素确定：中间商类型、中间商数目、渠道成员的条件和责任。

1）中间商类型

企业要建立渠道，就需要识别可利用的中间商类型（买卖中间商、代理商、辅助商）。越来越多的公司谋求创新的营销渠道来接触顾客。在通过传统的珠宝商店进行销售尝试失败后，美国天美时（Timex）钟表公司将其价格低廉的手表通过大卖场销售，由于大卖场的迅速发展，大获成功。

2）中间商数目

企业必须决定每个渠道层级上的渠道成员数量，有三种策略可供选择：独家分销、选择性分销和密集型分销。

3）渠道成员的条件和责任

企业必须平等对待每个渠道成员并给予它们获利的机会。渠道成员的权利和义务应仔细地以书面形式明确下来。渠道关系主要涉及以下几方面：价格政策、销售条款、分销商的区域权利、双方权利和义务。

4. 评价主要渠道方案

假设企业已经明确了几个可行的渠道方案，希望从中选出一个能最好满足其长期目标的方案。那么，可以按照经济性、可控性、适应性三个标准对每种方案进行评估。

1）经济性标准

企业需要比较各渠道方案可能的销量、成本和盈利性。每种渠道方案需要多少投资，会带来多少回报？

2）可控性标准

使用销售代理商要考虑控制问题。因为销售代理是一个独立的企业，追求自己的利润最大化。它们会更多地关注那些购买力最大的客户，而不考虑该客户购买的是哪个公司的产品。代理商也不太可能完全清楚他们代销的所有产品的详细情况，更无法有效地处理所有的促销财力。此外，使用中间商通常意味着要将一些产品营销方面的控制权让渡给他们，而有的中间商会要求更多的控制权。

3）适应性标准

在开发渠道时，渠道成员之间通常会达成长期的合作，但是合作的稳定性会使生产商对市场变化做出反应的能力降低。在变化多端、非持久和不确定的产品市场上，生产商需寻求有高度适应性的渠道结构和政策。

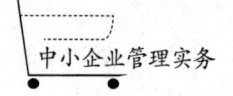

【案例场景 5-6】

## 孙贺公司的渠道策略

孙贺广告公司成立之初，为了及早开展业务，稳定市场，所有人员都成为"战时业务员"。扫楼成为他们当时主要开发客户的手段。虽然过程很辛苦，但是通过这种方式他们积累了第一批客户。此外，他们还通过当地企业黄页搜索目标顾客的电话，采用电话销售方式开展业务，在电话中获得客户允许则会上门拜访详谈。另外，群发短信形式虽然效果不佳，但也收获了少量客户。近几年，公司也开设了公司的公众号，还在抖音等短视频 App 上注册了企业号，目前公众号粉丝过万，抖音运营效果也比较好。

归纳起来，广告公司的销售渠道主要有 5 种：陌拜、电话销售、短信渠道、公众号、短视频。

**思考**

广告公司这样的服务类企业，在设计销售渠道上主要考虑的因素有哪些？

## 5.5 制订促销策略

促销即促进商品销售，是企业通过人员和非人员的方式，沟通企业与消费者之间的信息，引起、刺激消费者的消费欲望和兴趣，促使其产生购买行为的活动。

（1）促销工作的核心是沟通信息。

（2）促销的目的是引发、刺激消费者产生购买行为。

（3）促销的方式有人员促销和非人员促销两类。

### 5.5.1 促销组合及促销策略

1. 促销组合

（1）概念：促销组合就是企业根据产品的特点和营销目标，综合各种影响因素，对各种促销方式的选择、编配和运用。

（2）促销的手段：广告、人员推销、公共关系、营业推广。

每一种促销方法都有与消费者沟通的特殊工具。例如，广告包括广播、印刷品、互联网、户外及其他形式；人员推销包括销售展示、展销和销售人员激励制度；公共关系包括新闻发布会、赞助、特殊事件处理。同时，市场营销沟通并不局限于这些具体的促销工具。产品的设计、价格、形状和包装，以及出售它的商店，都会向消费者传递产品或企业的信息。因此，尽管促销组合是公司主要的沟通活动，但为了取得最佳的沟通效果，整个市场营销组合——促销与产品、定价和渠道，都必须协调一致。促销手段比较如表 5-1 所示。

表5-1 促销手段比较表

| 促销项目手段 | 优点 | 缺点 |
| --- | --- | --- |
| 广告 | 信息覆盖面广，可重复播放，富有表现力 | 费用高 |
| 人员推销 | 针对性强，选择性强、完整性好，建立业务关系直接 | 费用较高<br>受推销人员数量限制 |
| 公共关系 | 培育品牌忠诚度，易被接受，效果持久 | 不易直接宣传产品 |
| 营业推广 | 见效快，但可能不持久 | 长期效果不明显 |

【案例场景5-7】

# 孙贺公司的促销策略

孙贺为了增加公司知名度、美誉度，增进客户黏度，除了为客户提供合同规定的服务之外，还主动协助客户完成线下活动，如协助客户在地铁里试吃、试穿、试用，搞庆典、专题活动等。以公司名义联合房地产、商场、银行等客户实行现场推广或公益活动，传播企业形象，如赞助贫困学生学习，赞助边远山区的学校图书和学习用品等。通过网络直播吸引客户粉丝，增强与客户的互动，增进客户黏度等。此外，孙贺还定期拜访老客户，维系感情，为优质客户提供更优惠、更贴心的广告服务。

## 思考

孙贺公司的促销方式主要有哪些？

2. 促销策略

（1）推式策略。侧重运用人员推销的方式，把产品推向市场，即从生产企业推向中间商，再由中间商推给消费者。推式策略一般适合于单位价值较高的产品，性能复杂、需要做示范的产品，根据消费者需求特点设计的产品，流通环节较少、流通渠道较短的产品，市场比较集中的产品等。

（2）拉式策略。采取间接方式，通过广告和公共宣传等措施吸引最终消费者，使消费者对企业的产品或劳务产生兴趣，从而引起需求，主动去购买产品。对单位价值较低，市场比较分散的日常用品，流通环节较多、流通渠道较长的产品，市场范围较广、市场需求较大的产品，常采用拉式策略。

### 5.5.2 制订促销组合策略应考虑的因素

1. 促销目标

企业在不同时期及不同的市场环境下执行的特定促销活动，都有其特定促销目标。促销目标不同，促销组合也就有差异。例如：在一定时期内，某企业的营销目标是在某一市场迅速增加销售量，扩大企业的市场份额。如果这个企业的促销目标强调的是近期效益，属于短期目标，那么促销组合应选择和配置更多的"广告+营业推广"。如果某企业的营销目标是在该市场树立企业形象，为其产品今后占领市场、赢得有利的竞争地位奠定基础，那么这个企业需要制订一个较长远的促销组合方案，建立广泛的公共关系及广告宣传。

2. 产品因素

1）产品性质

不同性质的产品，购买者和购买目的都不相同，因此，对不同性质的产品必须采用不同的促销组合和促销策略。一般说来，在消费者市场，因市场范围广而更多地采用拉式策略，尤其以广告和营业推广形式促销为多；在生产者市场，因购买者购买批量较大，市场相对集中，则以人员推销为主要形式。

2）产品生命周期

同一种产品处于不同生命周期则应采取不同的促销组合策略。

投入期：多采用广告和公共宣传，目标是引起人们的注意和增进对产品品牌、特性、功能、服务的了解。

成长期：着重宣传企业产品的特色，树立品牌形象，形成偏爱，广告仍是主要方式，辅以人员推销。

成熟期：产品已全面打入市场，竞争激烈，这时采用"广告+营业推广"的方式。

衰退期：替代新产品已上市，用户兴趣开始转移。促销目标是提醒用户，使其产生信任。促销组合应以营业推广为主，辅之以提示性广告和公共关系。

3. 市场条件

目标市场范围、类型、规模不同，促销组合策略则有差异。

（1）目标市场范围：地域范围大（全国或国际），以广告促销为主；小规模本地市场，以人员推销为主。

（2）目标市场类型：消费者市场，以广告为主；生产者市场，以人员推销为主。

同时，市场特点受每一地区的文化、风俗习惯、经济政策环境等因素的影响，促销工具在不同类型的市场上所起的作用是不同的，所以应该综合考虑市场和促销工具的特点，选择合适的促销工具，使它们相匹配，以达到最佳促销效果。

4. 促销预算

在满足促销目标的前提下，要做到效果好而费用低。企业确定的促销预算额应该是企业有能力负担的，并且是能够适应竞争需要的。

【案例场景 5-8】

# 孙贺公司的 10 周年庆典活动

时光荏苒，广告公司已经成立 10 年了，公司高层决定为纪念公司成立 10 周年，开展一系列活动。活动目的是：提升公司知名度；维系老客户关系；吸引新的客户。最终公司决定做如下活动。

1. 设计一个体现公司形象、服务理念的广告；

2. 邀请老客户参加周年庆；

3. 在抖音上直播，发布周年庆优惠信息；
4. 参加一个公益活动，提升公司形象。

想一想：周年庆还可以设计哪些活动？

练一练：设计并撰写广告公司周年庆方案。

## 5.6 移动互联网时代营销的新变化

现在营销已经进入移动互联网时代，很多传统的营销理论已经发生了质的改变。总的来说，移动互联网时代的营销要求企业具备互联网思维，互联网思维的核心是新4C。

新4C定义：在合适的场景（Context）下，针对特定的社群（Community），利用有传播力的内容或者话题（Content），通过社群网络中人与人的连接（Connection）的裂变实现快速扩散与传播，从而获得有效的传播和商业价值。

### 5.6.1 场景

在线上流量越来越贵的情况下，越来越多的人把目光放回到了线下的场景中。场景有别于传统的营销4P销售渠道，是由人、地点、时间等多重维度界定出来的小世界。场景就是传播的环境及相关因素的总和，关注的是顾客在地理位置上的集中、需求的集中、群体的情绪及状态的集中。

1. 场景4要素

在场景中需重点关注4个要素：时间、地点+接触点、需求、情绪。在做分析的时候可以借用服务设计里面的顾客体验地图（Customer Journey Map）进行分析。

时间：除了考虑季节、节庆等因素外，还要考虑整个体验过程，包括体验前、体验中、体验后，不同阶段客户都做了什么。

地点+接触点：除了考虑地理方位以外，还要去感受用户所处的环境，考虑在场景中客户接触服务时可能会发生的故事。

需求：要从客户的视角去洞察问题，寻找过程中未被满足的痛点、喜点。

情绪：站在客户的角度去感受心理的变化，如喜悦、厌烦、焦虑、无聊等，利用或者优化用户不良的情绪。

2. 场景频次与刚需

有一些场景是每天都会发生的，但有一些场景人这辈子不可能经历几次。结合用户需求强烈度，可以将场景频次分为以下四种：

- 高频刚需，如吃饭点餐的场景；
- 高频非刚需，如讨论娱乐八卦的场景；
- 低频刚需，如买房装修的场景；
- 低频非刚需，如家庭理财的场景。

面对不同的场景频次与刚需，企业要做的事情是：

第一，深挖场景中的服务体验。如售前咨询、使用过程、售后服务、更新等方面体验。如果是重大决策的产品，企业可以在用户购买前提供相关的资讯和建议；在使用过程中提高产品的可玩性，例如乐高产品；完善在微信服务号的售后功能。

第二，围绕主题拓展高频场景。如果思维只停留于把产品卖出去，那么就会被产品本身的需求频次限制。例如，床垫是睡眠的必需品，我们围绕睡眠的主题进行延伸引入高频的需求，例如，可以借助微信服务号提供睡前听的催眠音乐或者故事。

### 5.6.2 社群

社群就是一群志趣相投的人聚在一起组成的部落。在 Web1.0 时代，大多数人对网络的虚拟世界缺乏信任，类似 BBS 等社区论坛提供的更多是价值观层面的文字交流，而见网友似乎通常被认为是"傻白甜"干的事情。而在移动互联网时代，大部分人都养成了在微信朋友圈晒生活的习惯，网络世界和现实世界已经完全地融合在一起。当下的强社群关系是"O2O"，线上保持日常高频的价值观交流，线下"面基（群友见面）"增强相互间的信任感。

1. 社群的价值

关于社群的估值有个公式：估值 $=K \times N^2$

$K$ 是一个综合系数，主要涉及社群的质量、购买力、在线时长、黏性等因素；$N$ 是用户数。$K$ 值可以通过提升服务质量来获得提升，而 $N$ 值可以通过规模化运营获得提升。但实际上 $K$ 和 $N$ 有绝对的相关性，服务质量好，用户留存率就高。因为 $K$ 值低会导致用户留存率低，提升 $N$ 的成本就越大。因此，判断一个社群好不好关键看 $K$ 值。如果打造一个社群，提升 $K$ 值才是关键。

2. 社群的特征和要素

一个好的社群应当具备以下 7 个普遍特征：共同价值观、共同目标、行为规范、组织结构、内部链接、榜样力量、稳定产出。若不具备这些特征，则只是一个群无法称为社群。一个好的社群应当包含 5 个要素，分别是同好、结构、输出、运营、复制。

3. 攻破社群

在营销过程中，攻破整个社群比攻破一个个散落的用户更高效。引爆社群可以总结成"找池塘""擒王""精准输出""快速迭代"四步。

第一，找池塘：找到社群成员的聚集地，不限于网络或者线下。例如，行业峰会、竞争对手的微信群、QQ 群、主题的贴吧、微博话题、知乎问题、电商产品的评论及目标人群使用的 App 等。过程中可以通过用户画像，来分析典型用户在互联网上的使用行为，找到其在互联网中的聚居点。

第二，擒王：瞄准目标领袖或者 KOL（意见领袖），打个不恰当比方就是"擒贼先擒王"。找到一个社群领袖人物，就能起到事半功倍的效果。在网络社群中可以通过点赞数、阅读数、回答数等指标主动识别该社群的 KOL。对于已经有足够影响力的 KOL，应当积极拉拢；对于还未建立影响力的 KOL，应当给予支持扩大其影响力。

第三，精准输出：输出符合社群需要的内容。只有与目标社群匹配的内容，才能引起社群共鸣和传播。例如，红米在引爆的过程中使用的是 QQ 空间。因为通过数据了解到多数 QQ 空间用户在讨论功能机换智能机的话题，并且对于小米手机感知度较好。推出的红米首发的营销活动很快引爆了整个 QQ 空间。

第四，快速迭代：正视社群的意见与回馈，并及时优化。如果创业前期做产品和服务"社群迭代"，创业者需要根据反馈快速地调整自己的产品，直到超越用户期望为止。营销场景中应当关心在传播过程中,是否有负面信息产生,如果有的话应及时调整策略并做好应对措施。

### 5.6.3 内容

内容是价值传递的载体。广义地讲,产品也是内容,用户用你的产品觉得爽就会引起口碑传播;狭义地讲,内容是图文、音频、视频等媒体属性内容,用户看了爽就会分享到朋友圈。这里主要讨论狭义的内容。在移动互联网时代,广告是奢侈品,内容却是必需品。广告通过大众媒体传播,明显容易被当作垃圾信息;但内容传播是软性的,可以渗透到互联网的各个角落并长期存在,可满足用户对某一方面的需要,用户可以通过搜索等方式找到该内容,并且通过内容来了解企业价值。

1. 不同内容的侧重点

按照内容频次分为以下两类。

- 即时性内容:可能是突发的,起到蹭热点、抓眼球作用的内容。
- 常规性内容:日常稳定的质量可预期的内容。

常规性内容的可预期性给了老用户持续关注你的理由。通过长期的关注,让老用户通过内容了解你的品牌调性,培养老用户和你之间的感情。长期规划的内容可以转化成品牌栏目,一周一期、一月一期。

即时性内容主要通过突发热点,吸引更多新用户关注,要能抓住传播性,内容可能很短,但能够引发用户的情绪,如搞笑、好奇、愤怒、怜悯等,展现方式有海报(直白简单有创意)、图文等。

按照内容属性分类有干货内容、情感/励志内容、促销内容。

- 干货内容:传达方法论的内容,让用户看后能掌握一项技能。
- 情感/励志内容:针对社会现象抒发情绪,讲一个观点。
- 促销内容:活动促销信息,激发购买欲望。

每个作者都期望自己的文章能成为爆文。带有传播属性的文章通常特点是阅读门槛低、能调动读者情绪,这适合情感励志类文章。评估传播属性时,阅读后的转发率是关键指标。

干货内容主要以讲解某个知识点为主,需要让读者看后有收藏的冲动。干货内容的标准是"框架清晰,内容充实":清晰就是文章结构清晰,用户一眼就能看清你提供的工具和方法论是什么,每个知识点看了以后能够有感触有收获。评估干货内容时,阅读后的点赞或收藏率是关键指标。

促销内容与营销活动相关,要能够调动起用户的情绪和欲望。评估促销内容的关键要看引导到活动页面的转化率。

2. 提升内容价值的三种策略

上文提到了这个社群估值公式:估值 $=K \times N^2$。

内容作为价值在社群中传播的主要载体,这个公式在内容层面一样适用:$K$ 表示内容的质量;$N$ 表示内容源(如微信订阅号)、阅读人数或者订阅数。通常增加这个估值有三种策略:

第一,做好内容质量,依赖口碑传播。

第二,扩大内容的发布渠道。

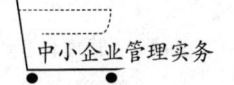

第三，提升内容的更新频率来提升累计值 $N$。

虽然有三种策略，但和社群一样，提升 $K$ 值是关键。例如，利用业余时间写干货文，如果选择每日更新必然会导致文章质量下降。通过数据观察发现，质量较高的原创文章会持续带来增粉和转发，而质量较低的文章，虽然提升了频率但是阅读量、转发量较低，如果降低了内容质量也会降低已有粉丝对你的认可度。

在信息爆炸的时代读者们不缺可看的内容，要想脱颖而出，单纯地提升文章更新频率没有太大意义。提升频率的前提是保证文章质量。所以在资源有限的情况下应当把保证单篇文章的质量放在第一位，但是更新频率也不能太低，否则你的粉丝会以为你的产出能力不行。

3. 让内容走得更远的两种方式

第一，让内容更容易被发现。

做好"表面工作"：标题、封面图、简介，要能唤起人的点击欲望，这个评价指标主要有阅读量。取标题技巧通常有两种：唤起用户的情绪和联想、让用户一眼就知道能获得什么。

第二，给读者一个分享的理由。

上文提到过做好内容 $K$ 值：研究目标用户，内容能够满足用户的需求及口味，让用户觉得有分享的价值和必要性。另外可以利用"疯传6原则"进行诱导分享的优化。

（1）社交货币属性：顾名思义就是一款货币，只不过它不是用来换取产品的，而是在社交活动中，用来换取他人对货币使用者的正面评价或者社群的认同感，如一些小知识、茶余饭后的谈资。如"Sir 电影"讲解和推荐影视作品的文章就是一款极具传播属性的社交货币。在策划选题的时候，适当考虑是否具备社交货币的属性。

（2）设置诱因：能够激发读者传播欲望。

- 在内容中可以做分享引导，例如，在文章中可以提到一些资料，需要用户分享到朋友圈才能获得。
- 对大家所关心的热点做深刻有见地的不同解读，但不能为了标新立异，而踩舆论的红线。

（3）高唤醒情绪：能够唤起读者情绪和联想，包括消极情绪和积极情绪，常见的有攀比、爱心、炫耀、有趣、好奇等。

（4）公共可视性：文章讨论的问题领域过窄、门槛过高或过于私密都不利于传播。在选题和撰写内容的时候，要考虑适当降低门槛，拓宽人群，深入浅出，正所谓"外行看热闹，内行看门道"。

（5）实用性：让读者看完后有所获，掌握一项小技能、一个道理，或对人生有所感悟等。

（6）故事：人类天生喜欢听故事，讲好一个故事能够帮助内容得到更有效的传播。

### 5.6.4 人与人的连接

纸媒、电视等传统传播方式受到互联网的影响已经逐步失效，在互联网下人与人之间的传播显得更为精准有效。

1. 挖掘种子用户

在项目早期，应当尽早地找到种子用户：创新者、早期使用者。这些用户可以帮助我们迭代产品。而到产品生产后，可以通过制订战略让早期用户进行口碑传播。像小米的早期种子 100 用户是从手机上论坛挖来的，主要方法介绍如下。

第一，找准池塘并做好需求调研。上文提到过，通过画像分析等方式，找到社群成员的聚集地，不限于网络或者线下；在池塘中找到愿意尝试新产品的用户，点对点聊天调研用户需求。

第二，通过 MVP 测试组建产品社群。通过 MVP（最小化的可行性产品）测试方式验证产品发展方向是否正确、功能是否符合用户体验。操作上可以设计一个带病毒传播的小活动，如微课、预约、众筹等，测试用户转发或者付费的意愿。测试过程中，对于有意愿的用户建立起良好的联系并拉入群中；在社群中持续互动，不断吸收反馈意见，优化产品和服务。

2. 挖掘并培养意见领袖

在信息传递的过程中，要试图找到传递的中心节点（通过一个节点，可以传播给 $N$ 节点）。如果是做 H5 病毒传播，可以用技术手段找到中心节点的用户，进行背后传播能力的分析，为下一次传播做准备。

意见领袖（KOL）是有强力影响力的中心节点。在微博、知乎等平台里面，通过一些粉丝数、点赞、评论、喜欢等平台指标数据可以找到意见领袖，不同意见领袖专注的领域不一样，根据其言论判断该意见领袖针对的人群属性。不过已经成名的 KOL，性价比较低。因此，应该争取性价比高的 KOL。

通常意见领袖有如下特质。
- 足够活跃：有良好的产出能力，主动输出信息。
- 有专业性：对该领域有较深的了解，能提供较有深度的见解。
- 主动承担：愿意主动承担某一个社群任务，帮助别人一起提高。
- 为集体考虑：能够为他人和集体考虑问题。

如果有符合这 4 个特质的人，可以进一步挖掘和争取，策略如下：成名的意见领袖通常可以进行拉拢并建立深度合作；如果该意见领袖还没有足够的粉丝规模，应当给予支持，培养其影响力。

3. 制造传播性病毒

病毒的设计通常有以下几种方式。
- 利益诱导传播：用户邀请好友能够获得优惠，类似的产品有拼团、邀请新用户的返点。在利益诱导上需要预估成本风险，如传播指数上升后是否能够承受成本的风险压力。
- 唤起用户情绪：利用攀比、爱心、炫耀、有趣、好奇等情绪，制造传播。
- 话题性传播：结合某一热点话题进行传播，如现在比较火的网络综艺《创造 101》，在投票互动环节，需要粉丝去赞助页面上进行投票。粉丝为了自己的偶像能出道，四处拉票。

# 学习指导

## 1. 课程总结

建议同学们用思维导图法完成课程总结。总结内容提示：

重要概念：目标市场选择策略、产品策略、价格策略、渠道策略、促销策略等。

主要知识：市场细分、目标市场选择、市场定位、产品组合策略、撇脂定价、渗透定价、心理定价、促销手段、渠道阶层、促销组合策略等。

主要方法：细分的步骤、定位的方法、产品品牌与标志的设计方法、渠道设计步骤。

2. 知识检测

请同学扫码完成知识测验。

3. 技能训练

（1）给定产品，能进行市场细分—选择目标市场—市场定位操作。

（2）给定产品（企业），能设计品牌名称及标志，能为企业选择合适的产品组合。

测试5

（3）能根据产品特性，制订合适的价格策略与渠道策略。

（4）能根据产品特性，制订合适的推广策略。

（5）策划一篇"新店开业网络广告策划方案"。

操作建议：

1）阅读案例，系统思考

操作前要通过案例系统思考几项技能的关系，明确操作的意义。

建议仔细研读孙贺公司营销策略的全部案例场景，结合案例，从系统、全局的视角理解几项技能在企业营销策略中的地位和发挥的作用，从而更准确地理解操作内容和操作目标。

2）操作的组织形式

以前期组建的模拟企业管理团队为基本单位进行操作，明确分工，责任到人。前期没有组建团队的同学，可以独自招募人员，自己组织具体操作。

4. 能力提升

任务1 案例分析

## 义乌明晟通信技术有限公司与（义乌）京东之家

义乌明晟通信技术有限公司，于2014年2月28日成立，截至2016年年底在义乌拥有苹果体验店、华为专卖店等7家手机专卖店，是一家典型的销售型中小企业。2017年年初与京东合作，获得授权在义乌开设浙江省第一家京东商城线下体验店——京东之家。主营京东3C类产品，及其他京东线上商城销售的各类产品。主打京东线上线下同价，以线上的价格可以买到线下的产品。

通信技术有限公司加盟经营义乌京东之家后，日常工作包括：

（1）配合京东商城线上各类活动，如华为、小米等品牌的新品发布活动、京东618等常规节日活动、国庆等国家节假日活动等。

（2）根据周边居民需求选品。京东商城运用数据分析会为义乌京东之家推荐上架产品（数据包括好评率、顾客推荐指数、义乌当地订购量等），京东之家可根据数据选择适合的产品上架。京东商城在各地设立移动O仓，京东之家可以利用京东的O仓实现智能选品、仓配布局、智能补货。

（3）常规门店销售服务。京东之家需要根据顾客需求配备门店销售人员，进行门店销售服务。

（4）活动宣传与推广。义乌京东之家目前已经通过公司微信公众号、会员顾客微信群、义乌当地电台、广播、手机短信、传单等形式开展活动的宣传与推广。还有一些特定活动会通过行业协会等组织精确定位到目标顾客。

截至今日，京东之家的运营已经日趋成熟，当地消费者已经从最初的观望，到现在逛街必到京东之家。因为在京东之家不同的展示平台上会展示不同主题的产品，消费者可以根据自己的兴趣选择不同的主题，场景化体验感更强。此外，店内专门设置了一个休闲区域，包括儿童角、图书角和母婴用品，带着孩子的消费者和进店的老人可以在此休憩。对于零售店内创新"混搭"社区服务的新模式，加入更多的图书角、儿童区是基于客户需求为中心、以场景构建为导向，提供消费者喜欢的场景，而不是冷冰冰的产品陈列，带来沉浸式逛游购物体验。京东之家不仅想要让消费者得到产品上的体验，还增添了部分社区服务的功能，力图更加贴近民生，也试图满足消费者多元化的需求。

**案例分析：**
根据上述案例，搜索网络资料并思考以下几个问题：
1. 京东之家是一种什么样的门店销售模式？
2. 作为京东的加盟商，要经营好京东之家，应该具备哪些营销方面的技能？

【案例场景1-1】

## 关于义乌京东之家定位的思考

义乌明晟通信技术有限公司成立之初以开设华为、苹果手机专卖店为主，经营3年之后拥有7家品牌手机体验店。公司所有人经过思考及市场调研，了解义乌当地居民的消费能力、消费偏好，此外还对京东进行实地考察，最终选择和京东合作，开设京东商城线下体验店——京东之家。但是在开店之初，业绩并不如人意，公司负责人经过调研发现，存在以下问题：

（1）定位不清晰，目标消费群不明确。
（2）选品针对性不强，目前销售较多的产品主要集中在3C产品和图书类，日百洗涤产品销量少。
（3）现有区域划分、产品陈设有待调整。如一楼来往消费者视野最佳，但是没有起到产品展示，吸引消费者进门的作用；二楼楼梯口的日百洗涤用品会降低店铺档次。

**思考**

请为义乌明晟通信技术有限公司出谋划策，重新定位京东之家。

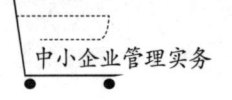

**【案例场景 1-2】**

# 义乌京东之家的选品

案例场景 1-1 中提到，京东之家在开店之初存在"选品针对性不强，目前销售较多的产品主要集中在 3C 产品和图书类，日百洗涤产品销量少""现有区域划分、产品陈设有待调整。如一楼来往消费者视野最佳，但是没有起到产品展示，吸引消费者进门的作用；二楼楼梯口的日百洗涤用品会降低店铺档次。"的问题。

## 思考

请根据案例场景 1-1 思考的京东之家的定位，为京东之家的选品及产品展示出谋划策。

根据义乌京东之家的定位，判断它在产品组合上应该如何选择？

**任务 2 操作题**

浙江久隆帽业服饰有限公司，是一家集服装针织面料、各类帽子专业生产、研发于一体的公司，公司起源于小商品市场的发源地——浙江省义乌市。现因规模发展壮大，新公司坐落在东阳小商品工业园区。

公司成立之初从事传统的代加工（来料加工和贴牌生产），2008 年受美国金融危机影响很大，开始思考自身的发展之路。经过惨痛经历，公司 2009 年开始考虑企业转型。最终公司在以下方面做了革新。

（1）在产品策略上：聘用专业设计和研发人员，不断开发新产品，现已拥有几百种规格的帽子，还拥有了自己的帽子品牌 JODUM，是一个年轻、有活力和创意的品牌。其设计风格、制作工艺和生产质量深受国内外客商的赞赏和广大消费者的肯定与青睐。

（2）在渠道策略上：从 2008 年之前的以外贸为主，到现在的内外兼顾。①从事传统的批发销售业务；②在天猫上开设天猫旗舰店，销售旗下品牌产品；③在拼多多、贝店等二级电商平台上销售相对平价产品；④在 1688 上开设店铺，从事批发、零售、一件代发等业务；⑤在阿里巴巴国际站上开设店铺，从事传统外贸业务。

（3）在价格策略上：对产品进行分类，根据不同产品系列、不同目标顾客及产品市场竞争状况制订合适的价格。天猫旗舰店的产品为高档产品，价格较高；1688 上的产品以批发为主，按照采购量定价，以成本导向为主；在拼多多等平台上销售企业平价帽子；在国际站上展示的帽子，则会根据顾客对产品需求状况，采取实时报价形式。

（4）在促销策略上：①在各大电商平台上做店内促销活动，如配合天猫做"双十一"活动、店铺内设立优惠券、满减活动等；②在抖音等短视频平台上开设企业账号，做产品的推广；③组织拼多多等电商平台的招商会，提升企业知名度；④招聘残疾人士为工厂工作，申请福利企业等。

任务内容：通过网络搜索浙江久隆帽业服饰有限公司的相关资料及对帽业进行网络市场调研，为久隆帽业开发新的产品组合并进行销售和推广（具体事宜在《中小企业管理实务操作手册》任务 5 中体现）。

任务要求：

1. 为新产品选定目标顾客并进行定位。
2. 为新的产品组合设计合适的品牌名称及品牌标志。
3. 根据目标顾客特征及市场竞争等情况为新产品制订合适价格。
4. 根据企业现有销售渠道并结合现在跨境电商发展的趋势，为新产品设计合适的渠道。
5. 制订新产品促销方案。
6. 综合上述内容，为新产品制订全面的新产品营销策划方案。

**任务3　结合学院大规模举办创业集会**

为我的小店开业设计主题，设计广告宣传文案、品牌标志、产品组合、创造别具一格的小店营销模式。

## 5. 下节课预习内容

（1）自学网络平台任务6中的微课、视频、案例等资料，学习领会生产运营管理的相关内容。

（2）搜集一个中小企业生产运作管理的案例。

（3）阅读教材任务6。

# 任务6 生产运作管理

任务6 生产运作管理——现场考察

## 教学导航

| 任务内容 | 6.1 认识生产运作管理<br>6.2 制订生产计划<br>6.3 生产组织<br>6.4 生产控制<br>6.5 生产现场管理<br>6.6 精益生产与智能制造的发展趋势 | |
|---|---|---|
| 任务目标 | 知识目标 | 1. 了解生产运作管理的内容与方法<br>2. 掌握生产计划的层次体系,以及不同层次生产计划的编制方法<br>3. 了解生产过程的组织方式和生产作业控制的步骤<br>4. 掌握生产现场管理的内容与方法<br>5. 了解精益生产、智能制造的技术体系及发展趋势 |
| | 技能目标 | 1. 能够运用计划的知识和方法编制某一产品的生产计划,并组织实施<br>2. 能够运用定置管理、目视管理和5S管理的知识和方法对企业实施现场管理 |
| | 素质目标 | 树立规范管理思想,增强应用新技术的意识 |
| 方法建议 | 案例分析法、讨论法、讲授法、情景模拟法 | |

## 知识导图

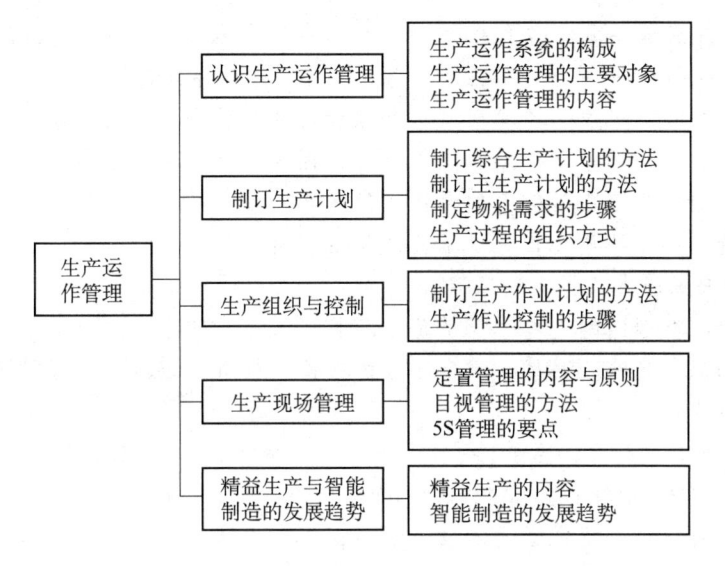

- 生产运作管理
  - 认识生产运作管理
    - 生产运作系统的构成
    - 生产运作管理的主要对象
    - 生产运作管理的内容
  - 制订生产计划
    - 制订综合生产计划的方法
    - 制订主生产计划的方法
    - 制定物料需求的步骤
    - 生产过程的组织方式
  - 生产组织与控制
    - 制订生产作业计划的方法
    - 生产作业控制的步骤
  - 生产现场管理
    - 定置管理的内容与原则
    - 目视管理的方法
    - 5S管理的要点
  - 精益生产与智能制造的发展趋势
    - 精益生产的内容
    - 智能制造的发展趋势

## 导入案例

【案例1】

### 孙贺公司的产品服务管理

孙贺的广告公司提供的产品有两类：一类是广告产品，如短信广告、媒体广告等；另一类是由广告业务衍生的相关信息咨询与服务，如与购房相关的装修设计、装修材料选择和供应、装修公司推荐、装修质量监督等信息。对这两类产品的运作管理，公司采取部门经理负责制，即每项业务都由部门经理全面负责，实行全员岗位责任制。部门经理组织开展市场调研，了解客户需求，了解竞争对手的动态，与成员共同制订经营计划，策划销售活动方案，将销售、服务指标落实到个人，制订考核表，半月考核一次。部门成员分工负责不同区域、行业的客户开发、维护和服务工作，采用线上咨询、信息推送、网络直播、线下联合广告客户及由广告业务衍生的商品供应商举办产品推广活动、公益活动、节假日客户联欢活动、图书发布会、知识竞赛、专题演讲等形式增加客户黏性，增加销售额，提高服务质量和客户满意度。

公司对各部门举办的所有活动实行事前申报、论证、制订风险防控预案；事中利用互联网和数字化技术，派专人全程跟踪、指导、协调、监控；事后搜集客户反馈意见，综合分析，修订活动策划案，撰写活动报告。这种产品运作管理模式，使公司的产品运营在追求精益化中有了新的成长。

**【案例 2】**

## "牛路"白酒

辽阳汤河酒业有限公司始建于 1998 年，坐落在辽宁省辽阳市弓长岭区汤河镇，占地 10 亩，厂房建筑面积约 4000 平方米，生产经营浓香型牛路牌系列白酒。

牛路牌系列白酒以优质的汤河矿泉水和粮食为主要原料。汤河矿泉水提取自当地天然形成的冷热双泉，属于国家水源地自然保护区，因此，汤河镇有着"中国矿泉水之乡"的称号，这样的水质为生产牛路牌系列白酒提供了得天独厚的优质水源。对粮食的选材，公司严格筛选有资质的、品质优良的供货商，与他们签定长期供货合同，并将其资质存入档案，使得品质优良的粮食原料有了保障。

粮食到厂后，有专门的仓库管理员负责验收、入库、签字、登记，在保管过程中对影响粮食质量的通风、光线、温度、湿度等指标都按照标准定期抽检，通过库存控制，保障原材料的质量和安全。

白酒制造采用科学配方，主料 [ 高粱（36%）、小麦（16%）、玉米（8%）、糯米（18%）、大米（22%）]+ 辅料 [ 米糠（30%）]+ 水 + 酒曲，固态发酵，罐装生产。生产设备和生产工艺都几经更新，目前拥有了先进的灌装流水线，实行机械一体化操作，将传统酿酒工艺与现代技术相结合，实现了生产过程全封闭、仪表控制、白钢管道、白钢罐储存的水平，避免了人为的交叉污染。

在烧酒过程中，专业技术人员有明确的岗位职责和工作标准，按规程操作。产品检测室的检验人员持证上岗，严格按照产品检测标准执行检测。产品灌装前，每个批次都按规定进行检验，写出检验报告，公司每年向省检验机构主动送检两次。每个生产控制点，有实时记录和监控，产品质量得到保证。

产品包装标注详细，有名称、成分、规格、生产日期、联系方式、商标、厂家地址等，还标注了生产许可证号，让消费者明明白白地消费，安安全全地饮用。

公司重视培养技术人才，技术岗位人员定期参加培训，取得技术等级证书。

各重要岗位都有专业人员专人负责，各负其责，齐抓共管。把上述各个环节的工程质量、工作质量和产品质量当作系统工程来抓，建立管理制度、工作流程、质量标准和信息化管理系统，对安全隐患和质量风险实行零容忍。

品酒专业人士和消费者评价：牛路牌系列酒酒质清澈透明，具有浓郁的复合香气，入口绵甜、柔和、爽净、醇厚，回味悠长，风格独特。酒质达到了国家标准水平，获得消费者的好评，也受到政府部门的认可。公司有展览室，里面摆放着各种奖杯和荣誉证书，比如，"辽宁省 AAA 信誉企业""辽宁省 3A 企业""名优产品""辽宁名酒""辽宁省著名商标""辽阳市免检企业""辽阳名牌产品"等。

如今，牛路牌系列白酒已有 21 个品种，销售市场从辽宁省内发展到全国 15 个省市，销售收入逐年上升。2021 年，公司准备在数字技术引进、设备改造升级上加大投入，逐步推动酿酒技术向智能化转型。

**案例分析：**

上面两家企业都是小型企业，一家是传统意义上的生产型企业，一家是服务性企业，尽管它们各自的生产方式、生产管理的内容和方法有所不同，但它们都通过输入—转换—

输出的生产活动，为社会创造了产品或服务。

两家企业已经生存多年，有一定的品牌知名度，也算经营有方了，但又都存在一些问题。比如：孙贺的公司，办公室定置管理和目视管理不够完善；牛路酒厂，在生产计划管理、库存控制和成本控制方面，还不够完善。

**思考问题：**
1. 生产运作管理到底管什么？
2. 如何制订生产计划？怎样开展生产组织和生产控制？
3. 如何开展生产现场管理？
4. 怎样运用现代生产技术提高生产效率？

## 任务解析

中小企业的生产运作管理是一个包含生产计划、生产组织、生产控制，以及生产技术、工艺创新等综合管理的过程。实施智能化、规范化、精细化、动态化地管理与创新，才能抓住时代提供的机遇，实现生产运作的目标。

## 6.1 认识生产运作管理

### 6.1.1 对生产运作的理解

**1. 生产运作**

生产运作是指"输入—转换—输出"的过程，即投入一定的资源，经过一系列多种形式的变换，使其增值，最后以某种形式产出供给社会的过程，也即生产运作是一个社会组织通过获取和利用各种资源向社会提供有用产品的过程。图 6-1 描述了这个过程。

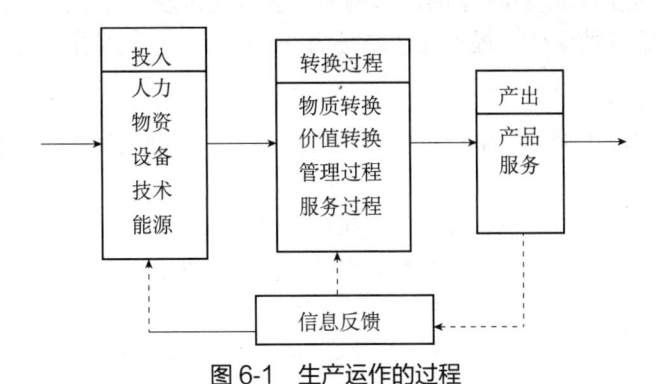

任务 6　生产运作管理——
如何理解生产运作管理

图 6-1　生产运作的过程

上述定义包含了四层含义：

（1）生产是一切社会组织都要从事的基本活动，不仅仅是企业。

（2）生产运作是一种转换过程。将输入的资源要素，包括人、财、物、技术和信息等几个方面，通过转化，将有形的或无形的输入转化为有形的或无形的输出。其转换包括物质转化过程、价值转换过程、管理过程和服务过程。

（3）输出的产品或服务，对用户是有价值的，是用户所需要的。

（4）整个过程是一个增值过程。增值，反映了投入成本与产出价值或价格之间存在的差异，由顾客决定。

生产运作举例，如表6-1所示。

表6-1 不同组织的输入、转化和输出

| 社会组织 | 主要输入 | 转化的内容 | 主要输出 | 反馈 |
| --- | --- | --- | --- | --- |
| 汽车制造厂 | 人员、能源、部件、机器人等 | 焊接、装配、喷漆 | 汽车 | 成本、产量、质量 |
| 物流公司 | 运输物品、包装材料、人员、交通工具等 | 运送（位移） | 物品交送 | 送达时间、运输物品损坏率、服务态度…… |
| 医院 | 病人、医护人员、病床、药物、医疗设备 | 手术、诊断、药物治疗、医疗管理 | 恢复健康的人、医学研究成果 | 药物反应、手术并发症…… |
| 大学 | 高中毕业生、教师、教学设备、教材 | 授课、试验、科研 | 高级专门人才、科研成果 | 教学质量、淘汰率…… |
| 广告公司 | 人、技术、设备、信息 | 设计、编码、制作发送 | 短信广告、媒体广告…… | 接收率、影响力…… |
| 百货商店 | 购买者、售货员、货柜、橱窗 | 引导顾客、推销商品 | 购物离去的顾客 | 价格、产品质量、服务质量…… |

从生产方式的角度看，表6-1中的汽车制造厂进行的是制造性生产，生产的是有形产品；其他组织进行的是服务性生产，提供的产品是服务或劳务。它们是生产运作的不同类型。

2. 生产运作的类型

根据生产运作的产出可以将生产运作归纳为两种类型：制造性生产和服务性生产。

1）制造性生产

（1）按照生产工艺流程的特点可分为连续性生产和离散性生产。

连续性生产，又称流程式生产，是指物料均匀、连续地按一定工艺顺序运动，在运动中不断改变形态和性能，最终形成产品的生产。

离散性生产是指物料离散地按一定工艺顺序运动，在运动中不断改变形态和性能，最后形成产品的生产。

（2）按满足需求的方式可分为订货型生产和备货型生产。

订货型生产是根据用户订单的具体要求组织产品设计和生产的一种生产方式。

备货型生产是在对市场需求进行科学预测的基础上，有计划地进行产品研发和生产的一种生产方式。

（3）按品种、产量不同可分为大量生产、成批生产和单件小批量生产。

表6-2说明了大量生产、成批生产和单件小批量生产的主要特点。

表6-2　大量生产、成批生产、单件小批量生产的主要特点

| 项目 | 大量生产 | 成批生产 | 单件小批量生产 |
| --- | --- | --- | --- |
| 产品种类 | 少 | 较多 | 多 |
| 工作的专业化程度 | 高 | 较高 | 低 |
| 工艺装备 | 专用设备 | 专用与通用设备相结合 | 多为通用设备 |
| 设备布置 | 按工艺流程布置 | 部分按机群式布置，部分按工艺流程布置 | 多按机群式布置 |
| 产品加工周期 | 短 | 较长 | 长 |
| 作业的弹性 | 小 | 较大 | 大 |
| 生产管理的重点 | 作业标准的制订 | 生产批量的制订，产品更换准备工作 | 员工技能的提高，合理组织生产 |
| 生产效率 | 高 | 较高 | 低 |
| 单件生产成本 | 低 | 较高 | 高 |
| 自动化连续程度 | 高 | 较高 | 低 |
| 生产的产品或服务举例 | 制造性产品：如轴承、紧固件、灯泡、酱油等。服务：如快餐服务、普通邮件、批发、体检等 | 制造性产品：如化工、面粉、造纸等 | 制造性产品：如模具、电站锅炉等。服务：如研究项目、计算机软件、咨询报告、保健、出租车服务、零售等 |

2）服务性生产

服务性生产又称非制造性生产运作，其基本特征是提供服务／劳务，但有时为实现服务必须提供有形产品。

从是否提供有形产品的角度分，有纯劳务型和一般劳务型。

从顾客是否参与的角度分，有顾客参与型和顾客不参与型。

从资本、劳动密集程度和与顾客接触程度划分，可分为大量资本密集服务、专业资本密集服务、大量劳务密集服务与专业劳务密集服务。

从服务对象的角度分，有对人的服务和对物的服务。

从服务提供的方式的角度分，有由设备提供的服务和由人提供的服务。

3）制造性生产与服务性生产的区别

表6-3说明了制造性生产与服务性生产的区别。

表6-3　制造性生产与服务性生产的主要区别

| 制造性生产 | 服务性生产 |
| --- | --- |
| 产品有形 | 产品无形 |
| 生产和消费分离 | 生产和消费同步 |
| 产出的一致性高 | 产出的一致性低 |
| 有形产品可以通过库存调节 | 无形产品不能通过库存调节 |
| 质量标准可建立，且相对易于度量 | 质量标准难以建立，且质量难于度量 |
| 生产率可以较准确定 | 生产率难以测定 |
| 生产设施规模较大 | 生产设施规模较小 |
| 所有权转移 | 一般不发生所有权转移 |

不同类型的生产运作对应的管理系统不同，相应的管理方法不同，管理经验和指导作用也不同，了解生产运营的类型，可以从其特点出发，借鉴相应的管理方法和经验，制订合理的计划，指导生产和管理。

### 思考

谈谈订单式生产和备货型生产有什么区别？

## 6.1.2　生产运作管理

### 1. 对生产运作管理的理解

生产运作管理有广义和狭义之分。广义的生产运作管理包括生产过程管理、劳动管理、物资管理、质量管理、成本管理、设备管理、环境和能源管理等。其中，生产过程管理是基础，质量管理是核心。狭义的生产运作管理是指以生产过程为对象的管理，即对企业生产技术的准备、原材料投入、工艺加工直至产品完工的具体活动过程的管理。本项任务主要从狭义的角度理解生产运作管理。

总之，企业的生产运作管理，是指为了实现公司经营目标，提高公司经济效益，对生产运作活动进行计划、组织和控制等一系列管理工作的总称。

对这个定义主要从三个方面来理解：

（1）管理对象。包括从资源输入，到加工转换，到产品输出过程中的各项活动（如技术和设备准备、原材料投入、工艺设计、工期计划）直至产品完工所涉及的成本、质量、交货期、速度、柔性等的管理。

（2）管理内容。包括生产计划、生产组织和生产控制。

生产计划，主要解决生产什么、生产多少和何时出产的问题，包括企业生产能力的核定，产品生产计划的制订。具体任务有：预测产品和服务的需求，确定产品和服务的品种与产量，设置产品交货期和服务的提供方式，编制生产作业计划，做好人员班次安排，统计生产进展情况等。

生产组织，是指生产过程的组织，主要解决产品生产过程中的各阶段、各环节、各工序在时间和空间上协调衔接的问题，即生产过程的时间组织和空间组织。

生产控制，是为完成生产计划任务所进行的各种检查、监督、调整的工作，主要解决如何保证按计划完成任务的问题。具体包括接受订货控制、投料控制、生产进度控制、库存控制和成本控制等工作。

（3）管理目的。目的是提高公司经济效益，实现价值增值。

实现价值增值的基本条件是高效、灵活、准时、清洁地生产合格产品和（或）满意的服务。这也是生产运作管理的目标。

高效，是指以最少的人力、物力和财力的消耗，迅速地生产满足用户所需要的产品和提供优质服务。

灵活，是指能很快地适应市场的变化，生产不同的品种和开发新品种或提供不同的服务和开发新的服务。

准时，是在用户指定的时间，按照需要的数量，提供所需要的产品和服务。

清洁，是指在产品生产、使用和报废处理过程中，对环境的污染和破坏最少。

合格产品和（或）满意服务，是指质量要求。中小企业要在5个方面满足顾客对质量的要求：时间（T）——满足顾客对产品和服务在时间方面的要求，即上市要及时，交货期要短而准；质量（Q）——满足顾客对产品和服务在质量方面的要求；成本（C）——满足顾客对产品和服务在价格和使用成本方面的要求，不仅包括产品形成过程中的低成本，而且包括在用户使用过程中的低成本；服务（S）——提供产品之外为满足顾客需要而提供的相关服务，如产品售前服务及售后服务；环保（E）——对环境的保护程度。满足这些要求，顾客会为你的产品买单，价值增值得以实现。

2. 生产运作管理的发展趋势

- 生产运作管理全球化。
- 生产运作模式以多品种、小批量为主；生产运作系统柔性化。
- 现代科学技术越来越广泛、深入地应用到产业、行业、企业的各生产领域和生产环节。
- 工人积极参与企业的生产运作过程；越来越追求"绿色"生产。

正确理解生产运作管理的内涵，顺应生产运作管理的发展趋势，结合企业的实际能力，开展生产运作管理工作，有助于实现管理目标。

## 6.2 制订生产计划

【案例 6-1】

牛路白酒有瓶装和散装的高粱酒、绿豆酒、糯米酒、保健酒等 21 个品种，每个品种有 125ml、250ml、500ml、750ml、1000～5000ml 等不同的规格，每个品种的年生产量不同。为此，酒厂需要制订年度综合生产计划、主生产计划和不同品种产品的物料需求计划及其作业计划。

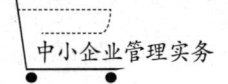

> **思考**
>
> 牛路酒厂的生产能力如何？该怎样制订生产计划？

### 6.2.1 生产能力核定

企业制订生产计划之前，要先核定生产能力。

生产能力是生产系统在一定时间内，在一定的技术组织条件下所能生产一定种类产品的最大数量。它是制订生产计划的前提和基础。

**1. 生产能力的类型**

生产能力的类型一般分为：设计能力、查定能力和计划能力。

设计能力，指企业建设时规划的、设计任务书与设计文件中所规定的生产能力。

查定能力，指企业以现有生产组织技术条件为依据进行调查核定，或者由于技术变革，在这种新技术条件下进行调查核定，企业可能实现的最大生产能力。

计划能力，又称现实能力，指企业在年度内依据现有的生产技术组织条件，实际能够达到的生产能力。

企业长期规划时，一般以设计能力和查定能力为依据；编制年度（季度）生产计划时，以计划能力为依据。

**2. 生产能力的影响因素**

企业生产能力的大小会受到原材料、设备、工人数量、工艺方法等多种因素的影响。但最主要的影响因素有三个方面：

（1）生产中固定资产的数量。该数量指企业在查定时期内所拥有的全部能够用于生产的机器设备、厂房和其他生产性建筑物的面积。

（2）固定资产的有效工作时间。包括机器设备的全部有效工作时间和生产面积的全部利用时间。

（3）固定资产的生产效率。对于设备来说，是指单位机器设备的产量定额或单位产品的定额。对于生产面积来说，是指单位产品占用生产面积的大小及占用时间的长短。

**3. 生产能力的核定方法**

1）单一品种生产条件下生产能力的计算方法

计算公式为：$M = F \times S \times P$ 或 $M = F \times S/T$

式中，$M$——设备组生产能力（台或件）；$F$——单位设备有效工作时间（小时）；$S$——设备数量（台）；$P$——单位设备产量定额（台或件）；$T$——单位产品台时定额（小时）。

2）多品种生产条件下生产能力的计算方法

在多品种生产条件下，由于产品品种比较多，在计算生产能力时，不可能按所有具体产品品种一一计算，所以需要采取代表产品法和假定产品法。

代表产品法，就是从多种产品中选一个代表产品，以它为标准来计算设备组的生产能力。代表产品一般是产量大、占用工时较多或结构、工艺上有代表性的产品。

计算公式为：$K_i = t_i / t$

式中，$K_i$——第 $i$ 种产品的换算系数；$t_i$——第 $i$ 种产品的台时定额；$t$——单位产品台时定额（小时）。

假定产品法，就是当产品的结构、工艺、劳动量差别很大，难以确定代表产品时，根据各种具体产品按一定方法构造一种实际上不存在的产品（假定产品），并以这个假定产品为标准来计算设备组的生产能力。

假定产品法的计算步骤：确定假定产品的台时定额—计算设备组生产假定产品的生产能力—计算设备组各具体产品的生产能力。

4. 生产能力的核定步骤

第一步，确定企业的经营方向。

第二步，做好思想、组织和资料准备。

第三步，计算核定。生产能力的计算，一般从最基层的生产环节算起，先计算设备组的生产能力，再确定各生产工段（或小组）的生产能力，最后确定车间以至全厂的生产能力。

### 6.2.2 编制生产计划

生产计划是指企业对未来即将开展的生产活动在资源配备、实现目标等方面所做的准备和安排。生产计划是企业生产管理的依据，更是企业编制物资供应、财务、劳动等计划的直接依据。

1. 生产计划的层次体系

生产计划一般分为综合计划、主生产计划、物料需求计划、作业计划几个层次。图 6-2 呈现了生产计划的层次体系。

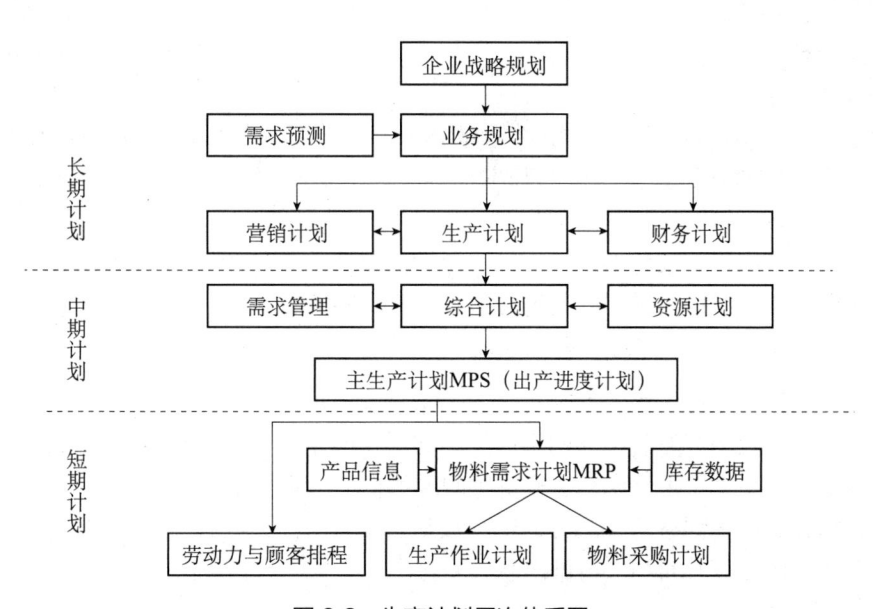

图 6-2 生产计划层次体系图

表 6-4 对生产计划不同层次的考核对象及包含的要素做了描述。

表6-4 生产计划的层次性结构包含的要素

| 计划期 | 考核对象 | 层次结构 | | | | 描述 |
|---|---|---|---|---|---|---|
| 长期计划（若干年） | 所有同类型生产线 | 长期能力计划 | | | | 设施、布点、布局、能力供应商计划、垂直一体化工艺计划：新的产品/工艺/技术/生产线 |
| 中期计划（6~18个月） | 某产品族 | 综合计划 AP | | | | 雇员、加班、解聘、假期物料供应合同存储设施调整利用率 |
| 短期计划（数周或数月） | 某型号规格的产品 | 主生产计划 MPS | | | | 最终项数量时间 |
| | 某型号规格下产品对资源的需求 | 生产计划与控制 PP&C | | | | 中间项、最终项、进度采购及进度调度派工 |
| | | PDS | MRP | JIT | OPT | |

2. 生产计划的主要指标

生产计划的主要指标包括产品品种、质量、产量与产值。

产品品种指标，包括产品名称、种类、规格和型号等。产品品种指标反映了企业专业化程度、技术水平和管理水平。

产品质量指标，是指产品应达到的质量标准，包括反映产品本身内在质量的标准，如产品技术性能等级、产品等级率等；反映产品生产过程中工作质量的标准，如合格率、废品率、成品返修率等。

产量指标，是指产品应达到的实物数量和工业性劳务的数量。产量指标反映企业的生产能力，是企业能否达到经济规模的基本标志，也是企业进行产销平衡、产供平衡的主要依据。

产值指标，是用货币表示的产量指标，分为商品产值、总产值和净产值三种形式。它能够综合反映企业生产经营成果，以便进行不同行业间的比较。

3. 编制综合计划（也称年度生产计划）

综合计划又称为生产大纲，它是对企业未来较长一段时间内资源和需求之间的平衡所做的概括性设想，是根据企业所拥有的生产能力和需求预测对企业未来较长一段时间内的产出内容、产出量、劳动力水平、库存、投资等问题所做的大致性描述。

综合计划并不具体制订每一品种的生产数量、生产时间，以及每一车间、人员的具体工作任务，而是对产品、时间和人员做出总体安排。

1）编制程序

明确年度经营目标；开展市场调查与预测，确定计划期内的市场需求信息；分析确定年度实际生产能力；统筹安排，确定综合计划指标；综合平衡分析，拟定年度生产计划方案；讨论修正，批准实施。

2）编制方法

编制综合生产计划的方法与技术，如表 6-5 所示。

表6-5 编制综合生产计划的方法与技术

| 要求 | 内容 | 主要成本项 | | 方法与技术 |
|---|---|---|---|---|
| □满足需求<br>□成本最低 | □生产<br>□库存<br>□用工<br>□需求 | □正常<br>□加班<br>□库存<br>□缺货<br>□改变生产率 | ⇔ 预算 | □图解法<br>□试算法<br>□表解法<br>□线性规划法<br>□线性决策准则法<br>□比较成本法<br>□方案选择与评价 |
| 编制原理 | | | | |
| 订单需求预测 | ⇒ | Pt、Wt、It、Dt | ⇒ | 能力利用：合理充分<br>成本：最低 |

4. 编制主生产计划

主生产计划（Master Production Schedule，MPS）是综合计划（年度计划）的进一步细化，说明在可用资源的条件下，在一定时期内（一般为3～18个月）生产的产品品种、生产数量和时间安排，如图 6-3 所示。

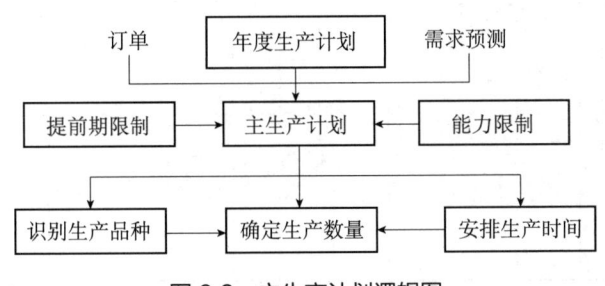

图 6-3 主生产计划逻辑图

1）主生产计划的编制程序

收集相关资料；进行能力平衡；制订月度生产计划草案；报批；形成月度生产计划文件。

2）具体编制步骤和方法

（1）分解、细化年度生产计划，做出产品出产进度安排，处理非均匀需求。处理非均匀需求有以下三种策略：

● 恒定生产率：通过库存来调节生产，而维持生产率和工人数量不变。具体方法是使各月生产量相等或基本相等，当产量＞销售需求时，将一部分产品作为库存储备起来，以供旺季需要；当产量＜销售需求时，动用库存。

● 变动生产率：就是要使生产率与需求率相匹配，需要多少就生产多少，是准时制生产采用的策略。它可以消除库存，忙时加班加点，闲时把工人调到其他生产单元做清理工作。这种策略容易引起生产不均衡、生产能力利用差，同时会多付加班费，其要求有较高的管理水平。

- 跟踪生产率：就是在需求量大时多雇工人，需求量小时裁减工人。

（2）确定每一计划对象在每一具体的时间段内的生产数量。

（3）做好初步计划与生产资源的平衡协调。综合计划与主生产计划示例，如表6-6所示。

表6-6 综合计划与主生产计划示例

| 电视机生产 | 综合计划(AP) ||||||||||||第四年|
|---|---|---|---|---|---|---|---|---|---|---|---|---|---|
|  | 第一年 |||| 第二年 |||| 第三年 ||||  |
|  | Q1 | Q2 | Q3 | Q4 | Q1 | Q2 | Q3 | Q4 | Q1 | Q2 | Q3 | Q4 |  |
| 便携式（×100） | 8 | 9 | 10 | 9 | 8.5 | 9.5 | 10.5 | 9.5 | 9 | 10.5 | 9.5 | 9.5 | 38 |
| 落地式（×1000） | 4 | 5 | 4 | 3 | 4 | 5 | 4 | 3 | 4.2 | 5.3 | 4.5 | 3.6 | 18 |

| 电视机生产 || 主生产计划(MPS) 1 |||||||||||
|---|---|---|---|---|---|---|---|---|---|---|---|---|
|  |  | （周） ||||||| （月） ||||
|  |  | 1 | 2 | 3 | 4 | 5 | 6 | … | 12 | 13 | 14 | 15 | 16 | 10 | 11 |
| 便携式 | 200型 | 10 | 10 | 10 | 12 | 12 | 12 |  | 6 | 6 | 6 | 6 | 6 | 30 | 30 | 30 |
|  | 200型 | 25 |  | 25 |  |  |  |  |  | 30 | 时 | 30 |  | 50 |  |
|  | 200型… | 26 |  | 100 |  | 100 |  |  |  |  | 界 |  |  |  |  |
|  |  |  | 50 | 50 |  |  |  |  |  |  |  |  |  |  |  |
| 落地式 | 200型 |  |  |  |  |  |  |  |  |  |  |  |  |  |  |
|  | 200型 |  |  |  |  |  |  |  |  |  |  |  |  |  |  |
|  | 200型… |  |  |  |  |  |  |  |  |  |  |  |  |  |  |

（引自：东南大学经济管理学院，企业管理运作实务PPT）

5. 编制物料需求计划

主生产计划确定以后，下一步要做好生产最终产品所需的全部物料（原材料、零件、部件等）及其他资源的供应工作。物料需求计划，即原材料、零件和部件的生产采购计划，内容包括外购什么、生产什么、什么物料必须在什么时候订货或开始生产、每次订购多少、生产多少等。

物料需求计划要解决与主生产计划规定的最终产品相关的物料需求问题，而不是对这些物料的独立的、随机的需求问题。这种相关需求的计划和管理比独立需求要复杂得多。

> **小思考**
> 
> 综合生产计划、主产品生产计划、物料需求计划之间是怎样的关系？

6. 编制生产作业计划

生产作业计划是生产计划的具体执行计划，属于生产计划体系中的短期生产计划，它把生产计划中规定的月度生产任务具体地分配到各车间、工段、班组以至每个工作地和个人，规定他们在月、旬、周、日以至轮班和小时内的具体生产任务，并按日历顺序安排生产进度，从而保证按品种、质量、数量、期限和成本完成企业的生产任务。

编制生产作业计划包括编制车间的作业计划及分工段或分小组的作业计划。这两步工作的方法原理是相同的，区别是计划编制的详细程度和责任单位有所不同。

生产作业计划的编制方法，主要有在制品定额法、提前期法和生产周期法。

（1）在制品定额法。包括车间内部在制品定额的制订和车间之间库存半成品定额的制订。

某车间出产量 = 本车间投入量 + 本车间半成品外售量 +（库存半成品定额 − 期初库存半成品预计结存量）

某车间投入量 = 车间出产量 + 本车间计划废品量 +（车间在制品定额 − 期初车间在制品预计结存量）

（2）提前期法。生产提前期是指产品（零件）在各生产环节出产或投入的日期比成品生产的日期应提前的时间。

投入提前期的计算：某车间投入提前期 = 该车间出产提前期 + 该车间生产周期

出产提前期的计算：某车间出产提前期 = 后车间投入提前期 + 保险期 +（该车间生产间隔期 − 后车间生产间隔期）

（3）生产周期法。生产周期是指产品从原材料投入到成品产出所经历的全部日历时间。

## 6.3 生产组织

1. 生产过程的构成

生产过程，狭义上是指从原材料投入到产品出产的一系列活动的运作过程。生产过程大致由4个基本部分组成：

（1）生产技术准备过程，即产品在投入生产前所进行的各种生产技术准备工作，具体包括市场调研、产品开发、产品设计、工艺设计、工艺装备的设计与制造、标准化工作、定额工作、新产品试制和鉴定。

（2）基本生产过程。指直接为完成企业的产品生产所进行的生产活动，如汽车制造企业的冲压、焊接、油漆、装配等；钢铁企业的炼铁、炼钢、轧钢等；机械制造的毛坯准备、机械加工、装配等；化工企业的预热、提炼、合成等。基本生产过程还可进一步划分为若干个工艺阶段。

（3）辅助生产过程。指为保证基本生产过程的正常进行所必需的各种辅助性生产活动，如机械制造企业中的动力生产、工具制造、设备维修等；汽车厂生产供自用的工具、模具、修理用备件、蒸汽、压缩空气等。

（4）生产服务过程。指为基本生产和辅助生产服务的各种生产服务活动，如物料供应、运输和理化试验、计量管理等。

（5）附属生产过程。指利用企业生产的边角余料或废料进行的生产。例如，窗帘加工厂利用裁剪下来的布料头生产手提袋。

企业生产过程的重要前提是生产技术准备过程，核心是基本生产过程。

### 2. 合理组织生产过程的要求

（1）生产过程的连续性。加工对象在生产过程的各个阶段、各个工序，在时间上紧密衔接、连续进行、不发生或很少发生不必要的等待加工或处理的现象。

实现条件：合理布置企业各个生产单位，使之符合工艺流向，没有迂回和往返运输。采用合理的生产组织形式，避免由于组织结构设置不合理而造成物流的不畅通。

（2）生产过程的平行性。生产过程的各个阶段，各个工序实行平行交叉作业。

实现条件：在工厂的空间布置时，就要合理地利用空间，尽量做到各生产环节能同时利用空间，保证产品的各个零件、部件及生产过程的各个工艺阶段能在各自的空间内平行进行。

（3）生产过程的比例性。生产过程各阶段、各工序之间在生产能力上要保持一定的比例关系，以适应产品生产的要求。

实现条件：事先，在生产系统建立的时候就应根据市场的需求，确定企业的产品方向，并根据产品性能、结构及生产规模、协作关系等统筹规划；事中，经常对生产过程的能力比例进行调整，克服生产过程中出现的"瓶颈"以实现生产过程的比例性。

（4）生产过程的均衡性。产品在生产过程的各个阶段，从投料到成品完工入库，都能保持有节奏地均衡地进行。保持在一定的时间间隔内，生产的产品数量是基本相等的或稳定递增的。

实现条件：对内要加强生产技术准备部门、辅助生产部门、生产服务部门之间的协调，特别是优化生产计划和强化对生产过程的监控。

（5）生产过程的适应性，也称柔性，是指生产组织形式要灵活，对市场的变动应具有较强的应变能力。

实现条件：企业应建立柔性生产系统，如准时生产制、敏捷制造等，使较高的机械化和自动化水平与较强的产品适应性统一在一起。

### 3. 生产过程的组织方式

组织生产主要有两种方式：时间组织和空间组织。

时间组织，就是对生产过程的周期安排，即从原材料投入开始，到产成品验收入库所需的全部时间的安排。产品或零部件等加工对象，在各工序之间移动有三种方式：顺序移动、平行移动和顺序平行移动。顺序移动适用于批量小、工序单件时间短的生产对象；平行移动或顺序平行移动，适用于批量大、工序单件时间长的生产对象。

空间组织，就是各生产阶段和生产单位的组织与空间布局，有两种专业化的组织方式，即工艺专业化和对象专业化。

工艺专业化，就是按照生产工艺的特点来设置生产单位的生产组织形式。

对象专业化，就是以产品（或零件、部件）为对象来设置生产单位的一种生产组织形式。

通过时间和空间的组织，最终使生产的各个阶段、各个环节、各道工序在时间和空间上的协调衔接。

## 6.4 生产控制

这里主要介绍生产作业控制。

生产作业控制是对作业计划的执行情况进行跟踪、检查、纠正偏差的系列活动。控制的目的是确保按时交货，提高生产效率和及时消除生产过程中的各种不利因素的影响等。控制的内容包括投入进度控制，出产进度控制，工序进度控制，在制品占有量的控制。

1. 分步骤进行控制

确定工艺流程—执行生产计划—下达生产指令—生产进度控制—制订控制标准—对计划执行情况进行检查和比较—针对偏差及时采取措施。

生产进度控制包括投入进度控制、工序进度控制和出产进度控制。

控制的具体步骤：了解生产进度的基本情况—找出生产进度状况与计划目标之间的差距—分析差距产生的原因，确定纠偏措施—采取纠偏措施。

控制的方法：生产均衡性控制法，即实现均衡生产，有序、协调地进行生产进度的控制。

2. 做好生产调度

做好生产调度，首先，建立健全调度工作制度和生产调度机构；其次，配备生产调度的技术设备，从组织、制度、技术设备三个方面保障生产调度顺利进行，具体做好以下工作：
- 按照生产计划指挥日常生产活动，检查在制品储备量，发现并解决问题；
- 检查生产准备工作，督促执行；
- 生产部门与有关部门密切配合；
- 检查生产设备的运行和利用情况，做好维修、保养工作；同运输部门密切配合；
- 进行计划完成情况的检查、记录、统计分析工作；
- 组织好厂级和车间的生产调度会议，组织有关部门限期解决问题；
- 达到全厂能源平衡。

3. 生产作业统计

生产作业统计就是对生产过程中的工件移动劳动成果、产品出产所做出的统计，包括生产进度统计、库存在制品统计和生产作业计划完成情况统计。这些统计要保留原始凭证，建立统计台账和报表，并进行统计分析。

4. 生产控制的常用工具

派工单——直接用于工序或工作的任务安排的文件，既是生产任务指令，又是生产控制工具。

生产日报表——反映实际生产情况的统计资料。

生产进度更改通知单——用于生产进度调整说明和指导调整后作业活动的文件。

异常停工报告单——记录并反映计划外停工情况的文件。

生产月报表——反映月度生产情况的统计资料。

5. 作业控制的手段

作业控制的手段包括生产调度工作、生产作业核算、在制品管理。

生产作业核算即在实施生产作业计划过程中，对生产各阶段、各环节中的原材料投入、在制品流转和产品出产，以及设备运转、维修时间消耗、分析检验等环节所进行的核算。

在制品管理是生产作业控制的辅助性手段，即对在制品的计划、协调和控制，具体来说就是对在制品的投入、出产、领用、发放、保管、周转等方面，要做到"有数、有据、有手续、有制度、有秩序"。

6. 做好产前控制和产中控制

产前控制主要是对投产前的各项准备工作进行控制，包括技术、物资、设备、动力、劳动力等的准备，以保证投产后整个生产过程能均衡、协调、连续进行。

产中控制，是在投料运行后对生产过程进行投入控制和出产控制。投入控制即按计划要求对产品开始投入的日期、数量、品种的控制，是预先性的控制。出产控制即对产品（包括零件、部件）出产日期、生产提前期、出产数量、出产均衡性和成套性的控制。

投入产出控制的目的是从生产进度与计划进度的对比中发现偏差，观察生产运行状态，分析研究其原因，采取相应措施纠正偏差。

## 6.5 生产现场管理

生产现场是从事产品生产、制造或提供生产服务的场所，简称为车间、工场或生产线等。生产现场管理的含义有广义和狭义之分。

任务6 生产运作管理——生产现场管理

广义的生产现场管理，指对企业所有生产经营活动场所的管理。它不仅包括生产作业现场，而且还包括与生产作业有关的准备工作现场、服务工作现场和办公现场等。

狭义的生产现场管理，主要是指对企业生产作业现场的管理，即指对作业现场的各要素进行计划、组织、协调与控制的一系列管理活动。这里讨论的是狭义的生产现场管理。

从生产现场的构成要素来看，生产现场管理主要包括员工管理、机器设备管理、原材料管理、工具柜等物资管理、制度与标准等法规管理、环境管理、资金管理、能源管理、信息管理等内容。

从生产现场管理的对象来看，生产现场管理包括现场生产组织、工艺技术、质量、设备、物资、劳动、安全、环境、成本的管理，以及生产现场管理诊断等内容。

生产现场管理要求物流合理，生产均衡，设备完好，信息准确，纪律严明，环境整洁，标本兼治。

### 6.5.1 定置管理

定置管理是对生产现场中的人、物、信息三者之间关系进行科学的分析研究，使之达到最佳结合状态的一种科学管理方法。

定置与放置两者不同，其区别如图6-4所示。

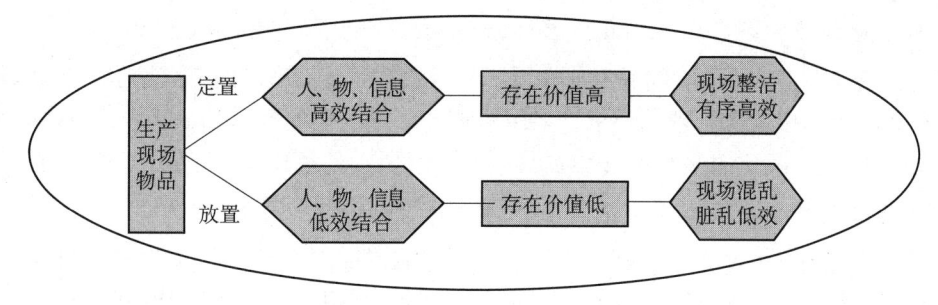

图 6-4　定置与放置两者的区别图

**1. 实施定置管理的原则**

实施定置管理应遵循以下原则：有物必有区，有区必标识，符合工艺要求，适合动态变化，追求安全效率。

**2. 实施定置管理的程序**

推行定置管理组织准备—制订定置管理标准—进行定置管理设计—实施定置管理—检查与考核定置管理。

**3. 定置管理效果评价**

定置率的计算公式为：

定置率 = 实际定置的物品个数（种类）÷ 定置图规定的定置物品个数（种类）× 100%

定置管理的综合定制成本的计算公式为：

综合定制成本（$C$）= 存放成本（$A$）+ 取出成本（$B$）

议一议：结合图 6-4 说明，定置管理就是把物品放在规定的地方吗？

## 6.5.2　目视管理

目视管理，顾名思义是看得见的管理，即一看便知，一眼就能识别，使持续改进的目标能清晰化。它是利用视觉感知各种直观形象、色彩适宜的信息来组织现场生产活动，提高劳动生产率的一种方式，具有形象直观、有利于提高工作效率、透明度高、便于现场人员互相监督的优点，能够发挥迅速快捷地传递信息、形象直观地将潜在问题和异常现象显现出来、促进企业文化的形成和建设的作用。

目视管理的内容及方法如下。

**1. 规章制度与工作标准的公开化**

凡是与现场工人密切相关的规章制度、标准、定额等，都需要公布于众；与岗位工人直接有关的，应分别展示在岗位上，如岗位责任制、操作程序图、工艺卡片等，并要始终保持完整、正确和洁净。

**2. 生产任务与完成情况的图表化**

现场是协作劳动的场所，凡是需要大家共同完成的任务都应公布于众。计划指标要定期层层分解，落实到车间、班组和个人，并列表张贴在墙上；实际完成情况也要相应地按期公布，并用作图法使大家看出各项计划指标完成中出现的问题和发展趋势，以促使集体和个人都能按质、按量、按期地完成各自的任务。

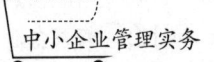

### 3. 与定置管理相结合，实现视觉显示资讯的标准化

在定置管理中，为了消除物品混放和误置，必须有完善而准确的资讯显示，包括标志线、标志牌和标志色。按定置管理的要求，采用清晰的、标准化的资讯显示符号，各种区域、通道、辅助工具（如料架、工具箱、工位器具、生活柜等）均运用标准颜色，不得任意涂抹。

### 4. 生产作业控制手段形象直观与使用方便化

为了有效地进行生产作业控制，使每个生产环节、每道工序能严格按照期量标准进行生产，杜绝过量生产、过量储备，要采用与现场工作状况相适应的、简便实用的资讯传导信号，以便在后道工序发生故障或由于其他原因导致停止生产，不需要前道工序供应在制品时，操作人员看到信号，能及时停止投入。例如，利用"广告牌"传导各生产环节和工种之间的联络资讯信号；在机器设备上安装红灯，在流水线上配置工位故障显示幕，一旦发生停机，即可发出信号，提示需要及时修理；在各质量管理点（控制），设置质量控制图，以便清楚地显示质量波动情况，及时发现异常，及时处理；车间要利用板报形式，将"不良品统计日报"公布于众，当天出现的废品要陈列在展示台上，由有关人员会诊分析，确定改进措施，防止再度发生。

### 5. 物品的码放和运送的数量标准化

物品码放和运送实行标准化，可以充分发挥目视管理的长处。例如，各类工位器具，包括箱、盒、盘、小车等，均应按规定的标准数量盛装，这样，操作、搬运和检验人员点数时既方便又准确。

### 6. 现场人员着装的统一化与实行挂牌制度

挂牌制度包括单位挂牌和个人佩戴标志。按照企业内部各种检查评比制度，将那些与实现企业战略任务和目标有重要关系的考评专案的结果，以形象、直观的方式给单位挂牌，能够激励先进单位更上一层楼，鞭策后进单位奋起直追。个人佩戴标志，如胸章、胸标、臂章等，其作用同着装类似。另外，还可同考评相结合，给人以压力和动力，达到催人进取、推动工作的目的。

### 7. 合理使用目视管理工具

目视管理工具主要有红牌、看板、信号灯或者异常信号灯、操作流程图、提醒板、区域线、警示线、告示板、生产管理看板、学习原地看板等。

下面以表图结合的形式对目视工具使用的效果做出比较，在图6-5中可以一目了然地找到好的方法。

| 初级水准 | 中级水准 | 高级水准 |
|---|---|---|
| 有表示，能明白现在的状态 | 谁都能判断正常与否 | 管理方法（异常处置）都列明 |
| （整齐排列的圆点图示） | （标有6和5的图示） | （标有6和5的图示，附"安全库存""用完后通知张三"标签） |
| 整齐排列，便于确认管理 | 通过简单标识，使数目一目了然 | 通过标志和提示，使数目和数目不足时该怎么做一目了然 |

图6-5 目视工具使用效果对比

### 6.5.3　5S 管理

如何理解 5S 管理、为什么要推行 5S 管理、怎样实施 5S 管理、如何保持 5S 管理常态化，是许多中小企业在 5S 管理中常遇到的问题。

【案例 6-2】Z 公司的 5S 活动

Z 公司是国内一家印刷企业，主要做包装用瓦楞纸箱、丝网印刷和传统的胶印业务。公司正在与中国香港某公司（下称港商/投资方）洽谈一笔合资项目，即在 Z 公司引进新的数字印刷设备和工艺，同时改造公司的印刷信息系统。

【场景 1】在与港商的合资谈判过程中，对方对 Z 公司的工厂管理提出了很多"挑剔"的意见，如：仓库和车间里的纸张、油墨、工具的摆放不够整齐，地面不够清洁，印刷机上油污多得"无法忍受"；工人的工作服也"令人不满"。后来，港商执意将"引入现代生产企业现场管理的 5S 方法"作为一个必要的条件写进了合资合同文本。

刚开始，公司老总和公司管理层觉得港方有点儿"小题大做"，不就是做做卫生，把环境搞得优美一些，他们觉得这事儿太"小儿科"，与现代管理、信息化管理简直不沾边。不过，为了合资能顺利进行，老总还是满口答应下来。

问题 1：Z 企业对 5S 管理有哪些认识误区？为什么会有这样的认识？

【场景 2】刚开始推行 5S 管理的时候，大家很不以为然。几天后，港方派来指导 5S 实施的罗先生，通过实地调查，用大量现场照片和调查材料，让 Z 公司领导和员工受到了强烈的震撼。

生产现场：印刷车间的地面上，总是堆放着不同类型的纸张，里面有现在用的，也有"不知道谁搬过来的"；废弃的油墨和拆下来的辊筒、丝网，躺在车间的一个角落里，沾满了油渍；工人使用的工具都没有醒目的标记，要找一件合适的工具得费很大的周折。

仓库：堆放纸张、油墨和配件的货架与成品的货架之间，只有一个窄窄的、没有隔离的通道，货号与货品不相符的情况司空见惯。有时候，车间返回来的剩余纸张与成令的新纸张混在一起，谁也说不清到底领用了多少。

电脑：老总引以为荣的 MIS 系统、计划科、销售科、采购科的几台电脑的硬盘上的文件同样混乱不堪，到处是随意建立的子目录和文件。有些子目录和文件，除非打开看，否则不知道里面到底是什么。而且，文件的版本种类繁多，过时的文件、临时的文件、错误的文件或者一个文件多个副本的情况数不胜数。

在 Z 公司里，长久以来大家对这样一些现象习以为常，想要的东西总是找不着；不要的东西又没有及时丢掉，好像随时都在"碍手碍脚"；车间里、办公桌上、文件柜里和计算机里，到处都是这样一些"不知道"——不知道是谁的；不知道是什么时候放在这里的；不知道还有没有用；不知道该不该清除掉；不知道到底还有多少。

罗先生看着墙上贴的一个落满灰尘的标语"视用户为上帝，视质量为生命"，直率地问老总，在这种情况下，你如何确保产品的质量？如何确信电脑里的数据是真实的？如何鼓舞士气，增强员工的荣誉感和使命感？

问题 2：Z 企业 5S 管理存在哪些问题？原因是什么？

【场景 3】罗先生把推进 5S 活动分为两大步骤，首先是推进前 3 个"S"，即整理、整顿、

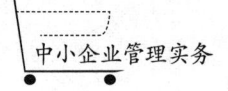

清洁。

整理就是要明确每个人、每个生产现场（如工位、机器、场所、墙面、储物架等）、每张办公桌、每台电脑，哪些东西是有用的，哪些是没用的、很少用的，或已经损坏的。

整理就是把混在好材料、好工具、好配件、好文件中间的残次品、非必需品挑选出来，该处理的就地处理，该舍弃的毫不犹豫。"特别是电子'垃圾'"，罗先生告诉管理人员，"会让你的工作效率大打折扣；不断冒出来的文件查找、确认、比较工作，会浪费大量的工作时间。"

整顿就是要对每个清理出来的"有用"的物品、工具、材料、电子文件，有序地进行标识和区分，按照工作空间的合理布局，以及工作的实际需要，摆放在"触手可及""醒目"的地方，以保证"随用随取"。

听上去"整顿"很简单，以罗先生的经验来看，其实这是件需要很仔细的工作。比如电脑文件目录，就是最好的例子。

"一般来说，时间、版本、工作性质、文件所有者，都可以成为文件分类的关键因素"，罗先生结合自己的体会，向大家详细介绍了"什么是电子化的办公"。对一个逐步使用电脑、网络进行生产过程管理和日常事务管理的公司而言，处理好纸质文件和电子文件的关系，是养成良好的"电子化办公"习惯的重要内容。

"电子化的过程中，如果把手工作业环境里'脏、乱、差'的恶习带进来，危害是巨大的。"罗先生说。

清扫，简单来说，就是彻底的大扫除。发现问题就及时纠正。但是，"清扫"与过去大家习惯说的"大扫除"还有一些不同。大扫除只是就事论事地解决"环境卫生"的问题，而"清扫"的落脚点在于"发现垃圾的源头"。用罗先生的话说，就是"在进行清洁工作的同时进行检查、检点、检视"。

随着3S（整理、整顿、清洁）的逐步深入，车间和办公室的窗户擦干净了，卫生死角也清理出来了，库房、文件柜、电脑硬盘上的文件目录、各种表单、台账等"重点整治对象"也有了全新的面貌。但是，包括老总在内的所有人，都没有觉得罗先生引进的"灵丹妙药"有什么特别之处。

不过，老总承认，大家的精神面貌还是有了一些微妙的变化：人们的心情似乎比过去好多了，一些"不拘小节"的人，多少也有了收敛；报送上来的统计数据，不再是过去那种"经不住问"的糊涂账；工作台面和办公环境的确清爽多了。

罗先生结合前一段整治的成果，向老总进言："5S管理的要点，或者说难点，并非仅仅是纠正某些错误，或者打扫某处垃圾；5S管理的核心，是要通过持续有效的改善活动，塑造一丝不苟的敬业精神，培养勤奋、节俭、务实、守纪的职业素养。"

按罗先生的建议，公司开始了推进5S管理的第二步：推行后两个"S"，一个是整洁，另一个是素养。

整洁的基本含义是"如何保持清洁状态"，也就是如何坚持下去，使清洁、有序的工作现场成为日常行为规范的标准。

素养的基本含义是"陶冶情操，提高修养"，也就是说，自觉自愿地在日常工作中贯彻这些非常基本的准则和规范，约束自己的行为，并形成一种风尚。

罗先生进一步说明，后两个"S"其实是公司文化的集中体现。很难想象，客户会对一个到处是垃圾、灰尘的公司产生信任感，也很难想象，员工会在一个纪律松弛、环境不佳、浪费随处可见的工作环境中，产生巨大的责任心，并确保生产质量和劳动效率。此外，更不用说在一个"脏、乱、差"的企业中，信息系统会具有巨大的作用。

问题3：怎样推行5S管理？方法步骤有哪些？

**【场景4】** 若干个月后，Z公司的老总，带领新的客户参观自己的数字印刷车间的时候，在他心底里涌动着一种强烈的自豪感。

车间布局整齐有序，货物码放井井有条，印刷设备光亮可鉴，各类标识完整、醒目。公司的电脑网络和MIS系统，在没有增加新的投资的情况下，也好像"焕发了青春"，带给老总的是一系列"零报告"：发货差错率为零，设备故障率为零，事故率为零，客户投诉率为零，员工缺勤率为零，浪费为零。

参观者的称赞啧啧有声，Z公司老总也由衷地感叹引进一套先进设备的背后，原来有如此浅显又深奥的5S修养"功夫"。

问题4：5S活动成果如何保持？

（根据《企业班组培训教程》实训篇P300案例"功夫在'诗'外"改编。）

案例分析：Z公司在实施5S管理过程中，思想认识从"小题大做"，太"小儿科"，逐步转变，达成共识，是公司实施5S活动的基础。5S就是很简单的十个字，但不去做或不彻底去做就不会有效果；要做出效果，非一两次活动能行，需要大量地、长期地、细致地开展多方面的工作，并养成习惯，坚持不懈，这是现场管理的根本。许多公司的5S活动，只是一阵风，讲形式，走过场，不彻底，这多与认识和素养有关。

下面结合案例对上述四个问题做出思考，理解5S管理的相关知识。对于问题一，该公司存在三个误区：

误区一，5S方法就是搞卫生。

误区二，"没必要"。"引入现代生产企业现场管理的5S方法"与现代管理、信息化管理简直不沾边。

误区三，"不重要"，是"小题大做"。

这些认识偏差的根源是没有理解5S管理的内容和作用。

1. 正确理解5S活动

5S起源于日本。1955年，日本人推出2S活动，即整理（Seiri）、整顿（Seiton），随后逐步提出后续的3S，即清扫（Seiso）、清洁（Seikeetsu）、素养（Shitsuke），合起来称为5S（因五项内容在日语罗马拼音中均以S开头，故简称为5S）活动，即指对生产现场各要素所处的状态下不断地进行整理、整顿、清扫、清洁和素养的活动。1986年，第一本5S著作在日本问世，掀起了5S活动的热潮。

5S活动对于塑造企业形象、降低成本、准时交货、安全生产、高度的标准化、创造令人心旷神怡的工作场所、现场改善等方面都发挥了巨大作用，从而逐渐被各国的管理界所认识。20世纪90年代早期，5S活动方法引入我国。此后，在5S的基础上，各国逐步增加了安全（Safety）、节约（Save）、习惯化（Shiukanka）、服务（Service）及坚持（Shikoku）等，从而形成了6S、7S、8S直至10S。

表6-7介绍了5S活动的内容、要点/方法和作用。

图6-6至图6-9是5S活动前后的照片，清楚地反映了5S活动的效果。

图 6-6　整理前　　　　　　　　　　　　　图 6-7　整理后

图 6-8　某机加工中心 1 号仓库　　　　　图 6-9　某企业仓库

表 6-7　5S 活动介绍

| S项 | 活动内容 | 活动要点/方法 | 作用 |
| --- | --- | --- | --- |
| 1S 整理（Seiri） | 区分要与不要的物品，移除不需要的物品。需要整理的物品：<br>1）废弃无使用价值的物品<br>2）不适用的物品<br>3）销售不出去的产品<br>4）造成生产不便的物品<br>5）占据场地重要位置而又只是偶尔使用的其他闲置物品 | 1）全面检查现场，对生产现场摆放和停滞的各种物品进行分类：A. 现场需要的；B. 现场不需要的；C. 暂时不用的；D. 长期不用的<br>2）场地出现紧张时，首先考虑的不是增加场地，而是开展整理活动<br>3）即便是必须用、立即用的物品，在现场保留也要适量。对 D 类物品坚决处理掉；对 C 类物品进行合理保管<br>4）采用定点摄影法，使用同一相机，对于改善前后的工作场所或设备状态在同一位置向同一方向摄影，以便明显看出改善前后的状态变化，如图 6-7 所示 | 1）改善和增大作业面积<br>2）保持现场无杂物，行道通畅<br>3）减少磕碰的机会<br>4）消除管理上的混放、混料等差错事故<br>5）有利于减少库存量，节约资金<br>6）改变作风，使员工心情舒畅 |

续表

| S项 | 活动内容 | 活动要点/方法 | 作用 |
|---|---|---|---|
| 2S 整顿（Seiton） | 将需要的物品归类，把"要"的物品定位、定容、定量地摆放整齐，做好标识 | 六定法：<br>1）定区：物品放在什么场所合适<br>2）定点：物品放在什么地点合适<br>3）定容：用什么容器合适<br>4）定量：放置多少<br>5）定标识：用什么标识以便识别<br>常用的标记方法：定位线、标识牌、照片、投影板等<br>6）定法：针对物品特点采用什么放置方法合适 | 1）减少物品寻找时间<br>2）能马上发现异常情况，及时采取纠正预防措施<br>3）减少故障发生，提高控制质量，保障企业安全生产 |
| 3S 清扫（Seiso） | 定期清扫，使环境保持整洁，杜绝污染源；清扫、点检、保养设备 | 1）建立清扫责任区<br>2）执行例行扫除，清除脏污<br>3）调查污染源，予以杜绝或隔离<br>4）设备的清扫，重点放在设备的维修保养上，并结合设备的日常检查<br>5）建立清扫基准，作为规范 | 1）消除脏污，保持现场干净、整洁、明亮，从而稳定产品质量，减少工业伤害<br>2）利于及时发现和处理现场异常，减少和避免设备故障和质量损失 |
| 4S 清洁（Seikeetsu） | 制订5S管理标准并执行，制度化、标准化、日常化地维持以上活动形成的局面 | 1）落实前3S的工作<br>2）整个工作环境、物品、员工都要做到清洁卫生，员工要从形体到精神都保持清洁<br>3）制订目视管理、颜色管理的基准<br>4）制订审核、检查方法<br>5）制订奖惩制度，加强执行<br>6）维持3S的意识<br>7）领导经常带头巡查，带头清洁 | 1）清扫工作可以调查污染源并彻底消除<br>2）创造一个良好的工作环境，使员工能愉快地工作<br>3）改善和提高企业形象 |
| 5S 素养（Shitsuke） | 人人养成好习惯，按规定行事，做遵守公司制度，严于自律的员工 | 1）坚持不懈地教育，才能养成良好的习惯<br>2）由制度化、行动化到习惯化 | 改善员工精神面貌，使组织活力化 |

　　整理前，仓库物品摆放在通道，杂乱放置，货架上物品没有标志。物品不易查找，紧急情况下容易影响通行。

　　整理后，物品上架分类摆放，标识清楚，便于查找，节约空间，杜绝了安全隐患。

　　图6-10显示了全面检查现场的一种方法：在同一场所按同一方法拍摄活动前后的现场实际情况，备作总结。

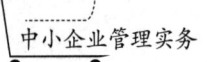

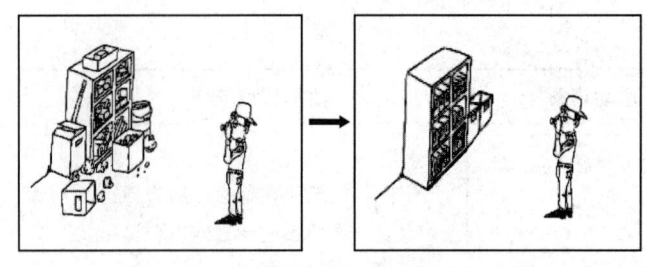

图 6-10　拍摄活动前后的现场实际情况

#### 2. 5S 之间的关系

整理、整顿、清扫、清洁、素养，这 5 个项目并不是各自独立、互不相关的，它们之间是一种相辅相成、缺一不可的关系。整理是整顿的基础，整顿又是整理的巩固；清扫是对现场管理的整理、整顿后的升华；清扫发现的问题是改善的种子；素养是"5S"活动的核心，是"5S"活动顺利并持续开展的保障。清洁和素养，是使整理、整顿、清扫的效果得以保持并形成规范、习惯的活动。

#### 3. 中小企业实施 5S 活动应注意几个问题

第一，高层领导带头树立 5S 管理是现场管理的基础意识，有计划、有步骤地逐步升华现场管理活动，提升现场管理水平，这是 5S 活动显成效的关键。

第二，建立 5S 活动办公室，要从小事和细节抓起，不断创新活动内容和方式方法。

第三，5S 是一项长期活动，必须潜移默化地来运作，制订具体标准，定期检查，全方位整体的实施、有计划的过程控制非常重要。

第四，运用好各个 S 中的工具。在导入 5S 之后再导入 TPM（全面生产管理）、TCM（全面成本管理）、LP（精益生产）、MBO（目标管理）、ERP（企业资源计划）等。

第五，5S 活动和任何一个管理制度一样，不能依葫芦画瓢，它必须符合企业的文化。

## 6.6　精益生产与智能制造的发展趋势

目前最常采用的生产管理技术有准时生产（JIT）、精益生产、敏捷制造等。智能制造是新信息技术在生产制造领域的综合应用。这里对精益生产和智能制造做简单介绍。

### 6.6.1　精益生产

精益生产方式（LP）指运用多种现代管理方法和手段，以社会需求为依据，以充分发挥人的作用为根本，有效配置和合理使用企业资源，最大限度地为企业谋求经济效益的一种新型生产方式。它是重塑企业，使之成为精干的、高度柔性的、低成本的、世界级竞争者的战略武器。

理解精益生产，一要理解它的 4 个基本特征：面向客户、以人为本、以精简为手段、精益求精。二要理解精益生产体系。

并行工程、准时化生产、稳定快捷的供应链是精益生产的三大支柱，持续改进是基础。

#### 1. 并行工程

并行工程是集成地、并行地设计产品及其相关过程（包括制造过程和支持过程）的系统方法。这种方法要求产品开发人员在一开始就考虑产品整个生命周期中从概念形成到产品报废的所有因素，包括质量、成本、进度计划和用户要求。

设计质量改进——使早期生产中工程变更次数减少50%以上；产品设计及其相关过程并行——使产品开发周期缩短40%～60%；产品设计及其制造过程一体化——使制造成本降低30%～40%。

2. 准时化生产

丰田的准时化生产方式通过看板管理，成功地制止了过量生产，实现了"在必要的时刻生产必要数量的必要产品（或零部件）"，从而彻底消除在制品过量的浪费，以及由之衍生出来的种种间接浪费。

1）准时化生产方式的工具——看板管理

看板管理，指为了达到准时生产方式（JIT）控制现场生产流程的工具。准时生产方式的看板旨在传达信息："何物，何时，生产多少数量，以何方式生产、搬运。"看板的信息包括零件号码、品名、制造编号、容器形式、容器容量、发出看板编号、移往地点、零件外观等。看板的本质是在需要的时间，按需要的量对所需零部件发出生产指令的一种信息媒介体，而实现这一功能的形式可以是多种多样的。看板有以上几种类型。

- 工序内看板：指某工序进行加工时所用的看板。
- 信号看板：指在不得不进行成批生产的工序之间所使用的看板。将信号看板挂在成批次做出的产品上，当该批产品的数量减少到基准数时摘下看板，送回到生产工序，然后生产工序按该看板的指示开始生产。另外，从零部件出库到生产工序，也可利用信号看板来进行指示配送。
- 工序间看板：指工厂内部后工序到前工序领取所需的零部件时所使用的看板。
- 外协看板：指针对外部的协作厂家所使用的看板。对外订货，看板上必须记载进货单位的名称和进货时间、每次进货的数量等信息。
- 临时看板：指在进行设备保全、设备修理、临时任务或需要加班生产的时候所使用的看板。与其他种类的看板不同的是，临时看板主要是为了完成非计划内的生产或设备维护等任务，因而灵活性比较大。

2）精益生产方式的资源配置方式

以社会需求为依据，最大限度满足市场多元化需求；以彻底消除无效劳动和浪费为目标，最大限度地为企业谋求经济效益；自始至终把人力资源的开发放在首位；综合运用各种现代管理技术和手段，具体体现在以下几个方面。

（1）强调人的作用，推行"以人为中心"的管理

赋予工人一定的作业管理决策权，充分发挥职工的创造性、主动性，强调协同工作与沟通，使协调工作简化、机构简化。集中不同职业和专长人员的意见，提高工作质量和工作效率。组成产品开发项目组、缩短产品开发时间。与供应厂家、顾客协力工作，对市场做出快速响应，加强沟通。

（2）改变传统观念，消除浪费，把尽善尽美作为追求的目标。

（3）消除浪费：企业现有生产能力＝产出＋浪费。其中浪费包括材料库存和在制品库存，长距离运输在制品，作业更换时间，废品及窝工，一切不增加产品价值的活动，一切治标不治本的措施和活动，多余的人员。

追求完美目标：零废品，零库存，零准结（订货）时间——生产批量极小化，提前期最短。

（4）实现生产过程的同步化：缩短作业更换时间（快换工装），生产过程同步化（同步节拍生产），发现和克服瓶颈环节。想要使生产同步化就要稳定日产出率，采用成组加工中心和成组流水线。

实现精益生产的关键技术有成组技术（GT）、准时生产（JIT）、全面质量管理（TQM）三大支柱技术和网络环境支持下的并行工程技术。

### 6.6.2 智能制造的发展趋势

中国政府在2019年政府工作报告中首次提出"智能+"的概念。2019年4月17日，毕马威中国联合阿里研究院共同发布了《从工具革命到决策革命——通向智能制造的转型之路》报告。报告中指出，近年来，随着大数据、云计算、人工智能、工业互联网等技术的迅速发展，数字化技术被广泛应用于经济的各个环节，推动了新消费时代的到来。个性化、定制化的消费观越来越普遍，重塑了生产者和消费者之间的关系，也对供给端的生产效率、产品质量、敏捷反应等都提出了更高的要求，制造业的智能升级迫在眉睫。

1. 智能化转型

智能化转型是否适合中小企业？智能化升级能给中小企业带来哪些利益？中小企业如何进行智能化转型？请结合下面的案例思考这些问题。

【案例6-3】

## 智能制造助企业实现"三大提升"

中荣印刷公司原本是一家传统印刷厂，从2014年起，公司便开始做信息化、自动化试点，2016年开始着手新工厂智能制造蓝图设计。因为当时印刷行业在智能制造方面还没有先例，没有样板可参考，公司就采取自己摸索和与外部先进的智能制造实施商相协作的方式，来探索行业的智能制造之路。现在，在中荣印刷公司的印刷车间里，矗立着好几排酷似高铁车厢的印刷设备，它们整齐地排列开来，一排就是一条生产线，只用2~3个工人操作设备，印刷产品便源源不断地印出来，叠成堆后，又自动输送至传输带。每天有2000款产品交付，8000次半成品周转，3万种新旧材料吞吐，公司库存、订单协调、设备运转等系列流程顺利运行，现场再也看不到工人们忙碌的拖、拉、搬运货物的场景。如今，公司已走在了行业智能制造的前端。2018年，中荣印刷公司荣获国家"智能制造试点示范项目"，成为全国印刷包装行业唯一获得此殊荣的印刷企业。

有了智能化助力，中荣印刷公司不但避免了传统产业的"人海战术"，而且开启了公司"数字经济"新时代。智能化生产，为中荣印刷公司至少带来三个变革：一是效率提升，关键设备整体效率实现显著提升，未来还有提高空间；二是产品品质提升，全程数字化了，发现任何异常都很容易跟踪到人和设备，运行以来，质量可靠性大幅提升，随着数字化升级和新技术的应用，质量还有提升空间；三是管理可控，实现"可视、可管理、成本管控、质量追溯"的智能制造体系。随着应用的娴熟和智能化的深入推进，对科学管理和决策更有利。

尝到智能制造"甜头"的中荣印刷公司，借助新型基础设施建设的实施推进，又一次抢到"头啖汤"。目前，该公司计划与运营商实施中山市制造业首家直接到工厂的5G基站建设项目，预计应用5G网络实现工业机器人、直播场景、网络优化及数据采集，加快发展"数字经济"。

**案例思考：**

智能制造为企业转型升级提供了机遇。在竞争愈加激烈、创新作用愈发凸显的背景下，中小企业要摆脱浪费严重、生产成本高、只能生产低端产品、对市场反应慢的状况，可以借鉴上述企业的做法，挖掘自身潜力和借助市场力量推动自己向智能化转型，推进智能制造，给自己创造更多的发展空间。

1）智能制造的核心内容

智能制造是一种由智能机器和人类专家共同组成的人机一体化智能系统，它在制造过程中能进行智能活动，诸如分析、推理、判断、构思和决策等。通过人与智能机器的合作共事，去扩大、延伸和部分地取代人类专家在制造过程中的脑力劳动，它把制造自动化的概念更新、扩展到柔性化、智能化和高度集成化。

智能制造涵盖了整个价值链的智能化，包括研发、工艺规划、生产制造、采购供应、销售、服务、决策等各个环节。《智能制造应用白皮书（2018）》就提出这样的观点：智能制造融合了新一代信息技术，将其贯穿到产品的全生命周期，并具有实时感知、自主学习、自主决策、自主执行与优化提升的能力，是信息技术、智能技术、制造技术等的深度融合与集成。白皮书中还提出智能制造的十大核心内容为：智能产品、智能研发、智能管理、智能装备、智能产线、智能车间、智能工厂、智能供应链与物流、智能服务及智能决策环节的典型应用，从而实现商业模式创新、生产模式创新、运营模式创新及决策模式创新。

2）智能制造的核心技术体系

"数据+算力+算法"构成智能制造的核心技术体系。首先，数据是智能经济的基础，是智能制造的核心生产资料；其次，以云计算、边缘计算为代表的算力的快速发展为处理海量数据提供了有力保障；再次，以人工智能、机理模型为代表的算法技术帮助智能制造发现规律并提供智能决策支持；最后，以5G等为代表的现代通信网络将三大要素紧密联系起来，让它们协同作业，发挥出巨大的价值。

"数据+算力+算法"这一技术集群赋能重构制造业生产环节。与传统制造体系相比，智能制造生产体系的优势主要表现为：消费者洞察从间接到直接，研发环节由串行到并行，采购环节实现自动化、低库存化和社会化，生产环节全面智能化，智能销售和售后服务无所不在。

3）中小企业如何推动智能化转型

不同的行业、不同的企业背景、不同的资源条件注定不可能有统一的转型方法和路径，但是，增强危机意识、明确转型方向、规划转型方略应是各类企业都需要做好的事情。

第一，企业管理者应把危机意识和前瞻意识摆在第一位。意识是行动的先导，中荣印刷公司转型成功首先源于这种意识很强烈。早在2013年，公司高层就注意到传统印刷行业的规模经济效益已经到"天花板"，转型升级迫在眉睫。2014年搞试点，六年多的智能化改造，让"老企业"获得了升级。这一经验值得借鉴。

第二，建立具有前瞻性的、以价值为导向的、跨部门的智能制造发展战略。

第三，建立领导机构，提供组织保障。要先成立智能制造工作领导小组和智能制造运作小组，在组织上提供保障，同时鼓励参与人员走出去学习、参观。通过内外资源整合，加快智造协同运作，在智能制造蓝图指引下分步实施。

第四，改变生产方式，重构业务流程。智能制造是一个较大的范畴，是个系统变革管理工程。企业应以精益生产理念为基础，使传统的生产方式在自动化、信息化相融合的方式下，重新模拟和再造整个业务流程。

第五，借助外力，如选择外部先进的智能制造实施商协作攻克智能化转型中的难题。

第六，加强基础设施和数字工厂建设。数字化工厂规划的步骤和方法如图6-11所示。

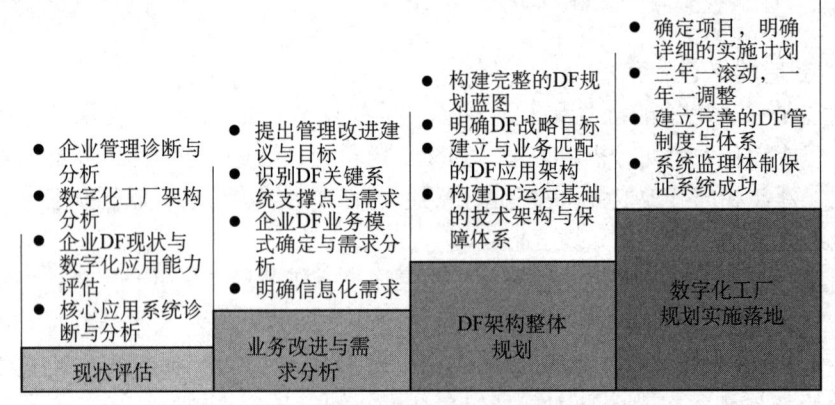

图6-11 数字化工厂规划的步骤和方法

### 2. 智能制造的发展趋势

1）智能制造成为制造强国建设的主攻方向

工信部发布的《关于开展2015年智能制造试点示范专项行动的通知》，从流程制造、离散制造、智能装备等6个方面分类实施试点示范，以促进工业转型升级，加快制造强国建设进程。

2）"互联网+制造业"助推制造业转型升级

智能制造有4条赋能路径助推制造业转型升级：第一，规模化供给解决定制化需求，实现长尾重构；第二，精准捕捉用户需求，快速推出新品，实现敏捷响应；第三，工业大脑结合行业洞见，重构人机边界，实现智能决策；第四，工业互联、云中台助力企业构建高度协同的智能制造生态体系。

3）"智能工厂+跨境电商"拓展制造企业海外业务

制造企业纷纷应用跨境电商平台承接海外订单、扩大出口、构建自主品牌、提升销售服务能力。沈阳装备制造企业利用国内最大的跨境电商平台——大龙网，实现装备制造产品对外价值链的转型升级。依托生产线、机器、产品、工人等高度互联的智能工厂，广东易事特电源股份有限公司与拉美地区知名B2B电商平台Mercantile合作，开拓面向海外企业客户的跨境电商贸易新通路，以期实现电源和新能源产品对智利、墨西哥等拉美国家的业务拓展。

4）云端制生态体系为制造业转型提供技术支持

以云设计、云生产、云管理、云试验、云分析、云服务等为核心的云端制造生态体系加速形成。在公共集成云端制造服务平台方面，佛山市家居行业正式推出云制造公共服务平台。航天科工集团以丰富的制造资源和能力云池为依托，推出集产业互联网平台、开放创业平台和生产性服务业平台为一体的综合性服务平台———航天云网。在专业细分云端制造服务平台方面，国内首个工业SaaS云———北京"云链"工业SaaS云平台正式上线。云端制造生态体系的形成将为制造业转型升级提供强有力的技术支持。

5）"O2O业务模式+制造业"加速制造业商业模式和生产方式创新

多行业加快O2O布局，一大批制造企业通过O2O整合线上线下资源，创新商业模式，探索个性化定制、按需制造等新型生产方式。

智能制造颠覆了传统产业几百年来赖以生存的"传统工具+经验决策"的发展模式，掀起了在工具和决策两个维度上的深层次革命。工具革命大幅提高了生产效率，而决策革命则通过人工智能等手段优化决策的准确性、及时性、科学性，实现真正意义上的智能化生产。

智能制造的发展态势，给中小企业提供了转型升级的机遇，企业应抓住机遇，结合自己的实际，分析资源条件，选择适合的路径和方法，制订转型计划，分阶段实施。

## 任务小结

本任务重点介绍了生产运作管理的对象、内容和目标，生产计划、组织和控制的内容与方法，生产现场管理的内容与方法，以及现代生产管理技术及智能制造介绍等内容。

生产运作管理应在需求预测的基础上，制订生产计划，组织生产活动，实施生产控制，推行现场管理，采用先进的生产技术，推动智能化转型。

## 学习指导

### 1. 课程总结

请同学们复习课程内容，采用思维导图法完成课程总结。总结内容提示如下：

重要概念：生产运作管理、生产计划、综合计划、主生产计划、生产组织、生产作业控制、目视管理、定置管理、看板管理、精益生产、智能制造等。

主要知识：生产运作系统的构成和内容、生产计划的层次、生产过程的组织方式、生产作业控制的步骤、现场管理的内容、5S活动的内容及要点、定置管理和目视管理的内容及方法、看板的信息和类型、智能制造的核心内容等相关知识。

主要方法：制订计划的方法，目视管理的内容及方法，5S管理的方法等。

### 2. 知识检测

请同学扫码完成知识测验。

测试6

### 3. 技能训练

（1）结合企业背景，制订综合计划和主生产计划。

（2）结合自己的创业公司和生活实际，设计5S活动方案。

（3）为公司的办公场所/仓库/经营现场设计定置图和目视标识。

操作建议：

1）阅读案例，系统思考

建议仔细研读任务6的案例场景，结合案例，从系统、全局的视角理解几项技能在企业生产管理中的应用场景和方法，准确地理解操作内容和操作目标。

2）操作的组织形式

以前期组建的模拟企业管理团队为基本单位进行操作，明确分工，责任到人。

### 4. 能力提升

1）社会实践

任务1：自选一家生产型企业或超市/饭店/商场等，开展现场管理调查，写出调研报告。

任务2：选择一个熟悉的企业，通过查阅资料和现场访谈、观察的方法，了解该企业生产计划、精益生产、智能化转型升级的基本情况，记录调查数据，形成实践报告。

2）案例分析

（1）结合案例——孙贺公司的产品运作管理和"牛路"白酒，回答下列问题：

生产运作管理管什么？如何管？

（2）结合案例——z公司的5S活动，回答以下问题：

企业对5S管理有哪些认识误区？为什么会有这样的认识？企业5S管理存在哪些问题？原因是什么？

怎样推行5S管理？方法步骤有哪些？5S活动成果如何保持？

### 5. 下次课预习内容

（1）阅读教材任务7，理解人力资源管理的基本内容。

（2）自学学习平台中任务7的课件、视频和案例，思考人力资源管理方案（如招聘、培训、考核等）的编制步骤和方法。

（3）搜集一份某公司的人力资源管理案例，分析该公司员工招聘、培训、考核、激励的方法。

## 任务7 人力资源管理

### 教学导航

| 教学任务 | 7.1 工作分析<br>7.2 人力资源规划<br>7.3 招聘组织与实施<br>7.4 培训组织与实施<br>7.5 绩效管理方案设计<br>7.6 薪酬方案设计 | |
|---|---|---|
| 教学目标 | 知识目标 | 1. 了解工作分析的含义和内容，掌握工作分析的步骤<br>2. 了解人力资源规划的含义和内容，掌握规划的步骤<br>3. 了解招聘的依据及途径，掌握招聘的步骤<br>4. 了解培训的意义、形式，掌握培训的过程管理，掌握绩效考评的方法<br>5. 了解薪酬管理的含义，理解薪酬管理的内容，掌握薪酬方案设计的步骤 |
| | 技能目标 | 1. 能够根据企业岗位实际设置做岗位分析<br>2. 能够撰写招聘方案，并根据方案组织一场招聘活动<br>3. 能够设计完整的绩效考评方案及薪酬方案 |
| | 素质目标 | 1. 培养学生的观察力、逻辑思维、理性思考<br>2. 增强学生的管理意识 |
| 方法建议 | 案例分析法、思维导图法、讨论法、模拟现场等<br>课上，讲授、案例分析、讨论、模拟现场与学生自学相结合；课下，指导学生修改并完成方案的策划 | |

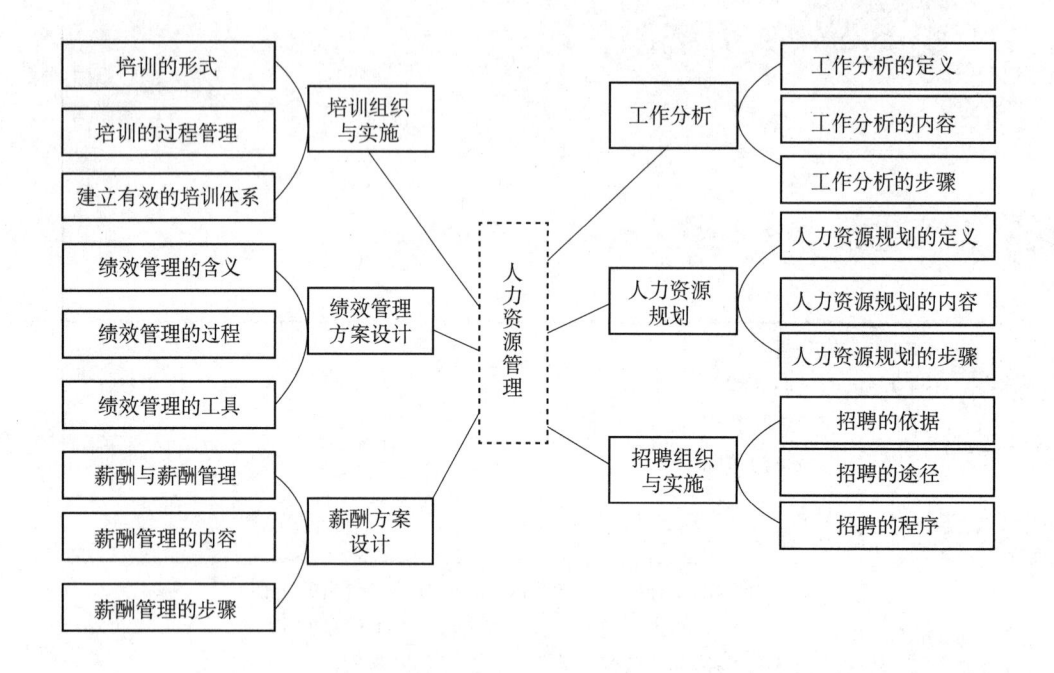

## 知识导图

```
                                              ┌─ 工作分析的定义
                                    工作分析 ──┼─ 工作分析的内容
                                              └─ 工作分析的步骤

培训的形式      ┐                              ┌─ 人力资源规划的定义
培训的过程管理  ├─ 培训组织与实施   人力       人力资源规划 ──┼─ 人力资源规划的内容
建立有效的培训体系 ┘                资源                     └─ 人力资源规划的步骤
                                    管理
绩效管理的含义  ┐                              ┌─ 招聘的依据
绩效管理的过程  ├─ 绩效管理方案设计  招聘组织与实施 ──┼─ 招聘的途径
绩效管理的工具  ┘                              └─ 招聘的程序

薪酬与薪酬管理  ┐
薪酬管理的内容  ├─ 薪酬方案设计
薪酬管理的步骤  ┘
```

## 导入案例

### 孙贺公司人力资源管理状况

孙贺的公司，创业之初只有两人，一人负责行政事务及市场开发，一人负责技术管理和客户管理。发展到现在，公司有员工16人，男12人，女4人。"80后"2人，"90后"14人。具有大专学历的12人，具有本科学历的4人。公司部门构成：行政部1人，销售部5人，线上运营部6人，策划部2人，客服部1人，总经理1人。采用团队制结构。

孙贺的人力资源管理理念：以人为本，企业是员工的家，员工是企业的主人。员工与企业共同发展，让员工在赚钱的同时，心理更富足。

没有详细的人力资源规划，只是想培养员工做善人，行善事，有能力独当一面，将来有能力自己当老板。

招聘：公司员工的来源主要通过网上招聘、朋友推荐和朋友圈发信息等途径获得。网上招聘主要通过智联招聘网和58同城网。招聘面试，主要由经理直接面试。面试的主导思想：不看颜值，只看品德。老板面试提问的主要问题只有三个：你来公司的想法是什么？目的是什么？你的人生意义是什么？用经理的话说，"我招的人得志同道合。"对那些考虑加班怕太累，补助嫌少，工资嫌低，只考虑生活和金钱问题的人，一概不予考虑。

员工培训：主要采取以内部培训为主，外部培训为辅的形式进行。内部培训有师带徒、老带新、讲座、自学、实践锻炼等多种方式；外部培训有进修培训、学历提升、拓展训练等方式。培训类型有新员工培训、业务培训、技术培训、知识培训、文化培训等。例如，文化培训主要通过读书会和团建来进行。

员工考核：主要是通过自觉考核的方式进行。比如，任务没有完成，罚做仰卧起坐多少个；客户约谈不成功，自罚仰卧起坐多少个；迟到自罚唱歌等。没有专门的考核制度。

薪酬：给员工提供五险。薪酬主要是底薪加提成。底薪分三个档次：销售2500元/月，线上运营3000元/月，策划4000元/月。提成：销售按个人销售额的10%提成，线上运营和策划都是以团队为单位，按完成项目金额的5%提成。

**案例分析：**
根据上述案例，搜索资料思考以下几个问题：
1. 人力资源管理工作应该包括哪些方面的内容？孙贺公司的人力资源管理有哪些特点？
2. 孙贺公司的人力资源管理存在哪些不足？
3. 能给孙贺公司提些人力资源管理相关的意见和建议吗？

## 任务解析

人力资源管理已经突破了传统的模式，是指运用现代化的科学方法，对与一定物力相结合的人力进行合理的培训、组织和调配，使人力、物力经常保持最佳比例，同时对人的思想、心理和行为进行恰当的诱导、控制和协调，充分发挥人的主观能动性，使人尽其才、事得其人、人事相宜，以实现组织目标。

任务7 人力资源管理——什么是人力资源管理

人力资源管理的职能主要体现在很多方面，各职能之间是相辅相成、密不可分的。工作分析又称职务分析，它是人力资源管理的基础。

人力资源规划是人力资源工作的航标兼导航仪，它是人力资源管理过程的初始环节，也是人力资源管理各项活动的起点。

员工招聘建立在人力资源规划和工作分析两项工作的基础之上，是"引"和"用"的结合艺术。

员工培训是增强组织的应变能力的关键。另外，通过考评可以发现培训的"压力点"，从而确定培训需求；而培训开发也是改善员工绩效的一个重要手段，有助于实现绩效管理的目标。

人力资源规划中，绩效考核是进行人员需求的供给预测的一个重要基础，对于具体的职位来说，通过绩效考核可以发现企业内部有哪些人能够从事这一职位，是内部供给预测的一个重要方面。

薪酬管理一方面是对员工过去业绩的肯定，使员工的付出能够得到相应的回报，实现薪酬的自我公平；另一方面也可以借助有效的薪资福利体系促进员工不断提高业绩，绩效不同的员工得到不同的报酬，实现薪酬的内部公平。另外，企业的薪酬制度也是供给预测时要考虑的一个重要因素。

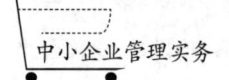

## 7.1 工作分析

工作分析的目标是解决"某一岗位应该做什么"和"什么人来做最合适"的问题。

1. 工作分析的定义

工作分析又称职位分析、岗位分析或职务分析,是通过系统全面的情报收集,为组织提供相关工作的全面信息,以便组织能够及时地改善管理效率。工作分析是人力资源管理工作的基础,其分析质量对其他人力资源管理模块具有举足轻重的影响。工作分析在人力资源管理中,是通过对工作输入、工作转换过程、工作输出、工作的关联特征、工作资源、工作环境背景等的分析,形成工作分析的结果——职务规范(也称作工作说明书)。职务规范包括工作识别信息、工作概要、工作职责及任职资格标准等信息。职务规范可以为其他人力资源管理职能的使用提供方便。

2. 工作分析的内容

工作分析是指对工作进行整体分析,以便确定每一项工作的6W1H,即用谁做(Who)、做什么(What)、何时做(When)、在哪里做(Where)、如何做(How)、为什么做(Why)、为谁做(Whom),分析的结果或直接成果即岗位说明书。岗位说明书是记录工作分析结果的文件,它把所分析岗位的职责、权限、工作内容、任职资格等信息以文字形式记录下来,以便管理人员分析工作的内容。

3. 工作分析的步骤

1)确定工作分析信息的用途

在开始时,要明确工作分析所获得的信息将用于何种目的。因为工作分析所获得信息的用途直接决定了需要搜集何种类型的信息及使用何种技术来搜集这些信息。有些技术对于编写工作说明书和为空缺的工作岗位甄选员工是极为有用的。

2)搜集与工作有关的背景信息

寻找那些可得到的与工作有关的背景信息,如组织图、工作流程图和工作说明书等。组织图会显示出当前工作与组织中的其他工作是一种什么样的关系及它在整个组织中处于一种怎样的地位。工作流程图则提供了与工作有关的更为详细的信息。

3)选择典型的工作进行分析

当需要分析的工作很多且又比较相似的时候,就没有必要对他们所做的工作逐一进行分析,这时,选择典型工作进行分析显然是非常必要的,同时也是比较合适的。

4)搜集职务分析的信息

搜集职务分析的信息就是指搜集相关工作活动对员工的自身条件及其行为的要求、工作条件等方面的信息,用以进行切实有效的职务分析。

5)同承担工作的人员共同审查所搜集到的工作信息

职务分析提供了很多与工作的性质和功能相关的信息。只有将这些信息与从事相应工作的人员及他们的直接主管进行核对,才能保证信息的准确性和完整性,同时有利于确定这些信息能否被相关人员理解。除此之外,由于工作描述是反映工作承担者的工作活动的,所以这一审查步骤实际上还为这些工作的承担者提供了一个审查和修改工作描述的机会。

6)编写工作说明书和工作规范书

工作说明书是指对工作职责、工作活动、工作条件及工作对人身安全的危害程度等工作特性方面的信息进行的书面描述；而工作规范书则是指全面反映工作对从业人员的品质、特点、技能及工作背景或经历等方面要求的书面文件。工作说明和工作规范可分成两份文件来写，也可以将其合并在一份工作说明书之中。

链接：【案例分析】工作分析能否这样做？

【案例分析】工作分析能否这样做？

【案例场景 7-1】

## 孙贺公司岗位说明书编制

某日，孙贺公司的行政人员找孙贺诉苦："孙总，客服部的小朱提交离职报告了，说下个月要辞职。我在网上发布招聘启事一周多了都没有人来应聘岗位。我的工作也很忙了，要做好公司后勤，还要管理员工招聘、录用，还要给员工们发工资……能不能再招聘一个人分担下我的工作啊。"孙贺陷入了思考，当初公司刚成立，组织结构比较简单，创业者们经常身兼数职，有用不完的热情。现在公司发展稳定了，为了长期发展，是该定岗定编了，否则不利于公司的长期发展。

### 思考题

岗位说明书的编制方法是什么？

请为孙贺公司编制各岗位的岗位说明书，并为公司人力资源规划提供参考意见。

## 7.2　人力资源规划

人力资源规划是预测未来的组织任务和环境对组织的要求，以及为了完成这些任务和满足这些要求而设计的提供人力资源的规则。通过收集和利用现有的信息对人力资源管理中的资源使用情况进行评估预测。对于我们来说，人力资源规划的实质是根据公司经营方针，通过确定未来公司人力资源管理目标来实现公司的既定目标。

1. 人力资源规划的定义

人力资源规划是一项系统的战略工程，它以企业发展战略为指导，以全面核查现有人力资源、分析企业内外部条件为基础，以预测组织对人员的未来供需为切入点，内容包括晋升规划、补充规划、培训开发规划、人员调配规划、工资规划等，基本涵盖了人力资源的各项管理工作，人力资源规划还通过人事政策的制订对人力资源管理活动产生持续和重要的影响。

狭义：企业从战略规划和发展目标出发，根据其内外部环境的变化，预测企业未来发展对人力资源的需求，以及为满足这种需要所提供人力资源的活动过程。

广义：企业所有各类人力资源规划的总称。

按期限分：长期（五年以上）、短期（一年及以内），以及介于两者之间的中期计划。按内容分：战略发展规划、组织人事规划、制度建设规划、员工开发规划。

人力资源规划是将企业经营战略和目标转化成人力需求，以企业整体的超前和量化的角度分析和制订人力资源管理的一些具体目标。

人力资源规划的概念包括以下四层含义：

（1）人力资源规划的制订必须依据组织的发展战略、目标。

（2）人力资源规划要适应组织内外部环境的变化。

（3）制订必要的人力资源政策和措施是人力资源规划的主要工作。

（4）人力资源规划的目的是使组织人力资源供需平衡，保证组织长期持续发展和员工个人利益的实现。

2. 人力资源规划的内容

人力资源规划的内容包括五个方面：

（1）战略规划。战略规划是根据企业总体发展战略的目标，对企业人力资源开发和利用的方针、政策和策略的规定，是各种人力资源具体计划的核心，是事关全局的关键性计划。

（2）组织规划。组织规划是对企业整体框架的设计，主要包括组织信息的采集、处理和应用，组织结构图的绘制，组织调查、诊断和评价，组织设计与调整，以及组织机构的设置等。

（3）制度规划。制度规划是人力资源总规划目标实现的重要保证，包括人力资源管理制度体系建设的程序，制度化管理等内容。

（4）人员规划。人员规划是对企业人员总量、构成、流动的整体规划，包括人力资源现状分析、企业定员、人员需求、供给预测和人员供需平衡等。

（5）费用规划。费用规划是对企业人工成本、人力资源管理费用的整体规划，包括人力资源费用的预算、核算、结算，以及人力资源费用控制。

人力资源规划又可分为战略性的长期规划、策略性的中期规划和具体作业性的短期计划，这些规划与组织的其他规划相互协调联系，既受制于其他规划，又为其他规划服务。

3. 人力资源规划的程序

人力资源规划的程序即人力资源规划的过程，一般可分为以下几个步骤：收集有关信息资料、人力资源需求预测、人力资源供给预测、确定人力资源净需求、编制人力资源规划、实施人力资源规划、人力资源规划评估、人力资源规划的反馈与修正。

（1）收集有关信息资料。人力资源规划的信息包括组织内部信息和组织外部环境信息。组织内部信息主要包括企业的战略计划、战术计划、行动方案、本企业各部门的计划、人力资源现状等。组织外部环境信息主要包括宏观经济形势和行业经济形势、技术的发展情况、行业的竞争性、劳动力市场、人口和社会发展趋势、政府的有关政策等。

（2）人力资源需求预测。人力资源需求预测包括短期预测和长期预测，总量预测和各个岗位需求预测。人力资源需求预测的典型步骤如下：步骤一，现实人力资源需求预测；步骤二，未来人力资源需求预测；步骤三，未来人力资源流失情况预测；步骤四，得出人力资源需求预测结果。

（3）人力资源供给预测。人力资源供给预测包括组织内部供给预测和外部供给预测。人力资源供给预测的典型步骤如下：步骤一，内部人力资源供给预测；步骤二，外部人力资源供给预测；步骤三，将组织内部人力资源供给预测数据和组织外部人力资源供给预测数据汇总，得出组织人力资源供给总体数据。

（4）确定人力资源净需求。在对员工未来的需求与供给预测数据的基础上，将本组织人力资源需求的预测数与在同期内组织本身可供给的人力资源预测数进行对比分析，从比较分析中可测算出各类人员的净需求数。这里所说的"净需求"既包括人员数量，又包括人员的质量、结构，即既要确定"需要多少人"，又要确定"需要什么人"，数量和质量要对应起来。这样就可以有针对性地进行招聘或培训，就为组织制订有关人力资源的政策和措施提供了依据。

（5）编制人力资源规划。根据组织战略目标及本组织员工的净需求量，编制人力资源规划，包括总体规划和各项业务计划。同时要注意总体规划和各项业务计划及各项业务计划之间的衔接和平衡，提出调整供给和需求的具体政策和措施。一个典型的人力资源规划应包括：规划时间段、规划达到的目标、情景分析、具体内容、规划制订者、规划制订时间。

①规划时间段。确定规划时间的长短，要具体列出从何时开始，到何时结束。若是长期的人力资源规划，可以长达5年以上；若是短期的人力资源规划，如年度人力资源规划，则为1年。

②规划达到的目标。确定达到的目标要与组织的目标紧密联系起来，最好有具体的数据，同时要简明扼要。

③情景分析。目前情景分析主要是在收集信息的基础上，分析组织目前人力资源的供需状况，进一步指出制订该计划的依据。未来情景分析则在收集信息的基础上，在计划的时间段内，预测组织未来的人力资源供需状况，进一步指出制订该计划的依据。

④具体内容。这是人力资源规划的核心部分，主要包括以下几个方面：项目内容、执行时间、负责人、检查人、检查日期、预算。

⑤规划制订者。规划制订者可以是一个人，也可以是一个部门。

⑥规划制订时间。主要指该规划正式确定的日期。

（6）实施人力资源规划。人力资源规划的实施，是人力资源规划的实际操作过程，要注意协调好各部门、各环节之间的关系，在实施过程中需要注意以下几点：①必须要有专人负责既定方案的实施，要赋予负责人拥有保证人力资源规划方案实现的权力和资源；②要确保不折不扣地按规划执行；③在实施前要做好准备；④实施时要全力以赴；⑤要有关于实施进展状况的定期报告，以确保规划能够与环境、组织的目标保持一致。

（7）人力资源规划评估。在实施人力资源规划的同时，要进行定期与不定期的评估。从以下三个方面进行：①是否忠实执行了本规划；②人力资源规划本身是否合理；③将实施的结果与人力资源规划进行比较，通过发现规划与现实之间的差距来指导以后的人力资源规划活动。

（8）人力资源规划的反馈与修正。对人力资源规划实施后的反馈与修正是人力资源规划过程中不可缺少的步骤。评估结果出来后，应进行及时的反馈，进而对原规划的内容进行适时的修正，使其更符合实际，更好地促进组织目标的实现。

【案例场景7-2】

## 孙贺对公司业务扩展所需人才的烦恼

孙贺公司已经发展成一定规模，业务也比较稳定，公司有扩展业务、发展壮大的需求。目前公司在职人员16人，公司部门：行政部1人，销售部5人，线上运营部6人，策划部

2人，客服部1人，总经理1人。孙贺想扩展业务范围，有意向开通直播、微信营销等业务，按照目前公司员工规模，根本不能满足业务扩展需要。另外，虽然孙贺认为公司待遇不错，但是几乎每隔3个月就有员工离职，经常出现人才青黄不接的情况。

请根据孙贺公司实际人才需求及公司发展需要，为公司制订人力资源规划。

## 7.3 招聘组织与实施

人员招聘是企业为了弥补岗位空缺而进行的一系列人力资源管理活动的总称。它是人力资源管理的首要环节，是实现人力资源管理有效性的重要保证。

从广义上讲，人员招聘包括招聘准备、招聘实施和招聘评估三个阶段。狭义的招聘是指招聘的实施阶段，其中主要包括招募、筛选（选拔、选择、挑选、甄选）、录用三个具体步骤。

1. 招聘的依据

1）职位要求

通常组织的职位说明书对各职位已有了明确的规定。在人员招聘时，可以通过职务分析来确定某一职务的具体要求。职务分析的主要内容有：这个职务是做什么的？应该怎样做？需要一些什么知识和技能才能胜任？有没有别的方法实现目标？如果有的话，那么新的要求又是什么？

2）素质能力

个人的素质与能力是人员选聘时要重点考察的另一标准。招聘时，应根据不同职位对人员素质的不同要求来评价和选聘员工。如法约尔曾提出，作为主管人员，个人素质应包括以下几个方面：①身体，健康、精力旺盛、行动敏捷；②智力，理解和学习的能力、判断力、记忆力、头脑灵活、思维敏捷、专注；③道德，有毅力、坚强、勇于负责任、有首创精神、忠诚、有自知之明、自尊；④一般文化，具有不限于从事职能范围的各方面知识，能写会算；⑤专业知识，具有技术或商务、财务、管理等专业的职能知识；⑥经验，从业务实践中获得的知识，这是人们自己从行动中吸取的教训和经验。除以上6个方面，还有一个重要方面，就是从事管理工作的欲望，或称管理愿望，它是指人们希望从事管理的主观要求。

2. 招聘的途径

一般来说，人员招聘的途径有两种：外部招聘和内部提升。

1）外部招聘

外部招聘就是组织根据制订的标准和程序，从组织外部选拔符合空缺职位要求的员工。外部招聘具有以下优势：有利于平息并缓和内部竞争者之间的紧张关系；能够为组织输送新鲜血液；能给竞争者提供一个自我发展的空间。外部招聘也会有很多的局限性，主要表现在：外聘者对组织缺乏深入了解，组织对外聘者缺乏了解，对内部员工积极性造成打击等。

2）内部提升

内部提升是指在组织内部成员的能力和素质得到充分确认之后，被委以比原来责任更大、职位更高的职务，以填补组织中由于发展或其他原因而空缺了的管理职务。

内部提升制度具有以下优点：有利于调动员工的工作积极性；有利于吸引外部人才；有利于保证选聘工作的正确性；有利于被聘者迅速开展工作。当然，内部提升制度也可能会带来一些弊端，例如，可能会导致组织内部"近亲繁殖"现象的发生，可能会引起同事之间的矛盾等。

3. 招聘的程序

1）制订计划

当组织中出现需要填补的工作职位时，有必要根据职位的类型、数量、时间等要求确定招聘计划，同时成立相应的选聘工作委员会或小组。选聘工作机构可以是组织中现有的人事部门，也可以是代表所有者利益的董事会，或者是由各方利益代表组成的临时性机构。选聘工作机构要以相应的方式，通过适当的媒介，公布待聘职务的数量、类型及对候选人的具体要求等信息，向组织内外公开招聘，鼓励那些符合条件的候选人积极应聘。

2）进行初选

当应聘者数量很多时，选聘小组需要对每一位应聘者进行初步筛选。内部候选人的初选可以根据以往的人事考评记录来进行；对外部应聘者则需要通过简短的初步面谈，尽可能多地了解每位申请人的工作及其他情况，观察他们的兴趣、观点、见解、独创性等，及时排除那些明显不符合基本要求的人。

3）能力考核

在初选的基础上，需要对应聘者进行材料审查和背景调查，并在确认之后进行细致的测试与评估，其内容是：①智力与知识测试。该测试是通过考试的方法测评应聘者的基本素质，它包括智力测试和知识测试两种基本形式。②竞聘演讲与答辩。这是对知识与智力测试的一种补充。应聘者要发表竞聘演讲，介绍自己任职后的计划和远景，并就选聘工作人员或与会人员的提问进行答辩，这样，可以为应聘者提供充分展示才华、表现自我的机会。③案例分析与候选人实际能力考核。测试和评估应聘者分析问题和解决问题的能力，可借助"案例分析"（或称"情景模拟"）的方法。这种方法是将应聘者置于一个模拟的工作情境中，运用各种评价技术来观测考察应聘者的工作能力和应变能力，以此判断该应聘者是否符合某项工作的要求。

4）录用员工

在上述各项工作完成的基础上，需要利用加权的方法，算出每位应聘者知识、智力和能力的综合得分，并根据待聘职务的类型和具体要求进行取舍。对于决定录用的人员，应考虑由主管再一次进行亲自面试，并根据工作的实际情况与应聘者再做一次双向选择，最后决定是否选用。

5）评价反馈

最后，要对整个选聘工作的程序进行全面的检查和评价，并且对录用的员工进行追踪分析，通过对他们的评价来检查原有招聘工作的成效，总结招聘过程中成功或失败的经验，及时反馈到招聘部门，以便改进和修正。

【案例场景 7-3】

# 孙贺公司的部门及人员调整

为公司发展需要，孙贺决定重新调整公司结构。公司设总经理1人，下设行政部（包括财务科、人力资源科、后勤保障科）、业务部（销售科、客服科、线上运营）、策划部（常规策划、新媒体运营中心）。每个部门设部门主管1人，行政部下科室设科员各1人；销售科6人，客服科2人，线上运营6人；常规策划2人，新媒体运营中心3人。

眼下公司急需销售助理和广告文案专员，孙贺亲自拟定了这两个岗位的招聘广告。

××公司招聘广告

招聘销售助理1人。年龄：35岁以下。性别：不限

待遇：工资3000～5000元/月

话补，饭补，五险一金，周末双休，集体旅游

岗位职责：主要负责公司经营××地铁站内广告

1. 负责帮助销售经理销售及推广；
2. 根据市场营销计划，完成部门销售指标；
3. 开拓新市场，发展新客户，增加产品销售范围；
4. 负责辖区市场信息的收集及竞争对手的分析；
5. 负责销售区域内销售活动的策划和执行，完成销售任务。

任职要求：

1. 大专以上学历，应届毕业生择优录取；
2. 有1年以上销售工作经验或相关实践经验；
3. 以本地化为主；
4. 形象佳，具备良好沟通表达能力；
5. 具备一定的销售知识和技能；
6. 有吃苦耐劳的精神。

招聘广告文案专员1人

待遇：工资3500～6000元/月

岗位职责：

1. 负责公司市场营销活动方案的策划与组织实施，对外宣传资料和文案的撰写；
2. 根据业务需要制作各种宣传资料，塑造良好的企业形象；
3. 根据公司市场战略和业务需要制订市场调查计划；
4. 进行市场调查，收集相关行业市场信息，并整理、分析，形成报告；
5. 定期收集竞争对手信息，了解竞争对手的动态，并整理、分析，形成报告；

任职资格：

1. 新闻、中文、高级文秘等相关专业，大学本科以上学历；
2. 熟悉地产汽车行业，有两年以上相关工作经验，有4A广告公司创意、文案相关工作经验者优先；
3. 具有较强的文案写作能力，出色的文字组织能力，写作经验丰富，有丰富的提案经验；
4. 熟悉市场推广、品牌策划、活动策划的整个流程；
5. 拥有广告或策划经验，熟悉品牌与企业文化战略规划；
6. 创意能力强、思维敏捷、善于沟通、具有良好的语言表达能力。

请根据公司结构调整及前期的人力资源规划制订招聘计划，制订招聘方案并实施招聘。

行政部1人，销售部5人，线上运营部6人，策划部2人，客服部1人。

## 7.4 培训组织与实施

对于新进公司的员工来说，要尽快适应并胜任工作，除了自己努力学习，还需要公司提供帮助。对于在岗的员工来说，为了适应市场形势变化带来的公司战略的调整，需要不断调整和提升自己的技能。基于这两个方面，组织有效培训，以最大限度开发员工的潜能变得非常必要。

任务7 人力资源管理——如何用好人才

员工培训是指一定组织为开展业务及培育人才的需要，采用各种方式对员工进行有目的、有计划的培养和训练的管理活动，其目标是使员工不断地更新知识，开拓技能，改进员工的动机、态度和行为，使企业适应新的要求，更好地胜任现职工作或担负更高级别的职务，从而促进组织效率的提高和组织目标的实现。

1. 人力资源培训的形式

1）企业自身实施的内部培训

一些公司设有培训部，或者有专门的培训人员对员工进行培训。企业自身培训的人力、物力有限，培训内容不可能面面俱到，且由于知识能力有限，信息量不足，这类培训难以达到一定广度和深度。

2）由专业公司主办的公开培训、讲座

这类培训活动内容丰富多彩、深浅不一，企业可以根据自身的实际情况灵活选择，选择空间大；此外，来自不同企业的学员之间可以横向沟通，开阔思路，互相启发，带回其他企业的成功经验，为企业带来新鲜空气。

3）专业顾问公司深入企业内部的培训

顾问公司在培训之前，会与企业充分沟通，只有对企业文化、行为特性、企业现状及其存在的问题、学员背景都有充分的了解，实施的培训才会具有针对性和实用性。同时，大多数专业顾问公司的培训讲师往往有着丰富的培训经验，培训手段也多种多样，方式灵活，专业化程度较高。另外，外请的专业讲师，以专家的身份灌输理念，传授技巧，所谓"外来的和尚好念经"，员工从心理上更易接受。参加培训的人员可多可少，相对于公司派员工参加公开培训，企业内部培训的费用更低，效果更显著。

2. 人力资源培训过程管理

培训过程管理对实现培训目标具有重要的作用。企业培训过程管理包括五个环节，即培训需求分析、培训准备管理、培训实施管理、培训考评管理、培训保障管理。培训过程管理指企业为更好地开展培训而做的预先需求调查、制订培训计划、按照计划安排组织落实、检查指导、验收讲评的程序过程。

1）培训需求分析

培训需求分析的内容包括组织分析、任务分析和个人分析。

通过这些分析找到组织、任务和个人三个方面的需求，根据需求确定培训目的、培训目标、培训对象、培训时间、培训地点、培训内容、培训形式和培训方法。

2）培训准备管理

培训准备管理是对企业培训的思想准备、组织准备、协调准备、物质准备、教学准备、保障准备等加以管理。

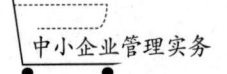

3）培训实施管理

培训实施管理是指企业培训对象完成培训任务的活动过程，在实施过程中一定要按照培训计划与上级要求统一培训。要对培训时间、内容、人员、质量、保障等落实情况进行严格掌控，培训实施管理要做到基础理论与实践应用并重，全面与重点兼顾、培训与工作结合。

4）培训考评管理

培训考评管理包括考核与评定。考核是指对培训效果进行核定；评定是指对参加培训人员掌握的水准进行综合衡量与评价。考核与评定也是对培训进行监督的一个过程。

5）培训保障管理

培训保障管理是指企业为完成培训任务进行的各种保障工作。培训保障首要遵循的原则是"统筹兼顾、保障重点、讲究效益、科学安排"，其内容包括对培训经费、培训物质、培训器材、培训场地、培训教材、电化多媒体及住宿饮食等保障的管理。

3. 建立有效的培训体系

1）培训需求分析与评估

拟定培训计划，首先应当确定培训需求。从自然减员因素、现有岗位的需求量、企业规模扩大的需求量和技术发展的需求量等多个方面对培训需求进行预测。

培训需求反映了员工和企业对培训的期望，但是要将这些需求转化为计划，还需要对需求进行评估。对培训需求的评估通常要从以下几个方面出发：

（1）培训需求是否和企业的战略目标相一致。只有符合企业发展战略目标的培训需求才会得到满足。培训需求至少应当满足知识的传授、技能的培养和态度的转变其中任何一个目标。

（2）培训需求是否和企业文化一致。如果某种培训需求与企业文化相冲突，会造成企业文化的混乱，其结果是得不偿失。

（3）培训需求所涉及的员工数目。不同的员工有不同的培训需求，对于企业大多数员工的培训需求，应当放在优先考虑的地位。

（4）培训需求对组织目标的重要性。如果通过培训能给组织带来巨大的效益，这样的培训应该得到优先满足。

（5）通过培训，业务水平能够得到大幅度提高的需求，应当得到优先满足。培训需求评估可以界定培训需求是否应当得到满足，将需求按轻重缓急组成一个序列，为设计培训体系创造了条件。

2）如何建立有效的培训体系

员工培训体系包括培训机构、培训内容、培训方式、培训对象和培训管理方式等。培训管理包括培训计划、培训执行和培训评估等三个方面。建立有效的培训体系需要对上述几个方面进行优化设计。

（1）培训机构。企业培训的机构有两类：外部培训机构和企业内部培训机构。外部培训机构包括专业培训公司、大学及跨公司间的合作（即派本公司的员工到其他企业挂职锻炼等）。企业内部培训机构则包括专门的培训实体，或由人力资源部履行其职责。企业从其资金、人员及培训内容等因素考虑，来决定选择外部培训机构还是企业内部培训机构。一般来讲，规模较大的企业可以建立自己的培训机构，如摩托罗拉公司的摩托罗拉大学和明基电通的明基大学等。规模较小的公司，或者培训内容比较专业，或者参加培训的人员较少、缺乏规模经济效益时，可以求助于外部培训机构。

（2）培训对象。根据参加培训的人员不同，可分为：高层管理人员培训、中层管理人员培训、普通职员培训和工人培训。应根据不同的受训对象，设计相应的培训方式和内容。一般而言，对于高层管理人员应以灌输理念能力为主，参训人数不宜太多，采用短期而密集的方式，运用讨论学习方法；对于中层人员，注重人际交往能力的训练和引导，参训规模可以适当扩大，延长培训时间，采用演讲、讨论及报告等交错的方式，利用互动机会增加学习效果；对于普通的职员和工人培训，需要加强其专业技能的培养，可以大班制的方式执行，通过长期性的延伸教育，充实员工的基本理念和加强实务操作。

（3）培训方式。从培训的方式来看，有职内培训（On the Job Training）和职外培训（Off the Job Training）。职内培训指工作教导、工作轮调、工作见习和工作指派等方式，职内培训对于提升员工理念、人际交往和专业技术能力方面具有良好的效果；职外培训指在专门的培训现场接受履行职务所必要的知识、技能和态度的培训，非在职培训的方法很多，可采用传授知识、发展技能训练及改变工作态度的培训等。职内培训和职外培训相结合，对不同的培训内容采用不同的方式，灵活进行员工培训。

（4）培训计划。员工培训的管理非常重要，有效的培训体系需要良好的管理作为保障。培训计划涵盖培训依据、培训目的、培训对象、培训时间、课程内容、师资来源、实施进度和培训经费等项目。

有效的培训体系要求在制订培训计划时，应当因循拟定培训的管理程序，先由人力资源管理部门（或者培训主管单位）分发培训需求调查表，经各级单位人员讨论填写完毕且直属主管核定后，人力资源管理部门汇总，拟定培训草案，提请上一级主管审定，在年度计划会议上讨论通过。在培训方法方面，应当考虑采用多种方式，对演讲、座谈、讨论、模拟等方法善加运用，可以增强培训效果。同时在培训内容上，最好能够采用自主管理的方式，由员工与主管或讲师共同制订培训目标、主题，场地开放自由化，可以增加员工学习意愿，提升学习效果。

（5）培训实施。培训计划制订后，就要有组织计划的实施。从实际操作上讲，应该注意几个问题：

①执行培训时最好与考核相结合，重视过程控制，观察培训过程中参训者的反应及意见。培训是持续性的心智改造过程，所以员工在培训过程中的社会化改变比训练结果更值得关注。

②培训计划执行时，应当注重弹性原则和例外管理。对于一般性的训练，可以统筹办理，人力资源管理部门主要负责。对于特定性的培训，应采用例外管理，由各个单位根据具体情况弹性处理。

③培训活动应注意事前沟通，营造学习气氛，从而加强学习互动，营造良好的学习氛围，逐步建立学习性组织。

（6）培训评估。培训评估包括反应层评估、学习层评估、行为层评估和成果层评估。其中培训的成效评估和反馈是不容忽视的。培训的成效评估一方面是对学习效果的检验，另一方面是对培训工作的总结。成效评估的方法分为过程评估和事后评估。前者重视培训活动的改善，从而达到提升实质培训成效的作用；后者则供人力资源管理部门决策参考。从合理化的观点来看，最好是将两者结合起来。成效评估的方法有实验设计法，准实验设计法和非实验设计法。具体而言，根据Kirkpatrick的培训目标层次，成效评估方法采用以下方法：

①如果培训的目的在于了解参训者的反应,可以利用观察法、面谈或意见调查等方式,从而了解参训者对培训内容、主题、教材、环境等的满意程度。

②如为了解参训者的学习效果,可以利用笔试或者心得体会,了解其知识增加程度。

③如为了解参训者行为的改变,可以对其行为进行观察或访谈其主管或同事。

④对工作实绩的测定,这种方法较为困难,它可能受到外来因素的影响。

【案例场景7-4】

## 孙贺公司的员工培训

为公司发展需要,孙贺及几位出资人决定重新调整公司结构。公司设总经理1人,下设行政部(包括财务科、人力资源科、后勤保障科)、业务部(销售科、客服科、线上运营)、策划部(常规策划、新媒体运营中心)。每个部门设部门主管1人,行政部下科室设科员各1人;销售科6人,客服科2人,线上运营6人;常规策划2人,新媒体运营中心3人。

按照招聘计划已经招聘到行政部1人,销售部5人,线上运营部6人,策划部2人,客服部1人。现在需要对新进员工进行入职培训,请为公司制订相应的员工培训计划。

## 7.5 绩效管理方案设计

绩效管理强调组织目标和个人目标的一致性,强调组织和个人同步成长,形成"多赢"局面;绩效管理体现着"以人为本"的思想,在绩效管理的各个环节中都需要管理者和员工的共同参与。

1. 绩效管理的含义

绩效管理是有效管理员工以确保员工的工作行为和产出与组织目标保持一致,进而促进个人与组织共同发展的持续过程。具体来说,它包含三层含义:绩效管理是建立共识的过程;绩效管理是一个持续的管理过程;绩效管理的最终目的是最大可能地取得个人和组织的成功。

2. 绩效管理的过程

1)设立绩效目标

设立绩效目标着重贯彻三个原则。其一,导向原则。这就是指依据公司总体目标及上级目标设立部门或个人目标。其二,SMART原则,即目标要符合具体的(Specific)、可衡量的(Measurable)、可达到的(Attainable)、相关的(Relevant)、基于时间的(Time-Based)五项标准。其三,承诺原则。这是指上下级共同制订目标,并形成承诺。

2)记录绩效表现

这是一个容易被忽视的环节,其实,管理者和员工都需要花大量时间记录工作表现,并尽量做到图表化、例行化和信息化。这样做,一方面,可为后面的辅导和评估环节提供依据,促进辅导及反馈的例行化,避免"拍脑袋"的绩效评估;另一方面,绩效表现记录本身对工作是一种有力的推动。中国有句俗话"不怕管,就怕算",绩效记录也是一项"算"的功夫。

3)辅导及反馈

辅导及反馈就是主管观察下属的行为,并对其结果进行反馈,即表扬和批评。值得注意的是，对于下属行为好坏的评判应及时与下属沟通，当观察到下属有好的表现时，应及时予以表扬；同样，当下属有不好的表现时，应及时予以批评并要求纠正。有人认为绩效辅导就是要时刻监督、检查员工的工作。这不能一概而论。正确的做法是，只在下属需要的时候，才密切地监督他们。一旦他们能自己履行职责，就应该放手让他们自己管理。

4）绩效评估

绩效评估就是通常所说的绩效考核或评价环节。在绩效管理过程中，评价是一个连续的过程，而绩效评估是在过程中依据设定的评估方法和标准进行的正式评价。鉴于绩效结果一般需要较长时间才能体现出来，以及绩效评估等级的敏感性，越来越多的企业倾向于半年或一年评估一次。

5）反馈面谈

反馈面谈不仅包括主管和下属对绩效评估结果进行沟通达成的共识，还包括对绩效目标未达成进行的原因分析及通过分析找到的改进绩效的方法和措施。值得注意的是，由于管理者和员工对反馈面谈都存在着心理压力和畏难情绪，加之管理者缺乏充分的准备和必要的面谈沟通技能，因此往往会导致反馈面谈失效甚至产生副作用的情况。

6）制订行动计划

根据反馈面谈达成的改进方向，制订绩效改进目标、个人发展目标，同时制订相应的行动计划，并落实在下一阶段的绩效目标中，从而进入下一轮的绩效管理循环。

3. 绩效管理的工具

1）目标管理

目标管理是由杜拉克在1954年提出的，是把企业的工作目标和任务自上而下地转化为全体员工的明确目标，据此考核。

目标管理是以目标为中心的P（Plan，设计目标）、D（Do，目标实施）、S（See，对目标完成情况的评价）循环的管理过程，是以实现组织的整体目标为目的的全面绩效管理。目标管理的思路是，由员工同他们的上级一起确定具体的绩效目标，定期检查这些目标的实现情况，并以此作为报酬分配的依据。

目标管理是企业绩效管理最常用的工具，其基本程序为：①管理者和员工共同制订一定时期内能够实现的工作目标，并为实现特定的目标制订员工所需达到的绩效标准；②在这一期间，管理者和员工根据业务或环境变化修改或调整目标；③管理者和员工共同确定目标是否实现，若目标没有实现，应讨论失败的原因；④管理者和员工共同制订下一时期的工作目标和绩效目标。目标管理法的优势在于：通过目标的设置来激发员工的工作积极性，指导员工的行为，并以目标带来的自我控制替代来自他人的管理控制，从而最大限度地调动员工的积极性。

它的优点是简单，比如销售人员的KPI可以选择销售额、利润率或市场份额，对于规模较小、经营模式单一、业务单元不重叠的企业来说易于操作。缺点也比较明显：选择KPI的标准相对随意零散，标准的配比权重也是随机确定的，可能是管理层拍拍脑袋就做出了决策。

2）平衡计分卡

平衡计分卡是以企业的战略为基础，将各种衡量方法整合为一个有机的整体，它既包含了财务指标，又引入了顾客角度、内部流程、学习和成长四个方面的指标，使组织能够在追踪财务结果的同时，密切关注能使企业提高经营生产能力并获得未来增长潜力的无形资产等方面的进展。这五个指标的结合，构成了内部与外部、结果与驱动因素、长期与短期、定性与定量等多种平衡。这样就使企业既具备了反映"硬件"的财务指标，同时又具备了能在竞争中取胜的"软件"指标。

实施平衡计分卡应注意下列几个问题：切勿照抄照搬其他企业的经验和模式；提高组织信息质量的要求；正确对待平衡计分卡实施时投入成本与获得效益之间的关系；平衡计分卡的执行要与奖励制度相结合。

3）360度反馈

360度反馈也被称为全视角评价，是指由被考评者的上级、下级、同事（包括内部客户和外部客户）及被评价者本人，从多个角度对被评价者进行全方位的评价，再通过反馈环节进行信息反馈，以达到改善绩效的目的。

作为一个颇受推崇的绩效管理模式，360度反馈自然有其独到之处，它的主要特点包括多角度、全方位、误差小、匿名评价，且有助于提高团队合作精神和绩效。虽然360度反馈有着传统绩效管理模式无法比拟的众多优点，但也存在着明显的缺陷。360度绩效考核的工作量很大，相应的评估成本较高；技术含量较高，操作性太强；对培训和操作要求高。

【案例场景7-5】

## 孙贺公司的绩效管理

孙贺公司最初的员工管理方法比较简单，现在公司发展壮大，员工人数增多，孙贺考虑采用更加科学的管理方法。管理首要任务是制订公平合理的绩效考核制度，提升员工的工作热情，保证公司的良性发展。

请为公司制订合理的绩效考核制度。

## 7.6 薪酬方案设计

1. 薪酬与薪酬管理

薪酬是员工因向所在的组织提供劳务而获得的各种形式的酬劳。狭义的薪酬指货币和可以转化为货币的报酬。广义的薪酬除了包括狭义的薪酬，还包括获得的各种非货币形式的满足。

薪酬管理，是在组织发展战略的指导下，对员工薪酬支付原则、薪酬策略、薪酬水平、薪酬结构和薪酬构成进行确定、分配和调整的动态管理过程。薪酬管理要为实现薪酬管理目标服务，薪酬管理目标是基于人力资源战略设立的，而人力资源战略服从于企业发展战略。

2. 薪酬管理的内容

薪酬管理包括薪酬体系设计、薪酬日常管理两个方面。

薪酬体系设计主要是薪酬水平设计、薪酬结构设计和薪酬构成设计。薪酬水平设计既要考虑企业实际情况（包括企业财务状况和员工需求），又要符合市场行情要求。薪酬结构设计就是要正确划分合理的薪级和薪档。薪酬构成设计，应包括基础工资、绩效工资和福利。

薪酬日常管理包含开展薪酬调查、统计分析调查结果、制订薪酬计划、适时计算、统计员工的薪酬及薪酬调整。

薪酬设计是薪酬管理最基础的工作，薪酬预算、薪酬支付、薪酬调整工作是薪酬管理的重点工作，应切实加强薪酬日常管理工作。薪酬体系建立后，应密切关注薪酬日常管理中存在的问题，及时调整公司薪酬策略，加强对薪酬总额进行的测算和监控，维持正常的薪酬成本开支，避免带来过重的财务负担。

3. 薪酬体系建设步骤

1）梳理工作岗位

从企业整体发展的需求出发，基于工作流程的顺畅和工作效率的提高，梳理工作岗位，分析不同岗位之间划分的合理性。例如，工作职责是否清晰，各个岗位间的工作联系是否清晰、合理。工作分析的结果是形成岗位清单和各个岗位的工作说明书。

2）进行岗位价值评估

选择某种岗位价值评估工具，并组织企业内部专家和外部专家对岗位进行逐一评价。在这个过程中，如果企业认为自身能力不够，那么该企业就可以考虑请外部专家进行培训和指导。岗位价值评价方法和工具有很多，主要分为量化的和非量化的两类。但当所需评价的岗位较多时，建议优先考虑计分法。计分法的优点是结果量化直观，便于不同岗位间的价值比较。

3）岗位分类与分等列级

首先，对岗位进行横向的职系分类；然后，根据评价结果按照一定的分数段进行纵向的岗位分级；最后，考虑不同岗位级别的重叠幅度。分级时应当考虑两个平衡，即不同职系间岗位的平衡和同类职系不同级别岗位的平衡。因为不同职系和级别的岗位薪酬水平是不同的。

4）设定薪酬标准

根据上一步的岗位分等列级的结果，对不同级别的岗位设定薪酬标准。薪酬标准的设定要考虑企业薪酬策略和外部薪酬标准，以保证公司薪酬的外部竞争性和公平性，同时保障公司薪酬的吸引力和控制公司重点岗位员工的流失情况。

5）确定薪酬结构

以设定的岗位薪酬标准为该岗位的薪酬总额，根据不同职系岗位性质确定薪酬结构构成，包括确定固定部分与绩效浮动部分比例及工龄工资、各种补贴等其他薪酬的构成部分。一般来讲，级别越高，浮动部分比例越大；岗位对工作结果影响越大的岗位，浮动比例越大。

6）进行薪酬测算

基于各个岗位确定的薪酬标准和各岗位上员工的人数，对薪酬总额进行测算；针对岗位某些员工的薪酬总额和增减水平进行测算，做到既照顾公平又不能出现较大幅度的偏差。

7）对薪酬定级与调整等做出规定

从制度上规定员工工资开始等级和今后岗位调整规则。薪酬调整包括企业总体的自然调整、岗位变动调整和绩效调整。在岗位绩效薪酬中应该对个人薪酬调整和绩效考评的关系做出规定。此外，还应对薪酬发放的时间、发放形式做出适合企业情况的规定，如是否采取密薪制等。

4. 薪酬方案设计的方法

在薪酬方案设计中，考虑的因素不同，设计的方案也不同。下面分别就依据结构体系、管理策略、岗位类别和组织性质设计薪酬方案。

1）依据结构体系设计薪酬方案

按照工作导向、能力导向、业绩导向设计薪酬方案，如表7-1所示。

表7-1　工作导向、能力导向、业绩导向薪酬方案

| 工作导向的薪酬方案 | 能力导向的薪酬方案 | 业绩导向的薪酬方案 |
|---|---|---|
| 前提基础：工作分析（岗位说明书） | 假设：员工的能力直接决定其创造的价值<br>考虑要素：能力发展阶段 | 前提基础：绩效评价结果准确、客观，绩效管理规范 |
| 考虑要素：知识、技能、职责等 | 能力发展阶段及其特点：<br>成长期——由较低—加速提高阶段<br>成熟期——由具备—增长速度减缓<br>鼎盛期——由较强—高水平—稳定状态<br>衰退期——较强—逐渐降低 | 评价标准：<br>个人、部门及公司的绩效成果和贡献度 |
| 内容：根据从事的工作要求的知识、技能、职责确定薪酬 | 方案内容：<br>高成长期——薪酬迅速提高<br>成熟期、鼎盛期——均衡速度提高<br>衰退期——基本保持不变或略有降低 | 设计步骤：<br>1. 确定公司薪酬浮动系数<br>2. 确定部门上、下浮系数，确定本部门的调薪水平<br>3. 确定部门员工的薪酬调幅范围，根据个人业绩考核成绩，确定员工的薪酬调整数额 |

2）依据管理策略设计薪酬方案

依据组织战略、组织变革、团队运作方式、利益共同体设计薪酬方案，如表7-2所示。

表7-2　依据组织战略、组织变革、团队运作方式、利益共同体设计的薪酬方案

| 依据组织战略的薪酬方案 | 支持组织变革的薪酬方案 | 基于团队运作方式的薪酬方案 | 利益共同体的薪酬方案 |
|---|---|---|---|
| 1. 稳定发展战略的薪酬方案<br>A. 薪酬方案保持相对稳定<br>B. 薪酬水平维持大体相同的增长比率 | 1. 薪酬总量的调整<br>A. 与市场平衡（有竞争力）<br>B. 与变革前薪酬曲线平衡（变革后有极大的提高） | 1. 平行团队的薪酬方案<br>A. 团队工资+个人工资（前者<后者）<br>B. 通常不使用激励工资形式，认可奖励比较适用 | 利益共同体：由雇佣与被雇佣—深度相互合作—共同分享所创价值的合作关系 |
| 2. 快速发展战略的薪酬方案<br>A. 以多样化、针对性原则设计薪酬方案<br>B. 突出绩效薪酬制度应用 | 2. 薪酬结构的调整<br>A. 调整固定薪酬与变动薪酬的比重<br>B. 考虑个人特征、组织特征、外部环境进行调整 | 2. 流程团队的薪酬方案<br>A. 可采用技能工资制<br>B. 依技能和能力确定基本工资<br>C. 个人与团队绩效奖励结合 | |
| 3. 收缩战略的薪酬方案为"反敌意收购"，设计利于接管防御的薪酬方案（如对变动者一次性支付巨额补偿金等） | 3. 岗位薪酬的调整<br>A. 基础 - 工作分析<br>B. 从报酬要素：任职条件+工作内容+权责范围+工作条件出发，对岗位重新系统衡量和评估 | 3. 项目团队的薪酬方案<br>基本工资+可变工资（少量货币性激励工资+基于绩效的激励工资） | 方案的典型代表：股权激励方案；股票期权计划 |

3）依据岗位类别设计薪酬方案

可以分岗位设计薪酬方案，如表7-3所示。

表7-3　新员工、管理、销售、技术、研发、生产人员的薪酬方案

| 新员工的薪酬方案 | 管理人员的薪酬方案 | 销售人员的薪酬方案 | 技术人员的薪酬方案 | 研发人员的薪酬方案 | 生产人员的薪酬方案 |
|---|---|---|---|---|---|
| 针对以下因素设计：<br>1.生活费用：基本生活费、房租、交通…… | 高层管理者的薪酬方案：<br>A.长期激励计划<br>B.年薪制 | 基于销售人员工作特点设计薪酬 | 定薪依据：<br>专业知识技能的深、广度+创造的价值 | 依据研发人员的工作特点定薪四种模式： | 依据生产人员的工作特点定薪 |
| 2.市场供求关系：<br>供＞求：起薪点一般水平，适度提高。供＜求：有市场竞争力 | 中层管理者的薪酬方案<br>加大绩效工资的比重 | 纯佣金制<br>混合佣金制<br>超额佣金制 | 技能取向型薪酬方案：<br>A.技能提升，薪酬也提升<br>B.职业晋升通道畅通 | 1.单一的高工资模式：无奖金，只有工资；适用于基础研究岗位 | 1.计时工资制 |
| 3.能力因素：<br>A.按能力指标付薪<br>B.与同等能力的老员工持平<br>C.考虑工作年限 | 基层管理者的薪酬方案：<br>A.在界定业务薪资外，根据其创造的效益支付合理报酬<br>B.在福利待遇上与晋升紧密联系 | | 价值取向型薪酬方案：<br>按拥有的技能和业绩的多少或等级确定其组合薪酬 | 2.较高的工资+奖金：<br>按科研岗位等级和能力资格，先定高工资，再按企业奖金占工资的一般水平定奖金 | 2.计件工资制（订单驱动） |
| 4.在原单位的职务与薪酬水平 | | | | 3.较高的工资+科技成果转化提成制：适于新产品研发人员 | |
| 5.企业支付能力：量力而行 | | | | 4.科研项目工资制：<br>将技术人员的工资列入科研项目经费，经费包干制 | |
| 6.可采用多种定级方式：<br>考核定级<br>按职定级<br>比照定级 | | | | | |

例如，销售人员的薪酬方案设计、营销人员的薪酬体系设计可采用五种方式：无底薪、低薪资+低奖励、低薪资+高奖励、高薪资+高奖励、高薪资+低奖励。

以高薪资+低奖励为例，设计的薪酬方案如表7-4所示。

表7-4　销售人员的薪酬方案

| 薪酬构成 | 奖金计算方式 | | | | | |
|---|---|---|---|---|---|---|
| | | 相当于季度目标奖金的百分比 | | | | |
| 基本薪酬：6.4万元/年<br>目标奖金：1.6万元/年，每季度根据销售额和利润完成情况浮动<br>计发目标薪酬：8万元/年，上限封顶，最高不超过9.6万元 | 销售额 | 超越 | 50.0% | 87.5% | 125.0% | 162.5% | 200.0% |
| | | | 37.5% | 75.0% | 112.5% | 150.0% | 162.5% |
| | | 目标 | 25.8% | 62.5% | 100% | 112.5% | 125.0% |
| | | | 12.5% | 37.5% | 62.5% | 75.0% | 87.5% |
| | | 最低 | 0 | 12.5% | 25.8% | 37.5% | 50.0% |
| | | | 最低 | | 目标 | | 超越 |
| | | | 利润 | | | | |

4）依据组织性质设计薪酬方案

生产企业、科研机构、房地产公司、文化教育事业、医疗卫生单位的薪酬方案设计如表7-5所示。

表7-5　生产企业、科研机构、房地产公司、文化教育事业、医疗卫生单位的薪酬方案

| 生产企业的薪酬方案 | 科研机构的薪酬方案 | 房地产公司的薪酬方案 | 文化教育事业的薪酬方案 | 医疗卫生单位的薪酬方案 |
|---|---|---|---|---|
| 1.一线操作工人的薪酬方案<br>A.计时工资<br>B.计件工资<br>2.二线辅助工人的薪酬方案<br>A.基本工资+绩效工资<br>B.基本工资+绩效工资+计时/计件工资；或者基本工资+技能工资+计时/计件工资<br>3.定薪步骤 | 1.以绩效和岗位为中心的薪酬模式<br>2.以人定薪酬模式 | 1.根据公司所处地区的经济水平及政策定薪<br>2.根据公司类型定薪<br>3.根据发展战略定薪 | 1.以岗位为基础定薪：岗位、能力、业绩紧密结合<br>2.提高绩效工资比例<br>3.多种激励机制并用 | 1.岗位工资占一部分管理层：职员职务等级工资制；专业技术人员：专业技术职务等级工资制；技术工人：技术等级工资制；普通个人：等级工资制<br>2.奖金占主要部分，与绩效挂钩<br>3.引入年薪制，主要针对核心技术人员和核心管理人<br>4.增加非货币性薪酬 |

【案例场景 7-6】

## 孙贺公司的薪酬方案

孙贺公司现在实施的薪酬制度，给员工提供五险。薪酬主要是底薪加提成。底薪分三个挡次：销售 2500 元/月，线上运营 3000 元/月，策划 4000 元/月。提成：销售按个人销售额的 10% 提成，线上运营和策划都以团队为单位，按完成项目金额的 5% 提成。

问题：
孙贺公司目前的薪酬制度存在哪些不足？请为公司制订比较合理的薪酬管理制度。

## 任务小结

1. 理解人力资源管理的主要工作

本项任务主要学习了企业人力资源管理的六项主要工作：工作分析、人力资源规划、员工招聘、员工培训、绩效考核和薪酬管理。

2. 理解六项工作之间的关系

工作分析是人力资源管理的前提和基础；人力资源规划是人力资源工作的航标兼导航仪，它既是人力资源管理过程的初始环节，也是人力资源管理各项活动的起点。后续工作都以它为依据。

员工招聘和培训都建立在人力资源规划和工作分析两项工作的基础之上，是对规划的具体落实，它们是"引"和"用"的结合艺术，是改善员工绩效的一个重要手段，有助于实现绩效管理的目标。

绩效考核是进行人员需求的供给预测的一个重要基础，是确定薪酬的依据；薪酬管理一方面是对员工过去业绩的肯定，另一方面也是激励员工不断提高业绩的手段。

3. 掌握人力资源管理的工具和方法

## 学习指导

### 1. 课程总结

总结内容提示：

重要概念：人力资源规划、工作分析（岗位分析）、绩效考评、薪酬管理等。

主要知识：工作分析、人力资源规划、招聘、培训、绩效管理、薪酬等。

主要方法：岗位分析的步骤、招聘的组织、培训的组织、绩效考评的设计、薪酬方案的设计。

建议用思维导图法完成课程总结。

### 2. 知识检测

请同学扫码完成知识测验。

测试 7

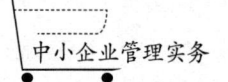

### 3. 技能训练

给定企业背景，能进行一系列人力资源管理工作：人力资源规划、岗位分析、招聘、培训、绩效管理、薪酬管理，具体如下：

（1）结合企业背景，为企业做人力资源规划；

（2）能为具体岗位制订工作说明书；

（3）能根据要求组织一场招聘（包括招聘计划制订、实施及总结）；

（4）能为企业制订相应的培训计划并组织实施培训；

（5）能根据企业目标需要制订绩效管理制度；

（6）能根据企业要求制订薪酬管理制度。

操作建议：

1）阅读案例，系统思考

操作前要通过案例系统思考几项技能的关系，明确操作的意义。

建议仔细研读孙贺公司人力资源管理的全部案例场景，结合案例，从系统、全局的视角理解几项技能在企业人力资源管理中的地位和发挥的作用，从而更准确地理解操作内容和操作目标。

2）操作的组织形式

以前期组建的模拟企业管理团队为基本单位进行操作，明确分工，责任到人。前期没有组建团队的同学，可以独自招募人员，自己组织具体操作。

### 4. 能力提升

案例分析：结合孙贺公司人力资源管理的案例场景，综合分析：

（1）公司的招聘途径选择及方法应用是否最为有效？

（2）员工薪酬水平是否具有激励作用？

（3）考核方法能否被员工认可？提出你的改进建议。

### 5. 下次课预习内容

（1）阅读任务8的教材及网络学习平台中任务8的课件、案例等资料，学习理解任务8的基本内容。

（2）搜集一份某公司的某个项目的财务报表或报税表，尝试对报表做出分析。

（3）学习制订模拟公司的财务计划。

# 任务8 企业财务管理

## 教学导航

| 教学任务 | 8.1 认知企业财务管理<br>8.2 做好财务预算<br>8.3 选择筹资类型与渠道<br>8.4 开展资产管理<br>8.5 实施成本控制<br>8.6 协调利润分配<br>8.7 开展纳税管理<br>8.8 财务报表阅读与分析 | |
|---|---|---|
| 教学目标 | 知识目标 | 1. 理解企业财务管理的含义,了解现金预算的方法<br>2. 了解筹资的类型、渠道和方法<br>3. 理解企业流动资产、固定资产和无形资产的构成及管理内容<br>4. 掌握成本构成及其控制的内容<br>5. 了解利润构成及分配顺序,了解企业应缴的税种和税率<br>6. 熟悉财务报表的种类及样式,理解财务报表反映的信息内容和分析方法 |
| | 技能目标 | 能够编制简单的现金流量表和利润表,并做简单的分析 |
| | 素质目标 | 1. 增强依法依规管理财务的意识<br>2. 树立注重时间效益、均衡配置资产、防范财务风险的理财观念 |
| 方法建议 | 建议采用案例分析法、讨论法、翻转课堂进行教学。建议采用讨论法、工作坊进行学习 | |

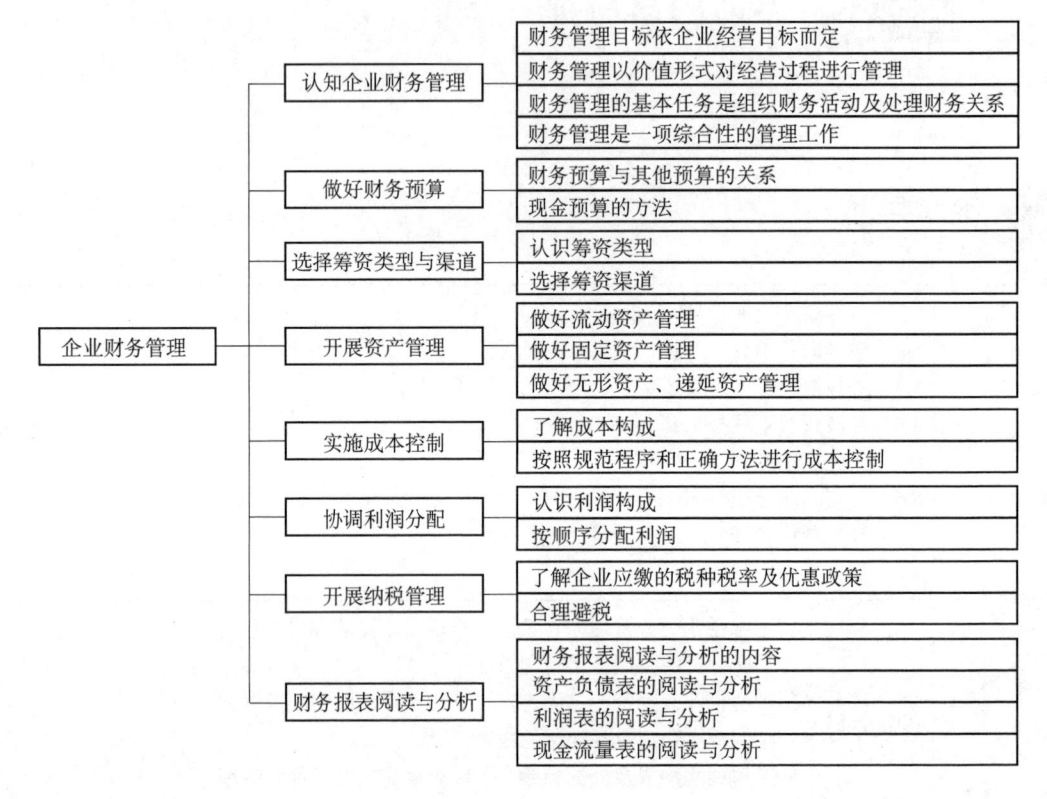

## 知识导图

- 企业财务管理
  - 认知企业财务管理
    - 财务管理目标依企业经营目标而定
    - 财务管理以价值形式对经营过程进行管理
    - 财务管理的基本任务是组织财务活动及处理财务关系
    - 财务管理是一项综合性的管理工作
  - 做好财务预算
    - 财务预算与其他预算的关系
    - 现金预算的方法
  - 选择筹资类型与渠道
    - 认识筹资类型
    - 选择筹资渠道
  - 开展资产管理
    - 做好流动资产管理
    - 做好固定资产管理
    - 做好无形资产、递延资产管理
  - 实施成本控制
    - 了解成本构成
    - 按照规范程序和正确方法进行成本控制
  - 协调利润分配
    - 认识利润构成
    - 按顺序分配利润
  - 开展纳税管理
    - 了解企业应缴的税种税率及优惠政策
    - 合理避税
  - 财务报表阅读与分析
    - 财务报表阅读与分析的内容
    - 资产负债表的阅读与分析
    - 利润表的阅读与分析
    - 现金流量表的阅读与分析

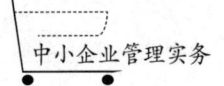

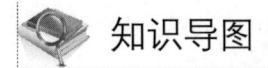

## 导入案例

## 孙贺公司财务管理引发的思考

### 1. 孙贺公司的财务状况

公司经营了两年后,孙贺对公司业务做出调整,即只做手机短信广告,客户比较稳定,账目往来比较简单,所以他聘请一位代账会计做账,让办公室秘书缴纳员工保险,财务进出他"一手抓"。

2015—2017年间,公司的广告业务不断扩大,账面收入款增加,但欠账也随之增多,催缴困难,有的客户用物资如葡萄酒、房子等顶账,有的甚至出现呆账或坏账,现金流吃紧。后来他承揽过消防项目,结算收入为零;2018年增加地铁广告业务,实行先付款后使用的办法,回款及时,现金流得到改善。招新员工做网络直播,培育网红,增长流量,但成本增加,形象和流量未见增长;有了好项目,却因缺少资金支持,不敢承担等。2020年,受疫情影响,1月下旬至5月,企业几乎全部关闭,地铁乘坐率极低,广告业务大幅下滑,其他业务也都停摆。公司员工未减,房屋租金、员工工资等照常开支,公司负债逐渐增加,企业亏损200多万元。6月开始恢复部分业务,但效益不佳,无法弥补亏损局面。2020年年底,东北三省遭遇疫情,经营环境再度恶化,公司遇到前所未有的困难。

## 2. 对孙贺公司财务管理的思考

小企业里财务吃紧，资金断流是常有的事情，如果对这种情况救治不及时，轻者伤筋动骨，重者断送企业命运。细思产生这一问题的原因，有些管理者更愿意从外部找，认为这是外部经济环境恶化的结果。但是，外部经济环境是所有企业都要面对的，为什么有些企业能够抵御这种冲击，有些企业却无力抗争而倒闭呢？问题的关键还是在于企业自身是否培养起抵御财务风险的能力。从孙贺公司财务管理的实践看，他忙于客户开发和广告运营，抓员工培训，对财务预测、计划和控制等问题缺乏系统思考和整体安排，资金储备未作长远考虑，资金使用计划性不足，对成本的管控也不够到位，这种管理很难培育公司抵御财务风险的能力。

**问题：**

孙贺该怎样培养企业抵御财务风险的能力？

## 任务解析

财务管理是企业管理的一项重要职能，营销、生产、技术研发、人力资源管理等各项职能都需要财务管理的支持。有效的财务管理需要预测在先，目标导向，统筹规划、严控成本费用，协调好内外各种利益关系。忽视财务管理的目标性、综合性、系统化管理，其结果必然是该得的利润没有得到，该进入的市场没能力拓展，或是大笔的投资打水漂。全面掌握财务管理的知识、方法和技巧是每个企业经营者的必修课。

## 8.1 认知企业财务管理

企业财务管理是企业根据经营目标，利用价值形式对企业生产经营过程进行的管理，是企业组织财务活动、处理财务关系的一项综合性管理工作。

任务8 企业财务管理——财务管理介绍

### 1. 理解企业财务管理的特征

1）企业财务管理的目标要依据企业经营目标而定

企业财务管理是为企业经营目标服务的，因此企业财务管理的目标就是要盯住企业的经营目标。在不同的时期，企业的经营目标不同，财务管理目标亦不同，具体内容如表8-1所示。

表8-1 企业目标与企业财务管理目标

| 企业发展时期 | 企业目标 | 财务管理目标 |
| --- | --- | --- |
| 正常发展时期 | 实现利润最大化，或是股东利益最大化 | 围绕利润最大化来确定 |
| 竞争的白热化时期 | 成本领先 | 尽可能以低成本运营 |
| 危机时期 | 损失最小 | 开源节流，多方筹集资金维持盈利项目运转，以求尽快走出危机 |

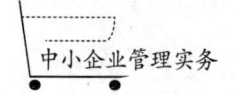

2）企业财务管理是以价值形式对企业生产经营过程进行的管理

企业资本运动指从资本进入企业开始到退出为止，经历筹资与投资、运营、分配三个过程，如图 8-1 所示。其中企业从货币市场筹得资金，到供货市场换取生产要素，经过生产转换为商品和服务（或劳务），进入销售市场兑现货币资本，最后实现利益的分配，整个过程以其价值形式进行转换和兑现，它贯穿整个生产经营过程，每个过程和其中的每个环节的财务管理工作质量都对价值实现产生影响。

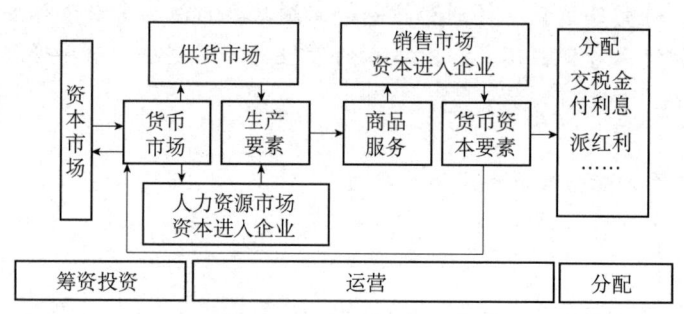

图 8-1　企业资本运动图

3）企业财务管理的基本任务是组织财务活动及处理财务关系

企业财务活动是指企业为生产经营需要而进行的资金筹集、资金运用和资金分配等一系列的活动。

企业财务关系是指企业在财务活动中与有关各方所发生的经济利益关系，包括企业与所有者、债权人、国家、被投资企业、债务人、内部职工之间的财务关系。

财务管理的基本任务就是按照企业资本运动的规律，围绕着企业的经营目标，对上述财务活动及其财务关系进行有效的协调和管理，做好各项财务收支预算、计划、控制、核算、分析和考核工作，依法合理筹集资金，有效利用企业各项资产，分配企业收益，协调各方面的经济关系，最终实现各方利益最大化。

4）企业财务管理是一项综合性的管理工作

企业的财务管理是贯穿于筹资、投资、经营、分配过程中的一系列预测、计划、组织、控制的活动过程。在具体运作时，需要先做好财务预测；在此基础上编制财务计划，以货币形式综合反映计划期内进行生产经营活动所需要的各项资金、预计的收入和经济效益；按照财务计划对经营活动进行财务控制；对资金的筹集、使用、耗费、回收和分配等活动进行监督。这是一项综合性的管理工作。

2. 财务管理的内容

财务管理的内容包括财务预算、筹资、投资、资产管理、成本控制、利税管理等。后面会分别做出分析。

## 8.2　做好财务预算

财务预算是一系列专门反映企业未来一定期限内预计财务状况和经营成果，以及现金收支等价值指标的各种预算的总称。

### 8.2.1 财务预算与其他预算

**1. 财务预算是全面预算的一部分**

全面预算反映了企业未来某一特定期间（一般不超过一年或一个经营周期）的全部生产、经营活动的财务计划，它以实现企业的目标利润为目的，对生产、成本及现金收支等进行预测，并编制预计损益表、预计现金流量表和预计资产负债表，反映企业在未来期间的财务状况和经营成果。财务预算作为全面预算的一部分，是与其他预算紧密联系的，其相互关系如图8-2所示。财务预算需要按照全面预算的编制顺序进行编制。

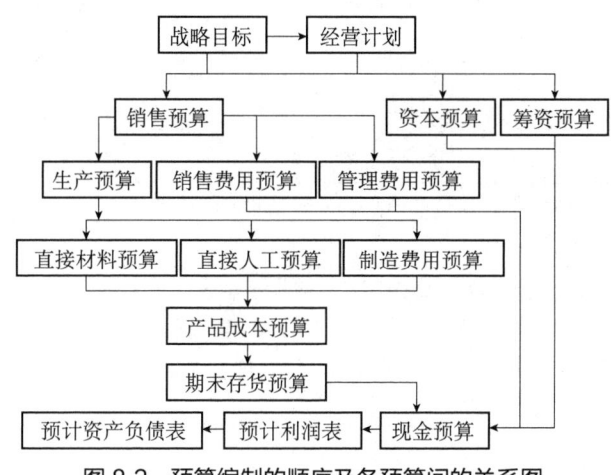

图8-2 预算编制的顺序及各预算间的关系图

**2. 财务预算的核心是现金预算**

凯恩斯的货币需求理论指出，企业持有现金的动机主要有三个：一是交易动机；二是预防动机；三是投机动机。企业应确定最低的现金持有量，如果现金持有量太大，会降低企业收益水平；如果现金持有量太小，又可能影响交易的正常进行及意外的现金需要，产生中断交易的风险。现金预算就是通过对现金持有量的安排，使企业保持较高的盈利水平，同时保持一定的现金流动性。

### 8.2.2 编制现金预算

编制现金预算就是确定企业库存现金的数量，以及在不同时点上对现金支出的需要量。编制时以销售预算为起点，依次编制销售预算、生产预算、直接材料预算、直接人工预算、制造费用预算、产品成本预算、销售费用和管理费用预算和现金预算。销售预算是全面预算的编制起点，是其他预算编制的基础。各项预算的顺序和内容如表8-2所示。

表8-2 编制现金预算的顺序和内容

| 编制顺序 | 编制内容 | 编制方法 |
| --- | --- | --- |
| 销售预算 | 销售数量、销售单价、预测的销售额等（这些通常要根据品类、时间、销售区域、店铺来编制） | 本量利分析法、销售百分比法、目标任务法等 |
| 生产预算 | 销售量、期初和期末存货、生产量等 | — |

续表

| 编制顺序 | 编制内容 | 编制方法 |
|---|---|---|
| 直接材料预算 | 直接材料的单位产品用量、生产需用量、期初和期末存量等 | — |
| 直接人工预算 | 预计产量、单位产品工时、人工总工时、每小时人工成本和人工总成本 | — |
| 制造费用预算 | 变动制造费用预算和固定制造费用预算 | 变动制造费用预算以生产预算为基础来编制，可根据生产量和预计的变动制造费用分配率来计算 |
| 产品成本预算 | 产品的单位成本和总成本 | 产品成本预算是生产预算、直接材料预算、直接人工预算和制造费用预算的汇总 |
| 销售费用和管理费用预算 | 实现销售预算所需支付的费用；分析销售收入、销售利润和销售费用的关系 | 以销售预算为基础来做预算 |
| 现金预算 | 现金收入（包括期初现金余额和预算期现金收入）、现金支出（包括预算的各项现金支出）、现金多余或不足（是现金收入合计与现金支出合计的差额）和资金的筹集和运用 | 直接法-收支预算法；间接法-调整净收益法 |

编制现金预算分三步进行：确定现金收入—计划现金支出—编制现金预算表。

## 8.3 选择筹资类型与渠道

资金筹集是指企业向外部或从企业内部筹措和集中生产经营所需资金的一种财务活动。企业成立时有注册的资本金，其往往不能满足企业上新项目、研发新技术、扩大生产规模之需，需要筹资来给予补充。

### 8.3.1 识别筹资的类型

企业筹资分为两类：一类是按照资金使用期限分为短期资金和长期资金；另一类是按照资金的来源渠道分为所有者权益和负债。

1. 短期资金和长期资金的筹集

短期资金是指供一年以内使用的资金，主要投资于现金、应收账款、存货等，一般在短期内可收回。短期资金常采用商业信用、流动资金借款等方式来筹集。

长期资金一般是指供一年以上使用的资金，主要投资于新产品开发和推广、生产规模的扩大、厂房和设备的更新，一般需要几年甚至十几年才能收回。长期资金通常采用吸收投资、发行股权证和企业债券、长期借款、融资租赁、留存收益等方式来筹集。

2. 所有者权益和负债的筹集

所有者权益是指投资人对企业净资产的所有权，包括投资人投入企业的资本及持续经营中形成的积累，如资本公积金、盈余公积金和未分配利润等。中小企业通过发行股权证、吸收直接投资、内部积累等方式筹集的资金都属于所有者权益。所有者权益一般不用还本，因而被称为企业的自有资金或主权资金。企业通过发行债券、银行借款、融资租赁等方式筹集的资金都属于企业的负债，到期要还本付息，因而又称为企业的借入资金或负债资金。

### 8.3.2 选择筹资渠道

中小企业的筹资渠道主要有内部筹资渠道和外部筹资渠道。

内部筹资渠道：一是自我积累，主要来源于企业留存收益，包括提取的盈余公积金和未分配利润等；二是员工集资入股、票据贴现、资产典当等。

外部筹资渠道主要是小银行借款、民间借贷、融资租赁、对外股权出让、增资扩股、产权交易、补偿贸易融资、项目包装融资、高新技术融资、专项基金的投资、产业政策投资、引进风险投资和投资银行投资等。

目前中小企业应该重视和挖掘使用两种融资渠道：风险投资和政策性融资。

1. 风险投资

风投资本是由风险投资人投入新兴的、迅速发展的、有竞争潜力的企业中的一种权益资本。风险投资人大体可以分为风险资本家、风险投资公司、产业附属投资公司和天使投资等。他们的最大特征在于敢冒较大风险以获取巨额资本利润。

风险投资人通过直接投资、提供贷款和贷款担保及两者兼有的方式帮助企业成长，但他们最终会通过上市、收购、兼并或其他股权转让方式撤出资本，以实现增值。风险投资从投入企业到撤出投资为止，所间隔的时间期限一般较长，其中创业期风险投资通常在 7~10 年内进入成熟期，而后续投资大多只有几年的期限。

要获得风险投资，首先，了解风险投资的特点；其次，理解风险投资人对企业的基本要求；最后，选择恰当的途径。

1）了解风险投资的特点

风险投资是由资金、技术、管理、专业人才和市场机会等要素共同组成的投资活动，具有以下 5 个特点：

（1）投资期限至少 3~5 年，投资方式一般为股权投资，通常占被投资企业 30% 左右的股权，而不要求控股权，也不需要任何担保或抵押。

（2）风险投资人会积极协助企业进行经营管理，参与企业的重大决策活动。

（3）风险投资公司与企业的关系，是建立在互相信任与合作的基础之上的。

（4）投资对象一般是高科技、高成长潜力的企业。

（5）由于投资目的是追求超额回报，因此当被投资企业增值后，风险投资人会通过上市、收购兼并或其他股权转让方式撤出资本，实现增值。

种子基金、天使基金、创业投资基金是科技型小企业初创期融资的主要渠道，但初创公司的企业大多没有认识到这一点，约 60% 的初创企业通过个人存款及信用贷款筹资，另有 25% 的初创企业从朋友及家人手中获取资金，余下仅 5% 的初创企业通过外部投资者进行筹资，包括银行、天使投资人、风险投资者等。或许他们觉得这条路比较难走，其实不然。

2）理解风险投资人对企业的基本要求

（1）企业经营者具有敏锐的商业嗅觉，能够及时捕捉商机，并能投入 100% 的精力去做，不达目的决不罢休。

（2）企业投资的项目具有优秀的盈利模式。风险投资机构十分关注投资项目是否具有优秀的盈利模式，即懂得如何通过分析市场、整合资源来实现企业利润的最大化。

（3）经营者具有强烈的敬业精神。在资金关、市场关、管理关、人才关等诸多关卡面前，有强大的精神支柱和坚持到底的毅力。

（4）企业具有良好的责任意识。企业要考虑投资者的利益，而不是只计算个人的得失，不能把吸引风险投资当作"圈钱游戏"，也不能存有"花别人的钱不心疼"的心理。

3）用恰当的途径吸引风险投资

理解了风险投资人的喜好后，企业可以通过以下途径寻找适合自己企业性质、需求及期望的潜在投资者。

（1）在专业的社交媒体上搜索投资者的个人资料。

（2）识别急需你的产品的顾客经理。

（3）通过产品的"超级迷"来寻找投资者。

（4）向企业顾问寻求引荐。

（5）基于相关行业事件与目标投资者进行沟通。

目前，国内利用风险投资帮助自己从小到大成长起来的创业企业不断增多，中央电视台架设的"创业英雄会"平台为投资基金和创业企业（创业者）架起沟通的桥梁。事实证明，只要企业具备以上条件，是有机会获得风险投资人的资金支持的。

2. 政策性融资

政策性融资是根据国家的政策，以政府信用为担保，政策性银行或其他银行对一定的项目提供的金融支持。它既包括财政部门直接管理的融资项目，也包括政策性银行管理的融资项目。这种政策性融资针对性强，不以盈利为目的，利率较低甚至无息，还款期可长可短，比较适合用于弥补中小型企业市场投资的不足。

政策性融资渠道主要包括中国进出口银行和中国农业发展银行等政策性银行的政策性贷款；中央、地方政府投资或控股的政策性担保机构提供的担保；政府有关部门投资控股的风险投资公司的政策性投资，投资方向主要是支持当地科技含量高、成长性好的中小企业；财政部门的专项扶持基金、支持项目的利息补贴。

中小企业值得关注的政策性融资来源，包括支持企业技术创新基金和促进企业发展专项资金等。申请中小企业发展专项基金，或寻找政策性融资来源，可以查看2021年中小微企业国家最新补贴政策。

无论哪种渠道，企业都要研究各种资金来源在总资本中所占的比重，确定资本结构，使得筹资风险与筹资成本相匹配。

## 8.4 开展资产管理

资产是指企业拥有或控制的能够为企业带来未来经济效益的经济资源。资产按其流动性可分为流动资产与非流动资产。

### 8.4.1 流动资产管理

流动资产是指在一个营业周期内变现或耗用的资产，包括现金、银行存款、短期投资、应收及预付款、存货等。流动资产管理包括以下内容。

1. 现金和有价证券管理

现金是可以立即投入的交换媒介,包括库存现金、各种形式的银行存款、银行本票和银行汇票等。有价证券是现金的一种转移形式,它可以随时兑换成现金。企业持有现金是为了满足日常业务的现金支付需要,防止发生意外支付的需要、机会购买的需要。现金量不足就会影响支付,失去相应的机会;现金量过多就会增加不必要的成本。

现金管理一是核定最佳现金持有量,二是科学使用现金。

核定最佳现金持有量,可采用成本分析模式法,将机会成本、管理成本、短缺成本相加,总和最小的即为最佳现金持有量。

科学使用现金主要把握好以下四个环节:

(1)制订既适应经营需要,又可防止随意支出的现金管理制度。

(2)力争现金流入与现金流出发生的时间趋于一致。

(3)充分利用闲置的现金,使现金尽可能地流动起来。

(4)加速现金的周转,这要依赖于企业的商品周转速度。

2. 应收账款管理

应收账款是对外销售产品、材料、供应劳务等,应向购买单位收取的款项,包括应收销售款、其他应收款、应收票据等。应收账款以先交货,后交钱的交易方式产生,它实际上是商业企业在利用生产企业的资金。如果应收款不能如期收回,生产企业就会蒙受损失。

应收账款管理应做好以下三方面的工作。

1)尽可能地与客户建立起伙伴关系

应收款是否能够及时收回,主要看购买者对供应商的态度。购买者认为某供应商是重要的,就会首先支付该供应商的应付款,而把那些不重要的供应商排在后面。因此,如果能够与购买者建立起长期的合作伙伴关系,就会保证及时回款。

2)确定合理的信用政策

企业发生了应收款时,最担心的就是对方能否及时回款。由于客户的信用程度不同,因此企业就要根据不同的客户制订相应的信用政策,以留住更多的客户,降低收款风险。

3)及时催收应收款

对于逾期不予回款的客户,企业应及时催收。对于经常不能按期回款的客户,企业应果断中止供货,因为由此带来的销售额减少的利益要小于极有可能发生的坏账风险。

3. 存货管理

存货是指企业在生产经营过程中,为生产或销售而储备的物资,包括商品、材料、燃料、低值易耗品、在产品、产成品、包装物等。

一般说来,存货有利于生产过程的顺利进行,节约采购费用与生产时间,但也占用了大量资金,增加了库存持有成本和管理费用。因此,存货管理一方面要权衡成本与收益的利弊,实现两者的最佳组合,同时,要防止货物损坏和丢失,降低存货管理成本。

### 小思考

流动资产管理有哪些特点?

### 8.4.2 非流动资产管理

非流动资产通常包括长期投资、固定资产、无形资产和递延财产。

1. 固定资产管理

固定资产指使用期限较长、单位价值较高、在使用过程中保持原有实物形态的资产，主要包括建筑物、机器设备、运输设备和其他与生产经营有关的设备、工具等。

1）固定资产的计价形式

固定资产的计价有以下三种形式：

（1）原值。表示固定资产的原始投资，指建造或购买时支付的原价加运输、安装、调试费用。

（2）重置价值。表示重新估价时，重建或购置与原物基本相同的固定资产所需要的费用。

（3）净值，又称折余价值。它是固定资产原值减去累计折旧后的净额，反映固定资产的新旧程度。

2）固定资产折旧的计算方法

固定资产在使用过程中损耗的价值就是固定资产折旧。固定资产的价值转移，要考虑两个方面：一是使用过程的有形损耗；二是伴随技术进步所造成的无形损耗。计算折旧价值时，可以按照我国现行税法进行折旧。

固定资产折旧有多种方法，一般都采用平均年限法。

平均年限法就是把应提折旧总额按折旧年限平均分摊于每个年度的一种折旧计算方法。其特点是每年折旧额相等。其计算公式如下：

$$年折旧率 = \frac{1 - 预计净残值率}{折旧年限}$$

$$月折旧率 = 年折旧率 \div 12$$

$$年折旧额 = 固定资产原值 \times 年折旧率$$

$$月折旧额 = 年折旧额 \div 12$$

根据《中华人民共和国企业所得税暂行条例及实施细则》第三十一条，内资企业固定资产预计净残值率统一为5%。

根据《外商投资企业和外国企业所得税法实施细则》第三十三条的规定，外资企业固定资产预计净残值率一般为10%。

预计净残值率一经确定，不得随意变更。

3）固定资产管理的主要工作

企业应根据固定资产的特征和效益原则对固定资产实施有效的管理，具体说来应做好以下几项工作：

（1）选择好投资方案。选择好投资方案的前提是对市场运行趋势做比较准确的预测，尤其是投资额较大、建设周期较长的项目更要做好调研预测工作。

（2）合理配置固定资产。科学计算投资效益，集中有限资金购买关键设备；对辅助的设备、价值高、前途不清楚的设备可以运用租赁手段；对企业的闲置设备应该外租。

（3）提高设备使用效率。制订科学的固定资产使用制度；生产车间要尽可能地做到人机的合理配置；提倡全员的技术创新与技术改造；认真保管、加强维修；及时解决设备的瓶颈问题。

### 2. 无形资产管理

无形资产管理的重点是专利权、商标权、著作权、土地使用权、非专利技术、商誉等的使用、保护和转让。无形资产不计提折旧，其价值从开始使用之日起，在有效使用期限内平均摊入管理费用。无形资产转让所取得的收入，除国家另有规定外计入营业外收入。

### 3. 递延资产管理

递延资产是一种不能全部计入当年损益，应当在以后年度内分期摊销的费用支出，包括企业的开办费、租入固定资产的改良支出等。

开办费是指企业在筹建期间发生的不应计入有关财产物资价值的若干费用，包括筹建期间有关人员的工资、办公费、培训费、差旅费、印刷费、注册登记费及不计入固定资产和无形资产购建成本的汇兑损益、利息支出等。开办费从企业开始生产经营月份的次月起，按不短于5年的期限分期摊入管理费用。

递延资产是企业以经营租赁方式租入的固定资产进行某些改良时发生的费用支出。这些支出可在租赁有效期限内，分期摊入制造费用或管理费用。

递延资产管理是指对企业不能全部计入当年损益，应在以后年度内分期摊销的各项费用的管理。递延资产管理包括开办费的管理、以经营租赁方式租入固定资产改良工程支出的管理和摊销期限超过年的待摊费用的管理等。

开办费是指企业在筹建期间内实际发生的各项费用。企业可以选择以下两种方法进行会计处理：第一，将开办费作为长期待摊费用，自支出发生月的次月，不低于3年分期摊销；第二，费用发生时，直接计入管理费用即可。

以经营租赁方式租入的固定资产改良工程支出是指企业通过租赁方式租入的固定资产，在使用过程中，为了维持租入固定资产的效用或延长其使用寿命，企业对其进行的改装、翻修、改建等支出。企业一次性发生，需要在多期摊销（一年以上）的待摊费用支出。

## 8.5 实施成本控制

### 8.5.1 了解成本费用的构成

企业的总成本费用是指项目在一定时期内（一般指一年），为生产和销售产品而花费的全部成本和费用。

总成本费用由生产成本、管理费用、财务费用和销售费用组成，其中生产成本又称为产品成本或产品制造成本，管理费用、财务费用和销售费用三项又称为期间费用，即

总成本费用＝产品制造成本＋期间费用

### 1. 产品制造成本

产品制造成本指工业企业生产过程中实际消耗的直接材料、直接人工费和制造费用。

（1）直接材料，包括企业生产经营过程中实际消耗的原材料、辅助材料、外购半成品、包装物、备品配件、燃料、动力及其他直接材料等。

（2）直接人工费，包括直接从事产品生产人员的工资、奖金、福利、津贴和补贴等。

（3）制造费用，指企业各生产单位为生产产品和提供劳务而发生的各项间接费用，包括生产单位管理人员工资、职工福利费、折旧费、修理费、办公费、水电费、运输费、物资消耗费、检验费、劳动保护费、季节性修理期间的停工损失等费用，但不包括企业行政部门的管理费用。

2. 期间费用

期间费用指不能直接归属某个特定产品成本的费用，包括管理费用、财务费用和销售费用。

（1）管理费用，指企业行政管理部门为组织和管理生产经营活动而发生的各项费用，包括工资和福利费、工会经费、董事会费、咨询费、审计费、诉讼费、职工教育经费、劳动保险费、待业保险费、研究开发经费、业务招待费、税金、土地使用费、技术转让费、无形资产摊销、坏账损失、存货盘亏等。

（2）财务费用，指企业为筹集生产经营资金而发生的各项费用，包括利息支出、外汇兑现损失、金融机构手续费及筹资发生的其他费用。

（3）销售费用，指企业在销售产品、自制半成品和提供劳务等过程中发生的各项费用及专设销售机构的各项经费，包括应由企业负担的运输费、装卸费、保险费、包装费、委托代销手续费、广告费、展览费、租赁费等，但不含融资租赁费、销售服务费、销售人员工资、职工福利费、差旅费、办公费和其他费用。

### 小思考

制造成本和期间费用有何不同？

### 8.5.2 实施成本控制

狭义的成本控制是指对企业日常生产经营过程中的各种支出实行严格的控制，以期达到最低的成本水平。广义的成本控制则包括事前、事中、事后对成本进行预测、决策、计划、预算及分析的全过程，也就是成本管理。中小企业进行成本管理，需要在日常生产经营过程中的各个方面，包括采购、技术、生产、销售、财务等方面的各个环节，实施全面、科学的成本控制。

1. 严格控制采购成本

（1）合理决定经济订货量或经济批量、决定采购项目、选择供应单位、决定采购时间。

（2）适度采用集中采购制，建立原材料等对外服务的统一采购平台，实现价格、供应商等资源共享。

（3）推进直供制，逐步取消中间供应商；建立采购责任制，强化采购人员、审价人员的责任意识。

（4）整顿辅料、零星物资采购价格。

（5）建立采购奖罚制度，奖罚要与领导、个人挂钩；加强技术攻关力量，降低采购成本。

2. 严格控制生产成本

（1）提高设备的利用程度。合理组织安排生产，避免设备忙闲不均；加强设备的维修保养，提高设备的完好率；合理安排班次，增加设备实际工作时间；实行专业化协作，减少单位产品的固定资产折旧费用。

（2）优化工作流程。从原材料采购开始，到最终产品或服务为止，合理制订原材料、燃料、辅助材料等物资费用的定额；严格健全计量、检验和物资收发领退制度；健全产品、产量、品种、质量、原材料消耗、工时考勤和设备使用等原始记录为财务统计部门提供有效、系统、准确的信息。

（3）减少库存。降低库存要从降低库存数量和单位价格方面着手。正确计算取得成本、储存成本、缺货成本，把存货量和库存金额控制在最佳的范围之内。

（4）控制人员成本。精减人员、合理定岗定编，控制劳动力的投入、精减人员、节约劳动，降低人工成本。

（5）落实责任，确保成本控制有效进行。全面提高企业素质，将责任落实到部门或个人，完善收入分配制度，加强组织和个人激励，实行奖惩兑现，调动全体员工的积极性。

（6）控制质量成本。要打破提高质量增加成本、降低成本损害质量的旧观念，改进产品质量，带动成本的降低；加强工作质量，减少废品损失，减少工作量，减少返工时间，减少资源耗用，降低运营总成本。

3. 严格控制销售成本

（1）控制销售成本。销售部门可以从以下四个方面控制销售成本：①认真研究，推进销售、服务的营销体系，以规模经营降低成本；②认真研究国家、各地方的税收政策，合理进行分公司的税收策划；③利用经济决策方法，降低运输成本；④利用成本最优决策，提高广告费的使用效率。

（2）降低物流成本。通过效率化的配送减少运输次数，提高装载率及合理安排配车计划，选择最佳的运送手段，从而降低配送成本。

4. 严格控制财务成本

（1）提高资金运作水平。开源节流，增收收支；对资金实施跟踪管理，加强资金调度与使用；降低存货比例，加强存货管理。通过以上措施减少资金占用，优化资金结构，合理分配资金，加速资金周转，降低筹资成本。

（2）财务人员要抓好成本事前、事中、事后的工作。事前要抓好成本预测、决策和成本计划工作；事中要抓好成本控制和核算工作；事后要抓好成本的考核和分析工作。

（3）控制和节约费用开支。严格遵守财务管理制度，反对铺张浪费，尽量降低制造费用，节约生产费用，严格控制期间费用，压缩非生产费用。

5. 以创新促进成本控制

第一，从技术创新上来降低原料用量或寻找新的、价格便宜的材料替代原有老的、价格较贵的材料；第二，从工艺创新上来提高材料利用率、降低材料的损耗量、提高商品率或一级品率；第三，从工作流程和管理方式创新上来提高劳动生产率、设备利用率以降低单位产品的人工成本与固定成本含量；第四，从营销方式创新上来增加销量、降低单位产品营销成本；第五，从产销管理方式创新上来避免因盲目生产不适销对路的产品而造成积压的状况。

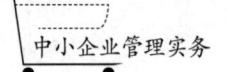

6. 构建成本管理控制系统

重新规划设计成本项目、流程等，设计一个完备的、科学的成本核算体系；启用成本预测、预算—控制—分析—考核全部功能，构成成本管理系统；从源头开始，同时组织生产、物流、人力资源等十大部门共同参与；将费用和成本同时设计、同时控制、同时降低，做到全员成本管理；重新规划设计组织、岗位、流程、表单、制度等成本管理全套执行体系，确保执行；正确运用成本管理方法和成本管理软件等现代技术工具。

## 8.6 协调利润分配

### 8.6.1 认识利润构成

利润是指企业在一定会计期间的经营成果，是企业生产经营活动的效率和效益的最终体现，包括营业利润、利润总额和净利润。

1. 营业利润

营业利润是企业利润的主要来源，主要由主营业务利润和其他业务利润等部分组成，计算公式为

营业利润 = 产品销售利润 + 其他业务利润 － 管理费用 － 财务费用

营业利润 = 营业收入 － 营业成本 － 税金及附加 － 销售费用 － 管理费用 － 财务费用 － 资产减值损失 － 信用减值损失 + 公允价值变动收益（－公允价值变动损失）+ 投资收益（－投资损失）+ 资产处置收益（－资产处置损失）+ 其他收益

其中，

营业收入是企业在生产经营活动中，因销售产品或提供劳务而取得的各项收入。营业收入 = 主营业务收入 + 其他业务收入

主营业务收入是指企业从事本行业生产经营活动所取得的营业收入。

其他业务收入是指各类企业主营业务以外的其他日常活动所取得的收入。

营业成本是指企业所销售商品或者提供劳务的成本，营业成本应当与所销售商品或者所提供劳务而取得的收入进行配比。

营业成本 = 主营业务成本 + 其他业务成本

主营业务成本是指企业销售商品、提供劳务等经营性活动所发生的成本。

其他业务成本是指企业确认的除主营业务活动以外的其他日常经营活动所发生的支出。

税金及附加，是指应由销售产品、提供劳务等负担的销售税金及附加，包括消费税、城市维护建设税、资源税、教育费附加等。

销售费用是指企业在销售商品和材料、提供劳务的过程中发生的各种费用，包括企业在销售商品过程中发生的保险费、包装费、展览费和广告费、商品维修费、预计产品质量保证损失、运输费、装卸费等。

管理费用是指企业行政管理部门为组织和管理生产经营活动而发生的各种费用。

财务费用是指企业为筹集生产经营所需资金等而发生的费用。

2. 利润总额

利润总额 = 营业利润 + 营业外收入 － 营业外支出

1）投资净收益

投资净收益指企业对外投资取得的收益减去对外投资损失后的余额。投资收益包括对外投资分得的利润、股利、债券利息、投资到期收回或者中途转让有价证券所获取的款项高于其账面价值的差额等。

投资损失包括对外投资到期收回或中途转让有价证券所取得的款项低于账面价值的差额等。

2）营业外收支净额

营业外收支净额 = 营业外收入 – 营业外支出

营业外收入是指与企业生产经营活动没有直接关系的各项收入，如固定资产盘盈、处理固定资产收益、对方违约罚款收入、因债权人原因确实无法支付的应付账款等。

营业外支出是指与企业生产经营活动没有直接关系，但按照有关规定应从企业实现的利润总额中扣除的支出，如处理固定资产损失、固定资产盘亏、赔偿金、违约金、公益救济性捐赠及其他非常损失等。

3. 净利润

净利润又称税后利润，是企业缴纳所得税后形成的、可用于分配的利润。其计算公式为

净利润 = 利润总额 – 应缴所得税。

### 8.6.2　按顺序分配利润

按规定，企业利润的分配应遵循下列顺序：用于抵补被没收财产损失，支付各项税收的滞纳金和罚款—弥补以前年度亏损—按税后利润扣除前两项后的10%提取法定盈余公积金—提取公益金—向投资者分配股利。以前年度如果有未分配利润，可以并入本年度分配。

**小思考**

营业利润、利润总额、净利润有何不同？

## 8.7　开展纳税管理

依法纳税是公民和单位应尽的义务。税收是国家财政收入的主要来源，取之于民，用之于民。我国税法规定，所有企业都应依法报税和纳税。

任务8　企业财务管理——税收筹划

### 8.7.1　企业应缴的税种税率及优惠政策

1. 与企业有关的主要税种税率

企业应交的税种和税率一般是根据企业的经济性质和经营业务来确定的。与企业有关的主要税种有增值税、消费税、企业所得税、个人所得税、关税、城市维护建设税、教育费附加等。具体到各类企业应缴纳的一般税目、税率如表8-3所示。表8-4、表8-5分别介绍了增值税率和消费税税目。

表8-3 企业缴纳的一般税目、税率

| 流转税 | | 企业所得税 | 城市维护建设税 | 教育费附加 | 地方教育费附加 | 其他税种 |
|---|---|---|---|---|---|---|
| 增值税（营业税已经改为增值税） | 消费税 | | | | | |
| 一般纳税人：13%、9%、6%、零税率（出口货物） | 定额税率：啤酒、黄酒、成品油 比例税率和定额税率复合计税：白酒、卷烟 比例税率：除上述以外的各项应税消费品 | 一般企业为25%；小微型企业经税务机关核准税率可以为20%；国家重点扶持的高新技术企业为15%；非居民企业在中国境内未设立机构、场所的，或者虽设立机构场所的，但取得的收入与场所无实际联系的，应当就其来源于中国的收入按10%交税 | 以增值税/消费税为基础：市区7%；县城、镇5%；偏远地区1% | 以增值税/消费税为基础：3% | 以增值税/消费税为基础：2% | 资源税、房产税、车辆购置税、契税等 |
| 小规模纳税人：3%、5%（营改增后的特殊项目） | | | | | | |

表8-4 增值税率

| | 简易计税 | 征收率 |
|---|---|---|
| 小规模纳税人以及允许适用简易计税方式计税的一般纳税人 | 小规模纳税人销售货物或者加工、修理修配劳务，销售应税服务、无形资产；一般纳税人发生按规定适用或者可以选择适用简易计税方法计税的特定应税行为，但适用5%征收的除外 | 3% |
| | 销售不动产；符合条件的经营租赁不动产（土地使用权）；转让营改增前取得的土地使用权；房地产开发企业销售、出租自行开发的房地产老项目；符合条件的不动产融资租赁；选择差额纳税的劳务派遣、安全保护服务；一般纳税人提供人力资源外包服务 | 5% |
| | 个人出租住房，按照5%的征收率减按1.5%计算应纳税额 | 5%减按1.5% |
| | 纳税人销售旧货；小规模纳税人（不含其他个人）以及符合规定情形的一般纳税人销售自己使用过的固定资产，可依3%征收率减按2%征收增值税 | 3%减按2% |
| 一般纳税人 | 销售或者进口货物（另有列举的货物除外；销售劳务） | 13% |
| | 销售或者进口：<br>1. 粮食等农产品、食用植物油、食用盐<br>2. 自来水、暖气、冷气、热水、煤气、石油液化气、天然气、二甲醚、沼气、居民用煤炭制品<br>3. 图书、报纸、杂志、音像制品、电子出版物<br>4. 饲料、化肥、农药、农机、农膜<br>5. 国务院规定的其他货物 | 9% |
| | 对增值税一般纳税人购进农产品，原适用10%扣除率的，扣除率调整为9% | 9% |

续表

| | 简易计税 | 征收率 |
|---|---|---|
| 一般纳税人 | 对增值税一般纳税人购进用于生产或者委托加工13%税率货物的农产品，按照10%扣除率计算进项税额 | 10% |
| | 营改增项目 | 税率 |
| 一般纳税人 | 交通运输服务、邮政服务、基础电信服务、建筑服务、销售不动产、不动产租赁服务、转让土地使用权 | 9% |
| | 增值电信服务、金融服务、研发技术服务、信息技术服务、文化创意服务、物流辅助服务、鉴证咨询服务、广播影视服务、商务辅助服务、其他现代服务、文化体育服务、教育医疗服务、旅游娱乐服务、餐饮住宿服务、居民日常服务、其他生活服务、转让技术、商标、著作权、商誉、自然资源和其他权益性无形资产使用权或所有权 | 9% |
| | 有形动产租赁服务 | 13% |

表8-5　消费税税目

| 税目 | 税率 |
|---|---|
| 生产环节：甲类卷烟［调拨价70元（不含增值税）/条以上（含70元）］ | 56%加0.003元/支 |
| 生产环节：乙类卷烟［调拨价70元（不含增值税）/条以下］ | 36%加0.003元/支 |
| 商业批发环节：甲类卷烟［调拨价70元（不含增值税）/条以上（含70元）］ | 11%加0.005元/支 |
| 雪茄 | 36% |
| 烟丝 | 30% |
| 商业批发环节：乙类卷烟（调拨价70元（不含增值税）/条以下） | 11%加0.005元/支 |
| 白酒 | 20%加0.5元/500克（毫升） |
| 黄酒 | 240元/吨 |
| 甲类啤酒［每吨出厂价（含包装物和包装物押金）在3000元以上的］ | 250元/吨 |
| 乙类啤酒［每吨出厂价（含包装物和包装物押金）在3000元以下的］ | 220元/吨 |
| 其他酒 | 10% |
| 高档化妆品 | 15% |
| 金银首饰、铂金首饰和钻石及钻石饰品（零售环节征收） | 5% |
| 其他贵重首饰和珠宝玉石（生产、进口、委托加工环节征收） | 10% |
| 鞭炮、焰火 | 15% |
| 汽油 | 1.52元/升 |
| 柴油 | 1.20元/升 |

续表

| 税目 | 税率 |
| --- | --- |
| 航空煤油 | 1.20 元/升 |
| 石脑油 | 1.52 元/升 |
| 溶剂油 | 1.52 元/升 |
| 润滑油 | 1.52 元/升 |
| 燃料油 | 1.20 元/升 |
| 气缸容量 250 毫升（含 250 毫升）以下的摩托车 | 3% |
| 气缸容量 250 毫升以上的摩托车 | 10% |
| 气缸容量在 1.0 升（含 1.0 升）以下的乘用车 | 1% |
| 气缸容量在 1.0 升以上至 1.5 升（含 1.5 升）的乘用车 | 3% |
| 气缸容量在 1.5 升以上至 2.0 升（含 2.0 升）的乘用车 | 5% |
| 气缸容量在 2.0 升以上至 2.5 升（含 2.5 升）的乘用车 | 9% |
| 气缸容量在 2.5 升以上至 3.0 升（含 3.0 升）的乘用车 | 12% |
| 气缸容量在 3.0 升以上至 4.0 升（含 4.0 升）的乘用车 | 25% |
| 气缸容量在 4.0 升以上的乘用车 | 40% |
| 中轻型商用客车 | 5% |
| 超豪华小汽车（零售环节） | 10% |
| 高尔夫球及球具 | 10% |
| 高档手表 | 20% |
| 游艇 | 10% |
| 木制一次性筷子 | 5% |
| 实木地板 | 5% |
| 电池 | 4% |
| 涂料 | 4% |

2. 计算纳税金额

计算纳税首先要正确判断企业类型，一般纳税人和小规模纳税人在计算税金上有不同的方式。根据国家税法的相关规定，小规模纳税人可以用以下简单的方式来计算税金

应交税金 = 销售额（营业额）× 税率 + 城市维护建设税、教育费附加

表 8-6 显示了小规模有限公司税率的标准。

表8-6 小规模有限公司税率标准

| 税种 | 税目 | 计税基数 | 税率 | 备注 |
|---|---|---|---|---|
| 增值税 | 行业 | 不含税收入 | 3% | 季度 30 万元免税 |
| 城建税 | 增值税/消费税 | 增值/消费税额 | 7% | 无主税就无附税 |
| 教育费附加 | 增值税/消费税 | 增值/消费税额 | 3% | |
| 地方教育费附加 | 增值税/消费税 | 增值/消费税额 | 2% | |
| 企业所得税 | | 纯利 | 100 万元以内 5%<br>100 万～300 万元 10%<br>300 万元以上 25% | |
| 印花税 | 各种合同 | 合同额 | 购销合同/工程合同 0.03%，<br>技术合同 0.05% | 律师、财务合同免征 |
| 消费税 | 烟酒油车、珠宝、高档化妆品 | 销售额或销售数量 | 从价或从量不同 | 《消费税暂行条例》 |
| 个人所得税 | 工资薪金 | 实发工资 | 3%～45% | |
| | 股息红利 | 分红金额 | 20% | |

## 思考

说明孙贺公司（小规模有限公司）需要缴纳哪些税？税率多少？如何计费？

3. 了解国家针对中小企业的税收优惠

国家和地方还针对中小企业制订了一些税收优惠政策，如特殊商品（粮食、食用植物油、煤气、沼气、居民用煤制品、图书、报纸、杂志、饲料、农药、化肥、农机、农膜等）增值税率为 13%。符合条件的小型微利企业按 20% 的税率征收企业所得税。国家需要重点扶持的高新技术企业，按 15% 的税率征收企业所得税。

（1）直接针对不同类型的中小企业发展制订的特殊政策。小型微利企业在企业所得税方面可享受 20% 的优惠税率。小规模纳税人增值税征收税率降低至 3%。

（2）间接针对中小企业的优惠政策。

①支持中小企业筹资融资。

②符合条件的高新技术企业按 15% 的税率征收企业所得税，新办的高新技术企业自投产年度起免征所得税两年。

③股权投资未上市中小高新技术企业的创投可享受所得税优惠。

④中小企业技术创新基金管理中心的捐赠者可享受所得税税前扣除优惠。

⑤大学毕业生从事个体经营、合伙经营和组织起来就业的，可以根据情况减免税费征收。

### 8.7.2 合理避税

企业的各项税费都是企业的支出，合理避税就是创造利润。要想合理避税，就要懂得纳税筹划。

#### 1. 做好纳税筹划

纳税筹划即在法律规定的范围内，通过对涉税业务进行策划，最大限度地利用税收优惠条件，制订一整套完整的纳税操作方案，从而达到节税的目的。纳税筹划应遵循合法性、事先性和前瞻性的原则。

【案例8-1】

## 某货运公司的纳税筹划

某市区的货运公司用于出租的库房有三栋，其房产原值为1600万元，年租金收入为300万元，企业所得税率为25%。经计算，企业应缴增值税=300×9%=27万元；应纳房产税=300×12%=36万元；应纳城建税、教育费附加=27×（7%+3%）=2.7万元，即企业租金收入应纳税总额为27+36+2.7=65.7万元。由于房产税、城建税、教育费附加具有抵减企业所得税的作用，即抵减企业所得税65.7×25%=16.43万元，企业实际应纳企业所得税为65.7-16.43=49.27万元。

此企业该怎样实现合理避税呢？

专家建议其改变业务流程：公司与客户进行友好协商，继续利用库房为客户存放商品，但将租赁合同改为仓储保管合同，增加服务内容，配备保管人员，为客户提供24小时服务。

假设提供仓储服务的收入约为300万元。根据《中华人民共和国房产税暂行条例》及有关政策法规的规定，租赁业与仓储业的计税方法不同：房产自用的，其房产税依照房产余值的1.2%计算缴纳，应交税额=房产原值×（1-30%）×1.2%；房产用于租赁的，其房产税依照租金收入的12%计算缴纳，应纳税额=租金收入金额×12%。经过纳税筹划后，该公司应纳房产税=1600×（1-30%）×1.2%=13.44万元。保管收入应纳税额变为27+13.44+2.7=43.14万元。其中，房产税、城建税、教育费附加抵减企业所得税43.14×25%=10.79万元，故其实际应纳税额为43.14-10.79=32.35万元。企业每年可实现节税49.27-32.35=16.92万元。

从该案例中可以看出，同样的一笔收入经过纳税筹划后，企业能合法少缴一半的税费。当然，库房出租变为仓储后企业须增加保管人员，需要支付一定费用，如保管人员的工资费用、办公费用。一般情况下，这些费用也远远低于每年节省的税负。

纳税筹划就需要在增加的费用和节省的税收之间进行比较决策。

企业该如何减轻纳税人的税负？

某生产性企业，年销售收入150万元，可抵扣购进金额为90万元，增值税率为13%。那么该企业做哪种纳税人税负会更轻？

对于一般纳税人来说，年应纳增值税额 =（150-90）×13%=9.1 万元；年应缴纳所得税 = 150×25%=37.5 万元。

如果企业分开设立两个单独核算的企业，使其销售额分别为 70 万元和 80 万元，符合小规模纳税人的标准，年应纳增值税额 =（70+80）×3%=4.5 万元；年应缴纳所得税 =（70+80）×25%×20%=7.5 万元。

2. 合理避税的策略

中小企业合理避税可以运用以下策略。

1）选择"避税区域"

选择在经济特区、沿海经济开发区、前二者所在城市的老市区，以及国家认定的高新技术产业厂区、保税厂等设立生产、经营、服务型企业或从事高新技术开发的企业，可以享受较大程度的税收优惠。

2）在管理费用上下功夫

一方面，提高坏账准备金的提取比例。坏账准备金需要计入管理费用，提高坏账准备金可以导致企业当年的利润总额减少，按规定在缴纳企业所得税时，企业的坏账准备金在应交账款 5% 以内的部分可以抵税。另一方面，可以通过资产重组提高折旧或是缩短折旧年限。折旧金额的增加将导致利润减少，故而降低企业所得税。企业采用不同的折旧方法，计提的折旧额相差会很大，最终也会影响到所得税。

3）转移税负

定价转移是企业避税的基本方法之一，它是利用地区税率的差异来降低企业税负的，通过内部转移定价，使税负高的企业部分利润转移到税率低的企业，最终减少两家企业的纳税总额。该方法一般适用于税率有差异的相关企业。企业也可利用"预提费用"账户转移税负。我国会计制度规定，预提费用不需要以正式支付凭证为依据入账，待实际发生费用时再从预提费用中列支。企业可以在遵守会计制度的前提下，确定合理的计提范围和计提标准，统筹规划当前的产品成本、管理费用和财务费用，调整当期应纳税所得额，减少应纳所得税。使用该方法要求财务人员具备较高的专业素质，妥当处理，防止逃税、漏税等违法行为发生。

4）合理提高职工薪酬

中小企业在生产经营过程中，可考虑在不超过计税工资的范围内，适当提高员工工资，为员工办理医疗保险，建立职工养老基金、失业保险基金和职工教育基金等统筹基金，进行企业财产保险和运输保险等。这些费用可以在成本中列支，减少税负，同时也能调动员工积极性，企业以较低的成本支出赢得良好的综合效益。

5）采用经营租赁

采用经营租赁是指出租人以收取租金为条件，在契约或合同规定的期限内将资产租借给承租人。使用经营性租赁对承租人和出租人都可以起到减税作用：对承租人来说，租赁可以避免企业购买机器设备的负担和免遭设备陈旧过时的风险，由于租金从税前利润中扣减，可以冲减利润而达到避税效果；对于出租人而言，租金收入要比一般的经营业务收入拥有较优惠的税收待遇，也有利于减免税负。

中小企业利用避税策略并不是盲目随意的，必须以合法性为前提，坚持事先性和前瞻性原则，根据自身特点选择最适合自己的避税策略。

### 3. 缴纳保险

企业保险分为员工社会保险和企业商业保险。我国的社会保险主要有养老、医疗、失业、工伤和生育保险。商业保险通常包括资产保险和人身保险,如企业资产、人员的商业医疗、人身事故等保险。表 8-7 显示了保险税率的基本情况。

表8-7　各类保险税率

| 税种 | 承担主体 | 计税基数 | 税率 | 备注 |
| --- | --- | --- | --- | --- |
| 养老保险 | 单位部分 | 实工资,最低 1650 元,最高 18550 元 | 20% | |
| | 个人部分 | 实工资,最低 3710 元,最高 18550 元 | 8% | |
| 失业保险 | 单位部分 | 同养老单位 | 1% | |
| | 个人部分 | 同养老个人 | 0.2% | |
| 工伤保险 | 单位部分 | 同养老单位 | 0.7%～1.4% | |
| 医疗保险 | 单位部分 | 实工资,最低 5991 元,最高 18550 元 | 10% | 大额每年 1 月 |
| | 个人部分 | 实工资,最低 3594 元,最高 18550 元 | 2% | 66 元 +66 元 |
| 生育保险 | 单位部分 | 同医保单位部分 | 0.8% | |
| 住房公积金 | 单位部分 | 实发工资 | 12% | |
| | 个人部分 | 实发工资 | 12% | |

五险一金的缴纳额度每个地区的规定都不同,它是以工资总额为基数的,具体比例要向当地的劳动部门去咨询,各地缴纳比例不一样。

## 8.8 财务报表阅读与分析

通俗地说,财务报表是一套包含了企业全部财会信息的表格,它总括、综合地反映了企业的经济活动过程和结果,为有关方面进行管理和决策提供所需的会计信息。我国的企业财务制度规定的财务报表体系已基本与国际上通行的财务报表体系接轨,形成了以资产负债表、利润表和现金流量表三大报表为主的财务报表体系。企业根据实际发生的交易和事项,按照《企业会计准则》和其他会计准则的规定编制财务报表。

任务 8　企业财务管理——财务分析

阅读财务报表要读懂两方面的内容:一是读懂财务报表中包含哪些信息;二是读懂这些信息对使用者有什么影响与作用。

财务报表分析主要依据分布在资产负债表、利润表和现金流量表及财务报表附注中的信息,根据管理需要,应用专门方法进行有目标的分析或深入了解财务状况、盈利能力及资产运营效率。

财务报表分析是认识过程,通常只能发现问题,而不是提供解决问题的现成答案。但是通过财务报表分析可以衡量企业目前的财务状况,评价企业的运营能力、盈利能力、偿债能力和发展能力,发现可能存在的问题,判断企业的财务风险,预测企业未来的发展趋势,为经营决策提供信息支持。

财务报表分析的方法主要有比较分析法、比率分析法和因素分析法。

### 8.8.1 资产负债表的阅读与分析

资产负债表是反映企业在某一特定时点（年末日、季末日或月末日）的资产、负债和所有者权益数额及其结构状况的财务报表。它以"资产＝负债＋所有者权益"的财务恒等式为编制依据，它是反映企业财务状态的"晴雨表"。

1. 资产负债表反映的信息

资产负债表的主要功能是为需求者提供以下信息：

（1）企业拥有和控制的经济资源——资产的状况，包括流动资产、非流动资产、固定资产。

（2）企业所负担的债务状况及偿债能力——负债的情况，包括流动负债、非流动负债。

（3）企业所有者的权益及积累能力——股东权益及净资产。

在资产负债表中，有60多项数据，其中有10项核心数据至关重要，包括应收账款和存货、货币资金和借款（长期、短期）、固定资产和无形资产、应付账款和应付薪酬，以及资本公积和未分配利润。应收账款和存货是判断一家公司是否正常运行的基础。

2. 资产负债表的样式

资产负债表的样式如表8-8所示。

表8-8 资产负债表

| 资产 | 行次 | 期末余额 | 年初余额 | 负债和股东权益 | 行次 | 期末余额 | 年初余额 |
|---|---|---|---|---|---|---|---|
| 流动资产： | | | | 流动负债： | | | |
| 货币资金 | 1 | | | 短期借款 | 32 | | |
| 交易性金融资产 | 2 | | | 交易性金融负债 | 33 | | |
| 应收票据 | 3 | | | 应付票据 | 34 | | |
| 应收股利 | 4 | | | 应付账款 | 35 | | |
| 应收利息 | 5 | | | 预收账款 | 36 | | |
| 应收账款 | 6 | | | 应付职工薪酬 | 37 | | |
| 其他应收款 | 7 | | | 应付股利 | 38 | | |
| 存货 | 8 | | | 应交税费 | 39 | | |
| 其中：消耗性生物资产 | 9 | | | 其他应付款 | 40 | | |
| 持有待售资产 | 10 | | | 持有待售负债 | 41 | | |
| 一年内到期的非流动资产 | 11 | | | 一年内到期的非流动负债 | 42 | | |
| 其他流动资产 | 12 | | | 其他流动负债 | 43 | | |
| 流动资产合计 | 13 | | | 流动负债合计 | 44 | | |

续表

| 资产 | 行次 | 期末余额 | 年初余额 | 负债和股东权益 | 行次 | 期末余额 | 年初余额 |
|---|---|---|---|---|---|---|---|
| 非流动资产： | | | | 非流动负债： | | | |
| 债券投资 | 14 | | | 长期借款 | 45 | | |
| 其他债券投资 | 15 | | | 应付债券 | 46 | | |
| 长期应收款 | 16 | | | 租赁负债 | 47 | | |
| 长期股权投资 | 17 | | | 长期应付款 | 48 | | |
| 其他权益工具投资 | 18 | | | 预计负债 | 49 | | |
| 其他非流动金融资产 | 19 | | | 递延所得税负债 | 50 | | |
| 投资性房地产 | 20 | | | 其他非流动负债 | 51 | | |
| 固定资产 | 21 | | | 非流动负债合计 | 52 | | |
| 在建工程 | 22 | | | 负债合计 | 53 | | |
| 生产性生物资产 | 23 | | | 股东权益： | | | |
| 无形资产 | 24 | | | 股本（或实收资本） | 54 | | |
| 开发支出 | 25 | | | 资本公积 | 55 | | |
| 商誉 | 26 | | | 盈余公积 | 56 | | |
| 长期待摊费用 | 27 | | | 未分配利润 | 57 | | |
| 递延所得税资产 | 28 | | | 减：库存股 | 58 | | |
| 其他非流动资产 | 29 | | | 股东权益（或股东权益）合计 | 59 | | |
| 非流动资产合计 | 30 | | | 负债及股东权益总计 | | | |
| 资产总计 | 31 | | | | 60 | | |

3. 资产负债表分析的内容及方法

资产负债表分析主要包括三方面内容，即分析资产与负债的组成，以了解企业资产、负债质量；分析偿债能力，以了解企业是否存在财务风险；分析资产运用能力，以了解企业资产管理状况和运营效率。

1）资产与负债的组成分析

企业的资产和负债是从两个角度来反映同一经营活动的。资产是以资金的物质表现形式来反映资金的存在状况的；负债是从企业资金取得途径来反映资产所需资金筹集的来源情况的。一般情况下，企业的资产与负债的结构如下：

流动资产≥流动负债；

固定资产及长期资产≤长期负债及所有者权益。

（1）资产结构分析

资产结构分析主要研究流动资产同总资产之间的比例关系。反映资产结构的重要指标是流动资产率，其计算公式为：

$$流动资产率 = 流动资产额 \div 资产总额$$

流动资产率越高，说明企业的资金流动性、可变现能力越强，其发展势头越旺盛；也说明企业当期投入生产经营活动的现金，要比其他时期、其他企业投入得多。如果企业的流动资产率低于合理区间，并逐年不断减少，一般来说，其业务处于萎缩状态，生产经营亮起了红灯，需及时找出原因并谋求相应对策，以求尽快脱离险境。

资产结构分析还包括对无形资产增减及固定资产折旧快慢的分析。无形资产不断增加的企业，其开发创新能力强；固定资产折旧比例较高的企业，其技术更新换代速度快。

（2）负债结构分析

负债结构主要反映负债总额与所有者权益、长期负债与所有者权益之间的比例关系。通过分析企业负债结构，可以了解企业自有资金负债率和负债经营率。

资产负债率又称负债比率，指企业一定时期负债总额（流动负债＋长期负债）与资产总额（所有者权益）的比例关系，其计算公式为：

$$资产负债率 = 负债总额 \div 资产总额$$

资产负债率是国际公认的衡量企业偿债能力和财务风险的重要指标。国际上一般认为资产负债率在40%～60%之间比较好。适度的资产负债率表明企业投资人、债权人的投资风险较小，也表明企业经营安全、稳健、有效，具有较强的筹资能力。

（3）资产结构的弹性分析

资产结构的弹性主要反映企业现金与现金等价物占全部资产的比例关系，其计算公式为：

$$资产结构弹性 = 金融资产（货币资金 + 短期投资 + 应收票据） \div 总资产$$

从计算结果可以分析企业经营景气程度和评估企业财务风险或资产经营风险。

2）短期偿债能力分析

短期偿债能力主要反映企业在不用变卖或处置固定资产的情况下能够偿还短期债务的能力。短期债务是指流动负债，包括短期借款和应付、应交及预收款项等不长于一年或一个经营周期的债务。

可以通过分析营运资本、流动比率、速动比率、现金比率来评估企业的短期偿债能力。

（1）营运资本

营运资本是衡量一个企业偿还短期债务能力的重要指标，它是流动资产超过流动负债的那部分资金，也称运营资金，其计算公式为：

$$营运资本 = 流动资产 - 流动负债$$

从计算结果可以分析企业营运资金的保障程度。

企业还可以将营业收入与营运资本进行比较，分析在下一个财务年度内的营运资本周期速度，其计算公式为：

$$营运资本周转（次/年） = 营业收入 \div 平均营运资本$$

（2）流动比率

流动比率是流动资产与流动负债的比率。它是分析短期偿债能力的指标，计算公式为：

$$流动比率 = 流动资产 \div 流动负债$$

从该指标可以看出，流动比率越高，表明企业的偿债能力和资产变现能力越强，债权人的权益越有保证，具有支付信用。国际上通常认为，流动比率的下限为100%；而流动比率为200%比较适当，表明企业财务状况比较稳定。比率过低，企业难以如期还债。比率也不宜过高，过高表明企业流动资产占用较多，会影响资金的使用效率和筹资成本，进而影响获利能力。

（3）速动比率

速动比率与流动比率的差异就是在比较流动资产与流动负债时，将流动资产中的存货（库存材料、库存商品）进行扣除。由于存货质量和周转情况的影响，一般情况下变现能力或得到补偿能力较其他流动资产差，将其从流动资产中扣除，其他的流动资产显得变现速度更快，称为速动资产。因此，分析速动比率可以进一步判断企业的偿债能力或支付能力。其计算公式为：

$$速动比率 = 速动资产（流动资产 - 存货）\div 流动负债$$

速动比率越高，表明企业偿还流动负债的能力越强，一般保持在100%的水平比较好，表明企业既有好的债务偿还能力，又有合理的流动资产结构。

（4）现金比率

现金比率分析，即分析企业在经营活动中产生现金的能力，它也反映企业的直接支付能力。其计算公式为：

$$现金比率 =（货币资金 + 有价证券）\div 流动负债$$

现金比率的高低，表明企业关系支付能力和偿债保障能力。现金比率既不能过低，也不能过高。过低，企业可能面临财务危机；过高，可能意味着企业拥有过多的获利能力和较低的现金类资产，企业的资产未能得到有效的利用。

现金比率分析，应重点分析企业销售量大小及增长情况、成本开支比例及变动情况、现金流量水平是否保持相对稳定、赊销政策及资产管理效率等因素。另外，外部环境的变化及企业的适应能力是分析企业产生现金能力的关键。

3）长期偿债能力分析

企业的长期负债主要包括长期借款、应付长期债券、长期应付款等偿还期在一年以上的债务。分析和评价企业长期偿债能力的指标有资产负债率、股东权益比率、负债股权比率、利息保障倍数（获利倍数）。

（1）资产负债率

资产负债率，也叫负债比率，是指企业在一定时期内负债总额与资产总额的比率。资产负债率反映企业的资产总额中有多少是通过举债获得的。其计算公式为：

$$资产负债率 = 负债总额 \div 资产总额$$

对于该指标，投资者和债权人关注资本扩张带来的投资风险，资产负债率越低越好；公司经营者则在考虑资金成本负担能力的同时，还要考虑通过适度负债满足企业发展对资金的需求，既不能过于保守，也不应盲目举债。国际上一般认为资产负债率为40%～60%比较好。该指标适度，既表明企业投资人、债权人的投资风险较小，也表明企业经营安全、稳健、有效，具有较强的筹资能力。

（2）股东权益比率

股东权益比率是股东权益占企业资产总额的比例，该指标反映企业资产总额中有多少是所有者投入的资金。其计算公式为：

$$股东权益比率 = 所有者权益总额 \div 资产总额$$

（3）负债股权比率

负债股权比率是负债总额与股东权益总额的比率，也称产权比率。其计算公式为：

$$负债股权比率 = 负债总额 \div 所有者权益总额$$

该指标反映了企业债权人所提供的资金与股东所提供的资金的对比关系，它可以揭示企业的财务风险及股东权益对偿还债务的保障程度。

（4）利息保障倍数

利息保障倍数又称已获利息倍数，是企业一定时期息税前利润（所得税前利润+利息费用）与利息费用的比率。其计算公式为：

$$利息保障倍数 = 息税前利润 \div 利息支出$$

其中，利息费用包括财务费用中的利息费用和已计入固定资产价值中的资本化利息。利息保障倍数反映了企业用经营所得支付债务利息的能力。一般来说，利息保障倍数至少应大于1。该指标越高，表明企业债务偿还越有保证；反之，企业支付债务利息的能力越低，债权人和投资者将加大对企业财务风险的评估，企业会加大筹、融资的难度，有资金链断裂的风险。

4）资产营运能力分析

营运能力反映了企业资金周转状况。通常来说，资金周转得越快，说明资金利用效率越高，企业的经营管理水平也就越好。反映企业营运能力的指标包括应收账款周转率、存货周转率、流动资产周转率、固定资产周转率和总资产周转率等指标。

（1）应收账款周转率

应收账款周转率又称为应收账款周转次数，是指企业一定时期内主营业务收入净额同应收账款平均余额的比率。它表示应收账款变现的速度。该指标也可以按周转天数反映。其计算公式为：

$$应收账款周转率（次）= 主营业务收入净额 \div 应收账款平均余额$$
$$应收账款周转期（天）= 360 \div 应收账款周转率$$

为了分析应收账款回收情况对企业财务风险的影响，企业还会对应收账款坏账率进行分析。应收账款坏账率的计算公式为：

$$应收账款坏账率 = 当年提取的应收账款坏账准备 \div 全年主营业务收入$$

一般来说，应收账款周转率越高，平均收款期越短，应收账款收回越快。否则，企业的运营资金会过多地滞留在应收账款上，影响资金正常周转。

（2）存货周转率

存货周转率是企业在一定时期主营业务成本与存货平均余额的比率。存货周转率指标用于判断企业存货质量、变现速度，还可以用于衡量存货的储备是否经济合理。其计算公式为：

$$存货周转率（次）= 主营业务成本 \div 存货平均余额$$
$$存货周转期（天）= 360 \div 存货周转率 = 360 \times 存货平均余额 \div 主营业务成本$$

一般情况下，存货周转率高，表示销售顺畅使企业资产具有较高的流动性，存货转换为

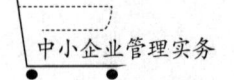

现金或应收账款的速度快，存货占用水平低。

（3）流动资产周转率

流动资产周转率又叫流动资产周转次数，是营业收入与全部流动资产的比率。它反映的是全部流动资产的运用效率。用时间表示流动资产周转速度的指标叫流动资产周转天数，表示流动资产平均周转一次所需的时间。其计算公式为：

$$流动资产周转率（周转次数）=营业收入（营业收入+其他业务收入）÷流动资产平均余额 \times 100\%$$

$$流动资产周转天数 = 360 ÷ 流动资产周转次数$$

流动资产周转率是分析企业流动资金占用情况的一个综合指标。流动资产周转快，会相对节约流动资金占用，盘活了企业资金，扩大了企业资产投入能力。

（4）固定资产周转率

固定资产周转率是企业实现的年营业收入与平均固定资产净值的比率。其计算公式为：

$$固定资产周转率（次数）=主营业收入 ÷ 平均固定资产净值$$

从其计算公式可以看出，企业固定资产周转率越高，周转天数越少，投资回收期越短，投资风险也就越小。

（5）总资产周转率

总资产周转率又叫投资周转率，是企业年营业收入与平均资产总额的比率，它反映的是企业通过实现营业收入收回总资产的速度。其计算公式为：

$$总资产周转率 = 主营业务收入 ÷ 总资产平均余额$$

通过分析可以看出，企业总资产周转次数越多，总资产周转天数越少，则表明企业资产管理效率越高，投资回收期越短。

### 8.8.2 利润表的阅读与分析

利润表又称损益表，是反映企业一定时期的经营成果及其分配情况的财务报表，是企业经营业绩的综合体现，也是进行利润分配的主要依据。

1. 利润表的阅读

阅读利润表，一要看清"时期"，即在多长一个时期内，产生了多少的利润或亏损，时期长短不一样，利润或亏损是不一样的；二要读懂"结构"及其关系。

1）利润表的结构

利润表是一个动态报告，其项目包括三大类：收入、费用、利润。报表遵循"收入－费用＝利润"的基本方程式，按照各项目的重要性，将收入、费用、利润依次排列，并根据会计账簿日常记录的大量数据累计整理后编制而成。

利润表的结构分为5个层次，从上到下分别是：主营业务收入、主营业务利润、营业利润、利润总额及净利润。可以从两个方向来读这张报表，一个是从上向下看，利润表的第一行是主营业务收入，代表企业卖了多少产品；利润表的最后一行是净利润，记录了企业销售产品赚了多少钱；而利润表当中的所有项目代表的是企业为销售产品花了多少成本，从计算主营业务收入到得出净利润这个过程，可以看出这个净利润产生的过程。如果从下向上看，即先看净利润，最后看主营业务收入，可以得出净利润产生的原因。

2）利润表的样式

利润表的样式如表 8-9 所示。

表8-9 利润表

| 项目 | 行次 | 本月数 | 本年累计数 |
| --- | --- | --- | --- |
| 一、营业收入 | 1 | | |
| 减：营业成本 | 2 | | |
| 税金及附加 | 3 | | |
| 销售费用 | 4 | | |
| 管理费用 | 5 | | |
| 研发费用 | 6 | | |
| 财务费用 | 7 | | |
| 加：投资收益（损失用"-"号填列） | 8 | | |
| 公允价值变动损益（损失用"-"号填列） | 9 | | |
| 信用减值损失（损失用"-"号填列） | 10 | | |
| 资产减值损失（损失用"-"号填列） | 11 | | |
| 资产处置收益（损失用"-"号填列） | 12 | | |
| 二、营业利润（亏损用"-"号填列） | 13 | | |
| 加：营业外收入 | 14 | | |
| 减：营业外支出 | 15 | | |
| 三、利润总额（亏损用"-"号填列） | 16 | | |
| 减：所得税费用 | 17 | | |
| 四、净利润（净亏损用"-"号填列） | 18 | | |

利润表中各项目间的关系在表内的括号中反映出来。

2. 利润表分析

利润表分析最重要的是分析企业组织收入、控制成本费用支出、实现盈利的能力，以及评价企业的经营成果。同时还可以通过收支结构和业务结构分析，分析与评价各项业务业绩成长对企业总体效益的贡献。

1）收入与支出分析

利润表里最重要的项目是收入，这是企业赖以生存和获取利润的来源。收入一般分为主营业务收入和其他业务收入。

主营业务收入包括销售商品、提供劳务的收入。

销售商品的收入，既包括企业为销售而生产或购进的商品，也包括企业销售的其他存货，如原材料、包装物等。但企业用于投资、捐赠、抵偿债务及自用等的商品，会计上均不作为销售商品处理，应按成本结转。

提供劳务的收入，主要有提供旅游、运输、饮食、广告、咨询、代理、培训、产品安装等所获得的收入。

其他业务收入是指除各类企业主营业务以外的其他日常活动所取得的收入。一般情况下，其他业务活动的收入不多，发生频率不高，在收入中所占比重较小，如材料物资及包装物销售、无形资产使用权实施许可、固定资产出租、包装物出租、运输、废旧物资出售收入等。

与收入对应的支出在企业中往往被定义为两部分，一部分是成本，另一部分是费用。成本费用分析在前面的成本费用构成中已做过分析，不再重复。

营业利润、利润总额、净利润在前面的利润构成中也做过分析，不再赘述。

2）企业盈利能力分析

企业盈利能力是指企业赚取利润的能力。分析和评价企业盈利能力的指标有销售毛利率、销售净利率、总资产报酬率、净资产收益率、资产保值增值率。

（1）销售毛利率

销售毛利率是指销售毛利与销售收入的百分比，简称为毛利率。其计算公式为：

$$销售毛利率 = 销售毛利 / 销售收入 \times 100\% = （销售收入 - 销售成本）/ 销售收入 \times 100\%$$

毛利水平反映了企业初始获利能力，它是企业实现利润的起点。控制销售成本是提高毛利率的关键。

（2）销售净利率

销售净利率是净利润占销售收入的百分比，简称净利率。其计算公式为：

$$销售净利率 = 净利润 \div 销售收入 \times 100\%$$

通过对销售利率进行分析，可以了解企业每实现1元收入所获得的利润水平。

（3）总资产报酬率

总资产报酬率是指企业一定时期内获得的报酬总额与平均资产总额的百分比。该指标反映了企业利用全部资源获益的能力。其计算公式为：

$$总资产报酬率 = 息税前利润总额 / 平均资产总额 \times 100\%$$

$$或总资产报酬率 = 收入净利率 \times 总资产周转率$$

总资产报酬率越高，表明企业资产利用效率越高，说明企业在增加收入、节约资金使用等方面取得了良好的效果；反之，说明资金利用效率低。

（4）净资产收益率

净资产收益率是指企业在一定时期内净利润同平均净资产的比率。其计算公式为：

$$净资产收益率 = 净利润 / 平均净资产 \times 100\%$$

净资产收益率越高，表明企业自有资本获取收益的能力越强，运营效益越好，对投资人、债权人的利益保证程度越高。

（5）资产保值增值率

资产保值增值率是指期末所有者权益余额与期初所有者权益余额的比率。它反映所有者权益保值或增值的情况。其计算公式为：

$$资本保值增值率 = 期末所有者权益余额 \div 期初所有者权益余额$$

### 8.8.3 现金流量表的阅读与分析

现金流量表是反映企业在财务期间内经营活动、筹资和投资活动产生的净现金流情况的财务报表。

1. 现金流量表的构成

资金流量表分为三部分，即经营性现金的净流量、投资性现金的净流量、筹资性现金的净流量。经营性现金流量是指企业自身经营所产生的现金流，好比人体的"造血"功能，通常情况下为"正"，表明企业"造血"机能正常。投资性现金流，是指企业将现金转换成其他资产或者对外投资所产生的现金流。筹资性现金流是指企业从外部筹款和融资的现金流，好比人体的"输血"功能，反映企业融资和筹资的能力，这个指标往往和资产负债表联动分析。阅读现金流量表就是要关注企业自身的"造血"的机能和外部"输血"的功能，只要抓住这两个数据，企业资金流向尽在掌握中。

2. 现金流量表的样式

现金流量表的样式如表8-10所示。

表8-10 现金流量表

| 项目 | 行次 | 金额 | 项目 | 行次 | 金额 |
| --- | --- | --- | --- | --- | --- |
| 一、经营活动产生的现金流量： | | | 补充资料： | | |
| 销售商品、提供劳务收到的现金 | 1 | | 1.将净利润调节为经营活动现金流量： | | |
| 收到的税费返还 | 2 | | 净利润 | 34 | |
| 收到的其他与经营活动有关的现金 | 3 | | 加：计提的资产减值准备 | 35 | |
| 现金流入小计 | 4 | | 固定资产折旧、油气资产折耗、生产性生物资产折旧 | 36 | |
| 购买商品、接受劳务支出的现金 | 5 | | 无形资产摊销 | 37 | |
| 支付给职工以及为职工支付的现金 | 6 | | 长期待摊费用摊销 | 38 | |
| 支付的各项税费 | 7 | | 待摊费用减少（减：增加） | 39 | |
| 支付的其他与经营活动有关的现金 | 8 | | 预提费用增加（减：减少） | 40 | |
| 现金流出小计 | 9 | | 处置固定资产、无形资产和其他长期资产的损失（减：收益） | 41 | |
| 经营活动产生的现金流量净额 | 10 | | 固定资产报废损失 | 42 | |
| 二、投资活动产生的现金流量： | | | 公允价值变动损失 | 43 | |
| 收回投资所收到的现金 | 11 | | 财务费用 | 44 | |
| 取得投资收益所收到的现金 | 12 | | 投资损失（减：收益） | 45 | |
| 处置固定资产、无形资产和其他长期资产所收回的现金净额 | 13 | | 递延所得税资产减少（减：增加） | 46 | |
| 处置子公司及其他营业单位收到的现金净额 | 14 | | 递延所得税负债增加（减：减少） | 47 | |

续表

| 项目 | 行次 | 金额 | 项目 | 行次 | 金额 |
|---|---|---|---|---|---|
| 收到的其他与投资活动有关的现金 | 15 | | 存货的减少（减：增加） | 48 | |
| 现金流入小计 | 16 | | 经营性应收项目的减少（减：增加） | 49 | |
| 购建固定资产、无形资产和其他长期资产所支付的现金 | 17 | | 经营性应付项目的增加（减：减少） | 50 | |
| 投资所支付的现金 | 18 | | 其他 | 51 | |
| 取得子公司及其他营业单位支付的现金净额 | 19 | | 经营活动产生的现金流量净额 | 52 | |
| 支付的其他与投资活动有关的现金 | 20 | | 2.不涉及现金收支的投资和筹资活动： | | |
| 现金流出小计 | 21 | | 债务转为资本 | 53 | |
| 投资活动产生的现金流量净额 | 22 | | 一年内到期的可转换公司债券 | 54 | |
| 三、筹资活动产生的现金流量： | | | 融资租入固定资产 | 55 | |
| 吸收投资所收到的现金 | 23 | | 其他 | 56 | |
| 借款所收到的现金 | 24 | | 3.现金及现金等价物净增加情况： | | |
| 收到的其他与筹资活动有关的现金 | 25 | | 现金的期末余额 | 57 | |
| 现金流入小计 | 26 | | 减：现金的期初余额 | 58 | |
| 偿还债务所支付的现金 | 27 | | 加：现金等价物的期末余额 | 59 | |
| 分配利润或偿付利息所支付的现金 | 28 | | 减：现金等价物的期初余额 | 60 | |
| 支付的其他与筹资活动有关的现金 | 29 | | 现金及现金等价物净增加额 | 61 | |
| 现金流出小计 | 30 | | | | |
| 筹资活动产生的现金流量净额 | 31 | | | | |
| 四、汇率变动对现金的影响 | | | | | |
| 五、现金及现金等价物净增加额 | | | | | |
| 期初现金及现金等价物余额 | 32 | | | | |
| 期末现金及现金等价物余额 | 33 | | | | |

3. 现金流量表分析

中小企业中有的生意挺火爆，订单不少，也获得一定的利润，却陷入财务困境；有的出现巨额亏损，却有能力购置设备，扩充规模。这些看似莫名其妙的问题很难从资产负债表和利润表中找到答案，而现金流量表非常直观地回答了现金"从哪里来""到哪里去"的问题，从现金流量表可以直观地了解企业经营运作使用资金的情况，还可以进一步判断企业的利润质量以及偿付到期债务的能力。

1）企业现金的流入与流出

企业现金流入的"来源"和现金流出的"去向",如图8-3所示。

经营活动:销售产成品、商品、提供劳务。

经营活动:购买原材料、商品、接受劳务支付;支付职工薪酬;支付税费;支付其他与经营活动有关的现金。

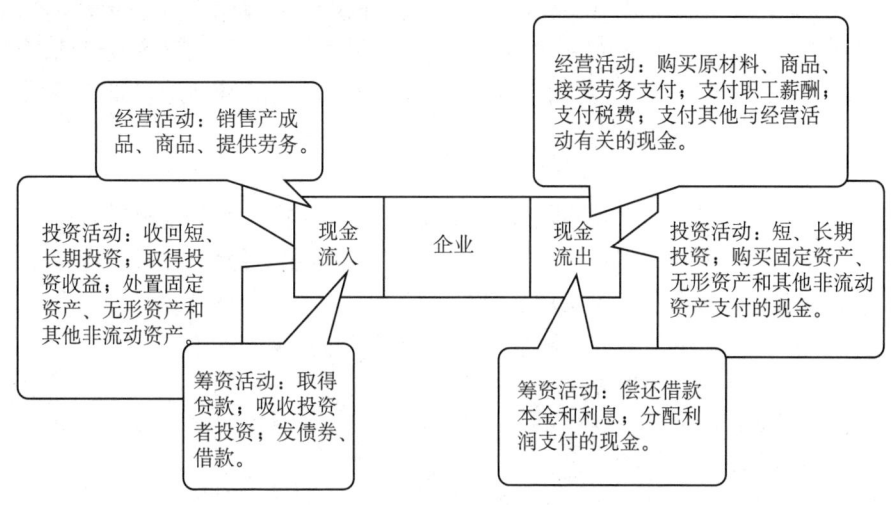

投资活动:收回短、长期投资;取得投资收益;处置固定资产、无形资产和其他非流动资产。

投资活动:短、长期投资;购买固定资产、无形资产和其他非流动资产支付的现金。

筹资活动:取得贷款;吸收投资者投资;发债券、借款。

筹资活动:偿还借款本金和利息;分配利润支付的现金。

图8-3 企业现金的流入与流出图

现金流量表分别记录了企业资金由经营活动、投资活动、筹资活动流入、流出的轨迹。

2）分析内容

沿着现金流入、流出的轨迹,分别按照经营、投资、筹资三项活动分析现金流量的质量。下面以某企业简明现金流量表（表8-11）为例进行分析。

表8-11 简明现金流量表

| 项目 | 流入（万元） | 流出（万元） | 净额（万元） |
| --- | --- | --- | --- |
| 经营活动 | 21342 | 19424 | 1918 |
| 投资活动 | 206 | 5330 | -5124 |
| 筹资活动 | 9233 | 5608 | 3625 |
| 合计 | 30781 | 30362 | 419 |

从表中可以看到:该公司的经营活动现金流入大于流出,现金流量净额为1918万元,表明经营活动现金流量质量较好;投资活动现金流入小于流出,现金流量净额为-5124万元,这是正常现象。企业要发展壮大,扩充生产规模,就有必要安排相当的投资支出;筹资活动现金流入大于流出,现金流量净额为3625万元,因为经营活动产生的现金流量净额不能完全满足投资支出的需要。

三类现金流量合计流入大于流出,现金流量净额合计为419万元,表明公司的利润质量较好,具有一定的偿付到期债务的能力。

上述案例表明,现金流量表重点分析三方面内容:

（1）现金净流量与短期偿债能力的变化。

（2）现金流入量的结构与公司的长期稳定。

（3）投资活动与筹资活动产生的现金流量与企业的未来发展。

在分析投资活动时，一定要注意分析是对内投资还是对外投资。对内投资的现金流出量增加，意味着固定资产、无形资产等的增加，说明企业正在扩张，这样的企业成长性较好；如果对内投资的现金流量大幅增加，意味着企业正常的经营活动没有能够充分吸纳现有的资金，资金的利用效率有待提高；对外投资的现金流入量大幅增加，意味着企业现有的资金不能满足经营需要，从外部引入了资金；如果对外投资的现金流出量大幅增加，说明企业正在通过非主营业务活动来获取利润。

3）如何增加经营活动现金流量

在现金流入量分析中发现，经营活动现金流量是最重要的现金流量，肩负着付息、派息、投资、偿债等一系列现金需求，经营者应当重点关注经营活动产生的现金流量净额，采取必要的措施来增加经营活动产生的现金流量。如：

（1）压缩应收账款、存货占有，释放现金流量。
（2）考核销售人员的销售回款情况。
（3）节约材料消耗，降低材料成本。
（4）提高劳动效率，控制人工成本。
（5）控制销售费用、规律费用的支出。

### 小思考

资产负债表、利润表、现金流量表之间是怎样的关系？

### 任务小结

（1）对于什么是企业财务管理这个问题，重点理解财务管理的基本任务，即组织财务活动及处理财务关系。认识财务活动和财务关系的内容，掌握财务运动的基本规律。

（2）对于企业筹资管理、投资管理、资产管理、成本管理、利润分配的内容，重点掌握管理的内容和方法。

（3）对于资产负债表、利润表、现金流量表，重点理解报表所反映的信息、报表的样式、报表的用途、阅读内容及方法。报表分析重点掌握分析的内容与分析方法。

（4）理解三张报表之间的关系：资产负债表反映企业一定时期的财务状况，但无法解释财务状况形成的原因和过程；利润表说明一定时期的经营成果，却无法表达经营成果是否与现金流量相匹配；现金流量表是对资产负债表和损益表的补充和完善，它可以解释财务状况的变动原因和过程，并说明经营成果对财务状况的影响。

### 学习指导

**1. 课程总结**

建议用思维导图法完成课程总结。总结内容提示：

重要概念：企业财务管理，流动资产，固定资产，递延资产，应收账款，期间费用，管理费用，财务费用，销售费用，盈利能力，资产运营效率，负债结构，资产结构的弹性，短期偿债能力，长期偿债能力，资产负债率，股东权益比率，营运能力，利润总额，净利润，权益资金，资产负债表，利润表，现金流量表。

主要知识：筹资的渠道选择；流动资产、固定资产、无形资产、递延资产的构成；成本控制的内容与方法；企业应缴的税种与税率；盈利能力分析的内容；资产营运能力的指标构成；三类报表的样式与阅读内容。

主要方法：固定资产折旧的计算方法，纳税金额计算的方法，短期偿债能力分析、长期偿债能力分析、资产营运能力分析和盈利能力分析中的一些计算方法。

### 2. 知识检测

请同学们扫码完成知识测验。

### 3. 技能训练

给定企业背景，能编制财务报表。具体如下：

（1）结合本组模拟企业背景，编制现金流量表。
（2）找一家你熟悉的企业，为其编制一份利润表。
（3）对上面的两张报表进行分析。
（4）对某出租车司机的成本控制做出分析。

操作建议：

1）阅读案例，系统思考

操作前要通过案例系统思考几项技能的关系，明确操作的步骤和方法。

建议仔细研读任务8的案例场景，结合案例，从系统、全局的视角理解几项技能在企业财务管理中的作用，更准确地理解操作内容和操作目标。

2）操作的组织形式

以前期组建的模拟企业管理团队为基本单位进行操作。

### 4. 能力提升

（1）对你为某企业编制的利润表做简单的分析。
（2）结合教材中孙贺公司财务管理的案例场景，对其财务管理做评价，并分析其存在问题的原因，提出改进建议。
（3）结合"一家个体饭店的采购成本控制"的案例（见《中小企业管理实务操作手册》任务8-【能力拓展】-2.案例分析），分析成本管理中经常出现的问题及其原因，提出改进建议。

### 5. 下次课预习内容

（1）阅读教材任务9的内容及网络学习平台中任务9的课件、案例等资料，学习理解任务9的基本内容。
（2）搜集某个公司物流管理的案例，理解企业物流的流通环节及业务情况。

测试8

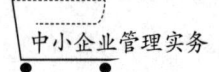

# 任务9　企业物流管理

## 教学导航

| 教学任务 | 9.1　企业物流管理概述<br>9.2　企业供应物流管理<br>9.3　生产物流管理<br>9.4　企业销售物流管理<br>9.5　企业回收物流与废弃物流管理 | |
|---|---|---|
| 教学目标 | 知识目标 | 掌握企业物流流通环节、物流各环节的管理工作、企业供应、生产、销售、废弃物回收各环节的物流流程和管理工作、物料需求分析、采购计划、产成品入库、在制品运行、物料准备、产品配送、产品陈列、送货、回收物流、废弃物流等知识 |
| | 技能目标 | 1. 能够计算某企业的采购批量<br>2. 能够编制企业的采购订单<br>3. 能够制订某企业的库存管理方案 |
| | 素质目标 | 增强学生的服务意识和企业责任感 |
| 教学方法 | 建议采用小组学习法+案例分析法进行教学。建议采用小组学习的方式,进行讨论式学习 | |

项目 2　管理企业

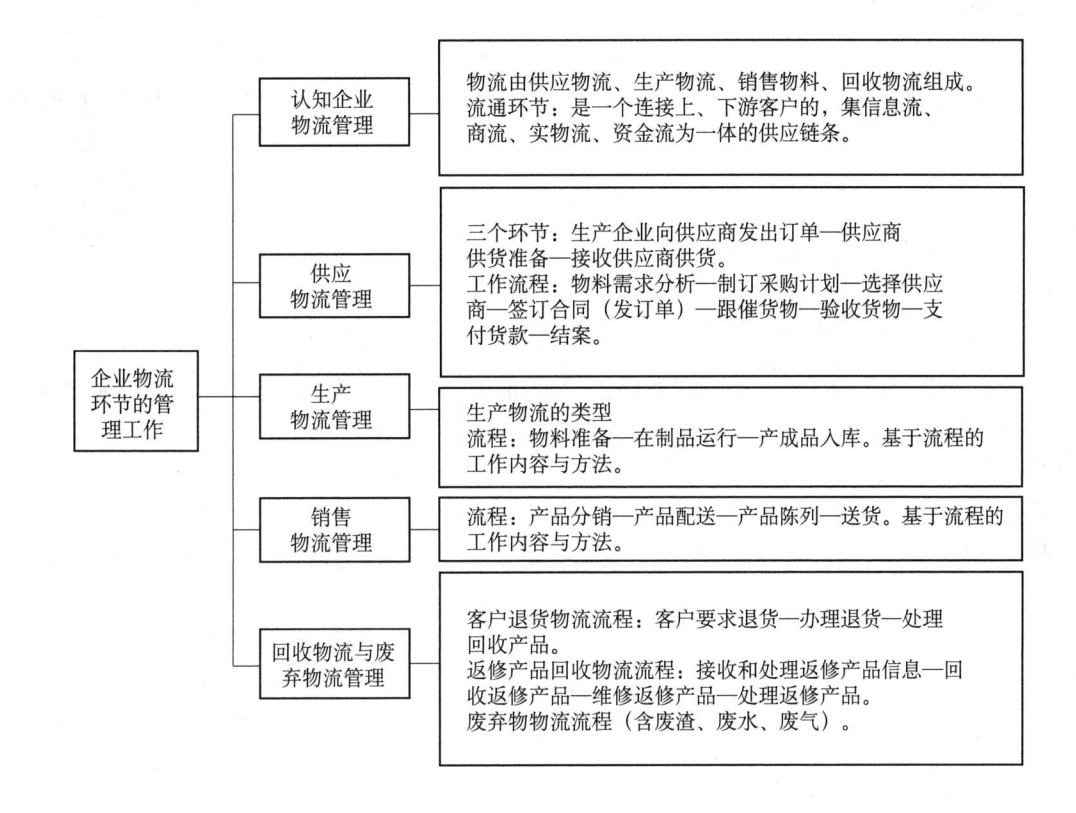

## 知识导图

| | | |
|---|---|---|
| 企业物流环节的管理工作 | 认知企业物流管理 | 物流由供应物流、生产物流、销售物料、回收物流组成。<br>流通环节：是一个连接上、下游客户的，集信息流、商流、实物流、资金流为一体的供应链条。 |
| | 供应物流管理 | 三个环节：生产企业向供应商发出订单—供应商供货准备—接收供应商供货。<br>工作流程：物料需求分析—制订采购计划—选择供应商—签订合同（发订单）—跟催货物—验收货物—支付货款—结案。 |
| | 生产物流管理 | 生产物流的类型<br>流程：物料准备—在制品运行—产成品入库。基于流程的工作内容与方法。 |
| | 销售物流管理 | 流程：产品分销—产品配送—产品陈列—送货。基于流程的工作内容与方法。 |
| | 回收物流与废弃物流管理 | 客户退货物流流程：客户要求退货—办理退货—处理回收产品。<br>返修产品回收物流流程：接收和处理返修产品信息—回收返修产品—维修返修产品—处理返修产品。<br>废弃物物流流程（含废渣、废水、废气）。 |

## 导入案例

### 孙贺公司的物流情况

　　孙贺的公司是一家广告公司，公司内部的物流很少，这和生产型公司有很大区别。公司的物流主要有办公用品的采购与存储，客户广告耗材的采购。自从有了地铁站台的广告之后，好多大客户的广告业务剧增，有些客户需要在地铁站台内搞一些促销活动，促销活动需要一些设备和材料。这些物流的内容虽然不多，但也涉及采购、库存和每个项目的物流计划等。

　　企业的每一项活动都需要成本核算，物流当然也不例外。许多中小企业的物流成本都比较高，尤其是那些生产型和物资流转类的企业，其成本始终居高不下。企业物流成本的减少，就是企业利润的增加，因此如何节约物流成本，对中小企业来说显得十分重要。

　　**案例分析**：这个案例里涉及以下几个问题：

　　1. 节约物流成本的要点是什么？
　　2. 如何做到科学采购？
　　3. 如何做到合理的库存？

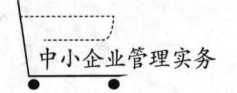

更为宽广的视野是如何做好供应链下的物流？

带着这些问题，我们有必要先看一看沃尔玛的物流是怎样做的，再学一点物流知识，然后就可以试着做一做自己的物流了。

# 任务解析

## 9.1 企业物流管理概述

### 9.1.1 企业物流的组成及作用

所谓物流，简单地说是指物质的流通，准确地说是指物质产品由最初生产者到最终消费者的实体流通过程。企业物流作为企业生产经营活动的组成部分，是从企业角度研究和运作的物流活动，具体指在企业生产经营过程中，物品由原材料供应，经过生产加工到产成品，再到销售，以及伴随消费过程所产生的废弃物回收、再利用的完整循环活动。它由供应物流、生产物流、销售物料、回收物流等组成，是一个集信息流、商流、实物流、资金流为一体的供应链条。

通过以上的分析，我们可以体会到企业的经营管理是在明确了企业战略的前提下，做好两件事，即市场营销和产品运营。对于物质产品生产企业而言，无论是市场营销，还是产品运营，都离不开物流。具体说来，物流在企业中的作用至少表现为三方面。

1. 直接支持产品生产

企业生产就是通过对原材料或零部件（统称为物料）加工、装配，形成产成品的过程，在这个过程中，物料的供应能否及时有效，将直接影响企业的产品生产。过早、过多的物料供应会产生不必要的库存，增加成本。过晚、过少的物料供应会使企业停工待料，延迟交货期，长此以往将失去客户对企业的信任。

在企业的生产过程中，在制品需要按照生产计划，在各个车间及车间内部进行有序地移动，要使这种移动有效率，一方面要有科学的生产线布置和生产调度，另一方面要有良好的物流设备和科学的物流安排。

2. 直接支持产品销售

由产成品入库到产品销售同样需要物流的支持。通常，产品的销售地不仅仅局限于产品的生产地，那么，如何以低成本来保证产品销售的时效性，就成为销售物流考虑的核心问题。为此，企业至少应考虑产品由生产地到销售地的运输方式、销售地配送中心与配送方式的选择、库存控制方式选择、信息系统及物流设备选择等。这就要求企业的销售物流根据客户需求和市场营销计划，设计好销售物流系统和销售物流运行方式，以保证低成本的及时有效的市场销售。

3. 企业再生产的支持性环节，贯穿于整个过程

对于物质产品的生产企业而言，生产前需要有供应物流的保障，生产过程中需要有生产物流的保障，销售过程中需要有销售物流的保障，企业日常办公和职工生活需要有后勤物流

保障，少了哪一个环节的物流保障，企业的再生产都无法继续进行。

### 9.1.2 企业物流的流通环节

对于物质产品生产企业而言，在现实的生产经营活动中，它处在产品供应链中的某个环节，它的上游是供应商，下游是客户，它与上下游的联系是通过信息流、商流、物流和资金流来维系的。

1. 信息流

客户订单信息—生产计划信息—采购订单信息—供应商供货信息—物料库存信息—生产运行信息—产成品库存信息—产品销售（订单履行）信息—客户反馈信息，接下来是下一轮信息流。

客户订单信息反映的是市场信息，它是信息流的起点，引导着它以后的信息流，也就是说客户订单信息是引导信息，至关重要。因此企业必须有专人或独立部门来处理订单信息。

2. 商品流

商品流由两个环节组成：

（1）由采购订单引发的供应商物料从供应商处向生产企业转移。

（2）由客户订单引发的产品从生产企业向客户转移。

由此可见，商品流是由信息流引导和控制的，并由物流和资金流才最终得以实现的。

3. 物流

物流由五个环节组成：

（1）由供应商向生产企业的商流引发的供应物流。

（2）由产品生产引发的生产物流。

（3）由生产企业向客户的商流引发的销售物流》。

（4）由客户退货引发的回收物流。

（5）在生产过程与使用过程中产生的废弃物流。

商品流直接引导物流的走向，商品流只是在合同上实现了商品所有权的转移，而物流则是在实体上实现了商品所有权的转移。不过在现实中物流只是保证了买方的所有权，卖方所有权的让渡并没有得到相应的回报，它是靠最终的资金流得以实现的。

4. 资金流

资金流由两个环节组成：

（1）验收供应商到货后，支付货款产生生产企业向供应商的资金流。

（2）验收生产企业到货后，支付货款产生客户向生产企业的资金流。

在现实中，资金流是紧跟物流的，资金流往往是在物流实现以后才最终实现的。大多情况下，资金流是分两部分实现的，一部分以定金的形式预先支付，余款则在验货后支付。对于有长期合作关系的企业，常常不必支付定金，而是货到后一次性付款。

综上可见，企业物流是在企业信息流和商流的引导下运行的，它是信息流和商流的实体保证。企业的运行实际上是信息流、商流、物流、资金流"四流"统一的过程，哪一流中断都会使整个过程中断。因此，如何协调企业"四流"的有机运行是企业日常工作的核心问题。由此，企业物流在其运行过程中就必须考虑，如何才能更好地实现企业的信息流和商流。

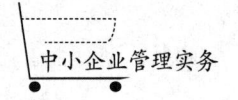

> **小思考**
>
> 信息流、商流、物流、资金流"四流"是如何统一的？

### 9.1.3 物流各环节的管理工作

通过以上分析我们知道，企业物流是由五个环节组成的，即供应物流、生产物流、销售物流、回收物流和废弃物流，前三个物流是正向物流，后两个物流主要是逆向物流。在企业的实际运行过程中，各个环节的物流功能不尽相同，其工作也不同。

#### 1. 供应物流环节的管理工作

供应物流阶段大体上经过三个环节，即生产企业向供应商发出订单——供应商供货准备——接收供应商供货。

第一个环节，生产企业物流的主要工作是向供应商发出订单。如何做出合适的采购订单，需要根据客户订单和生产计划进行需求分析，做出采购计划，再根据采购计划和资源市场的情况选择供应商，针对供应商的具体情况发出采购订单。

第二个环节，供应商做供货准备。供应商能否保质、保量、按时交货，直接关系到生产企业能否如期生产。为此生产企业不能坐等供应商供货，而应跟踪和催促供应商的供货，尤其对于初步合作的供应商，必须派人到供应商企业现场跟催货物。在这个环节，生产企业的基本功能是通过跟催货物保证及时供货。

第三个环节，生产企业要接收供应商供货。为此生产企业要验收签单（验收货物、签收货单）；入库保管（货物入库、分类保管）；转单付款（货单转财务，由财务转账付款）；归档评价（所有票据归入档案，评价本次采购活动）。在这个环节，生产企业的基本功能是通过验货入库保证物料供应。

#### 2. 生产物流环节的管理工作

生产物流阶段大体上经过三个环节，即物料准备——在制品运行——产成品入库。

第一个环节，物料准备。仓库要根据生产进度计划，按品名、按规格、按时、按量为生产车间提供物料。当物料出库量降到订货点时，要及时通知采购部门，以便再订货。在这个环节，生产物流的基本功能是通过物料的配送和库存控制保证生产运行。

第二个环节，在制品运行。车间要根据生产工艺和生产进度计划的要求，控制在制品在生产线上的移动速度和位置，保证在制品在生产线上的通畅，按时完成生产任务。产成品入库前还要进行工业包装。在这个环节，生产物流的基本功能是通过控制在制品运行和包装保证产成品出产。

第三个环节，产成品入库。工序要按时将产成品送达成品库，成品库要根据客户订单的交货时间，安排好产成品的存放位置，记录入库数据，并将数据报销售部门。在这个环节，生产物流的基本功能是通过仓储从实物上支持产品销售。

#### 3. 销售物流环节的管理工作

销售物流阶段大体上经过四个环节，即产品分销——产品配送——产品陈列——送货。

第一个环节，产品分销。部门要根据客户订单或销售计划，将产品送到分销地。若是直销，则将产品直接送到客户手中。在这个环节，销售物流的基本功能是通过装卸和运输实现产品分销。

第二个环节，产品配送。部门要根据分销地的具体需求情况，将产品配送到各个零售店。在这个环节，销售物流的基本功能是通过商业包装和配送实现产品配送。

第三个环节，产品陈列。店铺货物按照产品陈列的要求摆入货架，以方便消费者选择产品。在这个环节，销售物流的基本功能是通过理货实现产品陈列。

第四个环节，送货。配送中心根据零售店销售信息（零售货票），将消费者所购产品配送到消费者指定的地点。在这个环节，销售物流的基本功能是通过配送为客户送货。

4. 回收物流的管理工作

回收物流大体上经历三个环节，即客户要求退货—办理退货—处理回收产品。

第一个环节，客户要求退货。售后服务部门接收客户退货信息，经过信息处理，上报决策部门。由决策部门制订退货政策和退货程序。在这个环节，回收物流的基本功能是通过信息处理和制订政策来接收退货。

第二个环节，办理退货。售后服务部门按照退货政策和退货程序办理退货，一般利用分销渠道来回收退货。在这个环节，回收物流的基本功能是通过包装、装卸和运输实现退货。

第三个环节，处理回收产品。售后服务部门将待维修的产品交维修部门修理，将需要返厂的产品送达工厂，将不能再利用的产品交废品处理部门。在这个环节，回收物流的基本功能是通过维修和再加工来处理回收产品。

5. 废弃物流的管理工作

废弃物流大体上经历两条路线，每条路线经历两个环节，即处理废弃物和处理废弃产品。

处理废弃物是在生产过程中收集废弃物料和废弃产品，然后进行处理；处理废弃产品是在使用过程中收集废弃产品，加以处理。

前者由生产企业处理，其基本功能是销售或再利用；后者由使用单位处理。无论由谁来处理，都要尽可能地形成循环经济。

### 小思考

企业物流的各个部分是如何衔接的？

## 9.2 企业供应物流管理

### 9.2.1 企业供应物流流程

前面我们说到供应物流阶段大体上包括三个环节，即生产企业向供应商发出订单—供应商供货准备—接收供应商供货

在企业供应物流的实际运作中，以上环节又可以具体化为以下流程：物料需求分析—

任务9 企业物流管理——
供应物流与生产物流

制订采购计划—选择供应商—签订合同（发订单）—跟催货物—验收货物—支付货款—结案归档。

需求分析主要包括确认需求和描述需求。确认需求是采购的起点，即在采购前先确定采购哪些货品、需要多少、何时采购、由谁决定等。描述需求是指对所需货品的性能、特点、数量、时间等进行准确的叙述，以保证采购人员能够对所采购货品有一个全面准确的把握。

采购计划是按照市场需求、企业的生产能力和采购环境容量等来确定采购对象、采购数量、采购时间，以及如何采购的作业。制订采购计划时，在需求分析的基础上还要对资源市场和供应商进行调查和分析，以确定采购对象和来源是有保证的。

选择供应商就是根据企业所需货品的基本要求，选择合适的供应伙伴，为此需要对供应商做深入的调查和考核，建立起一支可靠的供应商队伍。

选定了供应商，接下来就要签订供货合同。对于需要长期供货的货品要签订长期合同。每次供货前要根据当前企业的需求发出订单。

跟催货物就是根据订单跟踪供应商的生产和供货过程，催促供应商及时供货。

验收货物就是根据订单检验入库货物。无误后，签单转财务部门。

财务部门核对订单无误后，支付货款。

每次完成订单后都要及时结案，将有关文件装入档案。

### 小练习

请了解某电商的供应物流流程。

---

### 9.2.2 物料需求分析

**1. 需求分析内容**

如前所述，需求分析的主要内容是确认需求和描述需求。确定需求就是明确企业各个部门在什么时间需要何种、何量的物品。一般情况下，是在约定的时间内由各个部门填报采购申请表，采购部门进行汇总，然后报主管领导审批。审批的一般标准是各部门确实需要，不超过采购预算。

在采购申请单中，要求对所需物品进行描述，常见的需要描述的内容如下：①采购日期；②采购品编号；③采购申请的发出部门；④采购品的型号、品名、规格、产地、数量等；⑤采购品需要的日期；⑥特殊采购要求；⑦授权申请人签字。

**2. 需求分析方法**

1）ABC 分析法

作为生产企业，既有主产品，又有辅助产品，需要许多种原材料和零部件。加工过程还需要能源、机器、设备、工具等。另外，还需要办公用品和生活用品。因此需要采购的物品是很多的，而这些物品的重要程度却不尽相同。有些物品特别重要，一点都不能缺货，一旦缺货将造成不可估量的损失。有些物品则不那么重要，即使缺货，也不会造成多大的损失。

面对这种情况，采购管理很有效的方法就是 ABC 分析法。ABC 分析法是一种重点管理方法，它用在对众多事物进行管理时，有选择地进行重点管理，使有限资源的效益达到最大。在库存管理中,通常将利润高的那一部分物品划作 A 类,实行重点管理;而将利润低的大部分物品划为 C 类,实行一般管理;剩余的部分划为 B 类,视具体情况选择如何管理。

对于重点管理的 A 类物品,应严密监视其库存量,保证供应,不使其缺货。一般采用定量订货法,并且加强维护保管,保证产品质量不受损。

对于 C 类物品的库存数量,可以只进行一般监控,在数量上不必要求那么严格。在订货上一般采用定期订货法,联合订购,以节省费用。在保管上也只实行一般性保管措施。

对于 B 类物品,可以根据自身的能力来确定管理的程度。如果人力、物力、财力够的话就进行重点管理,不够就进行一般管理。

确定重要性的主要依据:

(1)用户企业所需的主要物品,或者是关键物品。

(2)用户企业需求量最大的物品。

(3)贵重物品,虽然需求量不大,但价值高。

ABC 分类的一般方法是按销售额由大到小的顺序排队,将前面品种累计为 10% 左右,销售额累计为 70% 左右的物品划为 A 类;接着依次累计,把品种累计为 20% 左右,销售额累计为 20% 左右的物品划为 B 类;剩下的品种累计为 70% 左右,销售额累计为 10% 左右的物品划为 C 类,这样就得到 ABC 分析表。然后根据这个分析表进行 ABC 物品管理。

2)统计分析法

采购需求分析中用得最多、最普遍的方法就是统计分析法。统计分析就是根据一些原始材料来分析并求出客户的需求规律,常用的方法主要有两种。

(1)采购申请单汇总统计

这种方法的基本做法是:首先要求各个单位每月提交一份采购申请表,列出下个月的采购品种和数量,然后由采购部门进行汇总,得出下个月总的采购任务表,再根据此表制订下个月的采购计划。

这种方法的优点是操作简单,容易形成批量采购。缺点是市场响应不灵敏,库存负担重、风险大(占用大量资金,占用仓库,增加保管费用和经营成本)。

(2)销售日报表统计

企业每天的销售是用户对企业的需求,需求速率的大小反映了企业物资消耗的快慢,因此由每天的销售日报表就可以得到企业物资的消耗规律。消耗的物资需要补充,因此物资消耗规律也就是物资采购需求规律。

物资需求规律有两种表示方法:一种是时间函数法;另一种是有序数列法。

3)推导分析法

推导分析是指根据企业主产品生产计划来进行需求分析,求出各种原材料、零部件的需求计划过程。目前推导分析法主要通过计算机软件——MRP(物料需求计划)来运作。

MRP 推导的基本依据和步骤如下:

(1)制订主产品生产计划。主产品是指企业生产的最终产品,是 MRP 运算的最基础的依据。主产品可以根据客户订单来生成,也可以根据市场预测来生成。

(2)制订主产品结构文件。这个文件就是描述主产品是由哪些原材料、零部件构成的,各个层级的数量关系是怎样的,每个零部件的生产提前期或采购提前期是多少天。将这些数据输入计算机可以得出每个零部件提前多少天,采购多少数量的一览表,即主产品零部件采购一览表。

（3）制订库存文件。有了主产品零部件采购一览表，并不能直接进行采购，还需要考虑零部件的库存情况。现有库存量和消耗速率直接影响零部件的采购数量，只有将现有库存数据输入计算机，才能得到准确的零部件采购量。

4）物资消耗定额管理

物资消耗定额管理就是通过分析物资消耗定额，再根据产品结构文件或工作量，求出所需原材料的品种和数量。制订物资消耗定额的方法通常有三种。

（1）技术分析法。这是一种按产品结构、技术特点、加工设备和工艺流程来制订物资消耗定额的方法。

（2）统计分析法。这是根据以往生产中物资消耗的统计资料，并考虑计划期内生产技术、组织条件的变化因素而制订的物资消耗定额方法。

（3）经验估计法。这是根据技术人员和工人的生产经验，并考虑计划期内生产技术、组织条件的变化因素而制订的物资消耗定额方法。

### 9.2.3 编制采购计划

1. 采购计划内容

采购计划编制主要包括两部分内容：采购认证计划的制订和采购订单计划的制订，具体分为8个环节，即：

准备认证计划—评估认证需求—计算认证容量—制订认证计划；

准备订单计划—评估订单需求—计算订单容量—制订订单计划。

（1）准备认证计划，主要包括4个方面的内容：接收开发批量计划、接收余量需求、准备认证环境资料、编制认证计划说明书。

接收开发批量计划就是从目前的采购环境中寻找供应来源，目前供应来源不够时，向外扩展寻找。在现有采购环境不足以支持采购需求时，就会产生余量需求，因此就要扩大现有采购环境。认证环境是指供应商现有产品的开发能力和质量保障能力，为此要准备充分的资料。根据以上的准备编制认证计划说明书（物料名称、需求数量、认证周期等）。

（2）评估认证需求，主要包括分析开发批量需求、分析余量需求、确定认证需求三方面内容。

（3）计算认证容量，主要包括分析项目认证资料、计算总体认证容量、计算承接认证量（当前供应商正在履行的认证合同量）、确定剩余认证容量。

（4）制订认证计划，主要包括对比需求与容量、综合平衡、确定余量认证计划、制订计划。

（5）准备订单计划，主要包括接收市场需求、接收生产需求、准备订单需求资料、编制订单计划说明书。

（6）评估订单需求，主要包括分析市场需求、分析生产需求、确定订单需求。

（7）计算订单容量，主要包括分析项目供应资料、计算总体订单容量、计算承接订单容量（某个供应商在指定时间内已签下的订单量）、确定剩余订单容量（物料剩余订单容量＝供应商总体订单容量－已承接订单量）。

（8）制订订单计划主要包括对比需求与容量、综合平衡、确定余量认证计划、制订计划。一份订单的内容要有下单数量和下单时间两个方面：

下单数量＝生产需求量－计划入库量＋安全库存量

下单时间＝要求到货时间－认证周期－订单周期－缓冲时间

2. 采购数量确定

采购数量是指某一物料在某时期应订购的总量。一般确定采购数量的方法有两种：定期订货法和定量订货法。

（1）定期订货法是指每隔一段时间进行库存盘点并订货，如每季、每月或每周订货一次。不同时期的订货量不尽相同，订货量的大小主要取决于各个时期的使用率。一般情况下，每次订货量＝最高库存量－订货时库存量。这种方法适用于需要经常生产或采购数量的C类物料。

（2）定量订货法是通过对库存连续盘点，一旦库存水平到达再订货点，立即按固定的订货数量订货，这个固定的订货量往往采用经济订货批量。这种方法适用A类物料。

3. 采购预算

采购预算就是将采购计划所需要的资金事先计算好，以便及时筹集所需资金，并按时支付供应商货款，确保企业再生产的正常运行。

**小练习**

请了解一个超市的采购计划流程。

### 9.2.4 选择供应商

在采购计划下达后，发出采购订单前，企业就要选择好供应商。在选择好供应商后，企业还要与供应商建立起长期稳定的合作关系。目前在供应链条件下，以核心企业为中心的运行过程中，核心企业承担着对供应商的宏观管理。一般情况下，建立起与供应商的合作关系大体上要经历3个阶段，即寻找供应商—选择供应商—与供应商合作的过程。

1. 寻找供应商

寻找供应商大体上要历经2个环节：一是进行资源市场调查；二是进行供应商调查。对资源市场的调查主要是从总体上把握这个市场，应着重从两个方面来把握：

（1）资源市场的自然状况（规模、容量、性质）。如资源市场有多大范围？有多少资源量？是卖方市场，还是买方市场？其发展前景如何？

（2）资源市场的制度环境。如市场的管理制度如何？市场的规范化如何？政府的政策是什么导向？未来将是什么走向？

在对资源市场有一个总体的把握后，接下来就要对供应商进行调查。对供应商的调查主要应了解它们的生产能力、技术水平、管理水平、可供资源量、质量水平、价格水平、竞争性质等。在此基础上对供应商进行初步分类，以供企业选择合适的对象。

2. 选择供应商

在选择供应商之前，应先确立选择的标准。不同需要的企业有不同的标准，但一般说来应有三个基本标准：

（1）不是选最好的，而是选最合适的。
（2）诚实经营、信誉可靠的。
（3）生产稳定、质量可靠的。

确立了标准之后，就要在与供应商的进一步交往中，对供应商进行考核。考核应有更为细化的标准，要有专家参与鉴定。通过专家评审和横向比较，企业最终确认合适的供应商作为合作对象。

3. 与供应商合作

与供应商合作大体上要处理好三个环节：

（1）签订合作协议。合作协议是合作双方进行合作的基本依据，协议中应规定双方的权利和责任，制订合适的运作机制（权力机构、运行流程、奖惩措施等）、合作范围与合作期限等。

（2）完善合作机制。双方在运行过程中应不断发现问题，不断完善合作机制，使合作更有效率和效果。

（3）维护合作关系。双方在合作过程中应本着真诚、宽容的态度，多从对方的角度考虑问题，着眼于长期合作关系，这样双方的合作关系才能长久。

## 9.2.5 履行合同

签订合同（发订单）—跟催货物—验收货物—支付货款—结案归档这五个环节，可以称为签订与履行合同过程。签订合同的主要内容我们已在前面涉及，即通过与供应商签订合作协议形成宏观上的合作关系，通过发订单形成每一次的微观合作关系。这里我们主要说明从跟催货物之后的履行合同环节。

1. 跟催货物

跟催货物的目的在于满足企业生产对必需的物料于必须的时间确实获得，以免因停工待料，或交货太早而增加库存费用。

跟催货物的要点包括事前规划、执行管理与事后考核三方面的内容。事前规划应做好以下工作：

（1）确定交货日期及数量。
（2）了解供应商主要生产设备的利用率。
（3）供应商提供生产计划表或交货日程表。
（4）给予供应商合理的交货时间。
（5）了解供应商物流管理及生产管理的能力。
（6）准备替代来源。

执行管理要做好以下工作：

（1）了解供应商备料情况。
（2）企业提供必要的材料、模具和技术支援。
（3）了解供应商的生产效率。
（4）加强交货前的跟踪工作。
（5）及时通知交货期及数量的变更。

事后考核应做好以下工作：

（1）对交货延迟的原因进行分析。
（2）执行供应商奖惩办法。
（3）回收剩料、模具、图表等。
（4）决定是否更换供应商。

2. 验收货物

验收作业是指依据订单对物料进行查验与点收。要做好验收工作，必须执行以下要点：
（1）确认供应商。弄清物料来自何处，发货人和送货人是谁。
（2）确定到货日期与验收日期。
（3）确定物料的名称与品质。
（4）清点数量，数量大时可采用抽查方式。
（5）处理短损，退还不合格品。
（6）签收单据（装箱清单、订单复印件、验收标签）。
（7）填单入库（收料清单、入库单等）。

3. 支付货款

将验收单据交负责人签字后转交财务人员，由财务人员通过某种转账方式付款。

4. 结案归档

全部程序完结后，将所有相关的文件装入档案。在恰当的时间对整个采购过程进行必要的评价。

## 9.3 生产物流管理

供应物流完毕后就进入了生产物流阶段。生产物流是指在生产过程中原材料、在制品、半成品、产成品于企业内部的有序运行。生产物流直接关系企业产品生产的效率和产品质量，因此科学地设计生产体系，合理地组织生产物流具有十分现实的意义。

### 9.3.1 生产物流类型与流程

根据物料在生产工艺过程中的特点，可以把生产物流分为项目型生产物流、连续型生产物流和离散型生产物流。

1. 项目型生产物流

生产系统需要的物料进入生产场地后，几乎处于停滞状态或流动性不强，一般分两种状态：一种是物料进入生产场地后被凝固在场地中，如住宅、厂房等；一种是物料进入生产场地后滞留时间较长，形成最终产品后再流出，如飞机、轮船等。管理的重点是按照项目的生命周期，对每个阶段所需物料在质量、费用、时间进度等方面进行严格的计划和控制。

2. 连续型生产物流

连续型生产物流管理的重点是保证连续供应物料，确保每个生产环节的正常运行。由于工艺相对稳定，可以采用自动化装置对生产过程实施控制。

3. 离散型生产物流

产品由许多零部件构成，各个零部件的加工过程彼此独立，制成的零件通过装配后成为产品。整个产品的生产工艺是离散的,各个生产环节之间要求有一定的在制品储存。管理的重点是在保证及时的基础上,准确控制零件的生产进度,减少在制品积压。

不同的生产类型其物流流程是不同的,比较复杂和常见的类型是离散型的。我们这里只就离散型生产物流的流程加以说明,其流程的一般模式是:物料准备—在制品运行—产成品入库。

以下我们分别说明。

### 9.3.2 物料准备

物料准备的基本任务就是保证生产时的物料需求。物料准备主要是原材料仓库的出库作业,其出库的直接依据是生产车间的领料单,间接依据是生产进度安排。出库作业主要有以下环节。

1. 接收出货指令

生产车间向原材料仓库发出的出库指令,常常是由车间主任或车间调度签发的领料单。领料单一般要标明所领物料的规格、数量、时间、用途、领料车间或班组。

2. 准备物料

仓库在接到出库指令后,要根据出库程序准备好物料,对于贵重物料要注意包装和运输工具是否合理。

3. 交接物料

将准备好的物料交给领料人,请领料人在领料单上签字。

4. 登记入账

将出库物料登记在出库账簿上,每日下班前要做好日报表,每月月底要做好月报表。

5. 盘点库存

对需要每天盘点的物料进行盘点,某种物料降至订货点时,及时通知采购部门再订货。

### 9.3.3 在制品运行

从物料投入到成品产出的在制品运行过程是生产物流的核心环节,这个环节需要从空间、时间和人员三个方面来组织。

1. 在制品运行的空间组织

在制品运行的空间组织是指生产区域或工作地布置。其目标是如何缩短工艺流程,从而缩短物流时间,一般有三种专业化组织形式,即工艺专业化、对象专业化和成组工艺化。

工艺专业化就是把同类的生产设备集中起来,加工工艺相同的各种产品,即加工对象多样化,而加工工艺相同。这种形式的优点是机械利用率高,设备和人员柔性程度高。缺点是流程较长,搬运路线不确定,运费高。

对象专业化是按加工产品为对象划分生产单位,其设备和人员按加工或装配的工艺顺序布置,即加工对象单一,而加工工艺多样。这种形式的优点是布置符合工艺过程,物流畅通,生产计划简单,便于使用专业设备。缺点是设备发生故障时会使整个生产线中断,产品设计变化将引起布置的重大调整,设备维修费用高。

成组工艺形式是按照成组技术原理，把具有相似性的零件分成一个成组生产单元，并根据其加工路线组织设备进行生产。这种形式的优点是设备利用率高，流程畅通，运输距离较短，具有一定的柔性。缺点是需要较高的生产控制水平，班组成员需要掌握所有作业技能。

2. 在制品运行的时间组织

在制品的时间组织是指在制品于生产过程中各生产单位、各道工序之间，在时间上的衔接和结合方式。合理组织在制品生产，不仅要缩短物流流程的距离，而且还要加速物料流动的速度，减少物料的成批等待，实现物流的节奏性、连续性。

通常，在制品有三种典型的移动方式，即顺序移动、平行移动和平行顺序移动。

顺序移动方1式是指一批加工对象在上道工序加工完成后，整批地转到下道工序进行加工的方式。

平行移动方式是指加工对象在上道工序加工完成后，立即转到下道工序进行加工的方式，使加工对象在各道工序上的加工平行地进行。

平行顺序移动方式是指加工对象既保持每道工序的平行性，又保持连续性的作业移动方式，是将以上两种方式有效结合起来的物料移动方式。

3. 在制品运行的人员组织

在制品运行的人员组织一定要根据在制品运行的空间和时间组织的具体方式，来设计组织的人员构成、岗位职责、合作方式、奖惩办法等。人员组织的基本要点是：

（1）人尽其才，用其所长。
（2）新老搭配，互相学习。
（3）整体最优，效应最大。

### 9.3.4 产成品入库

产成品入库的基本任务就是根据客户订单和生产进度的要求，按时将产成品送达仓库，以备销售。产成品入库主要有以下环节。

1. 工业包装

由包装车间根据客户要求进行包装，其基本要求是保护产品状态，防止在运输过程中的磨损。对易腐、易挥发的产品还要进行特殊的包装。

2. 发出入库指令

生产车间应提前向仓库发出入库指令，给仓库留出入库准备的时间。

3. 交接产成品

最后工序将产成品送达仓库，仓库管理人员清点、验收无误后，向送货人开具入库单。入库单至少要一式两份，仓库要留存一份。

4. 入库登记

产成品入库之后，要登记在入库账簿上（产成品品种、规格、数量、入库时间、存放货位、经手人等）。然后，将产品放置于相应的货位上。

5. 产成品维护

产成品在仓库存放期间，仓库管理人员要给予必要的维护。

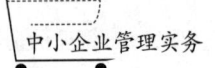

### 9.3.5 生产物流效率

以上我们从生产物流的流程方面，描述了生产物流是如何运行的，但是仅从流程方面描述还不能较全面地说明如何提高生产物流的效率。实际上，生产物流的效率，需要从整个生产系统的科学设计上来考虑。在现代社会，先进的生产系统本身就规定了生产物流的高效率。如计算机集成生产系统、精益生产系统、智能制造系统、敏捷制造系统和虚拟制造系统都事先规定了其生产物流的高效率。

除了生产系统设计的先天规定，现代企业在供应链的构建当中，利用与供应商良好的合作关系，可以直接采用供应商管理原材料库存的方式，这样就可以节约本企业原材料库存的费用。通过实行JIT（准时制）生产和采购，供应商直接供货，又免去了供应商管理本企业的原材料仓库的成本。同时在制品在生产线上的滞留时间也降到了最短，甚至大大减少了产成品库存。

另外，利用第三方物流公司或第四方物流公司，又可以在一定程度上提高生产物流的效率，以提高企业物流的效率。

## 9.4 企业销售物流管理

产成品入库之后企业就进入了销售物流阶段。销售物流是指生产企业（或流通企业）出售产品时，物品在供方与需方之间的实体流动。由产成品仓库开始，经过分销物流，完成长距离、干线的物流活动，再经过配送完成市内和小区域范围的物流活动，到达企业用户或最终消费者。

### 9.4.1 销售渠道与销售物流流程

企业的销售物流流程与其销售渠道紧密相关，不同的销售渠道其销售物流的流程也不同，因此我们就不能离开销售渠道来说销售物流。销售渠道主要有三种。

1. 生产者—消费者

这一渠道是生产者将自己的产品直接出售给消费者，而不经过商业环节。因此这种销售方式也叫直销。

这种方式的优点是流转环节少，流通费用低，产需信息直接，生产针对性强；缺点是市场范围狭窄，销量有限，市场信息不充分，风险集中。

直接的销售渠道决定了直接的物流形式，其物流流程为：产品出库—直达运输（送达客户）

2. 生产者—零售企业—消费者

这一渠道是生产者将自己的产品通过零售商出售给消费者。这是一种间接销售方式，在间接销售方式中，它是渠道最短的。

这种方式的优点是市场范围广阔，突破了生产者能力的限制；生产者节约了对流通领域的投入，可以集中力量进行产品开发。缺点是由于零售企业的介入，割断了生产者与消费者的直接联系；当零售企业做大时往往会控制生产企业，使生产企业处于被动状态。

这种销售渠道使物流的运行也多了一个环节，其物流流程为：产品分销—产品配送—产品陈列—送货。

3. 生产者—代理商（批发商）—零售商—消费者

这一渠道是生产者将自己的产品通过两个以上的中间商出售给消费者。这种销售渠道是当今多数产品所走的流通渠道。

这种方式的优点是市场覆盖面进一步扩大；市场信息量大；经营风险更为分散。缺点是流通环节多、流通链长，使得流通速度降低；由于流通环节多，使得流通费用加大；由于利益点多，使得渠道管理难度加大。

这种销售渠道使物流运行的环节更多，其物流流程为：产品分销（送达代理商）—产品再分销（送达零售商）—产品陈列—送货。

以上三种物流流程中第二种最典型，第三种不过是多了一个环节，因此我们以第二种流程来说明销售物流的运行。

### 9.4.2 产品分销物流

产品分销物流的基本任务就是以最合理、最经济的方式，将待销售的产品送达销售地。产品分销物流主要有以下环节：送货前准备—运送货物—交接货物。

1. 送货前准备

事先应根据用户订单确定送货最迟日期，必须在这之前做好必要的准备工作。准备工作主要就是做好送货计划，送货计划的基本内容如下。

1）确定送货方式

送货方式主要有三种选择：一是由客户提货；二是由本企业送货；三是委托第三方物流公司送货。选择哪种方式主要看经济性和安全性，哪种方式既经济又安全就选择哪种方式。一般说来，送货方式早在合同中就已经确定。如果由本企业送货，就要考虑下一个问题。

2）弄清运输问题

运输问题主要有运输工具选择、运输路线选择、运输人员选择。运输工具选择主要考虑其经济性和安全性；运输路线选择主要考虑快捷性和安全性；运输人员选择主要考虑忠诚度和业务能力（尤其当运送的货物是贵重货物、易损货物时）。

送货计划确定之后，要到仓库查询需要运送的货物是否齐全。如果有问题，必须尽快解决，以保证及时装货。

2. 运送货物

根据送货计划在指定的日期装货，将货票、装箱单、订单复印件一同交给司机，然后按指定的路线将货物送达指定的地点。送货单位应与司机保持联系，一旦中途出现问题可及时解决。如果通过铁路或航空送货，应与该运输单位保持紧密的联系，以便及时查询货物的运送情况。

3. 交接货物

货物到达目的地要与收货人交接货物。交接货物时应做好以下工作：

（1）与收货人一起清点和验收货物和单据。

（2）验货后索要由收货人签字的回执。

（3）若收货人提出异议，及时与领导沟通。

交货完毕后，还要及时联系返程的货源，以免空驶。

### 9.4.3 产品配送

零售店在一个城市或一个小区域不止设一个店，每个店每天的需求量差别较大，如果直接将货物由生产地送到零售店，将会很不经济，也容易出错。何况很多城市对大吨位的车辆限时限行，也难以实行直接送货。因此由生产地到销售地的送货，往往先到当地的配送中心。配送中心可以由零售企业所建，也可以由生产企业和零售企业共建，还可以由物流公司所建。

产品配送就是配送中心每天根据各零售店的需求信息，通过再加工、分拣、再包装、配货等工作，将产品按时、按质、按量地配送到各个零售店。产品配送的基本流程如下：接收和处理信息—再加工—分拣—再包装—配货—送货—交接货。

1. 接收和处理信息

一般说来，配送中心或信息中心每天都要接收由零售店发来的需求信息，经信息中心处理后，形成配送中心第二天的工作计划。这个工作计划交给调度，由调度安排第二天各个部门的工作。

2. 再加工

有很多产品在进入零售店之前要进行再加工，例如，食品分割、服装熨烫、电器组件等。再加工的基本要求是根据零售店具体的需求样式进行加工，而不是按照习惯的标准来加工，这也是增强零售店竞争力的一个基本手段。

3. 分拣

产品再加工之后，就要按照配送任务单进行产品分拣。如果分拣的量大就要在自动化或半自动化设备上进行分拣；如果分拣的量少可以人工分拣。

4. 再包装

对分拣之后的产品要进行再包装。再包装就是根据零售店的要求，进行商业包装。商业包装基本上是小包装，讲究的是美观和针对销售对象需求特点的外观设计。

5. 配货

对包装后的产品要根据不同零售店的不同需求进行配货。配货时要综合考虑用多少车辆，走什么样的路线，每辆车装什么样的货物，怎样装卸最合理、最有效率、最经济。这些问题可以用线性规划和实际经验来解决。

6. 送货

接下来就是按照配货的安排送货。送货时要根据最佳路线有序送货，司机要带好必要的单据，与调度中心和零售店保持联系，以防出现问题时不能及时解决。

7. 交接货

交接货时，交货人要与收货人共同清点货物，清点无误后，带回由收货人签字的送货单据。回到配送中心后，将单据交给收单人。

### 9.4.4 产品陈列

产品陈列是指零售店员工将产品按照便于顾客选购的原则，摆放到货架或柜台上的过程。产品陈列是零售店以鲜明、直观的形式招徕顾客的基本手段。

产品交接在零售店时，物流就成为零售店内部的物流。这种物流的主要工作是每天出货、送货和每天下班前的产品上架陈列。产品陈列的主要工作如下。

1. 产品陈列前工作

零售店在产品陈列前至少要做好经营模式选择、商店选址、商店内部设计和装潢等工作。不同的经营模式下，将会有不同的商店选址、商店内部设计和产品陈列，面对不同的客户群也会有不同的产品陈列。在此基础上做出产品陈列规划，然后按照这个规划进行产品陈列。

2. 发出进货信息

零售店每天根据销售情况（处理 POS 机信息得出需求信息）发出进货信息，对进货信息的要求是全面、准确。

3. 接收进货

配送中心将货送到后，要及时接货。接货时要清点货物，清点无误后签字。

4. 摆放产品

将接收的货物按照各自的类别依次序摆放到相应的位置上，以备继续销售。

### 9.4.5 送货

对于在零售店购买大件产品的顾客，零售店往往都承诺送货。送货的流程大体如下。

1. 签发送货单据

一般情况下，由零售店签发送货单据，连同购货发票一起交给顾客，承诺在规定的日期内将货送到顾客指定的地点。对于家电类产品，在承诺送货的同时也承诺安装。这说明厂家和商家都越来越重视售后服务。

2. 通知送货

零售店签发送货单据后，就要及时通知仓库或配送中心于承诺的时间内送货，同时还要通知售后服务部门上门安装。

3. 送货及安装

送货单位在送货之前要联系顾客，约定送货时间。货物送到后应及时安装，安装后要进行调试，并指导顾客正确使用。任务完成后要请顾客签字确认。

## 9.5 企业回收物流与废弃物流管理

### 9.5.1 企业回收物流与废弃物流的含义和类别

1. 企业回收物流与废弃物流的含义

回收物流是指不合格产品的返修、退货，以及周转使用的包装容器从需方返回供方所形成的物品流动。废弃物流是指那些在现有条件下尚不能利用，不得不处理掉的废弃物的实体流动。回收物流是逆向物流。

2. 回收物流的类别

回收物流主要包括以下类别：

（1）由客户退货产生的回收物流。
（2）需要返修产品的回收物流。
（3）周转使用的包装容器的回收物流。
（4）可再利用的旧设备和废物料的回收物流。

3. 废弃物流的类别

废弃物流的主要类别有：

（1）工业废渣的废弃物流。
（2）工业废水的废弃物流。
（3）工业废气的废弃物流。
（4）生活垃圾的废弃物流。

### 9.5.2 回收物流流程

1. 由客户退货产生的回收物流流程

这个流程大体上经历三个环节，即：客户要求退货—办理退货—处理回收产品
这个部分的运行我们已经在物流环节的功能中做了说明。

2. 需要返修产品的回收物流流程

这个流程大体上经历四个环节，即：接收和处理返修产品信息—回收返修产品—维修返修产品—处理返修产品

1）接收和处理返修产品信息

由售后服务中心接收来自顾客或零售店要求返修的信息，对这些信息进行分类处理。对零散产品要及时通知客户到最近的维修点去送修。对需要集中返修的产品，要通知客户将需返修的产品送到指定的地点。

2）回收返修产品

现在很多厂家都在销售地设立维修点，很多产品的售后维修需要取回到维修点进行维修，像汽车、家电产品、音响设备等。因此售后服务部门负责取回待维修产品显然是为客户提供了方便，由此也自然会赢得客户的信赖。

3）维修返修产品

对于非大修的回收产品，一般在维修点就可以维修；对于那些需大修的、需大型维修设备进行维修的回收产品，一般要返厂维修。

4）处理返修产品

对于修理好的产品，可直接返给客户；对于那些修理不好的产品，或是没有维修价值的产品，要分类别进行处理。对于那些属于保修期内的产品，应与客户协商，或是退换产品，或是给予必要的价值补偿；对于难以维修产品的废旧零件，还要分类处理，能用的可继续使用，不能用的要按废品处理。

3. 周转使用的包装容器的回收物流流程

这个流程大体上经历三个环节，即：寻找目的地可利用机会—装货返程—容器归位。

1）寻找目的地可利用机会

一般情况下，在发货之前应该联系好返程带货订单，当货物到达目的地后，即可通过携带返程货物带回包装容器。

2）装货返程

在已接返程订单的情况下，带货回收容器。在没有接到订单的情况下，就要专程返还包装容器。

3）容器归位

返回的容器要及时归位，以便下次使用。

4. 可再利用的旧设备和废物料的回收物流流程

这个流程大体上经历三个环节，即：存储地集中—零部件拆卸—归类处理。

1）存储地集中

企业应设有专门的机构、专人负责旧设备和废物料的回收工作。对企业各车间和部门所淘汰的设备、下脚料、陈旧零部件等，集中于指定的存储地，以便集中处理。

2）零部件拆卸

对集中的旧设备和废物料进行拆卸、清洗，并分类存放。

3）归类处理

整理过的旧设备和废物料大体上可以分为两类来处理：一类是可以继续使用的零部件，送到需要的部门；另一类作为废旧物资出售给废旧物资回收站。

废旧物料主要包括废旧塑料、废旧玻璃、废纸、废金属等。目前我国对废旧物料的回收率还比较低。例如，2004年废纸的回收率只有30.4%；塑料只回收PET瓶，回收率在50%左右；玻璃瓶只回收啤酒瓶。因此，我国尚需进一步提高对废旧回收物料的回收率和利用率。

## 小练习

请调查某快递公司的回收物流流程。

### 9.5.3 废弃物流流程

1. 工业废渣的处理流程

工业废渣主要包括煤矸石、粉煤灰、锅炉渣、冶炼渣和化工渣，这些废渣既占场地，又污染环境，必须及时处理。处理工业废渣的基本流程如下：寻找处理途径—运往处理地—产生新产品（填埋）。

1）寻找处理途径

过去这些废渣的大部分都堆放在城郊，后来有人利用高炉废渣制作水泥混合材料，利用粉煤灰制作轻体砖，使得这些废渣有了用武之地。当前我国大力提倡循环经济，对"三废"（废渣、废水、废气）的利用给予许多政策支持，这必然会促使"三废"的利用途径越来越多。因此企业应广泛地收集处理废渣的信息，找到适合处理本企业废渣的技术和方法。处理废渣工作既可以由本企业承担，也可以找专业公司合作。一般说来，专业公司的处理水平和效益会比本企业高。

2）运往处理地

一旦找到专业公司合作，就要签订合作协议。根据协议，需要处理的废渣要运到专业公司指定的地点。在运送过程中，要用专门的车辆，以防止污染沿途的环境。每次运送完毕，要清理好车辆。

3）产生新产品（填埋）

对废渣的处理有两种结果：一种是通过再利用，产生新产品；另一种是暂时无法再利用，进行深坑填埋。

2. 工业废水的处理流程

水是人类赖以生存的基本物质，我国又是一个人均水资源贫乏的国家，因此节约用水对于国人来说就显得十分重要。工业用水量是一个相当大的量，过去我国的工业废水基本上都直接排放到江河，极少再利用。这不仅使水的浪费很严重，而且对环境的污染也很严重。近些年来，我国在工业废水的处理和再利用方面有了很大的进步，在一定程度上缓解了用水紧张的局面，也较大地减轻了环境污染。

工业废水的处理流程大体如下：选择处理方式—废水集中—处理废水—中水再利用—排放。

1）选择处理方式

首先，企业应根据废水所含主要成分来选择处理方式，废水处理的主要方法有化学法、生物法、沉淀法，对于有害物质含量较高的废水，主要采用化学法和生物法；对于杂质含量较多的废水，宜采用沉淀法。其次，根据所选择的废水处理方法修建废水处理池，购置相应的设施。然后，组建废水处理站，试运行。试运行正常后，正式运行。

2）废水集中

正式运行时，按照事先铺设好的排水管道将废水集中到废水处理池，待达到设计的处理量后，开始处理废水。

3）处理废水

此时，按照不同类型的废水采用不同的方法进行处理。处理后的水称为中水，中水是可以再利用的水。

4）中水再利用

中水可以用于电厂、机械制造厂的冷却循环；可以用于卫生间冲洗；还可以用于灌溉；用于城市街道清洗等。再次使用后的中水将排入下水道。

3. 排放工业废气的处理流程

工业废气主要来自石油、化工、冶炼企业和交通运输企业车辆的尾气排放，这些废气的排放是造成环境污染最恶劣的杀手，是造成全球气候变暖的直接原因。对于这些废气，我们的基本态度应该是把它们控制在源头。但是，由于经济和科技的发展需要，我们目前还不可能完全做到这一点。因此，我们还要在现有的条件下，尽可能地处理好工业废气。

工业废气的处理流程大体如下：选择处理方式—废气集中—处理废气—废气再利用（无害排放）。

1）选择处理方式

过去许多企业的废气都直接排空，造成严重的环境污染。近些年来，在国家大力治理环境污染，大力提倡循环经济的形势下，许多治理工业废气的方法得到推广，像化学法、沉淀法、转化法等。其中最值得提倡的是，通过企业间的合作使得一个企业的废气，变成另一个企业的原料，形成企业间的价值链和最合理的循环经济。

2）废气集中

在选定的处理方式下，企业要把需要处理的废气按照不同类别集中起来，并送到废气处理地等待处理。对有毒、有害气体要保证运输过程安全可靠。

3）处理废气

处理废气要尽可能地做到经济、安全、有效，要通过不断地科技创新提高处理废气的效率，通过产学研合作扩大处理废气的范围。

4）废气再利用（无害排放）

废气处理的结果，或者是生成新产品使废气再利用；或者是经过无害化处理后排放。

4. 生活垃圾的处理

企业生活垃圾的处理基本上都已经实行社会化了，即交由环境卫生部门统一处理。

## 知识应用

孙贺在学习了以上物流知识后，开始反思自己公司过去的物流活动，发现还存在着一些问题。主要的问题是：

（1）公司每年的采购量虽然不大，但也存在着过量采购、缺量采购、重复采购等问题，其主要原因还是没有一个科学的采购计划，没有掌握科学的采购方法。

（2）仓库选址不当。过去选择仓库只图租金便宜，没考虑运输成本，仓库的地点距离活动地点较远，每次往返的运费就是一笔不小的成本。究其原因还是缺少综合平衡的思想，缺少长远的打算。

针对以上问题，孙贺采取的改进措施如下：

（1）运用科学方法制订采购计划。一般说来，中小企业的采购比较零散，需求量也不大，尤其是一些客户搞活动的物料需求。这一类的采购属于临时性的，都要根据具体的项目做出比较精准的采购计划，这样才能减少不必要的浪费。

还有一类是每年都需要的物品，如办公用品。对于这类物品可以采用定期订货法，每年在订货前核准现有库存物品，再从全年的需求量中减去库存量，按这个量制订采购计划。

对于中小企业来说，采购量虽然不大，但孙贺发现制订精准的采购计划后，每年可以节约几千元。尽管钱不多，但累积起来就会有不少的利润。

（2）重新评估仓库选址。过去的仓库距离地铁口大约七八千米，每年为客户搞活动的交通费就要花掉1万多元，这还没有计算在路上的时间成本（有时遇到堵车，还会影响活动的进行）。如果在地铁口附近租用仓库，虽然租金会贵一倍，但大大节省了交通费，效率会大大提高，总体算下来每年会节约3000元。

**案例分析：**

从孙贺公司物流管理上我们可以看到，企业管理的方方面面都关系到企业的利润，尽管孙贺公司没有多少物流活动，但通过精细化管理还是可以增加企业的利润的。对于那些生产型、物资型企业来说，物流管理是重要的环节，是挖掘利润的重要来源。我们认为，这些企业的物流管理应注意以下问题：

（1）从企业的物流流程上发现瓶颈问题。以生产型企业为例，企业的物料或产品在哪个环节上滞留的时间长，这个环节就是瓶颈环节。那么企业就应该着力于解决这个环节的问题。

（2）企业物流的问题多发生于采购与库存环节。采购的问题主要表现为过量采购，或是缺量采购。过量采购造成物料库存积压，缺量采购造成重复采购，增加采购成本。无论是过量采购还是缺量采购，都与企业的营销直接相关，企业的营销计划决定着生产计划，生产计划决定着采购计划，所以企业的采购问题的根源在营销。

库存的问题主要表现为库存积压或缺货，物料库存的积压占用流动资金，缺货影响正常生产。产成品库存的积压不仅占用流动资金，还直接影响企业资金的回笼，影响产品的利润。产成品库存缺货会直接导致客户的满意度下降，直至客户的流失。

（3）把握关键环节，注重综合平衡。解决物流问题一方面应该着重解决关键环节问题，另一方面要综合考虑企业整体的平衡。例如，解决采购的问题必须首先解决营销的问题，营销有问题必然影响采购，同时营销虽然做好了，生产、采购跟不上，一样会影响后续的工作。这样的思维与工作方法应该是企业经营者必须学会的。

（4）在对外合作中寻求解决办法。企业经营者应该树立合作共赢的经营理念，化竞争为合作。当代外包已成为一个普遍的合作方式，因此企业应该把自己不擅长的物流部分外包给第三方物流。

另外，中小企业在参与大企业的供应链合作中，还可以与合作企业建立联合库存，或是由供应商管理库存。总之，从战略的高度思考问题，就可以大大降低企业的物流成本，获取应有的效益。

## 任务小结

（1）物流是指物资产品由最初生产者到最终消费者的实体流通过程。物流是企业再生产的支持性环节，贯穿于整个再生产过程。

（2）企业的运营是信息流、商流、物流、资金流"四流"统一的过程。其物流的基本流程是：供应物流—生产物流—销售物流—回收与废弃物流。

（3）供应物流的流程是：物料需求分析—制订采购计划—选择供应商—签订合同（发订单）—跟催货物—验收货物—支付货款—结案归档。

（4）生产物流的流程（离散型）是：物料准备—在制品运行—产成品入库。

（5）销售物流的流程是：产品分销—产品配送—产品陈列—送货。

（6）由客户退货产生的回收物流流程是：客户要求退货—办理退货—处理回收产品。

（7）需要返修产品的回收物流流程是：接收和处理返修产品信息—回收返修产品—维修返修产品—处理返修产品。

（8）工业废渣的处理流程是：寻找处理途径—运往处理地—产生新产品（填埋）。

（9）工业废水的处理流程是：选择处理方式—废水集中—处理废水—中水再利用—排放。

（10）工业废气的处理流程是：选择处理方式—废气集中—处理废气—废气再利用（无害排放）。

## 学习指导

### 1. 课程总结

课程总结包括知识体系总结与实践问题总结。

1）知识体系总结

（1）什么是物流？

（2）物流在企业运营中处于什么样的地位？

（3）企业物流具有哪些功能？

（4）信息流、商流、物流和资金流在企业运营中是如何统一的？

（5）如何把握好企业物流的运行？

（6）如何把握好企业供应物流的运行？

（7）如何把握好企业生产物流的运行？

（8）如何把握好企业销售物流的运行？

（9）如何把握好企业回收物流与废弃物流的运行？

总结的重点在企业供应物流的运行。

2）实践问题总结

（1）为什么要学习企业物流管理？

（2）中小企业的物流与大企业的物流有何异同？

（3）中小企业的物流化应该怎样做？

（4）孙贺公司的物流管理给我们哪些启示？

（5）如何将企业物流与供应链联系起来？

### 2. 知识检测

请同学扫码完成知识测验。

测试9

### 3. 技能训练

（1）计算某企业的采购批量。

（2）制订某企业的采购订单。

（3）制订某企业的库存管理方案。

对于这三项技能，本教材主要介绍操作步骤和方法，在《中小企业管理实务操作》任务9中进行实际动手操作的训练。

操作建议：

1）阅读案例，系统思考

操作前要通过案例系统思考三项技能的关系，明确操作的意义。

建议仔细研读相关的物流知识，理清每一项物流操作的思路，结合具体企业的实际情况，做好相关的方案。

2）操作的组织形式

以前期组建的模拟企业管理团队为基本单位进行操作，先选出总策划人，再明确分工，责任到人。

前期没有组建创业团队,新有创业想法的同学,可以独自招募人员,自己组织具体操作。

3)操作技法及成果

《中小企业管理实务操作手册》任务 9 中,每一个操作步骤都有方法指导和做出的成果记录。三项技能操作在那里完成。

### 4. 能力提升

(1)吸取其他组设计方案的优点,提升本组的设计能力。

各组的设计方案在全班演示,通过各组的互评,能够体会到优秀的小组是如何设计方案的,从中吸取他组的设计思路,以及团队配合。

(2)分析几个中小企业的物流方案,比较它们各自的优缺点。

分析的过程就是学习的过程,通过比较分析可以更清楚地看到本公司物流方案的不足,从中学习他们的设计思路和创作方法。

### 5. 下节课预习内容

(1)自学网络平台任务 10 中的微课、视频等资料。

(2)搜集一个中小企业的信息化建设的案例。

(3)阅读网络平台案例库中任务 10 中的案例。

## 任务10 企业信息化建设与数字化转型

### 教学导航

| 任务内容 | 10.1 企业信息化建设的历程及面临的挑战<br>10.2 数字化转型的背景<br>10.3 数字化转型的条件与方法 | |
|---|---|---|
| 任务目标 | 知识目标 | 1. 了解企业信息化建设的历程与面临的挑战<br>2. 了解企业信息化建设与数字化转型的关系<br>3. 理解数字化转型的含义和必要性<br>4. 了解企业数字化转型的条件和方法 |
| | 技能目标 | 1. 选择适合中小企业的数字化服务商<br>2. 运用数字化转型的方法设计转型的实施方案 |
| | 素质目标 | 增强数字化管理意识 |
| 方法建议 | 建议采用:头脑风暴法、案例分析法、讨论法、演示法、讲授法 | |

### 知识网络

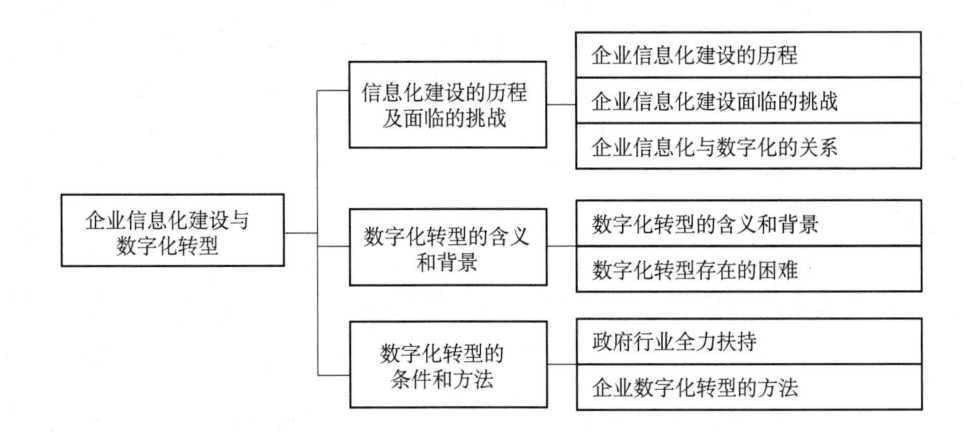

企业信息化建设与数字化转型
- 信息化建设的历程及面临的挑战
  - 企业信息化建设的历程
  - 企业信息化建设面临的挑战
  - 企业信息化与数字化的关系
- 数字化转型的含义和背景
  - 数字化转型的含义和背景
  - 数字化转型存在的困难
- 数字化转型的条件和方法
  - 政府行业全力扶持
  - 企业数字化转型的方法

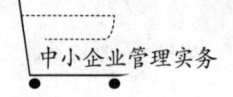

## 导入案例

**案例 1**

# 孙贺公司的信息化建设

孙贺在信息管理的早期做了信息化建设规划，分三步实施。

1. 建立客户信息库，把客户资讯纳入公司信息管理体系

在公司建立客户资讯电子档案，由行政助理管理。在收集、整理客户信息时发现，一方面，员工提供的客户信息大多是显性信息，关于客户心理和脑中的隐性信息、关于客户公司发展规划、业务变化、人员变动等信息，基本处于空白状态。另一方面，关于本公司员工对媒体广告业务分析、广告市场动态观察、客户需求和消费心理分析、推广方法、技巧等隐性信息缺少资料积累。公司决定把深度挖掘和共享客户及员工的隐性信息作为信息管理的重点工作。

2. 开展知识管理

深度挖掘员工知识。实施"传、帮、带"制度，由老员工带动新员工，把公司的经营理念、工作创意、产品/服务创新、营销策划、客户沟通技巧、工作经验等总结出来，内化为公司的典型知识，收入公司知识库，并在公司信息管理平台上的"知识学习"窗口发布，作为员工知识共享的基础。

分享并应用公司知识。制订"策划创意奖""先行一步奖""学习进步奖"等一系列政策措施，激励富于创新、获得一定成就的员工分享知识，鼓励员工应用公司知识探索新业务模式，创新工作方法，丰富和发展个人知识素养。

3. 开发信息管理系统

引入知识管理后，公司从硬件和软件两个方面建立信息管理系统。

引入 Excel 服务器（基础版），由信息管理人员按照公司的实际需要开发出组织架构及业务部门工作台；开发并利用手机 App，开展公司业务和管理活动。建立客户微信群，发布服务信息，解答客户问题，维护客户关系。

随着行业的数字化转型，公司的原有信息系统跟不上业务发展的变化，数字化产品/服务与客户需求的即时连接不紧密，明显滞后于行业数字化发展速度，对公司业务发展有一定的影响，公司做出数字化转型的决策。但原有系统如何改造，技术架构如何设计，组织人员、业务模式如何调整，都尚需进一步学习研究。

**案例 2：**

# X 公司个人用车租赁业务从信息化向网络化、数字化转型的经历

1. X 公司的信息化建设

X 公司是一家诞生于 20 世纪 90 年代的个人汽车租赁业务公司。发展初期，公司采用在报纸、杂志、黄页刊登广告，在机场进行展台宣传，客户可以通过电话查询公司的车辆情况，进行预约登记，然后上门取车的原始作业模式，很好地在北京发展了业务。客户诉求，

最早记录在接线员的小本子上，后来登录在个人微机的表格软件中，虽然没有管理软件系统支撑，但业务依然做得有声有色，只是效率较低，运作过程很容易出错。

随着业务的持续发展，公司决定采用信息化手段赋能业务。首先开设了静态官网，多了一个新的宣传渠道；其次选型并购买了OA、财务系统等软件，提升了公司的内部管理效率；公司还和软件公司合作，开发并部署了核心业务系统——类似于进销存软件的车辆租赁管理系统。通过这套系统，业务人员在受理客户电话预约时，可以及时准确地掌握车辆信息，给出调度安排，对车辆库存进行有效利用，客户满意度显著提升。

基于这套核心业务系统，公司又进一步实施了客服呼叫中心系统、更加专业的营销型CRM系统等，通过全面的信息化建设和改造，公司的业务进一步地飞速发展，业务遍布全国各大一线城市。

2. 依靠互联网探索新业务

随着互联网，尤其是移动互联网的深度普及，公司管理团队决定依靠互联网，进行各种业务探索。

公司开发了App，以及对PC官网进行了改造，客户可以直接通过网络，进行线上预付款，自助预约租赁车辆。针对线上渠道，公司成立了网销事业部，从市场上招聘了专业的数字化广告投放人员，帮助公司开展SEM和定向广告投放工作；还招聘了相关的运营人员，通过线上运营活动，提高品牌曝光和用户黏性，加强公司和消费者的互动性，刺激消费者的持续消费和复购。目前，基于智能手机及LBS技术的成熟，有多家互联网创业公司，在探索平台模式的网约车业务，公司管理层经过探讨，决定也进行相关业务探索和尝试。

然而，新业务进展并不顺利。

首先是技术难度，公司发现开展这项业务时遇到非常核心的调度算法问题，自己的IT团队没有足够的技术实力解决，导致最基本的车辆最优调度无法实现。公司打算从市面上高薪挖人，但是惊奇地发现，这些远远没有盈利的互联网创业公司，在风投的加持下，高薪吸引了相关人才，并且给出夸张的期权激励，而这些本公司都是做不到的。在人才的争夺上，公司已经落后一步。

其次是效率执行层面，新业务的迅速开展，需要大量的司机供给，而大量司机的涌入，需要在业务运营管理流程上，上线管理软件系统，进行标准化处理，从而提升效率。但是，传统的IT部门运作模式，由业务部门设计业务流程机制，再提交需求给需求分析师，需求分析师拿着二手需求设计软件产品方案，再交给IT自研团队，甚至可能需要外包团队编码实现，这样整体的运作效率有多处折损；再加上之前的IT系统架构，相对包袱比较沉重，很难做灵活的扩展，而IT部门领导，为了架构长远的合理性，要求将新业务的管理系统和现有应用架构做深度融合，这在一定程度上使开发工作面临很多困难。

新业务本身还在快速变化试错中，这就导致相关管理软件的落地速度远远跟不上业务发展的速度，限制了业务的发展，新业务的机会窗口被错过，公司在新业务快速尝试的执行力和敏捷性上，与互联网公司相比还有很大差距，最终错失业务机会。

3. 全面实行数字化战略

公司在尝试网约车业务失败后，主营业务也受到了挑战。

几家开展网约车业务的独角兽互联网公司，进一步拓展出行业务的产品品类线，进军汽车短期租赁业务。基于其强大的流量优势，以及良好的产品体验和数字化运营能力，再加上资本助推，快速在全国几大核心城市开展业务，并且具备相当的规模和声势，这对公司一贯稳定的主营业务带来了巨大的压力。

公司管理层决定进行业务变革，首先从加强技术资源投入做起，对IT建设投入了更多的预算，意图加强技术实力，实现数字化转型，抗衡激烈的外部竞争环境。

IT部门也确实充分利用预算，进行了全方位的数字化改造。例如核心系统上云，实施中台战略项目，建设并重构以客户为中心的CRM平台，开发车载定位系统，甚至在对外出租车辆的后备箱统一提供基于RFID识别的商品自动售卖机器；此外，IT部门将需求分析部改名为产品部，将需求分析师统一改名为产品经理，希望能够学习并实践互联网的组织模式。IT部门汇报时宣称，公司数字化建设取得了突破性进展！

然而，外部互联网独角兽对主营业务的渗透并没有放慢步伐，各种营销补贴的投入，将成熟老客户大面积挖走，公司的数字化战略似乎并没有成功帮助公司应对挑战。

问题出在哪里呢？

（案例摘自：杨堃，"漫谈企业数字化转型（上）：什么是信息化、互联网化和数字化"。"人人都是产品经理"，2020-04-10）

**案例分析：**

两个公司在信息化建设时期利用信息化手段赋能业务，促进了公司的快速发展。进入互联网发展时期，公司的IT技术能力和运行机制、管理软件开发应用的速度、IT人才供给都跟不上业务发展速度，使公司的业务发展受到制约。数字化转型过程中，X公司主要在技术层面实施数字化改造，成效并未显现。这里说明三个问题：第一，跟随环境变化及时转型是应对环境变化和市场竞争的必然选择；第二，应用新技术手段赋能业务是必须和可行的方法，但不是唯一的；第三，将技术、管理和经营模式深度结合，探索全面的数字化转型方法和路径，是企业尚需深入思考和研究的问题。

**思考问题：**

1. 在由信息化向数字化转型中，企业面临哪些问题和挑战？
2. 什么是数字化转型？数字化转型与信息化建设是什么关系？
3. 企业数字化转型如何做？

# 任务解析

我国企业的信息化建设始于20世纪80年代初，经历了近40年的发展，取得了很大的成就。

伴随着大数据、云计算、5G等概念的提出和应用，信息技术在飞速发展，人们的生活方式和工作方式也发生了翻天覆地的变化，企业管理理念和管理模式面临诸多新挑战。顺应新信息技术和数字经济发展的趋势，适时进行数字化、智能化转型，是新时期中小企业生存发展的重大课题。

本任务主要学习三个方面的内容：企业信息化建设的历程及面临的挑战，企业数字化与信息化的关系，企业数字化转型的条件与方法。

## 10.1 企业信息化建设的历程及面临的挑战

从20世纪90年代到20世纪末，是中国信息化建设高速发展的时期，IT咨询项目、商业软件实施项目快速发展，大多数企业和政府机

任务10 企业信息化建设与数字化转型——为什么要进行数字化转型

关完成了管理软件信息化的建设，中小企业也取得了一定的成果。工业和信息化部在《促进中小企业发展规划（2016—2020年）》中指出，"十二五"期间，中小企业信息化应用水平进一步提高。信息化推进工程成效显著，电子商务等信息化应用不断扩展，研发、生产、财务、管理等各类软件及服务应用日益普及，两化融合进一步深化。

### 10.1.1 企业信息化发展的历程

回顾企业信息化发展的历程，不同类型的企业建设的技术方法不同，应用领域和场景不同，所处的阶段也不同。

按照百度百科的定义来理解：企业信息化（Enterprises Informatization）实质上是将企业的生产过程、物料移动、事务处理、现金流动、客户交互等业务过程数字化，通过各种信息系统网络加工生成新的信息资源，提供给各层次的人们洞悉、观察各类动态业务中的一切信息，以做出有利于生产要素组合优化的决策，使企业资源合理配置，以使企业能适应瞬息万变的市场经济竞争环境，求得最大的经济效益。

中共中央办公厅、国务院办公厅印发的《2006—2020年国家信息化发展战略》也对信息化做出定义：信息化是充分利用信息技术，开发利用信息资源，促进信息交流和知识共享，提高经济增长质量，推动经济社会发展转型的历史进程。

从上述两个定义中看出：从狭义上说，企业信息化更多地界定了信息技术对企业生产运作的助力作用，而没有特别强调对商业模式的变革和颠覆。

回顾企业信息化的发展，大致分为四个阶段：

第一阶段，业务操作电子化。企业将日常手工事务性繁重的工作转变为机器工作，企业更关注的是个体工作行为，提升个人的工作效率，在这个阶段中，主要以财务电算化、生产制造自动化等为代表。

第二阶段，业务流程信息化。企业通过管理重组和管理创新，结合IT优势将业务流程固化，从而提升每个工作组织的效率。该阶段里广泛开展流程梳理及信息化建设工作，以OA、ERP、CRM、SRM等系统建设为代表。

第三阶段，业务管理知识化。企业让合适的角色在合适的时间、场合获取相关的知识与资源，系统性地推动企业管理生态的建设，并能应对多变的环境，灵活做出反应。过程中持续地改善业务流程、提升各个组织的执行力，从而获得竞争力。该阶段主要以协调办公系统、企业门户等为代表。

第四阶段，业务决策智能化。企业在已有的知识基础之上，通过大数据及人工智能等技术，能够智能创造、挖掘新的知识，用于企业的业务决策及日常管理。该阶段主要以大数据系统、人工智能引擎、专家系统为代表。

目前，从总体上看，还有部分小型企业处在信息化建设的第一阶段，大多数企业处在第二、第三阶段，只有少数科技公司和大企业处在第四阶段，整体建设水平呈现不平衡状态。

### 10.1.2 企业信息化建设面临的挑战

在案例2中，X公司在数字化转型中遇到了调度算法技术、IT部门运作模式、管理软件落地速度远远跟不上业务发展的速度的难题。这不是一家企业转型中遇到的挑战，这是在新信息技术发展和应用场景不断拓展的背景下，多数企业信息化建设面临的挑战。概括起来主要表现以下几个方面。

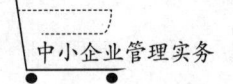

1）来自思维方式的挑战

在企业信息化构建之初，秉承的指导思想是通过一套信息化管理工具或系统把企业的各个环节、涉及进销存和相关岗位的动作都能管起来。所以当时的信息化系统设计的思路并没过多地考虑用户需求的便利化，集中体现的思想是一种管理思维。这种建立在管理思维环境下设计的企业信息系统，缺乏有效解决用户效率的思想和机制，导致的结果是用户效率低，很多的用户需求得不到满足。在今天这样一个以客户为中心，能够快速满足客户需求并为客户创造最大价值才能彰显企业价值的时代，上述管理思维已不适应，运用数字化思维解决用户效率和经营效率问题，是企业急需解决的一道难题。

2）来自环境变化的挑战

原有的企业信息化系统是搭建于以往互联网没有高度发展的时期，很多企业的信息系统在 2003 年左右完成改造。在当时环境下，由于整体的互联网发展与目前对比差异较大，对连接的深度认识不足，企业信息系统没有建立连接，特别是没有建立与消费者的连接。企业信息系统主要针对单个部门的应用，很少有跨部门的整合与集成，没有实现企业各个数据单元的连接。这种没有连接所带来的问题是运行效率低下，响应环境变化的能力差。

现在是万物互联的时代，一是互联网企业形成了平台；二是移动互联网把消费者联结在一起了，消费者可以在线上跟企业实时交互；三是物联网将把生产、供应和消费连成一体，形成社会生态链，这样的新经济环境要求企业从采购、生产、销售过程、业务流程到设备、产品、资源、决策体系都要实现数字化链接，整个业务流程要进行数字化的打通，实现跨部门的系统互通、数据互联，全线打通数据融合，为业务赋能，为决策提供精准洞察。

3）来自传统 IT 治理模式的挑战

传统的 IT 治理模式对业务创新和变革存在不适应性。在曾经的软件开发方法论中，为了避免业务"乱折腾""浪费 IT 资源"，设计了很多机制，保证需求分析的准确性，控制需求变更，保护 IT 资源。这样的机制，面对今天竞争激烈、多变的市场，IT 资源要赋能业务，支持业务机制和流程进行调整和与时俱进，就显得很不适应。像前面 X 公司案例中遇到的问题一样，传统信息化无法支撑业务敏捷，数据越来越多，业务能力却没有明显提升。这是企业面临的挑战之三。

4）来自建设周期和效益的挑战

由于信息化建设的情况不同，目前企业处在不同的信息化阶段。有些信息化项目建设周期长，面临一定的风险。在传统的信息化建设项目中，企业往往会首先通过 IT 咨询公司，进行管理咨询工作，对业务流程和模式进行重构、优化，然后通过信息技术手段将变革后的流程和机制固化并落地，其建设过程比较耗时，有些甚至可能面临失败的风险。有些信息化项目建设投资很大，使用中的维护和功能开发需要继续投入，建设成本与效益出现不确定性，一些企业在继续建设和数字化转型的选择中徘徊。尤其对于信息化投资不多、建设基础薄弱的小型企业这一挑战更加严峻。

应对挑战，多数企业选择融入数字经济浪潮，由信息化向数字化转型。

### 10.1.3 企业信息化与数字化的关系

前面提及的两种对信息化的定义，为互联网化和数字化概念的提出预留了想象空间。对信息化与数字化的关系的研究，有多种研究视角，有一种是从物理世界和数字世界的角度进行的分析。

信息化，人类的活动还是以物理世界为主，少量的行为借助信息化手段进行改进和提升，如图 10-1 所示。信息化是一种工具，是一种手段，并没有改变业务本身，从思考模式上考虑，大家用的还是物理世界的思维模式。流程是核心，软件系统是工具，而数据是软件系统运行过程中的副产品。

数字化，是利用数字化技术将物理世界完全重构建模到数字化世界；大部分活动及交互都在数字化世界中进行，少量决策指挥信息回到物理世界指挥设备和机器完成操作；数据是物理世界数字化世界的投影，是一切的基础，而流程和软件系统则是产生数据的过程和工具，如图 10-2 所示。

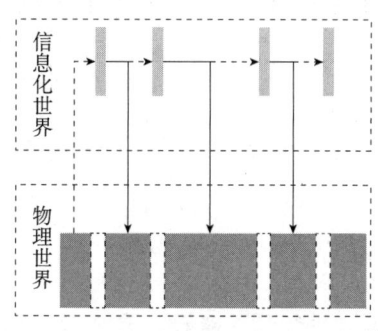

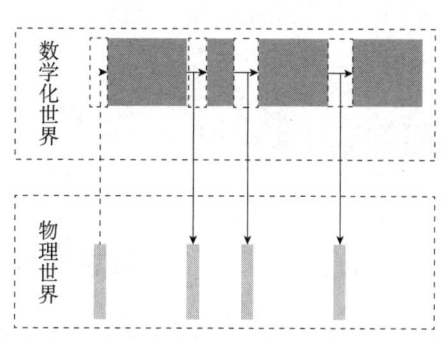

图 10-1　信息化时代以物理世界为主　　图 10-2　数字化时代以数字化世界为主

从图 10-1 和图 10-2 可以看出，数字化时代与信息化时代是完全颠倒的。大部分的协作、沟通、设计、生产，都已经通过数字化技术在数字化世界里实现，而传统的物理世界则成了数字化世界的辅助和补充。数字化时代的人们获取信息的速度、广度比物理世界要快很多。

信息化与数字化的关系：信息化是支撑，是工具；数字化是思维模式，是业务本身。

信息化 = 业务数据化，数字化 = 数据业务化。

数字化和信息化相结合，打造自我学习、自我改进的组织，数字化和信息化是相辅相成的，共同助力企业发展。

信息化、数字化的最终是智能化。

还有一种是从发展视角进行分析：智能化是信息化—数字化的终极阶段。这一阶段解决的核心问题是人和机器的关系：信息足够完备、语义智能在人和机器之间自由交互，变成一个你中有我、我中有你的"人机一体"世界。人和机器之间的语义裂隙逐步被填平，并逐步走向无差异或者无法判别差异的方向。

信息化、数字化和智能化三者之间没有取代式递进关系，但是有本体层次差异。

信息化、数字化和智能化系统的体系架构、内容、作用和价值有所不同，表 10-1 展示三者的特征和场景。

表10-1　信息化、数字化和智能化的特征和场景

|  | 体系架构 | 内容 | 作用 | 价值 |
|---|---|---|---|---|
| 信息化 | 业务信息系统 | 数据/信息 | 信息处理 | 业务流程自动化 |
| 数字化 | 业务信息系统/管理信息系统 | 数据/信息/知识/决策（局部） | 信息处理/信息管理/知识管理 | 业务流程自动化/管理流程自动化 |

续表

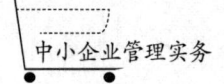

| 体系架构 | 内容 | 作用 | 价值 |
|---|---|---|---|
| 智能化 | 业务信息系统/管理信息系统/运营管理系统 | 数据/信息/知识/决策/执行 | 信息管理/知识管理/决策管理/运营管理 | 业务流程自动化/管理流程自动化/运营自动化、智能化 |

上述两种观点都表明，信息化与数字化既有区别，又相互关联、相互作用。

智能化包含了信息化和数字化的内涵，信息化、数字化都将走向智能化。

未来的企业，是智能化企业、智慧企业。涂扬举等人的著作《智慧企业——框架与实践（第2版）》对智慧企业做出分析论证。

### 拓展阅读1

## 智慧企业的特点

智慧企业呈现三个特点：一是完成"数据—知识—智慧"跃迁，实现数据赋能。二是形成人、机、物三元融合环境下的"感知—分析—决策—执行"循环，实现智慧运行。三是形成人机交互的知识创造与学习体系，实现企业持续创新。

## 10.2 数字化转型的背景

【案例10-1】

### A公司的数字化转型

在一个数据驱动发展的新时代，数据成为企业的重要资源，是企业发展的关键。不能顺应时代发展进步的企业就会落后和被淘汰，这让A公司的老总产生了危机感。

【情景一】转型的需求

A公司自有了计算机后就用Excel进行存储数据和制作图表，后来引入了ERP和CMR，再后来把所有信息系统外包，数据库设在系统供应商那里。公司信息化的状况是，公司数据来源于多个系统，都是封装独立存在的，没有进行集中和共享；公司老总要看数据只能从财务、运营等有限的几个部门整理的Excel里看到，实时性达不到要求；不同部门整理出来的数据经常矛盾，同样一个名称的业务字段，在不同系统中表示的业务含义不同；同一个业务流程中的数据在各个系统中无法实现关联；企业运行不透明，管理效率低，决策缺少数据支撑。

公司老总看到大一些的公司领导都能看到企业经营全貌的数据，即数据驾驶舱，通过它可以实时看到企业经营的各种数据，还可以从不同维度进行分析，看到整体趋势图。他希望公司也建立一个这样的数据驾驶舱，一看到数据有问题，就能立刻通知各个部门的相关人员，通过演练好的预案进行处置。

基于上述情况，老总聘请了一位技术人员，开启了公司数字化转型的进程。

转型中遇到了技术转型带来的新问题，经过调整与变革，使转型初见成效。企业也坚定了以思维变革和技术变革推动企业转型成功的决心和信心。

案例3表明，数字化转型既是顺应时代发展的潮流，更是企业自身降本增效，提升价值的内在要求。转型是综合改革的过程。

**思考问题：**

1. 什么是数字化转型？为什么要进行数字化转型？
2. 如何理解数字化转型与信息化建设的关系？

### 10.2.1 数字化转型的含义

国务院发展研究中心对数字化转型的定义：数字化转型是指利用新一代信息技术，构建数据的采集、传输、存储、处理和反馈的闭环，打通不同层级与不同行业间的数据壁垒，提高行业整体的运行效率，构建全新的数字经济体系。

互联网数据中心（Internet Data Center，IDC）对数字化转型的定义：数字化转型是利用数字化技术（例如云计算、大数据、人工智能、物联网、区块链等）和能力来驱动组织商业模式创新和商业生态系统重构的途径与方法，其目的是实现企业业务的转型、创新和增长。

上述定义都强调了两点，数字化转型 = 数字化技术的应用 + 商业模式重塑。其中，商业模式重塑是目标，数字化技术只是工具和手段。

对企业而言，数字化转型的根本是通过数据来推动业务的增长，创造更高的经济价值。企业通过对业务模式、业务流程、企业组织等方面的改造，让所有的业务能够基于数据进行驱动，驱动企业实现生产智能化、营销精准化、运营数据化、管理智慧化，从而实现更好的客户体验，更高的组织效能，形成新的价值。

### 10.2.2 数字化转型的背景和必要性

很多企业会有困惑，我们搞了几十年的企业信息化，也做了很大的投入，现在要转型搞数字化，为什么？一些小型企业更加困惑，我们信息化还没有做好，数字化转型要搞吗？

从时代背景和企业自身发展需要角度看，企业数字化转型势在必行。

1）数字经济是全球战略布局

国际经济合作与发展组织（OECD）于2015年和2017年两次发布《数字经济展望》，全面呈现了数字经济的发展趋势、政策发展及供给侧和需求侧数据，并阐述了数字化转型如何全方位影响各大领域。联合国发布的《数字经济报告2019》中显示，全球各国都在积极出台推动互联网、人工智能、大数据等新技术进步的政策。

印度提出"数字印度"倡议，澳大利亚发布《国家创新与科学议程》报告，德国发布了"数字化战略2025"，欧盟出台了《欧洲工业数字化战略》，美国连续发布了《规划未来，迎接人工智能时代》《国家人工智能研究与发展战略计划》和《人工智能、自动化与经济》三份报告，俄罗斯批准了《俄罗斯联邦数字经济规划》，英国制订了《产业战略：人工智能领域行动》，日本发布了《人工智能战略草案》宣布在2020年要成为全球最发达的IT国家。在全球经济背景下，企业如果还以传统经营的方式和手段开展国际贸易，很难获得成功。

2）数字化转型是国家战略

国家顺应时代发展要求，将数字化转型上升为国家战略，提出企业数字化转型的部署，

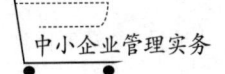

对企业做出战略指引。

政府自 2013 年起连续颁布一系列政策措施，从战略规划、垂直部署到深化改革，对企业、产业、社会、文化各个层面的数字化转型做出全面安排和指导。2020 年 10 月《中共中央关于制订国民经济和社会发展第十四个五年规划和二〇三五年远景目标的建议》提出了六大数字化转型的具体要求。

（1）经济体系数字化：加快发展现代产业体系，推动经济体系优化升级，建设制造强国、质量强国、网络强国、数字中国。

（2）产业数字化：发展数字经济，推进数字产业化和产业数字化，推动数字经济和实体经济深度融合，打造具有国际竞争力的数字产业集群。

（3）数字化社会：数字社会加强数字社会、数字政府建设，提升公共服务、社会治理等数字化智能化水平。

（4）文化数字化：提升公共文化服务水平，推动公共文化数字化建设，健全现代文化产业体系，实施文化产业数字化战略。

（5）服务业数字化：加快发展现代服务业，推进服务业数字化。

（6）财税体制数据化：建立现代财税体制。

上述要求，既明确了转型的方向、领域和目标，也规定了转型的具体任务，对企业数字化转型有明确的指导意义。

各项政策措施的密集出台，将数字化转型发展的重要性提升到了前所未有的高度，数字化成为我国经济增长的重要引擎及产业转型升级的重要突破口。过去十年，我国数字经济发展效果显著，GDP 占比已经从 2008 年的 15.2% 增长到 2018 年的 34.8%。据测算，2030 年我国数字经济规模占 GDP 比重将超过 50%。未来伴随数字化技术的进一步创新发展，并加速与传统产业和实体经济的渗透融合，数字经济对我国经济的增长带动作用愈发凸显，我国将全面步入数字经济时代。

3）数字化转型是企业转型升级的内在需要

企业外部环境正在发生着剧烈的变化，企业需要通过转型升级适应这种变化。

（1）市场需求变化倒逼企业转型。消费者需求和行为习惯正在不断发生改变。在过去，消费者追求的更多的是价格、性价比、产品功能、耐用性等功能诉求，对零售服务的体验诉求要求不高；而今天，更多的消费者不仅仅关注更高性价比的产品组合、更高颜值、更高品质、"标准化＋个性化"的专业功能等，更加关注"内容＋服务"的体验。他们更加追求社交体验、分享与交流的快乐、文化认同与价值认可、参与感、商品无缝融合的不同场景、随时待命的服务、贴心的个性化服务、方便灵活的体验和交付等。在相互连接的世界中，消费者热衷于掌握更多的信息，以新的方式使用和采用新兴的数字技术，选择更高质量、更顺畅的客户体验和更低成本的服务。企业能否跟上消费者需求和行为习惯的变化，快速提升自己的供给能力和水平，是企业市场竞争力面临的巨大挑战。

（2）商业模式变化要求企业变革。市场的快速变化和新兴数字技术的兴起，数字化的颠覆性有可能迅速破坏现有企业的商业模式，没有哪个行业或企业能够抵御这种数字化的颠覆。360 使杀毒软件免费，杀毒厂商死掉一片；淘宝和京东的崛起，使线下商场越来越难做；共享模式以租代买，销售对象和市场容量发生巨大改变；美团通过线上控制线下，互联网企业拿走多少媒体的广告资源，搜索公司使搜索免费，地图公司使地图免费等，它们都是在利用数字技术重构商业模式，通过优化场景，从而变更生产关系和盈利模式，从另外一个维度开展市场竞争。

从上述案例中看到，新进入者和传统企业正在以新的方式利用数字技术，并以更好的运营效率、价值主张、产品、客户体验和参与模式进入市场。面对这场颠覆性变革，企业需要利用并应用正确的数字技术和能力来创建和捕获新的业务价值，创新盈利模式。抱残守缺，拒绝变革，只能坐以待毙。

（3）企业内部运作模式受到颠覆性影响。从企业内部来看，数字技术、数字经济至少从以下三个方面对企业产生颠覆性影响：

一是企业运作的基础条件和底层设施发生改变。互联互通的内外部网络、大数据、云计算、数字化的技术工具、智能化的装备设施、工业互联网络、电商平台等将在企业中越来越普及，信息技术的发展就对传统企业传统的生产制造、市场营销等造成了巨大的影响。比如，传统市场营销方法往往已经跟不上节奏，现在谈的多是数字化影响、企业自媒体和品牌打造，谈的是公域流量如何引流为自己的私域流量等。传统信息化无法支撑业务敏捷，信息技术成为企业运作的标配。

二是企业增长方式发生改变。工业时代企业增长的源泉是土地、资本、劳动力等生产要素，而在数字经济时代，企业增长的源泉变为数据、知识，如何将数据、知识转变为客户价值和市场价值成为企业增长最核心的命题，成为企业业务布局和商业模式设计的逻辑起点。

三是企业管理模式发生改变。随着数字经济时代的到来，企业迫切需要重塑经营管理模式，包括企业价值观、企业文化、领导力、企业治理、企业战略、商业模式、组织架构、业务流程、管理机制等。

因此，企业必须通过数字化转型从根本上改变工业时代所形成的思维惯性和发展范式，对企业进行系统性的变革创新，构建起适应数字经济时代的发展模式，这是企业自身实现业务增长，创造更高经济价值的内在要求。

4）实践成果的昭示

施耐德电气的一份《2019年全球数字化转型收益报告》中对来自41个国家的230位客户的调查结论是：实施数字化转型可帮助企业资本支出（工程支出与时间优化）降低80%，运营支出（能源消耗）节省高达85%。

另据我国有关机构测算，数字化转型可使制造业企业成本降低17.6%、营收增加22.6%；使物流服务业成本降低34.2%，营收增加33.6%。

综上，从新技术发展趋向、国家引航、企业内需到初步实践成果昭示，都表明企业数字化转型是必要和可行的。

### 10.2.3 中小企业数字化转型存在的困难

2020年7月17日，中国电子技术标准化研究院发布了《中小企业数字化转型的调研报告（2020）》。报告显示，在江苏、山东、浙江、广东等地具有代表性的2608家中小企业样本中，89%的中小企业处于数字化转型探索阶段，企业开始对设计、生产、物流、销售、服务等核心环节进行数字化业务设计；8%的企业处于数字化转型践行阶段，对核心装备和业务数据进行数字化改造；仅有3%的中小企业处于数字化转型深度应用阶段。

目前，中小企业整体处于数字化转型探索阶段。探索中遇到以下三个方面的困难。

第一，转型人才欠缺。企业中数字化相关人才平均占比仅为20%，有15%的企业建立了数字化人才培养体系。人才欠缺、人才培养机制不健全成为阻碍企业转型的一个重要因素。

第二,数据采集基础薄弱,技术应用水平较低。从统计数据看,我国中小企业的数字化转型基础水平普遍不高,40%的中小企业能够实现基于二维码、条形码、RFID等标识技术进行数据采集,23%的企业实现了关键业务系统间的集成,仅有5%的企业采用大数据分析技术,对生产制造环节提供优化建议和决策支持。从工业互联网平台应用情况看,采购上云的占25%、能源管理上云的占23%,物流上云的占11%,协同设计上云的占5%,产品远程运维上云的仅占3%。从整体看,中小企业业务云平台应用程度较低。

第三,转型成本高,财力不足,资源投入也不足。根据数据统计,多数中小企业很难获得银行贷款,仅有12%的企业获得了银行贷款(大企业有25%获得了银行贷款)。中小企业在难以利用资金杠杆和借助专项扶持的基础上,靠企业自身的资本投入几乎难以为继。企业自身"造血"机能偏弱,外部"输血"机制滞后;在网络、设备、信息系统等资源配置方面投入相对不足。

广大中小企业迫切希望通过数字化转型提升生产效率和提高产品质量,但普遍存在的问题使中小企业处于转型难、不转更难的两难境地。

解决中小企业转型难的问题,需要从企业、产业、政府三个层面同时发力,政府和产业/行业创造转型的条件和环境,企业选择正确的转型方法。

## 10.3 企业数字化转型的条件与方法

### 10.3.1 企业数字化转型的条件

1)政府提供政策支持和环境保障

政府扶持的重点:制订政策措施引导、鼓励和扶持;提供一定的支撑力量;营造良好的发展环境保障。在引导方面,主要包括人才培养、公众普及与培训、税收优惠等;在支撑力量方面,主要包括科研技术攻关、研发预算支持、贷款支持、推动多方合作;在保障方面,主要包括制订明晰与完善的法律规章、设立有关职能部门、加快政府自身的电子政务和数据治理等数字化转型的速度,提高政府工作效率等。

任务10 企业信息化建设与数字化转型——如何进行数字化转型

具体措施:政府出台了多重利好政策和措施助力中小企业数字化转型。2020年3月19日工信部实施《中小企业数字化赋能专项行动方案》,部署了中小企业数字化赋能的行动目标和13项重点任务,重点在以下方面提供支持:加快发展在线办公、在线教育等新模式,培育壮大共享制造、个性化定制等服务型制造新业态;搭建供应链、产融对接等数字化平台,帮助企业打通供应链,对接融资链;强化网络、计算和安全等数字资源服务支撑,加强数据资源共享和开发利用;推动中小企业实现数字化管理和运营,提升智能制造和上云用云水平,促进产业集群数字化发展。该方案中提出4项推进措施:强化组织保障,完善激励机制,组织供需对接,加强培训推广。同年4月和7月,工信部印发了两期《中小企业数字化赋能服务产品及活动推荐目录》,发布223家服务商和254项服务产品及活动,重点推荐了阿里巴巴、腾讯、美团、京东等互联网电商平台及其服务产品和活动,提出"企业出一点、服务商让一点、政府补一点"的思路,加大对中小企业数字化转型的资金支持。各省也相继公布推荐目录和相关措施。

各级政府、职能部门与服务商和有关方面达成多项共识,并形成合力,全方位提供资金、技术、人才、服务产品和活动等服务。

2）行业多方提供帮助

（1）行业。主要从资金、产业链层面协调行业、企业间在数据层面的合作，协同发展。企业间统一数据标准以保证合作的畅通，保障数据安全，降低泄露、篡改等危害企业、客户、国家安全的风险，提高数据开放与共享水平以高效整合资源。

（2）互联网电商平台。一方面为商户减免租金佣金，提供资金补贴、优惠贷款和流量支持等。另一方面，作为数字经济的先行者，帮助中小企业培养和提高数字化生产运营能力。

（3）数字化服务商。提供多种可供选择的数字技术工具、服务和云平台，助力企业转型。

## 资料链接

阿里巴巴两次启动扶助中小企业的特别行动"春雷计划"，发挥自己的数字化能力，启动外贸升级线上突围、助力外贸开拓内销、打造数字化产业带、智慧网络助农兴农、金融支持"再扶一把"等措施，帮助中小企业渡"危"寻"机"；专为中国企业打造了免费沟通和协同的多端平台——钉钉，助力企业间信息互通互联、资源共享、交流便利。

美团推出"春风行动"商户成长计划，一年内将投入20亿元的相关资源，使商户线上化营收平均增长30%、线上化曝光平均提升50%，帮助100万优质商户走上数字化道路；定制100堂美团大学经营成长课程，为商户解决了70%的行业通用问题；推出外卖商家成长体系，围绕外卖线上经营核心指标，为商户提供精细化的运营指导及人才培养培训等，全面提升商户的线上经营能力。

京东围绕企业"人财事物"，联合优质服务商打造中小企业服务生态，通过为中小企业提供大量的免费软件及服务，有效降低数字化转型门槛。目前，企业微信、企业滴滴、企查查、小熊U租等12家SaaS服务商已与京东企业购实现会员权益打通，为企业运营提供支持。

政府、行业、服务商的支持为企业营造了一个良好的转型环境和契机，中小企业可以利用这些扶持政策，抓住机会，突破瓶颈，加速技术升级和模式转型，为企业注入生机和活力。

### 10.3.2 企业数字化转型的方法

**【情景二】A公司数字化转型的过程**

1. 转型初期的做法

首先，由技术人员牵头成立了技术团队。该团队的主要任务是梳理数据，解决数据集成问题。例如梳理清楚各个系统中业务字段的含义，以及数据存储的时点和业务场景，建立整个公司的数据字典，推动各个业务系统按照公司标准进行整改。

其次，组建一个数据分析团队。该团队的主要工作是数据清洗，即把几个系统的数据关联在一起，清洗好后放在数据仓库里。再搭建一个数据平台。

最后，对平台数据实时跟踪分析。

有了数据平台后，老板听汇报、做决策有了分辨力，一切以数据部门提供的数据说话，一眼看到底层各部门，各个仪表板都有下钻功能，老板虽不用天天看数据，但有了一个有力管控管理层的工具。

至此，人们以为数字化转型成功了，其实不然。

2. 转型带来新问题

上了数据系统后问题不断在发生，例如：原先业务部门简单处理 Excel 的人，面临着转型或裁员，老总感到很棘手；常有业务部门质疑数据部门提供的数据的准确性，部门之间经常产生矛盾；传统企业中员工接受数据分析系统的能力比较弱，各个中层管理者已经习惯了通过 Excel 查看数据；对于数据分析暴露出来的问题，企业高管持怀疑态度，质疑数据，不相信分析结果，习惯用经验说话；业务提出的需求往往就是单纯的取数，数据分析师变成了"取数机"，缺少有价值的商业分析；企业欠缺"一切以数据说话"的企业文化；公司缺少完整的数据培训体系，等等。

3. 调整与变革

矛盾和摩擦使老总看到，数字化转型不仅仅是技术工具和方法的应用那么简单，企业需要由上至下地接受理念、习惯、技术的革新。随之老总开启了一系列痛苦的调整和变革，包括实施思想观念创新工程，组织结构扁平化改造，团队和人员的技术培训，业务数据化，管理透明化改革等。

4. 转型初见成效

经过一个时期的痛苦调整和变革，这家企业的财务数据报告迎来了效果，利润较去年提升了 20%，其中有一部分是数据部门驱动增长的成绩。转型初见成效，让企业更加坚定了以思维变革和技术变革推动企业转型成功的决心和信心。

（案例根据 DataHunter，《如今传统企业如何做数字化转型？》改编，2020-11-09）

**案例分析：**

转型不仅是数字工具和技术的简单应用，还是企业的系统改造和创新过程。当一家企业完成了业务形态、组织结构、技术管理、企业文化到人员组成的数字化转型，数字化管理的高效能才能显现，企业的价值升华才能最大限度地实现。

企业转型应从实际出发，重点从思维转变、统一规划、组织变革、人员转型、技术构建、业务框架搭建等方面入手，开展数字化转型。

1. 转变思维方式为转型奠定思想基础

从 A 公司数字化转型的案例中，我们会发现企业对数字化转型常存在三个认识误区：一是把借用一些数字化工具、数字化营销手段、卖货方式等当成转型的全部；二是把与数字化企业的供货合作关系当成转型的唯一途径；三是把借用第三方数字化平台企业的数字化业务体系当成转型的主体。我们往往忽视整体规划，忽视支撑新手段、新工具背后的商业逻辑的变化。

企业数字化转型，要先转变思想。思维方式转变是数字化转型成功的思想基础和关键。

1）从工具思维向系统思维转变

在数字化环境下，要实现一切业务在线，实现一切关键经营要素在线化链接，会影响到企业管理模式、传统商业逻辑发生改变。企业数字化转型的难点不是技术变革，而是模式重构。企业要从"数据服务于人"的思维方式、以人为主体的传统企业模式，向"人服从于数据"的思维模式转变，建立数据决策、数据执行、数据协同新的企业运行模式。

2）从技术思维向商业逻辑思维转变

数字化不是简单地进行企业信息化改造，而是对原有模式的颠覆和重构。要先理清企业的商业逻辑，以顾客价值创造为中心，构筑数字化的顶层架构设计和新模式规划。

3）从底层思维向高层思维转变

全面数字化转型涉及企业全面的数字化改造，不能由各部门各自为政，要实施一把手工程，统筹规划。高层思维要改变和打开传统思维对企业范围、组织范围、流程范围、IT 范围的固化边界，企业组织从内部组织扩展到未来的无边界组织；企业范围从只关注企业内部到关注企业生态；组织结构从金字塔结构到组织扁平化；流程范围从 N 级流程到流程扁平化；IT 范围从 IT 建立竖井式应用到 IT 平台化、横向扩展。

2. 做好整体规划，为转型做好目标指引

A 公司的数字化转型，是在现有组织模式、业务体系基础上各部门、各单元搞各自为战的数字化，比如销售部门的数字化、物流部门的数字化、市场部门的数字化、HR 的数字化，这些都缺乏长远目标规划和整体考虑。海尔数字化转型做法是实施"12345 工程"："1"是实施一把手工程；"2"是解决好供和需两者间的关系；"3"是做到战略、技术、数据三统一；"4"是实现管理、业务、产品、用户四在线；"5"是分五步实施：找到关键问题——自建或选择适合自己的工业互联网平台——通过平台加载应用系统，解决关键问题——检查、总结、迭代和优化——坚持战略不漂移，执行不松懈。借鉴海尔的经验，企业应先确定转型目标，做好整体规划。

1）明确转型目标

数字化转型目标，应分阶段性设计。

转型的初期目标，重点从三方面进行考虑：一是企业是否做到了一切在线化，组织机构、业务、供应链是否在线上，能不能随时随地处理业务；二是企业是否做到了数据驱动业务；三是企业是否能通过人工智能来减少人力、节省成本。

转型的总体目标，不能只在乎一朝一夕的眼前利益，而应立足于数字经济和新技术的发展趋势，立足于企业的长期发展利益，围绕未来企业的智能化、智慧化方向进行设计。

随着新一代人工智能技术的应用，企业将逐渐构建起智慧中枢，并与人交互开展分析决策、认知学习和知识创造，推动企业持续创新。这是企业发展的必然走向。企业应以此为目标设计企业的数字化转型架构，从初期技术引进和工具使用，到未来的数字全联通、生态环境的优化、经营管理水平全面提升等，分别做出分级分层规划，稳步实施，坚持不懈。

2）分阶段实施

实施策略可以参考以下建议。

第一阶段：进行数据连接、采集、整理。在 A 公司数字化转型的案例中，转型过程的第一步就是分析业务，分析指标，分析需要哪些数据，清洗已有数据，定向收集需要的但尚且不足的数据。这是数据化的基础。

第二阶段：做数据可视化。数据连接完成后，下一步就是基于业务需求分析和可视化展示。对历史留有可追溯性和监控当下数据按业务、关键设备监控归类展示，生成报表和可视化报告。数字化成熟到一定程度，各个业务都要有相应的可视化模块，这是企业实现数字可视化的重要工具。

第三阶段：精益分析。在前两个阶段之后，企业多数已经具备自动化和信息化的基础，此时应用数据分析诊断企业存在的问题是工作的重心。在精益分析阶段，需要企业利用数字化软硬件技术和工具，来固化、简化并优化精益化的过程，将原来经验驱动的现场诊断，逐步转化为结合实时数据驱动的数字化诊断,更客观、更及时、更全面、更智能地去发现企业生产系统中存在的浪费等问题。

第四阶段:高阶分析。基于第三阶段精益分析的成果,需要分析原因,提供解决方案。企业可以利用大数据和人工智能技术对最佳历史实践进行提炼并预测,通过APS等技术为企业的计划排程提供智能决策,通过知识图谱等技术构建企业的知识库,通过计算机视觉听觉等技术替代现场枯燥无聊的重复劳动等。

第五阶段:全面转型。当企业推进内部的智能高阶分析至一定阶段之后,需要与全供应链的其他智能企业进行连接,实现智能化的全面转型。

中小企业在当下阶段,先把数据连接、采集、整理工作做扎实,再往下实施。

3. 建立符合转型的组织文化,为转型提供组织保障

1)构建适合转型的组织结构

在数字化转型过程中,一般需要构建四类组织架构。

第一,成立数字化转型指导中心。由一把手牵头,设专职转型负责人,负责转型目标、战略、策略的制订,在整体企业层面起到全局协调数字化转型的职能。

第二,组建数字化技术团队。借鉴案例3中A公司技术团队的做法,具体承担数据梳理、数据集成、数据存储、建立数据字典,推动业务系统按照数据运行标准整改等职能。

第三,开始把数字化嵌入所有业务部门。IT人员渗入不同的业务部门中,指导和推进企业范围内的数字化转型。

第四,开始成立新的业务单元,这个业务单元的目的是要创造新的产品和服务,创造新的商业模式,未来在市场上起到颠覆性的作用,这块需要人力资源管理部门考虑战略性、长期性。

这四类数字化转型架构中,第一类是少数,绝大多数在第二类和第三类,而第四类是努力的方向。

2)建设转型所需的组织文化

转型所需的组织文化建设,重点应放在包容文化、激励文化和制度文化三个方面。

第一,数字化转型过程中会面临种种困难和挑战,对于那些敢于做数字化的人要给予一些包容,不要怕出错,这是试错,试错以后快速迭代,在探索中去前进。

第二,建立清晰的激励机制,从考核和薪酬奖励上真正向奋斗者倾斜,赋予积极做事、敢于奔跑的人更多动能和支持。

第三,建立从上到下以数据说话的考核制度。

3)培养具有数字化素养的团队和人才

新模式、新工具、新方法需要具备新能力的团队和人去抓取、去驾驭、去创新。从A公司数字化转型的实践看,全体员工的思想观念、知识、能力和行为都必须与数字化转型相匹配,不匹配的结果是问题、摩擦、冲突不断出现,掣肘转型的进程和效果。

企业员工数字化转型的重点是核心决策人员和团队的转型,核心决策人员是推动企业转型的关键,团队是企业转型成功的保证。

(1)核心决策人转型。重点提升三种能力:一是对未来行业发展趋势的判断能力。转型需要在不确定中找到确定的方向。转型需要超前、领先,越是先知先觉、超前行动,越能得到转型的红利;二是在不确定中的决策能力;三是学习能力。

(2)团队的能力转型。重点开展三种能力培训。

一是新消费需求洞察能力培训。重点围绕消费市场的新变化,加强对新消费特征的研

究,如洞察中等收入群体逐步成为消费市场的主力,"90后""00后"成为消费市场主体的变化趋向,进一步分析由此产生的新消费理念、消费场景和消费方式,研究与消费新生代互动交流的技术方法,提高运营新消费、做好新消费市场的能力。

二是数字化新工具应用能力培训。重点开展理解数据、利用数据、使用和开发数字化工具的培训。

理解数据,除了大数据,还需要理解和利用企业自身的核心数据,如 CRM 数据、ERP 数据等;外围数据,如营销活动采集到的数据;常规渠道数据,如来自上下游合作伙伴方面的数据;外部社会化媒体数据。以有效弥补 CRM 等核心数据中过程数据的不足。

利用数据创造价值,主要体现在对内强化增值的能力,包括风险管控、决策支持、优化成本等方面。同时还要关注如何充分利用分析工具,减少团队在技术上花费的时间,以便于将更多时间投入产品、服务等数据能够直接产生商业价值的领域。

使用和开发数字化工具,重点放在加大对新数字化工具的功能挖掘、开发和应用等知识和技能的培训上。现在很多的数字化工具可再开发的潜力很大,比如,微信简单改造,可以直接用于营销和服务,产生很好的营销效果,培训中要启发团队思考如何将新工具与自己的生产、营销、财务管理、人力开发等业务深度结合,开发出业务所需的新功能和应用场景,鼓励团队不断创新迭代升级。

三是新营销传播能力培训。企业要搭建起一套新的以新传播为主体的新营销工作模式。对新传播技术开发、工具使用、新工作内容和方式方法等方面进行培训。例如开设"+群"营销能力课程,从搭建人设、建群、激活等各个方面形成一套体系化的营销模式,充分发挥群的链接和传播价值。未来,没有群就没有营销,新营销能力很重要的方面之一就是建群的能力。

(3)全体员工转型。重点培养一切以数字说话的思维方式和数字技能。企业可以通过网络培训、组织数字技术集训营等方式,帮助员工转变观念,获得新的数字技能。

4. 夯实数字化转型的技术基础,为转型提供技术保障

按照华为 EBG ICT 规划咨询部王涛的观点,支撑数字化转型主要有两大关键技术:数据底盘和全连接技术。

做好数据底盘,包括数据治理、大数据治理、数据架构(包括数据资产、数据模型、数据标准、数据分布)、数据质量、数据获取/采集和数据价值分析和应用等,数字化才能驱动商业模式创新、管理创新、业务创新、产品创新和技术创新,进而推动企业转型。

全连接技术:实现数字化的技术分三大类,包括智能装备、ICT 硬件和软件。智能装备包括传感、CPS、IoT 等,要求对装备智能化,实现互联;ICT 硬件包括三大类,即智能终端、连接和传输技术、云计算和存储技术。软件分 6 层,包括嵌入层、边缘计算层、业务服务层、分析服务层、平台服务层、资源层。软件是数字化时代的核心,包括采集、获取、传输、处理、分发、计算、存储、分析、学习等算法软件,必须解决基于数据的快速、及时、准确、自动、智能、海量等核心问题。连接技术将人、事、物等互联,催生互联网、移动互联网、物联网、人联网等最终实现智能互联网。

通信和信息技术的共享性、通用性、连接性、体验性、平台性及规模性等特征,要求规划和制订企业级的技术框架 ETF,包括策略、技术架构、技术标准、技术规范、API、参考模型等,并基于技术框架构建企业级的网络平台、云计算/存储平台、IoT 平台、数据平台、异构集成平台、统一接入平台、应用平台、门户平台等共享技术平台,同时要基于云管端和数据构建安全平台,通过平台化技术战略支撑业务一体化战略和快速响应全球化的灵活性策略。

基于上述观点，中小企业一要积极引入适合业务需要的新信息技术；二可以选择和利用合适的云平台；三是选择合适的数字化服务商。

1）引入新信息技术

企业除了使用管理和生产软件，还需要一个自动化、实时的大数据分析引擎帮助我们处理大量的数据；结合业务需要，逐步引入远程协作、虚拟现实等技术，将我们日常的工作和交流全部数字化；运用大数据、AI、5G、区块链等新一代信息技术，推进企业业务和经营模式的创新。

2）融入互联平台

中小企业可以利用云端部署的资源配置和企业管理应用，加强运营管控，满足未来业务需求，走出发展瓶颈。一方面利用云 ERP、SaaS 服务部署的经营管理类云化应用，提升自己的能力，另一方面通过将基于大数据、云计算、人工智能、物联网技术的工业互联网平台融入社会化生产体系中，从而获得潜在的订单与贷款，借助平台去捕获资源。

一些中小企业和互联工业平台已经在做体系构建的尝试，并取得了一定的成效。

【案例 10-2】

震坤行与 SAP Ariba 合作，部署数字化战略寻源系统，使其工业超市的寻源系统与供应商实现了更实时高效的连接，实现"寻源、选项、比价、下单、审品"的一体化数字采购互联平台。

【案例 10-3】

宁夏长河翡翠酒庄利用 SAP 提供的大数据分析能力，让酒庄实现了对酒庄种植、酿造、销售业务流程的管控和一体化。通过数字平台打通了与终端消费者的链接，酒庄平稳度过了疫情艰难时期的冲击。

3）寻找合作伙伴

中小企业面临的最大挑战是内部没有专业知识来采取行动，充分利用外部合作伙伴获得数字化能力会更有效率。操作中应首先清晰定义什么能力自建、什么能力实行外包策略，并定义能否且如何一步一步建立自身能力；其次，正确选择和管理外部合作伙伴。

选择合作伙伴时要重点考虑三个因素：数据的安全性保障、系统的易用性和实施与部署的容易性。优秀的合作伙伴，可以提供上述安全保障，通过提供帮助企业改造的服务、提供帮助企业整合数字技术的咨询服务、帮助企业进行数字创新、分享成功的方法和最佳实践等行为，有效帮助企业提升转型的成功率。

5. 建立转型所需的运营体系，为转型提供运行机制保障

由于数据是逐步积累和分析的，而且业务在数字化基础之上转变速度会非常快。因此，企业运营体系需要具备快速发展迭代的能力、以数据驱动的运行机制、需求和供应的网络协同、全方位服务客户的业务运营方式。

1）建设运营体系的方法

（1）生产和供应方面。通过数控设备和智能排程等方式提高柔性程度、快速适应变动的需求。

（2）需求方面。通过分析数据，主动寻找需方、主动了解市场多样化的需求，将供求匹

配的主动权掌握在自己手中。

（3）售后及其他附加环节。做好数据采集和分析、定期总结并改进经营过程中不适应的情况。

（4）创造客户价值方面。采用数字化重塑客户亲密度、智能化提升用户体验价值、实行大规模个性化定制。

（5）管理模式创新方面。要抓住商业本质，创新生态管理能力，实现数字共生，与伙伴、客户多边共创，重构行业/企业价值链。

2）重构业务流程

建立全方位服务客户的业务运营方式，需要重构业务流程。

业务流程是业务战略的承载体，是业务能力的端到端呈现，是业务模式的业务设计，是业务管控的运作机制，是创造价值的过程，也是数字化的核心对象。因此，企业应改变以部门或职能为中心的落后业务流程设计思想，以客户为中心，建立去职能化的、以服务和角色为中心的流程设计理念，聚焦业务价值，聚焦流程的组织和业务行为。

具体做法：

（1）建立企业完整的业务流程架构和端到端集成的主干流程，基于流程架构建立流程责任机制。

（2）坚持主干简洁和稳定，末端灵活和标准兼顾的业务流程架构思路，按照价值创造过程拉通主干流程，实现端到端或客户到客户的集成，并基于业务场景重构业务流程视图，实现业务流程的灵活编排，满足业务变化和灵活性要求，提升端到端流程的效率。

总之，中小企业的数字化转型，在目标清晰、长期规划的基础上，重点放在思维和组织转型、新技术应用的突破、数据平台与分析的精准支持、完善对业务的实时把控、实现机构间的合作、构筑新商业模式和生态所需的能力建设等方面。

## 任务小结

（1）正确认识信息化建设的历程和目前面临的挑战

我国企业的信息化建设经历了近40年的发展历程，从业务操作电子化，到业务流程信息化到业务管理知识化，目前正在向业务决策智能化发展。信息化建设帮助企业实现了现代化的经营管理改造和赋能，带来了标准化、科学化的管理和运作模式。

企业的信息化建设面临着来自传统思维方式、环境变化、传统IT治理模式和IT项目建设周期及效益等方面的挑战。

（2）正确认识信息化与数字化的关系

企业数字化转型，是数字化技术的应用，是业务或商业模式的重塑。信息化是数字化的支撑，是工具；数字化是思维模式，是业务和商业模式的变革。二者相辅相成，共同助力企业发展。

信息化、数字化最终是智能化。未来的企业是智能化企业，是智慧企业。

（3）理解中小企业数字化转型的方法

中小企业的数字化转型，存在着一定的困难，需要从企业、产业、政府多个层面同时发力。政府和产业创造转型的条件和环境，企业选择正确的转型方法。

中小企业可以从 5 个方面开展工作：转变思维方式；做好规划分阶段实施；建立符合数字化转型所需的组织文化；夯实符合数字化转型所需的技术基础；建立符合数字化转型所需的运营体系。

## 学习指导

### 1. 课程总结

重点知识：信息化，数字化，信息化与数字化的关系，数字化转型。

实践问题：如何培育数字化思维，如何规划企业数字化转型的目标和实施步骤，如何建设适应数字化转型的组织结构和文化，如何打实转型的技术基础，如何转变经营模式。

### 2. 知识检测

请同学扫码完成知识检测。

### 3. 技能训练

（1）请帮助一家小型企业选择一个比较适合的数字化服务商，提出选择使用其某款产品的建议，描述其产品的技术、功能、服务等方面的基本情况。

测试 10

（2）如果你到一家公司任职，公司老板让你参与企业数字化转型工作，并希望你做一份数字化转型实施方案，你打算从哪些方面做起？

### 4. 能力提升

1）案例分析

案例：便利蜂以数字化创新促自有品牌发展

便利蜂是近几年快速发展起来的"新型"便利店。支撑便利蜂快速发展的关键，是借助数字化能力构建了新的数字化运营体系。具体做法是：

一是借助自主开发的自助收银系统，实现了对所有用户的数字化。在便利蜂，顾客在完成自助交款的同时，收银系统能够同步完成对顾客的数字化转换。用户（顾客）的数字化对零售企业的整体数字化转型是非常关键的一步，本质上讲是解决了以往非数字化环境下用户（顾客）与企业之间的失联关系，变成了一种数字化的链接关系。这为企业准确洞察用户需求、更好地经营用户奠定了重要基础。

二是企业建立了完整的数字化运营体系。数字化运营的核心，是把传统便利店几十年的靠流程驱动、人驱动的运营模式，变成了靠数据驱动的数字化运营模式，企业形成了一套以数据驱动"人"作业、数据决策、数据执行、数据协同的数字化运营体系。

这两大数字化体系，对便利蜂的自有品牌的开发、运营起到了非常重要的作用。

数字化选品，使自有品牌的开发选品更精准。针对很多企业自有品牌发展遇到的基于经验判断为主的"盲目"选品的问题，便利蜂借助其数字化优势，利用用户数字化把用户的数字化画像与用户的需求场景做精准匹配，把用户需求场景与门店的实际运营做精准匹配，把门店的实际运营与整体供应链体系搭建做精准匹配，精准洞察用户需求，有效提升了自有品牌开发选品的准确度。

数字化门店补货体系，把由靠人的经验判断来补货变成了准确性更高、整体补货效率更高的数字化补货体系。该体系对补货、上架、陈列展示等关键环节同步做出体系化的决策、执行、协同规划，实现了充分体现企业商品经营策略的数字化决策体系，使企业的商品经营策略、自有品牌发展战略能够得到更好的执行。对自有品牌的运营来讲，数字化运营体系能够充分根据企业发展自有品牌的战略规划，把商品开发、实时到店、最佳的门店展示一步到位，使整体的运营效率得到了最好的体现。

数字化营销，提升自有品牌的动销效率。

一是借助 App 构建以用户运营为主体的新营销体系。便利蜂有极强的用户思维，特别重视借助在线化工具构建以用户运营为中心，以拉新、用户转化、产生复购为主线的新营销体系。特别是结合自有品牌的开发与上市，有效运用 App、小程序等一些在线化手段发动线上营销活动，使产品在上市之初马上就能产生理想的动销效果。

二是积极尝试社群、直播等一些新的用户运营方式，提升用户运营效果，推动自有品牌的有效动销。

三是构建新传播体系，形成用户链接、用户运营的内容营销体系。

目前，便利蜂已经建立的包括公众号、头条、抖音、微博等在内的新媒体传播体系，在其快速发展过程中发挥了非常重要的作用。

便利蜂积极尝试运用数字化技术促进自有品牌发展的实践值得中小企业思考。

思考题：

（1）便利蜂的数字化运营体系包含哪些内容，是如何建立的？

（2）对中小企业而言，便利蜂数字化建设的经验，有哪些借鉴意义？

2）社会实践

请选择一家企业开展调查，了解其数字化转型相关工作的进展情况，如工作目标设计、实施方案制订、组织及运营体系变革、数字化技术人员配备、数字技术自主开发与应用、与外部数字化服务商合作等。根据调查写出一份分析报告。

## 5. 下次课预习内容

（1）阅读任务11，学习企业文化的相关知识。

（2）搜集某个企业的精神文化、制度文化、行为文化。

（3）思考如何设计企业形象。

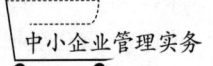

## 任务11 企业文化建设

### 教学导航

| 教学任务 | 11.1 企业文化的内容及功能<br>11.2 企业文化建设的步骤<br>11.3 企业形象设计 |  |
|---|---|---|
| 教学目标 | 知识目标 | 1. 掌握企业文化的内容；理解企业文化的功能<br>2. 掌握企业形象定位的步骤<br>3. 掌握企业理念、企业行为、企业视觉设计的内容及方法 |
|  | 技能目标 | 能够编制企业形象策划方案 |
|  | 素质目标 | 提高文化素养，增强形象意识 |
| 方法建议 | 1. 建议采用案例分析法、翻转课堂进行教学<br>2. 建议采用以小组学习的方式进行讨论式学习 |  |

### 知识导图

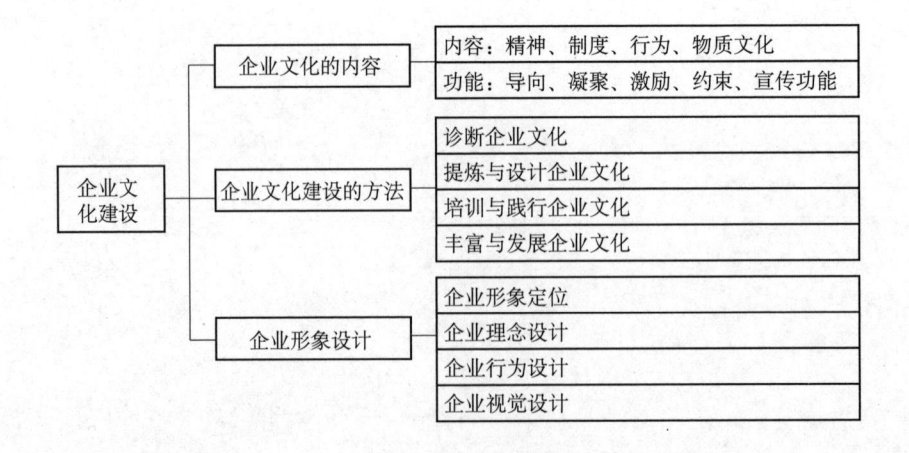

```
                     ┌─ 企业文化的内容 ─┬─ 内容：精神、制度、行为、物质文化
                     │                  └─ 功能：导向、凝聚、激励、约束、宣传功能
                     │
                     │                  ┌─ 诊断企业文化
                     │                  ├─ 提炼与设计企业文化
企业文化建设 ────────┼─ 企业文化建设的方法 ┤
                     │                  ├─ 培训与践行企业文化
                     │                  └─ 丰富与发展企业文化
                     │
                     │                  ┌─ 企业形象定位
                     │                  ├─ 企业理念设计
                     └─ 企业形象设计 ───┤
                                        ├─ 企业行为设计
                                        └─ 企业视觉设计
```

## 导入案例

### 对员工流失背后深层原因的思考

孙贺的公司运行5年后,有一个问题始终围绕着他。这个问题也是许多公司的共性问题,即员工流失问题。

孙贺的公司有员工20多人,每年大约要离职3～5人,流失率近20%。每流失几位员工,就要补充几位新员工。新员工至少要经过一年的磨炼,才能独立工作。这其中公司要付出培训费、五险费,还要抽出几位老员工带着新员工,这无形中就增加了公司的人力成本。关键的问题是,员工的流失,尤其是那些优秀员工的流失,给公司造成难以估量的损失,比如,他们带走了一部分客户,也给在职的员工带来不安定的影响。

那么,为什么会出现员工流失的现象呢?

孙贺也曾考虑过这个问题,并且采取了一些留住员工的措施,如为优秀员工加薪,发放生日礼物、节日福利、年终奖等,但是都没有从根本上解决问题。这引发他思考员工流失的根本原因。

读总裁班时学习的激励理论和企业文化理论,使他找到了问题的根源。虽然员工流失的原因各有不同,或是收入不理想,或是感觉成长空间不足,或是想去更具活力的城市,但最根本的原因还是缺少企业文化作内核。他仔细想想,这些年来企业偏重业务拓宽和销售,缺少了文化方面的建设,没有形成得到员工普遍认同的、已渗透到员工意识深处的并内化为企业员工行为习惯的核心价值观和精神;企业缺少知识管理,没有典型的可以指导员工行为的知识和文化氛围;企业重视物质激励,忽视了为员工实现价值和追求事业成功的理想提供更广阔的发展空间。因而员工缺乏归属感,缺少精神的追求与情感的寄托,缺少团队精神。联想到我国"两弹一星"的元勋们,有多少人都放弃了国外优越的条件,毅然回国效力的事实,他理解了一个组织只有打造出一种精神力量,才能留住那些有抱负、有追求的人,同时也能感化那些体会到组织浓厚的人文关怀的人!员工有了知识的武装和文化的指导,才能明确方向,坚定信心,与企业同心同德,共进步、共发展。公司要想留住人才,关键在于打造出一种适应公司环境的精神力量!这是企业文化建设的核心,也是企业发展的硬道理和软实力。

问题:
如何构建个性化的企业文化?

## 任务解析

### 11.1 企业文化的内容及功能

任务11 企业文化建设——企业文化的内容

企业文化产生于美国,却源于日本成功的管理经验,兴起于20世纪80年代。企业文化是指处于一定经济社会文化背景下的企业,在长期生产经营过程中逐步形成和培育起来的、独特的且为企业全体员工共同持有、共同遵守的企业精神、价值标准、基本信念和行为准则。

### 11.1.1 企业文化的内容

企业文化的内容十分丰富，几乎渗透到企业的各个方面，但其基本内容主要包括以下6个方面。

1. 企业哲学

企业哲学是企业理论化和系统化的世界观和方法论。它是一个企业全体职工所共有的对世界事物的最一般的看法，它是指导企业的生产、经营、管理等活动，处理人际关系等全面工作、行为的方法论原则。它是企业人格化的基础，是企业的灵魂和中枢，也是企业一切行为的逻辑起点。一个企业制订什么样的目标，培养什么样的精神，弘扬什么样的道德规范，坚持什么样的价值标准，这些都必须以企业哲学为理论基础和方法论准则。

2. 价值观念

价值观念是人们对生活、工作和社会实践的一种评价标准，即区分事物的好与坏、对与错、美与丑、可行与不可行的观念，又叫价值准则。对企业而言，价值观为企业生存和发展提供了基本方向和行动指南，它是企业领导者和职工追求的最大目标及据以判断事物的标准，也是企业进行生产、经营、管理等一切活动的总原则。正如美国学者狄尔和肯尼迪所说："对拥有共同价值观的那些公司来说，共有价值观决定了公司的基本特征，使其与众不同。""大部分公司之所以能成功，在于员工能够分辨、接受和执行组织的价值观。"

3. 道德规范

道德规范是一种特殊的行为规范，是企业法规的必要补充。它是评价善良与邪恶、公正与私偏、诚实与虚伪的准则，是评价和调节企业及职工行为关系的依据。它一方面通过舆论和教育的方式，影响职工的心理和意识，形成职工的善恶观念；另一方面，又通过舆论、习惯，规章制度等形式成为约束企业和职工行为的原则。企业道德规范，既表现为一种善恶评价，又是一种行为标准。通过企业道德规范，可调整以下三方面的关系：企业与企业之间的关系；企业与职工之间的关系；企业内部职工之间的关系和行为。

4. 企业精神

企业精神是指企业群体的共同心理定势和价值取向，它是企业的企业哲学、价值观念、道德规范的综合体现和概括，反映了全体职工的共同追求和共同认识。

企业精神是企业职工在长期的生产经营活动中，在企业哲学、价值观念和道德规范的影响下形成的。由于这些影响因素的不同，便会形成各具特色的企业精神。比如，创业精神、敬业精神、奉献精神、创新精神、竞争精神、民主精神、服务精神、集体精神、主人翁精神等。它代表着全体职工的心愿，并能激发出强大的凝聚力量。

5. 企业制度

企业制度是企业在生产经营和管理实践中所形成的带有强制性的义务，并能保障企业一定权利的规定。如企业的厂规、厂纪、操作规程、工作标准等。企业制度是企业文化的要素之一，也是企业价值观的外在表现。即无论是企业的各种管理制度、操作规程、工作标准，还是职工的行为规范，都是价值观的外化。正是由于这一系列制度与规范的存在，才使得企业不仅能维持正常的生产经营，而且也促进了制度文化自身的完善，避免企业各种力量的内耗，从而提高管理实效。

6. 企业标识和环境

企业标识是以标志性的外化形态来表示本企业的文化特色，并与其他企业明显地区别开来的内容，包括厂牌、厂服、厂徽、厂旗、厂歌、商标等。这些标识能明显而形象地概括企业的特色、有助于企业形象的塑造，有助于激发职工的自觉意识和责任感，使全体职工自觉地维护本企业的形象。因此，企业标识已成为企业文化最表层，但又不可缺少的组成部分。

企业环境，主要是指工作环境，如办公楼、厂房、俱乐部、图书馆及生活设施和绿化等。企业环境也是企业文化建设的重要内容。一方面，优美的环境、良好的工作条件能激发职工热爱企业、积极工作的自觉性；另一方面，企业环境也是企业形象与经营实力的外在表现。所以，它对扩大企业的社会影响，拓展经营业务范围，都会产生积极的影响。

企业文化的上述内容可以分为4个层次，如图11-1所示。

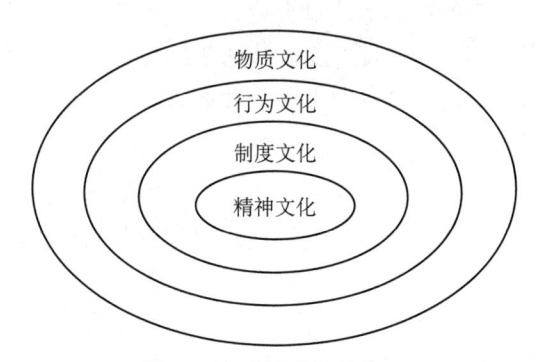

图 11-1　企业文化结构图

最表层是企业的物质文化，由企业标识、企业环境、实体产品、办公设备、标语口号、文体活动等构成（在海尔文化中表现为表层和浅层文化）。

次表层是企业的行为文化，是指企业员工在生产经营过程中，由其行为表现出的文化内涵，包括企业整体行为、企业家行为、企业精英人物行为和企业员工行为（在海尔文化中表现为中层文化）。

中间层是企业的制度文化，由企业一系列能够有效运行的制度和机制构成（在海尔文化中表现为深层文化）。

核心层是企业的精神文化，由企业哲学、价值观念、企业精神、道德规范、经营战略、目标等构成（在海尔文化中表现为里层、内层与内核文化）。

精神文化是企业经营的灵魂，一般通过一系列的经营理念来表达，并通过制度文化来贯彻落实。企业制度科学化、规范化、系统化，才能使企业精神深入人心，由此也必然会使企业的物质文化丰富多彩，别具一格。

### 小思考

企业文化的各层次是什么关系？

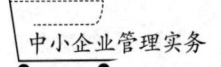

### 11.1.2 企业文化的功能

企业文化的功能,是指企业文化在企业生存和发展中所起的作用,主要表现在以下几个方面。

**1. 导向功能**

企业文化的导向功能,是指企业文化能对企业全体员工产生一种感召力,这种感召力能把他们引导到企业所确定的目标方向上来,主要表现在两个方面:一方面对企业成员个体的心理、性格、行为起导向作用,即对个体的价值取向和行为取向起导向作用。例如,沃尔玛"天天平价"的经营理念会引导员工关注企业的低成本运营。另一方面,对企业整体的价值取向和行为取向起导向作用。对沃尔玛来说,就是要尽可能地做成低成本的供应链。即要求供应商要低成本供货,低费用库存,构建高效率、低成本的运营系统。

**2. 凝聚功能**

企业文化的运用能够使企业职工形成对企业目标、准则、观念的认同感,产生对本职工作的自豪感和对企业的归属感,从而使职工个体的集体意识大大加强,使自己的思想感情和行为同企业的整体联系起来,这就是企业文化的凝聚功能。

**3. 激励功能**

所谓激励,就是通过外部刺激,使企业员工拥有一种情绪高昂、奋发进取的力量。积极向上的价值观念和行为准则,可以形成强烈的使命感和持久的行为动力。故有企业文化是企业活力的"加速器"之说。通过在企业内部创造一个重视人、尊重人、理解人、关心人的良好环境,企业领导者利用文化意识进行管理,激发职工的工作热情,启发、诱导、刺激人们的潜在能力和智慧,会使企业活力的源泉永不枯竭。

【案例 11-1】

## 孙贺的目标激励

孙贺像当年给自己定目标一样,为每一位员工制订了一个成长时间表:何时晋升主管,何时当经理,何时办自己的企业,何时买房(员工大多都是刚毕业或毕业不久的租房的大学生),何时结婚,等等。对此,他不光说说而已,而是从口头提醒、行为指导到督促检查,并以自己的目标管理为示范,进行全方位的目标激励管理。多年下来,当年的同事中已有六位创办了自己的公司,有四位晋升为经理,他们都安心于本职工作,快乐地实现自己的最大价值和理想。

他不仅对员工实行目标激励,对许多客户也同等对待。比如,有一位与他合作短信业务的客户,有一年因拖欠他 50 多万元的欠款,想要卖掉企业,他知道后,鼓励客户"钱啥时有啥时还,不还也没问题,一定要坚持下去,争口气,把企业做好做大"。这位客户没有还他钱,但今天已做到公司上市,把当年的欠款作为股份分给他。

**4. 约束功能**

企业文化是企业的群体行为规范,它对该企业全体成员的行为有一种无形的群体压力,这种压力包括舆论的压力、理智的压力、感情的压力等。因此说,企业文化是一种无声的号令、无形的管制。企业文化的约束功能主要通过道德规范、伦理道德、社会公德、规章制度等起作用。这里既有"硬性"约束，也有"软性"约束。作为一种文化建设，我们更应注重对"软性"约束机制的塑造，用企业共同的价值观来同化个人的价值观。要在企业内营造这样一种氛围：一旦某人违反了组织的规范，就会感到内疚、不安、自责，进而自动去修正自己的行为，把企业的要求转化为个人的自觉行为，实现个人目标与企业目标的高度一致。

【案例 11-2】

蒙牛有这样一句口号："如果你有智慧，请你拿出来；如果你缺少智慧，请你流汗；如果你既缺少智慧，又不愿意流汗，请你离开。"这样的口号会形成一种无形的压力，使那些想到企业浑水摸鱼的人没有藏身之地。

5. 宣传功能

在当代的市场竞争中，企业要获得长期的发展，不仅要使其产品得到顾客的认可，还要使其经营理念得到顾客的认可，这样才能使顾客对你放心，与你长期合作。为此，企业一方面要在企业内宣传自己的经营理念，让企业全体员工在普遍认同的基础上，自觉地践行企业的经营理念；另一方面，企业要根据时机和企业内功修炼的程度，适时地对外宣传，让顾客认知企业的经营理念，并在认知的基础上认同，进一步就可能成为企业的忠诚顾客。

【案例 11-3】

海尔"真诚到永远"的经营哲学，一开始就会让人感到这个企业不会骗人。随后在认知了海尔的产品质量之后，消费者就会对海尔产生认同感。顾客在持续的产品及售后服务的体验之后，自然就会生出信任感，成为海尔的忠诚顾客。

## 11.2 企业文化建设的步骤

企业文化建设的内容包括企业理念、企业制度、企业行为和企业物质文化的建设。

开展企业文化建设需要分步进行。

任务 11 企业文化建设——企业文化建设的步骤

1. 诊断企业文化

企业文化是企业长期积累、沉淀的结果。诊断企业文化要从内部开始。通过搜集、整理、分析、论证的步骤，诊断企业文化的基本情况，具体方法：①可以通过查看公司历史、历年经营报告、管理制度、工作总结、活动记录、技术改造开发、专利申报、员工培训等资料，召开不同层次人员的座谈会，走访老干部老职工等途径，搜集企业发生的事件、经营的成果、遇过的挫折、发生的事故、失败的教训、成长起来的英雄人物等，分析企业的精神传承、制度成因与影响、行为特征、物质形式等内容。②在内查自诊的基础上，请专业公司或专家来企业帮助诊断。此外，还可以通过倾听外部对企业文化的评价，来诊断企业文化。

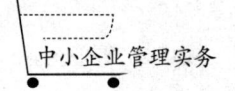

### 2. 提炼与设计企业文化

提炼企业文化，从内容方面说，首先要提炼企业理念是什么，因为企业理念是企业文化的核心，是企业文化教育的基础，也是指导管理、营销、服务等所有企业经营活动的灵魂，企业理念提炼的好坏直接影响到企业文化的优劣和建设成效。提炼企业理念，必须先对企业理念有一个明确而清晰的认识，在此基础上总结概括企业目标、企业价值观念、企业精神、企业哲学、企业宗旨、企业作风等几个最基本的企业理念。其次，总结提炼企业制度、企业行为、企业视觉等方面的内容。

从方法方面说，首先要从企业史料的搜集、整理、分析、概括开始。以精神文化提炼为例，在企业发展中，一定会沉淀一些支撑员工行为的理念和精神。把这些精神和理念提炼出来，并进行加工整理，就会发现真正支撑企业发展的深层次精神和理念。其次，企业要安排专职部门或专人负责组织提炼与设计工作。实施方法有多种：第一，在企业内部征集企业文化设计提案，激励员工参与提炼与设计；第二，汇总各种提案的观点，编辑成符合公司实际情况的设计方案；第三，先组织各层次员工代表讨论修改设计方案，再组织全员由下到上开展讨论，反复修改，直到达成对企业文化的共识；第四，请专业人士论证，形成企业文化文案。

### 3. 践行企业文化

企业文化的核心是企业精神。成功的企业精神或口号，应该使员工产生积极的、具体的联想，正是这种联想，具有强大的激励作用。把总结提炼的文化手册发至人手一份，组织培训，落实检查，开展评选活动，培育先进典型，带动其他员工。

践行企业文化的关键是将企业文化管理常规化。所谓常规化，一是每天有提醒员工的工作口号；二是依据客户的满意度提炼员工的行为，将激励措施向这些行为倾斜；三是将这些行为标准化，尽可能地形成团队的行为。

### 4. 丰富与发展企业文化

将企业文化渗透到技术进步、改革创新、新产品研发、创新型人才培养的各环节中，通过创新推动、丰富和发展企业文化的内涵，更有效地促进企业文化氛围的形成和员工文明行为的养成，更好地发挥文化的引领、凝聚和激励作用。

【案例11-4】

## 孙贺公司的文化建设

1. 精神文化建设

孙贺公司自有一套建设学习文化、责任文化、诚信文化、进取文化、创新文化、奉献文化、团队文化的方法。例如：

1）学习文化建设

组织读书活动。公司成立了读书小组，每周一次，每次3小时，主要学习盛稻和夫的《活法》《干法》等书。从2018年起至今已经坚持了三年的时间。读书会上经理和员工一道交流心得，会下践行读书的内容，把践行结果以视频的形式发到朋友圈。视频内容包括工作上见客户的情景，生活中家庭管理、自我健康管理的活动情况。例如，减肥跑了多少米，仰卧起坐做了多少个，等等。读书活动的内容和方法，从2019年1月14日第3期小组读书会的会序中可见一斑。

例如：第 3 期小组读书会活动会序

第一项，诵读《六项精进》《经营十二条》《匠人精神三十条》。第二项，研讨《干法》第三章：以"高目标"为动力。

主题：越努力越幸运，越分享越成长！

方法：讨论＋交流

时间：讨论 20 分钟，交流学习体会 3 分钟。

交流题目：

A. 不断树立"高目标"，首先"必须得想"；

B. 把愿望渗透到"潜意识"，当你竭尽全力时神灵就会出现；

C. 始终"以百米赛的速度奔跑"，付出"不亚于任何人的努力"乃是自然的机理。

第三项，总结：反省（自省），感恩，见贤思齐，成长与收获。

本次个人学习总结＋上周践行作业总结。

第四项，布置本周践行作业。本次学习一定给您带来了反思和收获，为自己留下珍贵的践行作业。

第五项，公布第四次小组学习会时间：2019 年 1 月 21 日。

2）"奉献"文化建设

实施"日行一善""日助一人""爱老护幼""添砖加瓦"工程。

倡导员工为企业、为社会、为父母、为家庭、为他人尽可能多地做些有益的事情，帮助他人，快乐自己。每日在微信群汇报做事、助人的实例。

倡导员工参加"日行一善"活动，每天在"日行一善"的微信群里捐一角钱善款，培育爱心。

带领员工每年两次到贫困地区捐资助学，这项活动已经坚持了五年。重阳节到敬老院慰问老人，送去温暖。平时参加社会公益活动。

3）"团队"文化建设

"团队"文化建设是通过丰富的文化活动来推动的。例如，举办演讲比赛、健康讲座，组织拓展训练活动，集体跳公司舞蹈，定期集体去 KTV、集中旅游、打太极拳、打 CS 游戏、会餐等。将竞争意识、合作互助、修身养性、意志品德、良好习惯的养成融于各项活动中。通过活动来培育竞争精神、协作精神、奋斗精神、创新精神、乐观进取的态度，增加凝聚力和战斗力。

2. 公司读书会制度

小组学习会每周一次，时间确定为每周一 9:00—12:00，经理主持，主持人对会议时间负责。

会议日程：学习，交流，反思，总结。

学习时，电话振铃的每次自愿乐捐 10 元。接打电话的每次自愿乐捐 50 元。未完成作业的，男生惩罚 20 个俯卧撑，女生惩罚 20 个蹲起。

### 思考

中小企业应该如何建立学习型文化？

## 11.3 企业形象设计

### 11.3.1 理解企业形象

企业形象是指社会公众通过对企业的理念、行为、产品等的识别和体验，做出自己的评价，从而形成某种固定的印象。

在当代的市场竞争中，企业形象和企业自身的生存与发展紧密相关。那些不仅关注利润，而且关注社会公益事业的企业；面对挑战不惧强敌、敢于拿起武器、舍得身家财产、维护正义的企业；身处危急时刻敢于承担责任、忍辱负重、为国为民的企业，才能在社会公众心目中树立起良好的形象。

企业形象不是企业自以为是的形象，而是社会公众的客观评价。企业形象也不能只靠企业默默的实际行动，"酒香不怕巷子深"的时代已经过去，企业必须在做事之前就为自己谋划好以什么样的理念、原则、态度去做事，并把企业精神通过产品、服务、媒介传达给社会公众，及通过企业形象来表达企业文化。

企业形象是企业内涵的反映，企业内涵由许多要素组成，这些要素可概括为有形要素、无形要素和企业员工三大类。企业的有形要素包括产品、设备、设施、生产及经营环境、标志及各类广告等。无形要素包括企业的经营理念、企业价值观、企业品牌价值、企业信誉、规章制度等。企业员工主要看其综合素质，即文化素质、技术水平、职业素养、精神风貌、言谈举止等。这些要素主要通过以下一些具体的形象得以展现。

1. 产品形象

产品形象是企业形象的物质体现，是看得见、摸得着的实在物，是企业形象在顾客心中最真实的体现。具有美感、时代感的产品设计，通过顾客的视觉传达企业的高雅形象；物美价廉、经久耐用的产品质量，通过顾客的体验传达企业的严谨形象。

改革开放之初，我国企业的产品既无美观的造型，也没有可靠的质量保证。以往中国的消费者对于这种状况已经习以为常，但是当日本、德国企业的产品进入中国后，我们才知道什么是真正的产品，由此也懂得了企业形象的重要性。可喜可贺的是经过四十多年的改革开放，我国已经产生了一大批产品形象过硬的企业。

2. 环境形象

环境形象是指企业的生产环境、销售环境、办公环境和企业各种附属设施。环境形象反映企业的经营特色、经济实力、管理水平和精神风貌，是企业向社会公众展示自己的重要窗口。

星巴克以其独特的、优雅的环境吸引顾客，以新鲜的、多样的产品迷住顾客，以一对一的服务留住顾客。可口可乐提供免费的生产线参观项目，通过顾客的眼见为实培养忠诚的顾客。

企业信誉。企业信誉主要是指包含在企业品牌、商标、服务标识、许可权等无形资产中的、顾客心目中的企业的诚信度、美誉度。企业信誉一方面表现在企业能够持续不断地提供优质产品和优质服务，使顾客对其产品产生信任感；另一方面需要企业在危急时刻，敢于承担责任，以顾客的角度考虑问题，兑现应有的承诺。

蒙牛、伊利等乳品制造企业面对三聚氰胺事件时，能够及时向社会公众发布本企业产品所含三聚氰胺的状况，并提出相应的整改措施，从而得到了顾客的信赖与支持。

3. 企业员工形象

企业员工形象不仅指员工的着装仪表、言谈举止、服务态度等方面的外在表象，还包括企业员工共同遵守的价值观念、经营理念、道德规范及生产过程中所形成的历史传统和习惯等内在素质。

对于生产企业，员工的素质高低决定着产品质量的优劣，决定着生产效率的高低。虽然他们并不直接面对顾客，但其生产的产品则间接地影响着顾客。对于商业及服务类企业，员工直接面对顾客，那么员工的外在形象及内在素质就直接代表企业形象。因此，企业应特别重视直接面对顾客的员工素质，花大力气做好这部分员工的培训。

4. 企业家形象

企业家形象是企业形象的核心与关键，企业的成功与企业家的文化素质、经营哲学、战略思维、人生阅历、工作作风、个性特征、运筹能力等紧密相关。企业家是企业的掌舵人，是企业文化的倡导者和设计者，是企业文化的身体力行者，企业家的形象常常被人们直接等同于企业形象，因此企业家的形象对于企业的发展格外重要。

当任正非、张瑞敏、董明珠等企业家面对公众的时候，为什么会引起公众的极大关注？其根本的原因正在于他们的个人形象代表着企业的形象，在他们领导下的企业获得了世人尊重与敬佩的同时，他们个人也自然会得到世人的尊重与敬佩。

### 小思考

联系实际思考企业形象对企业发展有哪些影响？

#### 11.3.2 企业形象定位

纵观当今有志向、有实力、有潜力的企业，都格外重视企业形象的培养和树立。因为良好的、合适的企业形象会助推企业的发展，放任自流的或是超脱实际的企业文化都会阻碍企业的发展。因此，企业形象设计是企业文化建设的重要内容。

企业形象设计就是企业根据其宗旨及所选定的产业，全面设计自身将在这个领域里扮演的角色特征，以此取得顾客的认知；然后企业全体员工按照这种事先设定好的形象（即企业形象定位），通过不断的努力加以实现，以此赢得顾客的信任与支持，同时使顾客成为企业忠诚的顾客。

综上可见，企业形象定位需要做好以下事情。

1. 企业宗旨定位

企业宗旨定位，就是要企业对存在价值及其作为一个经济单位对社会做出的一种承诺，以表达企业对社会义务的基本态度。例如，海尔的宗旨是"敬业报国，追求卓越"，铁路局的宗旨是"人民铁路为人民"，海信的经营宗旨是"理性、效益、安全"，等等，这些都明确地表达了自身存在价值和承担社会义务的责任。企业有了自己的宗旨，就会根据它理性、负责任地去做事。这样的企业才具有生命力，才能不怕困难、勇往直前。

2. 企业产品形象定位

在企业宗旨的指导下，企业要选择某种产品或服务作为其所从事的事业。由于不同的产品所处的行业特点不同，其产品的形象必然不同。例如，医药、食品关系到人们的身体健康，因此生产这类产品的企业一定要树立清洁、环保的形象；交通工具类产品关系到人们的生命安全，因此生产这类产品的企业一定要树立安全、优质的形象；服务类产品主要关系到人们的日常需求，应主要树立热情、及时、周到的企业形象。

由此可见，企业一旦确定了生产某种产品，就要确定产品生产者的形象，以便使顾客及早了解企业将以何种形象，为他们提供相应的产品及服务。

3. 目标顾客定位

产品形象定位之后，企业还要进行目标顾客定位。因为世界上的绝大部分产品很难做到满足所有人的需求，这主要在于人的需求的个性化差异太大。比如对于服装、食品、药品等产品，你喜欢的可能正是我讨厌的，你需要的恰恰是我从来都不用的。另外，对于个别企业而言是不可能满足所有人的需求的，因此企业就必须进行目标顾客定位。

所谓目标顾客定位，就是根据某一类顾客的需求，以及企业的优势，确定这类顾客为企业的主要服务对象。例如，根据顾客的收入状况，可以把顾客分为高收入人群、中等收入人群和低收入人群，企业把其中一类人群作为目标顾客。仅就轿车生产而言，奔驰、宝马定位于高收入人群；奥迪、中华定位于中等收入人群；吉利、奇瑞则定位于较低收入人群。

目标顾客定位可以使企业集中全部资源，有针对性地服务于某一类顾客，从而既可以树立鲜明的企业形象，使顾客产生非常明确的认知；又可以收到忠诚顾客应有的回报，使企业得以可持续发展。

【小提示】联系实际体会企业形象定位对企业发展的作用。企业形象定位之后，接下来需要对企业形象进行全面的设计。

### 11.3.3 企业形象设计

企业形象设计也可以称为 CI 策划。CI 是英文 Corporate Identity 的缩写，直译为"企业识别""企业特征"等。CI 的概念最早出现在美国，当时主要出于商务需要，在经营活动中以统一化的图形或字符来加强视觉识别，以区别于其他公司并表达自我，进而达到扩大销售额的目的。

CIS 是英文 Corporate Identity System 的缩写，译称企业识别系统，意译为"企业形象统一战略"。企业形象设计系统，是指一个企业为了塑造自身形象，通过统一的整体传达系统，将企业的总体文化特征及经营主体内容传达给所有企业相关者，以凸显企业个性特征，使公众对企业产生较一致的认同感。

CIS 由三大要素构成：

MI（Mind Identity），即理念识别，它是整个系统的核心，包括企业的经营理念、经营哲学、价值观、道德规范等。

BI（Behavior Identity），即行为识别，它是企业经营理念动态化的表现形式，包括对内对外两部分：对内是指职工培训和教育、经营者和职工行为要求、文明礼貌规范等；对外包括企业公共关系、促销活动、公益性和文化性活动等。

VI（Visual Identity），即视觉识别，它是企业的静态识别形式，或是企业识别的视觉表达，包括基础部分和应用部分两项内容。基本部分包括企业名称、企业标志、企业色彩、企业字体、企业象征图案等。应用部分包括产品系统、设备及用品系统、建筑物及环境系统、交通系统、广告媒体、职工服饰、个人名片等。在以上要素中,以企业标识、标准字、标准色三要素最为重要,是视觉系统的核心。

1. 企业理念设计

企业理念设计是在企业形象定位基础上,把企业的宗旨体现到企业经营管理的各个方面。以海尔为例,海尔的宗旨是"敬业报国,追求卓越"。这一宗旨若没有体现在企业经营管理的各个方面,那只能是一句口号。海尔宗旨主要体现在:

(1)质量理念:有缺陷的产品就是废品。

(2)营销理念:先卖信誉,再卖产品。

(3)用户理念:用户永远是对的,用户的难题就是我们开发的课题。

(4)研发理念:要干就干最好的。

(5)人才理念:赛马不相马。

(6)兼并理念:用文化激活休克鱼。

企业经营理念的设计应集结一批专业人士,根据企业宗旨、企业具体环境、发展方向和发展阶段,适时提出相应的经营理念,经企业领导层审批,确认无误后逐步推行。

经营理念的设计应把握好三个原则:

(1)要与企业宗旨相一致。与企业宗旨不一致的理念将会在实际运营中,将员工的思想搞混乱,会阻碍企业的发展。

(2)要有一定的针对性。一般说来企业的经营理念,总是根据企业要解决的实际问题提出来的,因此会具有针对性。需要注意的是,有些企业面临的问题可能是相似的,但解决问题的思路和方法肯定会有所不同,也就是说企业的理念应是个性化的。

(3)要有一定的先进性。只有相对先进性的理念才能激发员工的斗志,过于超前的理念会使员工感到可望而不可即,反而会消极对待这种经营理念。而总是跟在别人后面的理念也无法调动起员工的工作热情。

企业理念的表达方式主要有条例、标语、广告、歌曲、座右铭等。

2. 企业行为设计

企业理念要通过企业行为体现出来,企业行为能否很好地彰显出来,就需要进行精心的企业行为设计了。企业行为设计是在企业理念的指导下,首先在企业内部通过一系列的制度规范、文化导向、教育培训,塑造出一批具有强烈的企业理念、职业道德和熟练业务能力的员工。然后在企业外部通过一系列广告、营销、公关等活动,在提供优质的产品及服务的过程中,向公众传达企业的文化理念。

1)企业内部行为设计的主要内容

基本目标是如何打造一支过硬的员工队伍,具体说来包括三个层次的内容。

(1)普通员工行为

普通员工的行为设计应包括企业理念、团队精神、职业素养、岗位技能、执行能力与沟通能力等。通过制度设计和文化导向培养员工的企业理念和团队精神;通过教育与培训提升员工的职业素养、岗位技能、执行能力与沟通能力。很多企业还把职工个人的职业生涯规划列入员工行为设计中,使员工的命运与企业的命运结合起来。

(2)中层领导行为

中层领导的行为设计应包括企业理念、团队精神、沟通能力、执行能力、领导能力、应变能力和业务能力。中层领导承上启下，其团队精神与沟通能力显得尤为重要。中层领导又直接面对生产、营销、客户服务的一线，要运营好自己这一摊又需要相应的执行能力、领导能力和应变能力。对中层领导主要通过企业内部与外部的培训来提升其能力，因此至少每年都要有相应的培训计划。

（3）高层领导行为

高层领导行为设计实际上是如何打造一个强有力的领导班子问题。在现代企业制度下，首先要设计好公司的治理结构。这个结构既要符合国际规则，又要符合国情；既要适应市场的变化，又要平衡各方利益。其次要选好班长，实践证明"班长"在企业的发展中起着至关重要的作用。再次是对领导班子的建设要有一个基本规划，尤其对班子结构问题、分工合作问题、团队学习问题、接班人问题要有制度性规范。

2）企业外部行为设计的主要内容

基本目标是如何构造让公众信得过的企业行为，具体说来包括三个方面的内容。

（1）广告活动

企业广告主要包括产品广告、服务广告和公关广告，无论哪种广告都要体现企业的经营理念。企业应该根据企业发展的不同阶段打出不同的广告，根据目标顾客的需求特点打出具有独特创意的广告。为此企业应聘请有创意、有信誉的广告公司协助企业进行广告的整体策划。需要格外注意的是，打出的广告内容，企业必须兑现，因为信誉就是企业的生命。广告策划还必须考虑成本与效益的关系。

（2）营销活动

广告主要是通过媒体向顾客宣传企业产品和理念，营销则是将媒体和员工行为结合起来争取顾客的活动。其要旨如下：

通过合适的广告形式告知目标顾客，达到吸引目标顾客的目的。

通过营销人员的产品营销活动亲近顾客，有针对性地介绍产品，使顾客通过对营销人员的信任，自然产生对企业、对产品的信任。

通过营销人员对顾客的真诚关怀，赢得顾客对企业的忠诚。

由此可见，企业应在营销活动前着重培训员工如何吸引顾客、亲近顾客、关怀顾客的能力，即打造一支过硬的营销队伍。

（3）公关活动

公关活动是企业面对公众需要开展的活动，这类活动往往需要借助某个事件。有些事件是可以预知的，如国庆、厂庆、大型展览会等。对这种事件事先可以做比较充分的准备。还有些事件来得很急，这就需要企业有应对突发事件的应急处理预案。在危急时刻，公关活动对企业尤为重要。例如，当麦当劳、肯德基遭遇"苏丹红"事件，蒙牛、伊利等遭遇的"三聚氰胺"事件时，如果企业没有好的应急公关措施，就会遭遇灭顶之灾。

3. 企业视觉设计

企业给公众的视觉带来的是直接的感受，是第一印象。很多消费者会根据他们的第一印象来购买企业的产品，因此构造一个良好的视觉形象对企业说来也是十分重要的。

企业视觉设计包括两部分：基本部分设计和应用部分设计。

1）基本部分设计

基本部分设计包括企业名称、企业标识、企业色彩、企业字体、企业象征图案等的设计。这种设计的基本目标既是向公众表达企业的基本形象，又是向员工表达企业的基本精神。现仅以企业名称为例说明其设计的要旨。

（1）企业名称

例如，娃哈哈的名词，属音、形、义俱佳的典范。发音上，三个音节"WAHAHA"都是由一个声母和一个单韵 A 组成的，而 A 则是汉语所有韵母中开口度最大、发音最响亮，也是最容易发的音，朗朗上口，好听、好记。

（2）企业名称应寓意奇妙

这里值得一提的是"华为"这个企业名称，取材于"心系中华，有所作为"这条标语，本身很有故事性。字义又充分体现了企业"积极进取，爱国创业"的情怀，符合爱国主义、集体主义的中华文化，极易被员工和社会接受，富有"国家兴亡，匹夫有责"的激励功能。实践中，华为不惧艰难险阻，创新发展的形象，正印证了这种爱国、担当、贡献的高尚情怀的激励作用。华为的名字和品牌已成为中国的"闪亮名片"。

（3）企业（产品）名称应充满情感

充满情感的企业名称着重于感性诉求，很容易引起青年消费者的偏爱。还以娃哈哈为例，从整个形体上看，"哈哈"就像孩子们高兴得合不拢的笑口，从字形上给人一种美观大方、亲切近人、有点萌萌哒的感觉，充满欢乐的情感，既适合儿童的心理，又容易激发儿童对它的浓厚兴趣。

2）应用部分设计

应用部分设计包括产品系统、设备及用品系统、建筑物及环境系统、交通系统、广告媒体、职工服饰、个人名片等的设计。

这部分的设计在总体上应遵循一个基本原则，即在企业外在的风格、结构、颜色上保持一致，使消费者很容易辨识。如海尔、华为等，其外在的形象让人在很远处就可以认出。

综合以上内容，再加上公司的视觉识别就是一个完整的 CI 策划。

### 11.3.4　孙贺的企业文化设计

根据以上企业文化的知识，以及多年的企业管理经验，孙贺开始进行本公司的企业文化设计。其设计的思路大体如下：

（1）分析员工的需求，这是企业文化建立的基础。

（2）设计企业的经营理念，这是企业文化的核心。

（3）通过制度设计，落实企业的经营理念。

（4）通过行为和作风设计，落实企业经营理念。

（5）对外形象的 CI 设计。

具体的简要内容如下。

1. 分析员工的需求

孙贺根据多年的工作经验，把员工的需求分为三类。

第一类是为了较高的收入求职于公司的，这是多数员工的基本需求；第二类是为了有较大成长空间的，这是自身有职业发展规划的一部分员工的需求；第三类是为了寻求归属感的员工，只要这里有较好的人文关怀，团队氛围浓，收入低一点是可以接受的。

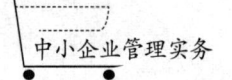

2. 设计企业经营理念

经营理念是企业员工工作的指导思想，这样的指导思想应该建立在员工需求与认知水平的基础上。那些"高大上"的口号往往会成为虚无的口号，还不如不要的好。

【案例 11-5】

## 孙贺提出的经营理念

孙贺提出三条经营理念。

1）为客户着想就是为自己着想

这是提醒那些追求较高收入的员工，只有全心全意为客户服务，才可能获取较高收入。这里蕴含的基本道理是"客户是衣食父母"，但是直接提衣食父母，在平时的工作中指导性不强，而"着想"是你只要做事情时就必须要履行的过程。

2）在为客户的服务中成长

这一条是针对那些追求成长的员工的，员工的工作技能增长得越快，其工作绩效就会越突出，而员工的技能只有在为客户服务的过程中，才能不断提高，并得到证明。

3）追求团队的成就与追求快乐的成就

追求团队的成就就是要营造员工的归属感，可以叫作"成家"；追求快乐的成就就是要营造一种在团队的成就中获取快乐，在团队的业余活动中获取快乐的氛围，叫作"乐业"。

3. 设计落实经营理念的制度

首先，设计员工考核制度。考核指标设计主要考虑三方面因素：一是客户评价，比如，客户好评的积分，差评的数据，吐槽的内容等；二是客户服务水平，比如，客户关系的稳定性，服务方法的创新性，访问客户的数量，为客户解决问题所提供的方案数量和应效果等；三是适当考虑短期的绩效，考评对象，主要针对团队，适当考虑个人。

其次，设立贡献奖励制度。对为公司的完善做出贡献的员工设立物质奖励和精神奖励；设立员工之家委员会，专门帮助员工解决家庭困难、安排生日庆宴、安排节假日活动等。

最后，其他工作制度、学习制度都围绕着"成家""乐业"来设计。

4. 设计员工的行为与作风

在客户关系上要有规范的语言和要求（如对客户必须首先问候"您好"，对客户的批评保持适当的沉默，并及时分析客户批评的原因，提出改进措施）；在员工关系上营造平等、民主的氛围；在工作作风上提倡"日毕，日省，日新"的作风，即当天的事情当天完成；事后要反省得失，总结经验教训；再定出明天的新目标。案例场景 1 中的"践行作业"就是"日毕，日省，日新"的作风体现。

以上设计的基本目标是营造一个和谐、快乐、富有战斗力的团队。

### 思考

请结合企业文化的知识，谈谈你对孙贺的企业文化设计的看法和建议。

## 任务小结

（1）企业文化分为四个层次，即表层的企业物质文化、次表层的企业行为文化、中间层的企业制度文化、核心层的企业精神文化。

（2）企业文化功能有导向功能、凝聚功能、激励功能、约束功能和宣传功能。

（3）企业形象主要包括企业产品形象、企业环境形象、企业信誉、员工形象和企业家形象。

（4）企业形象定位需要做好企业宗旨定位、企业产品形象定位、企业目标顾客定位。

（5）企业形象设计包括MI设计、BI设计和VI设计。

（6）MI设计应把握好三个原则，即与企业宗旨相一致，有一定的针对性，有一定的先进性；BI设计的基本目标是，对内要打造一支过硬的员工队伍，对外要构造让公众信得过的企业行为；VI设计的基本目标是向公众传递企业基本形象，向员工传递企业基本精神。

## 学习指导

### 1. 课程总结

课程总结包括知识体系总结与实践问题总结。

（1）知识体系总结提示什么是企业文化；企业文化的内容；企业文化的主要功能；CI策划的主要内容；企业文化基本概念关系图。

总结的重点在CI策划的主要内容和企业文化基本概念关系图。

（2）实践问题总结提示为什么要学习企业文化？

中小企业的企业文化与大企业的企业文化有何不同？中小企业的企业文化应该怎样做？

孙贺公司的企业文化给我们哪些启示？如何将企业文化与企业战略联系起来？

这部分总结的关键是通过比较孙贺公司的企业文化与海尔的企业文化的区别，在比较中体会如何来做中小企业的企业文化。

### 2. 知识检测

请同学扫码完成知识测验。

### 3. 技能训练

（1）设计个人形象。

（2）以小组为单位设计本公司的经营理念。

（3）对本公司进行简要的CI策划，撰写CI策划方案。

对这三项技能操作，本教材主要介绍了操作的步骤和方法，《中小企业管理实务操作手册》任务11是实际动手操作。

操作建议：

（1）阅读案例，系统思考。

操作前要通过案例系统思考三项技能的关系，明确操作的意义。

建议仔细研读孙贺设计企业文化的基本思路，结合本公司的宗旨、企业外部环境，思考如何设计本公司的企业文化。

测试11

（2）操作的组织形式

以前期组建的模拟企业管理团队为基本单位进行操作，先选出总策划人，再明确分工，责任到人。

前期没有组建创业团队，有新的创业想法的同学，可以独自招募人员，自己组织具体的操作。

（3）操作技法及成果

《中小企业管理实务操作手册》任务11中，每一个操作步骤都有方法指导和做出的成果记录。三项技能操作在那里完成。

### 4. 能力提升

（1）为本企业设计企业文化建设方案。

（2）分析几个中小企业的CI策划方案，比较它们各自的优缺点。

分析的过程就是学习的过程，通过比较分析可以更清楚地看到本公司CI策划方案的不足，从中学习他们的设计思路和创作方法。

（3）案例分析。

### 5. 下节课预习内容

（1）阅读教材任务12，自学网络平台任务3中的案例、视频等资料。

（2）搜集一个中小企业的企业创新案例。

# 项目 3

# 发展企业

## 任务12 企业创新管理

### 教学导航

| 教学任务 | 12.1　企业创新的内容<br>12.2　创新方法与策略<br>12.3　创新管理 | |
|---|---|---|
| 教学目标 | 知识目标 | 1. 掌握企业创新的含义和内容。掌握企业创新的方法与策略<br>2. 了解提升企业创新管理水平的途径 |
| | 技能目标 | 运用企业创新的方法改进具体的管理工作 |
| | 素质目标 | 增强学生的创新意识 |
| 方法建议 | 1. 建议采用案例分析法、反转课堂进行教学<br>2. 建议采用讨论式、工作坊进行学习 | |

## 知识导图

- 企业创新管理
  - 企业创新的内容
    - 经营理念创新、制度创新、组织创新
    - 产品创新、营销创新、技术创新
    - 商业模式创新、流程再造
    - 企业文化创新
  - 创新的方法和策略
    - 创新思维方法、创新技法
    - 首创型创新策略
    - 改仿型创新策略
    - 仿创型创新策略
  - 提升创新管理水平
    - 建设创新型组织文化
    - 制定创新发展规划
    - 建立创新执行组织
    - 组织创新活动

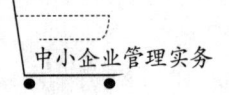

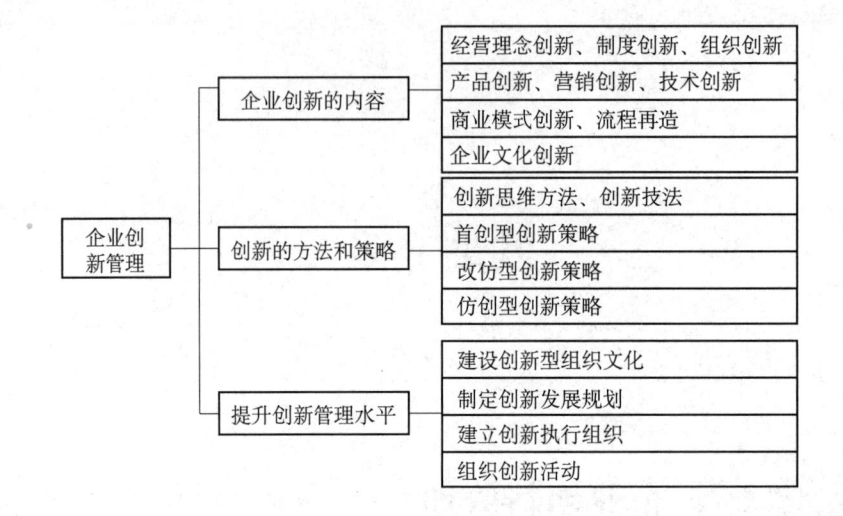

## 导入案例

### 孙贺公司的创新管理

孙贺公司历经了十余年的发展，由起初的年营业收入额100万元，发展到现在的2000多万元，增长了20倍。作为一个从事广告业务的小公司，能有这样的发展速度，在业内还是很不错的。孙贺公司成功的原因固然涉及许多方面，但其中最重要的莫过于企业创新了。那么，孙贺是怎么做的呢？

1. 进行商业模式创新

我们知道小广告公司往往都是竞争对手，我公司拉到的客户常常就是你公司的客户，为了争取客户，各个广告公司明争暗斗，互相较量，结果常常是两败俱伤。能不能把竞争对手变成合作者，这是孙贺经营创新的主要思考点。经过一番深入的分析，孙贺得出了这样的结论——可以化干戈为玉帛！变竞争者为合作者！其基本思路如下：

（1）每个广告公司拥有的资源有所不同，虽然目标客户基本雷同，但服务手段不同，各自的优势不同。如果能够说服其他的广告公司发挥各自的优势，分工合作，利益共享的话，还是有可能形成合作关系的。

在比较十几家广告公司后，孙贺发现自己公司具有的最大优势是短线发送技术，其他公司在这方面都比较弱。如果我与其他广告公司分工合作，由他们拉客户，我公司负责发短信的话，就会形成互利共赢的局面。合作公司可以把主要精力都投入到建立客户关系上，我公司可以把业务员都转向其他广告业务上，开拓更好的业务空间。

（2）只要这些公司的利润比以前有所增长，合作就可能成功，有了这样的思路，孙贺谈下了十几家广告公司，开始了他们的短信广告合作业务。

这种创新实质上是商业模式的创新。过去的广告业务是每家广告公司各自对应客户，提供整个流程的服务：寻找客户—接收订单—发送广告—回收广告款。现在是孙贺控制了发送广告环节，其他广告公司获得了比较稳定的客户和更多的利润。

2. 推动产品创新

孙贺的产品创新是这样展开的。

首先，做地铁广告。这是一种能够吸引大客户的广告资源，仅就沈阳的地铁来说，2015年日均客流达76.09万人次，2021年日均客流量增加到150万人次，广告效果很理想。这是好的方面，即地铁广告的覆盖率比较高，但其重复率则不够理想，在地下看到的广告，在地上往往看不到。那么怎样增加重复率呢？

其次，整合地面上的LED大屏广告。整合的大屏主要选在商业区，或是地铁口附近，这样就形成了地上与地下相结合的广告系统，增加了广告的重复率。

最后，开发线上的广告平台。目前线上的广告受众越来越多，若能够开发出线上的广告平台，再与地铁广告、地上LED广告相结合，就会形成线上与线下、地上与地下相结合的立体的全方位的广告系统。

把这样的系统打包成有针对性的广告产品，会吸引很多大客户投放广告，从而会广告公司进入一个新的天地！

**案例分析：**

企业创新既体现在企业经营的全过程之中，又体现在企业经营管理的方方面面，只要有创新就可能有进步。当然企业创新不当也可能导致失败，这样的案例还是不少见的，这就涉及企业应该如何创新的问题。这里有许多问题需要探讨。

**思考问题：**

企业创新的基本思路是什么？

企业创新的先后次序应该如何安排？企业创新的关键环节是什么？

企业应该怎样进行创新管理？目前企业创新的趋势是什么？

# 任务解析

"创新"通常与设备的更新、产品的开发或工艺的改进联系在一起。无疑，这些技术方面的革新是创新的重要内容，但不是全部内容。创新首先是一种思想及在这种思想指导下的实践，是一种原则及在这种原则指导下的具体活动，是管理的一种基本职能，包含理念创新、组织创新、文化创新、管理创新、商业模式创新、产品创新等。国家"十四五"规划，将创新驱动置于要位，明确提出，坚持创新在我国现代化建设全局中的核心地位，把科技自立自强作为国家发展的战略支撑，并提出明确指标。企业应抓住创新的机遇，应用创新理论、策略和方法组织创新活动，开展创新管理。

## 12.1 企业创新的内容

### 12.1.1 对企业创新的理解

1. 创新是生产要素的重新组合

美国经济学家熊彼特在其《经济发展理论》一书中首次提出了"创新"的概念。他认

任务12 企业创新管理——何为企业创新

为,创新是对"生产要素的重新组合",具体来说,包括以下 5 个方面:①生产一种新产品,也就是消费者还不熟悉的产品,或是已有产品的一种新用途和新特性;②采用一种新的生产方法,也就是在有关的制造部门中未曾采用的方法,这种方法不一定非要建立在科学新发现的基础上,它可以是以新的商业方式来处理某种产品;③开辟一个新的市场,就是使产品进入以前不曾进入的市场,不管这个市场以前是否存在过;④获得一种原材料或半成品的新的供给来源,不管这种来源是已经存在还是第一次创造出来的;⑤实现一种新的企业组织形式,如建立一种垄断地位或打破一种垄断地位。

在熊彼特之后,许多研究者也对创新进行了定义,有代表性的定义有以下几种:①创新是开发一种新事物的过程,这一过程从发现潜在的需求开始,经历新事物的技术可行性阶段的检验,到新事物的广泛应用为止。创新之所以被描述为是一个创造的过程,是因为它产生了某种新事物。②创新是运用知识或相关信息创造和引进某种有用的新事物的过程。③创新是对一个组织或相关环境的新变化的接受。④创新是指新事物本身,具体说来就是指被相关使用部门认定的任何一种新的思想、新的实践或新的制造物。⑤创新是新思想转化到具体行动的过程。

由此可见,创新概念所包含的范围很广,涉及许多方面。比如,有的东西之所以被称作创新,是因为它提高了工作效率或巩固了企业的竞争地位;有的是因为它改善了人们的生活质量;有的是因为它对经济具有根本性的提高。但值得注意的是,创新并不一定是全新的东西,旧的东西以新的形式出现或以新的方式结合也是创新。我们说,创新是生产要素的重新组合,其目的是获取潜在的利润。

2. 创新是引领发展的第一动力

当今世界创新已经成为一种大趋势,成为很多国家的国家战略和企业战略。创新之所以倍受各国和各企业的重视,一定是创新会给国家和企业带来好处。

简单地说,企业创新的作用有以下几点。

(1)企业创新是企业和社会不断进步的发动机。人类从茹毛饮血、刀耕火种,市场激励竞争,环境剧烈变化,从古至今,一路走来,是那些富有想象力、创造力的创新型企业,杰出的创新人物、企业家、创新能手不断地提出新构想,开发新技术,实施新方案,研制新产品,才有了今天华为、格力电器等一批企业的生生不息,不断进步,才有了 5G 网络、卫星通信、航天飞行器、高铁、磁悬浮列车等不断丰富社会精神和物质的产品,不断地满足人们日益增长的对现代化美好生活的渴求。

(2)凡是先进的国家和企业都是创新型国家和创新型企业。纵观世界各国,国家或企业不管大小,只要是高度重视创新的,就会是先进的国家或企业。例如,以色列虽然国家很小,资源贫乏,但却是中东地区最先进的国家,与周边国家形成了鲜明的对比,这无疑靠的是以色列全国的创新精神及创新活动。华为原本是一个只有几个人、几十平方米的场地和借来的两万元钱,没什么技术、靠模仿别人、卖别人的产品维持生存的微型企业。它硬是靠着一种勇于创新的精神和一股不屈不挠的创新意志,自主研发了很多专利技术,才走到今天全球 5G 技术的领先者的地位。

(3)凡是不能创新或停止创新的企业,无论它以前多么辉煌,都注定是难以存活的。

(4)创新者各有所为。大企业的创新可以成为国家的栋梁(如中国航天、中国高铁、中国工程机械、华为、海尔等一大批企业),小企业的创新则可以丰富市场,成为民生的福音。

（5）中小企业要想做强做大就必须要创新。企业面临的环境是残酷的市场竞争，企业的经营者要想比别人做得更好，就必须有超前的意识、创新的意识，不断推出新产品、新服务，才可能做强做大。

### 12.1.2 新时代的机遇与挑战

我们正处在一个大众创业、万众创新的时代，一个知识信息爆炸、网络互联互通、技术飞速发展的时代。这个千载难逢的时代给中小企业提供了众多的机会，同时也是艰巨的挑战，具体表现为以下几个方面。

1. 企业面临的新机遇

（1）互联网平台的广泛应用带来的机遇。目前互联网平台已经越来越普及，这些平台的公开性、大众性、便利性，为中小企业的经营者提供了众多的机遇。无论是做B2B、C2C、B2C还是O2O，都可以找到可行的途径和模式。

（2）新技术的开发和应用带来了众多的机遇。随着5G时代的来临，大数据、云计算、物联网将会快速发展，人工智能、量子通信、生物技术、新能源、新材料等深入的发展，都将为企业带来众多的机遇。

（3）国家对中小企业的扶植政策也将为中小企业提供众多的机遇。

（4）营商环境的进一步改善，为中小企业的发展提供了良好的环境。

（5）"一带一路"的开放格局为中小企业打开了走向世界的大门。很多生产传统产品的中小企业，面临着国际经济紧缩、国内经济转型升级的形势，传统产品被挤压的空间很小，生意越来越不好做，而"一带一路"沿线则扩大了传统产品的市场空间，带来了新的机遇。

（6）新兴的龙头企业带来的机遇。目前我国的新兴产业已经涌现出一批发展迅猛的龙头企业，他们的发展为有意向、有能力的中小企业提供了众多的合作机会。有战略意识的、有商业头脑的经营者应该抓住这些机会，适时地与这样的龙头企业合作，搭上发展的快车。

2. 企业面临的新挑战

新时期的挑战也是很明显的，主要来自以下几方面：

（1）不确定性增强。无论是国际环境，还是国内环境，变化太快了。今天的预测比较十年前的预测，不准确率大大提高了。我们只能预测一个大概的趋势，至于这个趋势会以怎样的速度变化是不确定的。

面对这样的挑战，唯一的办法就是提高自身对环境的敏感度，对顾客需求的响应能力。只要你能够做到及时响应，就不会被淘汰。

（2）竞争对手的威胁。面对竞争对手的威胁，你要么比对手更强，要么就避开对手的锋芒，寻找新的机会。对于实力还比较弱的企业来说，尽可能地与对手合作是最好的选择。

（3）新技术的威胁。当前新技术的迭代速度太快了，上一代的技术还没有完全定型，新一代的技术就出现了。比较可怕的是，新一代的技术对上一代的技术是直接的否定，尤其是在电子通信领域，上一代产品的大量积压是压垮这些企业的主要原因。

面对这样的威胁，中小企业，尤其是只生产单一产品的企业，一定要盯紧前沿技术创新的动态，时刻准备转型升级，防止压货，使资金链断裂。

总之，中小企业应该树立危机意识，做好防范风险的预案。

### 12.1.3 企业创新的内容

企业创新是一个系统工程,包括企业运营的各个方面,无论哪个方面都可以创新,但是它们又是一个有机的整体,互相联系、互相影响。在这个整体中,它们的内容和作用有所不同。

1. 经营理念的创新

经营理念是统领其他方面的创新的,理念陈旧,其他方面是难得有创新的。企业的发展史告诉我们,企业每经历一次大发展,必然首先是理念的更新。例如,工业经济初期,企业的经营是以产品为先;工业经济后期,企业的经营是以销售为先;知识经济时代则以满足顾客的需求为先,一切围绕着创造顾客价值来做文章。

企业经营理念创新的核心在于,不要把流行的理论当作教条。其实所有的理论都是在一定条件下才适用的,比如牛顿的经典力学只是在宏观低速的环境下才是正确的。经营者应当在比较充分地把握环境的基础上,大胆尝试某种创新的设想,只要留有余地,就不怕失败。看看所有的成功者,哪有不历经失败的。

【案例 1】

## 浙江民企坚持理念创新

如何修炼"内功"谋求创新,浙江民企选择的道路不同,但理念颇为一致:围绕主业、凝聚创新要素进行突破。

浙江湖州天能集团是一家从村办企业发展成为行业龙头的企业。三十余年来,企业一直用"把电池做精"的理念在电池领域坚持研发。目前已拥有超过 3000 项专利技术,并在政府鼓励民企创新的有关政策鼓励下,组建了以院士及高端人才为核心的研发团队,正在突破能源领域的关键技术,2021 年上半年产值、效益和税收创近五年来新高。

2. 制度创新

制度是规则制订者根据当时的环境,为了参与者更有效率地工作而制订的。当环境变化了,原有的制度就会制约当下的工作效率,这就需要制度的创新。

企业制度创新,首先是产权制度创新。实践证明,股份制是当前最有效率的产权制度,尤其是职工参股的产权结构更有效率。产权制度好不好关键看职工有没有主人翁意识。

其次是经营制度。经营制度的优劣关键看经营者如何处理集权与分权的关系。中小企业经营者常犯的错误是过于集权,分权不足,导致其他经营者不能充分发挥自己的才智。分权的尺度应该保持在可以控制的范围内,或者是靠制度来约束越界行为。

再次是管理制度。管理制度的核心是如何形成一种自我管理、互相协作的氛围,从而提高企业的运作效率。比较有效的管理方法是目标管理,海尔公司的人单合一的管理方式也是值得推广的。还有轮岗制度、培训制度、个人职业生涯规划等都是比较不错的制度,经营者应该根据企业的具体情况适时选择。

3. 组织创新

组织是人们面对比较复杂的任务时,靠个人的力量难以完成,通过集

任务 12 企业创新管理——组织创新

体的力量来达成目标。原始人类的集体狩猎就是最早的行动组织！组织的效率在于 1+1＞2，这个力量越大，组织的效率越高。

企业的产生始于节约了交易成本，但企业组织在发展过程中、在规模不断扩大的过程中，形成了金字塔结构。这种组织结构中，难免出现官僚主义、信息失真、互相推诿、低效率等诸多弊端。我国的中小企业虽然规模不大，但有许多仍采用金字塔结构，企业的运作效率并不高。

目前组织创新的基本趋势是组织架构扁平化，组织内部团队化，组织之间虚拟化。其主要的特点是信息通达、目标明确、管理透明、人人负责。

4. 产品创新

产品创新是企业存在与发展的基础，没有产品创新，其他的创新都是空中楼阁。由产品构想直接引发的是技术创新，由产品的生产则引发工艺创新和设备创新。产品创新是企业品牌的象征，技术创新、工艺创新和设备创新是产品创新的支撑。因此在进行产品创新时需要通盘考虑这一系列的创新。中小企业在进行产品开发过程中很难把所有的创新都做到，需要与可靠的供应商、客户共同开发。

【案例 2】

## 中日韩合作研发老年防滑鞋

在浙江安宝乐科技有限公司的展厅里，摆着一块洒遍食用油的瓷砖斜坡。体验者可踏着一款防滑鞋在其上行走、跳跃而不摔倒——这款鞋的鞋底采用的纳米技术，是由中日韩专家历时 2 年多共同研发而成的。这款鞋的研发，起于老年人降低摔倒风险的需要，传统鞋企多在广告、价格等方面进行竞争，他们则希望凭借用户思维创新产品，为温州鞋业注入新活力，让安全防滑成为老年人的鞋子的"标配"。2019 年，企业售出防滑鞋 5 万双，销售收入达 1500 万元。

这个案例说明，产品创新需要在深入洞察市场需求的基础上，整合多种资源和力量，采用当代先进技术，联合攻关，从产品创意、设计、材料创新、制造工艺和流程各个环节发力，生产出此类防滑鞋和比火柴头还小的轴承等产品，赢得市场青睐，而不再是过去的粗放式发展、低质量竞争。

5. 商业模式创新

新产品开发后能否被客户接受是关键环节。当下商业模式之所以备受关注，就是因为好的商业模式是企业与客户之间的桥梁。

在互联网、数字化与产业、行业深度融合的背景下，在消费互联网到产业互联网的变化中，企业商业模式创新，首先要对经营模式重新定义，用互联网思维、数字经济思维指导商业模式转型和创新，包括从产品研发、用户需求、柔性生产、快速响应、快捷物流、用户体验等多个维度，应用互联网信息技术和数字化技术，设计新商业模式，以满足用户需求。眼下非常火爆的网店、直播带货等经营模式，就是运用互联网思维，应用新信息技术的创新成果。其次，以为客户创造价值的原则开发新的商业模式。开发新商业模式，不仅仅靠想象力，而是从客户的需求出发，抓住便利性、选择性、低成本等顾客最关注的价值要素，从客户反馈的意见中寻求解决方案。分析网店、直播带货火爆的直接原因至少有6点：一是商品便宜；二是花费较低的时间成本；三是便利；四是新品上架快；五是比较选择性强；六是服务体验好。这些顾客所需价值得以实现，企业的价值才能实现。中小企业可以依托互联网构建自己的价值链。在创新的大潮中，一大批这样的企业相继诞生，如京东无人超市、滴滴巴士、共享单车、拼多多、e袋洗、云足疗等。

### 拓展阅读1

## 互联网时代的商业模式创新

"互联网+"企业四大落地系统（商业模式、管理模式、生产模式、营销模式），其中最核心的就是商业模式的互联网化，即利用互联网精神（平等、开放、协作、分享）来颠覆和重构整个商业价值链，目前来看，主要分为六种商业模式。

（1）工具+社群+电商模式

互联网的发展，使信息交流越来越便捷，志同道合的人更容易聚在一起，形成社群。同时，互联网将散落在各地的星星点点的分散需求聚拢在一个平台上，形成新的共同的需求，并形成了规模，解决了重聚的价值。

如今互联网正在催熟新的商业模式，即"工具+社群+电商/微商"的混合模式。比如微信最开始就是一个社交工具，先是通过各自工具属性/社交属性/价值内容的核心功能过滤到海量的目标用户，加入了朋友圈点赞与评论等社区功能，继而添加了微信支付、精选商品、电影票、手机话费充值等商业功能。

（2）长尾型商业模式

长尾概念由克里斯·安德森提出，这个概念描述了媒体行业从面向大量用户销售少数拳头产品，到销售庞大数量的利基产品的转变，虽然每种利基产品相对而言只产生小额销售量。但利基产品销售总额可以与传统面向大量用户销售少数拳头产品的销售模式媲美。通过C2B实现大规模个性化定制，核心是"多款少量"。

所以，长尾模式需要低库存成本和强大的平台，并使得利基产品对于兴趣买家来说容易获得。

（3）跨界商业模式

互联网为什么能够如此迅速地颠覆传统行业呢？互联网的颠覆实质上就是利用高效率来整合低效率，对传统产业核心要素的再分配，也是生产关系的重构，并以此来提升整体系统效率。互联网企业通过减少中间环节，减少所有渠道不必要的损耗，减少产品从生产到到达用户手中所需要经历的环节来提高效率，降低成本。因此，对于互联网企业来说，只要抓住传统行业价值链条当中的低效或高利润环节，利用互联网工具和互联网思维，重新构建商业价值链就有机会获得成功。

（4）免费商业模式

"互联网+"时代是一个"信息过剩"的时代，也是一个"注意力稀缺"的时代，怎样在"无限的信息中"获取"有限的注意力"，便成为"互联网+"时代的核心命题。注意力稀缺导致众多互联网创业者们开始想尽办法去争夺注意力资源，而互联网产品最重要的就是流量，有了流量才能够以此为基础构建自己的商业模式，所以说互联网经济就是以吸引大众注意力为基础，去创造价值，然后转化成盈利。

很多互联网企业都是以免费、好的产品吸引到众多用户，然后通过新的产品或服务给不同的用户，在此基础上再构建商业模式。比如360安全卫士、QQ用户等。互联网颠覆传统企业的常用打法就是在传统企业用来赚钱的领域免费，从而彻底把传统企业的客户群带走，继而转化成流量，然后再利用延伸价值链或增值服务来实现盈利。

（5）O2O商业模式

2012年9月，腾讯CEO马化腾在互联网大会上的演讲中提到，移动互联网的地理位置信息带来了一个崭新的机遇，这个机遇就是O2O，二维码是线上和线下的关键入口，将后端蕴藏的丰富资源带到前端，O2O和二维码是移动开发者应该具备的基础能力。

O2O是Online To Offline的英文简称。O2O狭义来理解就是线上交易、线下体验消费的商务模式，主要包括两种场景：一是线上到线下，用户在线上购买或预订服务，再到线下商户实地享受服务，目前这种类型比较多；二是线下到线上，用户通过线下实体店体验并选好商品，然后通过线上下单来购买商品。

（6）平台型商业模式

平台型商业模式的核心是打造足够大的平台，产品更为多元化和多样化，更加重视用户体验和产品的闭环设计。

张瑞敏对平台型企业的理解就是利用互联网平台，企业可以放大，因为这个平台是开放的，可以整合全球的各种资源；这个平台可以让所有的用户参与进来，实现企业和用户之间的零距离。在互联网时代，用户的需求变化越来越快，越来越难以捉摸，单靠企业自身所拥有的资源、人才和能力很难快速满足用户的个性化需求，这就要求打开企业的边界，建立一个更大的商业生态网络来满足用户的个性化需求。通过平台以最快的速度汇聚资源，满足用户多元化的个性化需求。所以平台模式的精髓，在于打造一个多方共赢互利的生态圈。

6. 营销创新

新商业模式的推行也是营销创新，营销创新是要根据不同市场、不同的目标顾客，采用不同的营销方案。营销创新中，产品越个性化越好，渠道越短越好，价格只要顾客认可就好，广告要精准、真实可信，售后服务越及时越好。中小企业很难做到营销的全流程都自己做，因此做好上下游企业的合作很重要。

营销创新可以借智能化、大数据等先进技术工具，实时进行客户访问、追踪、沟通、管理及潜客挖掘等；可以利用智能营销系统进行精准促销、广告投放、价格调整等一系列营销决策。

【案例3】

## 某超市利用智能营销系统创新营销方式

某超市30余家门店上线智能营销系统，创建智能标签，建立客户数据库，完成会员画像、访客画像、商圈画像三大画像体系的建设；完成会员分群和会员管家宏观和微观两大层面的受众管理；完成潜客营销、大促营销、RFV 精准营销、广告投放四大场景设计，实现了从"经验营销"向"数字营销"的转变。

实践证明，使用智能营销系统带来的消费人数和金额占到活动期间总体消费的 50% 以上；系统模型筛选目标受众与随机筛选会员触达带来的消费人数相比，前者占到总消费人数的 90% 以上。

### 7. 流程再造

企业运营流程关系到两个方面：一方面是顾客体验；另一方面是运营成本。顾客体验是核心，运营成本是利润的保障。

从顾客体验来说，好的流程会给顾客以往没有的体验，增加顾客的满意度，同时也增加企业的营业额。顾客获得了连续的满意体验，就会成为企业的忠诚顾客。

以餐饮业为例，有些饭店增加了 App 点菜，既方便了顾客，同时也方便了后厨在第一时间得到顾客订单，开始加工菜品，减少了顾客的等待时间。

由此可见，好的经营者在对原有的运营流程进行再造时，首先必须围绕着如何增加顾客体验来设计新流程，其次是尽可能地节约成本。

### 8. 企业文化创新

企业文化是企业的精神支柱，是企业能够持续发展的根本。部分中小企业不重视企业文化建设，尤其是那些家族企业，主要靠血缘关系维系企业内部关系，讲亲情往往胜于讲原则，裙带关系复杂，在利润分配方面表现得尤为明显。有些铁腕的领导者靠自己的权威可以理顺这些关系，但当其人不在任时，企业内部就会出现争权夺利、管理混乱的现象。为了避免这些现象的出现，使企业能够持续平稳地发展，就需要着力于企业文化的创新。

企业文化创新可以从理念、制度、行为文化等多个层面展开，更新对创新的态度，改进对创新的评价标准。创新文化建设的内容，创新文化活动的方式方法，创新管理制度的实施和考核办法等是中小企业研究的重要课题。

华为的文化创新经验为中小企业打开许多文化创新的思路，值得中小企业思考和借鉴。

### 9. 技术创新

科学技术是第一生产力。多智时代的人工智能、5G 技术、大数据、云计算、物联网等技术发展迅速，技术创新愈发受重视。新技术应用领域不断拓宽，国家密集推出的政策加速了传统行业向"数字化"和"智能化"的转变。国家"十四五"规划提出了 2025 年数字经济核心产业增加值占 GDP 比重提升至 10% 的主要目标，强调科技创新需高质量发展。数字经济正在重构实体经济的边界，"大数据+AI 技术"将推动企业进行颠覆性变革。

1）人工智能技术

人工智能是研究、开发用于模拟、延伸和扩展人的智能的理论、方法、技术及应用系统的一门新的技术科学。人工智能技术从感知层到认知层，会逐步发展到决策层。人脸识别、智能助手已普及应用，智能客服、智能医疗助手、智能投递、智能机器人等也已被大众所熟知，人工智能技术已经进入生活的各个领域，AI 在企业和组织的决策层中也在进化。

全球首个全流程无人仓，全流程：体积测定—视觉分拣—立库（立体仓库）储存—机器人拣货工作站—粘贴发票—自动打包—粘贴运单—供件机器人—分拣机器人—机器人运输，完全采用智能技术，有序、精准、高效，真正实现了降本提效。

链接：【视频】京东物流 - 未来城市智慧物流愿景

2）大数据技术

当前，各产业都在深入挖掘大数据的价值，研究大数据的深度应用。电商借力大数据实现快速发展。医疗行业通过大数据提高治愈率。旅游行业通过大数据实现营销。安防行业通过大数据提高应急处理能力和安全防范能力。交通行业通过大数据能够有效缓解交通拥堵，并快速响应突发状况，为城市交通的良性运转提供科学的决策依据。银行借助大数据推动业务创新等。

中小企业利用人工智能和大数据技术对企业的生产、营销、物流、财务、信息等环节进行技术改造升级，是极好的机会，应用这些新技术推动企业的技术更新、改造、升级、创新应成为管理的首要任务。

【视频】京东物流 - 未来城市智慧物流愿景

10. 数字化管理

企业管理从过去的经验管理，到工业革命时代的科学管理，发展到今天的数字化管理，是科技进步和发展的结果。数字化管理的目标是一座金字塔：顶端是决策层制订的战略目标，如经济增加值等；中层是控制层和控制目标，如市场占有率、客户满意度、员工满意度、部门边际贡献等；基层是执行层的运行目标，如业务计划、培训计划完成率等。决策层制订的战略目标产生于企业管理信息系统，是在已有历史数据和实时数据的基础上结合对未来的预计产生的。决策层的战略目标层层向下分解，形成控制层的控制目标和执行层的运行目标。自下而上的业务目标的完成，保证了整体战略目标的落实。企业数字化管理如图12-1所示。

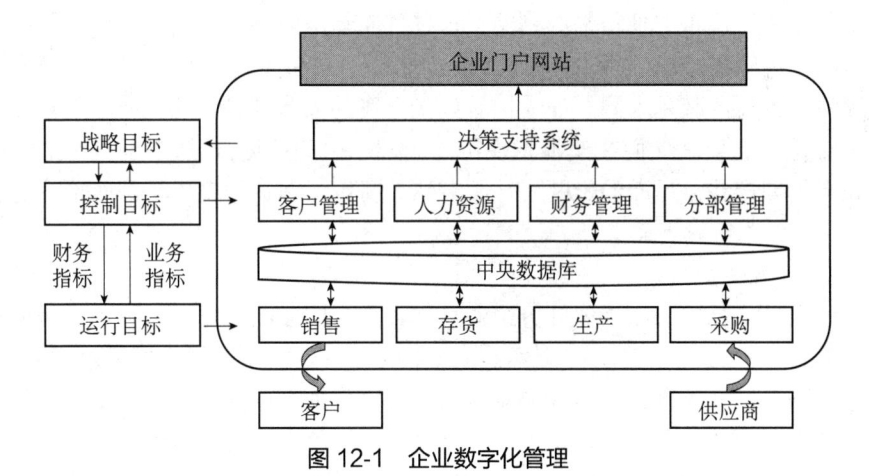

图 12-1 企业数字化管理

【案例 4】

# 新技术助力企业转型升级

浙江的一家企业从作坊式小厂起步，发展到今天服务全球的国际化集团，依靠创新获得可持续竞争力，走出了一条自我迭代式的发展道路。集团自建的"基于物联网与能效管理的用户端电器设备数字化车间"帮助集团实现了低压电器产品生产全程自动化，推动低压电器制造进入智能化时代；已经建成并投入运行的两个数字化车间，不仅实现了设计、生产、销售全价值链数字化，而且能有效缩短研发周期，提升生产效率。该项目所涉及的系统软件、硬件设备、包括改进产品设计、每道工序实现"机器代人"及企业统一数据平台和车间级工业通信网络等，全部由集团自主研发。工业化与智能化的深度融合，让集团看到了未来更多的发展空间与潜力。

## 12.2 创新方法与策略

产生于20世纪中叶的《创造学》，对人在创造性活动中的心理过程特征及心理障碍做了研究，并在此基础上提出了一些创新技术和方法。

### 12.2.1 创新的方法

创新方法是指人们在创新过程所具体采用的方法，它包括创新思维方法和创新技术法两方面。

1. 创新思维方法

大脑是人们进行创新最重要的器官，是创新的物质基础和生理基础，由大脑产生的活动是人创新才能的源泉。在实际的创新活动中，人们运用的创新技巧和方法虽然很多，但其基本原理不外乎逻辑思维、形象思维和灵感思维。

1）逻辑思维

它撇开事物的具体形象而抽取其本质，从而具有抽象性的特征。这是一种运用概念、判断和推理来反映现实的思想过程。如甲＞乙，乙＞丙，则有甲＞丙。这种"甲＞丙"的结论就是运用概念进行逻辑推理得来的判断，这种判断是由甲—乙—丙的顺序，由一个点到另一个点进行的。逻辑思维是一种求同性思维，不论是由个别到一般的归纳法，还是由一般到个别的演绎法，其目的都是求同。如人们看到天上飞的天鹅都是白的，于是得出了"天鹅是白的"这个结论，但后来人们在澳洲发现了黑天鹅。由此可见，"从个别到一般"推理的弱点在于，如果大前提错，后面的推断必然跟着错。所以，在运用逻辑推断时要注意大前提的正确性。

2）形象思维

这是一种借助于具体形象来展开思维的过程，带有明显的直觉性。形象思维属于感性认识活动，它的特点是大脑完整地知觉现实。日常的形象思维被动复现外界事物的感性形象，而创新性思维则是把外界事物的感性形象重新组织安排加工创造出新的形象。如德国化学家凯库勒在研究有机化合物苯分子的结构时，百思不得其解。一天，他坐在火炉旁边沉思，恍然入梦，见很多蛇在眼前晃动，每条蛇咬住前面一条蛇的尾巴，组成了一个环。这些蛇组成的六角形的"环"使他受到启发：苯分子的结构可能是由6个碳原子各带1个氢原子组成的六角环形结构。凯库勒正是通过对蛇的形象思维发现了苯环结构，这个设想使有机化学彻底革新。

形象思维按其内容可分为直觉判断、直觉想象和直觉启发三类。

（1）直觉判断。即人们通常所说的思维洞察力，也就是通过主体耦合接通、激活在学习和实践中积累起并储存在大脑中的知识单元——相似块，对客观事物迅速判断，直接理解或综合判断。例如，甲是如此，乙跟甲相似，所以乙也可能如此。直觉理解或综合判断，中间没有经过严密的逻辑推理程序。

（2）直觉想象。与直觉判断相比，它不仅依靠人的还能意识得到的"相似块"，更有潜意识的参与，即已经忘记、下沉到意识深处的知识，通过对潜意识的重新组合，做出新的判断或理解。对于这种判断或理解，当事人往往也说不出其中的原因或道理。

（3）直觉启发。直觉启发是指通过"原型"，运用联想或类比，给互不相关的事物架起"创新"的桥梁，从而产生新的判断和新的意识。如我国古代发明家鲁班从手指被茅草的小齿划破得到启发，于是发明了锯子。这里茅草上的小齿就是直觉启发的"原型"。

3）灵感思维

灵感思维是一种突发式的特殊思维形式，它常出现在创新的高潮时期，是人脑的高层活动。1981年，获得诺贝尔医学奖的斯佩里的研究成果认为，显意识功能主要在左脑，潜意识功能主要在右脑，左右脑相互交替作用，从而产生灵感。但灵感具有突发性和瞬时性，来得快，去得也快，必须及时捕捉。尽管如此，灵感并不是不可捉摸的东西，它的诞生和降临也是有条件的：①要有执着的追求目标；②要有知识和经验的积累；③要进行长期艰苦的思维劳动；④常需要通过信息或事物的启发；⑤有潜意识的参与。

总之，创新思维大体上可以分为上述三种类型。但创新思维的形成要满足以下三个条件：

第一，建立创新思维必须使认识形成概念。人们要在原有的事物的基础上有所创新，必须摆脱原有事物在具体形象、方法等方面对思维的束缚。所以人们必须透过事物的表象抓住其本质。而概念是在人们大量观察同一类现象时形成的。普遍性的概念，能概括所有同一类事物，从各种形态的个性中提示出该事物的共性。因此，使之形成概念是创新思维形成的先决条件。

第二，创新必须借助于正确的判断。判断是人们的一种思维形式。正确的判断能反映事物的内在联系及其规律性，它可以使人对未来做出正确的预言。

第三，建立创新思维必须有正确的推理，因为正确的判断来自正确的推理。人类的推理不外乎三种方式，即演绎法、归纳法和类比法。演绎法是从一般到个别的方法；归纳法是从个别到一般的方法；类比法是从一方面的相似推广到其他方面也相似的方法。使用演绎法要注意大前提的满足，使用归纳法要考虑特殊性的存在，而使用类比法则要注意可比性。

2. 创新技法

创新技法是人们在创新过程中所具体采用的方法，常用的主要有以下几种。

1）列举创新法

列举创新法是创意生成的各种方法中较为直接的方法。按其列举对象的不同可分为特性列举法、缺点列举法、希望点列举法和列举配对法。

（1）特性列举法。该法是通过对研究对象进行分析，逐一列出其特性，并以此为起点探讨对研究对象进行改进的方法。在使用该法进行创新时，所列举的特性应当具体、明确，以便于有针对性地予以改进。

（2）缺点列举法。该法是通过对研究对象进行分析，逐一列出其缺点，然后针对这些缺点寻求改进方案。

（3）希望点列举法。该法是通过对研究对象的需要或他们的希望（要求），通过列举服务对象的希望点，来寻求满足他们的需要或希望的方法，从而实现创新。

（4）列举配对法。该法是通过对研究对象进行分析，把其中不同的组成部分任意组合以寻求创新。比如，在家具的生产中，列举出所有家具：床、桌子、沙发、衣柜、茶几等。由于现代社会居民住房条件紧张因而需要占地（空间）小的家具，人们可以试图把这些家具组合起来，设法发明新家具，如把床和沙发组合起来等。

2）联想创新法

联想创新法是依靠创新者从一个事物想到另一事物的心理现象来产生创意，从而进行发明或革新的一种方法。按照联想对象及其在时间、空间、逻辑上所受到的限制的不同，联想创新法可分为以下几种：

（1）非结构化自由联想。非结构化自由联想是在人们的思维活动过程中对思考的时间、空间、逻辑方向等主要方面不加任何限制的联想方法。这种方法在解决某些疑难问题时很有效，往往能产生出新颖独特的解决办法，但不适合解决那些时间紧迫的问题。

（2）相似联想。相似联想是根据事物之间在原理、结构、功能、形状等方面的相似性进行想象，期望从现有的事物中寻找发明创造的灵感的方法。比如，古人看到鱼在水里用鳍划水就能自由自在地游动，联想到自己如果在水里用手和脚划水不就可以游了吗？于是，人们学会了游泳。并且，人们模仿各种动物游水的动作和姿势，发明了各式各样的泳姿，如蛙泳等。

（3）对比联想。对比联想是指创新者根据现有事物在不同方面具有的特征，反其道而行之，向与之相反的方向进行联想，以此来改善原有的事物，或发明创造出机关报的东西。

3）类比创新法

类比创新法的共同特点是，由于两个或两类事物在某一或某些方面具有相同或相似的特点，因而期望通过类比把某类事物的特点浮现在另一类事物上以实现创新。类比创新法包含了多种具体的创新方法，现介绍几种常用的方法：

（1）变陌生为熟悉阶段。本阶段是综摄法（Synectics）的准备阶段。在这一阶段中，创新者把所面临的问题分解成为几个较小的问题，并熟悉它们的每个细节，深入了解问题的实质，找出对本次创新至关重要的小问题。在认识事物的过程中，创新者要把不熟悉的事物同自己已经熟悉的事物进行比较，找出其异同点，并通过对异同点的把握重点认识事物独特的特点，再把它们结合成关于事物的综合形象。在这一阶段，问题的分解非常重要，要把问题分解到能够同已熟悉的事物相比较为止。变熟悉为陌生阶段，创新者在对事物有了全面把握的基础上，通过各类类比手法的综合运用，暂时离开原来的问题，放大创新对象的不同点，从陌生的角度对问题进行探讨，在得到启发后再回到原来的问题上去，通过强行关系法把类比得到的结果应用于原问题的解决过程。

（2）因果类比法。因果类比法是根据已经掌握的事物的因果关系与正在接受研究改进事物的因果关系之间的相同或类似之处，去寻求创新思路的一种类比方法。例如，一名日本人根据发泡剂使合成树脂布满无数小孔，从而使这些泡沫塑料具有良好的隔热和隔音性能，于是他尝试在水泥中加入发泡剂，结果制成了具有隔热和隔音性能的气泡混凝土。

（3）相似类比法。相似类比法是根据不同类比对象之间在一些属性上的相似性，推出它们在其他属性或综合属性上应该相似，或根据它们在综合属性上的相似。相似类比法对于改进产品的综合或具体的个别性能提供了参考。比如，为了减少摩擦，人们一直在不断地改进轴承，但正常思路无非是改变滚珠形状、轴承结构和润滑剂等，效果一直不理想。后来人们想到高压空气可以使气垫船漂浮，相同磁性材料会相互排斥并保持一定的距离。于是把这些设想移入轴承中，发明了不用滚珠和润滑剂，只向轴套中吹入高压空气，使转轴呈悬浮状的空气轴承，或用磁性材料制成的磁性轴承。

（4）模拟类比法。模拟类比法即模拟法，这是在对某一对象进行实验研究时，对实验模型进行改进，最后再把结果推广到现实的产品或经营决策中去的一种类比法。模拟法借助于现代计算机技术应用范围大大扩大，甚至在许多重要决策过程中需要进行全过程模拟。模拟类比法可以使问题在没有出现之前就发现并消灭它们。

（5）仿生法。仿生法要模仿的对象是生物界中神奇的生物，创新者试图使人造产品具有自然界生物的独特功能。仿生法可以从原理、结构、形状等多个方面对有关生物进行模仿。比如，人们模仿青蛙的眼睛创制电子蛙眼等。

（6）剩余类比法。剩余类比法是指把两个类比对象在各个方面的属性进行对比研究，如果发现它们在某些属性上具有相同的特点，那么可以推定它们剩余的那些属性也能是相同或类似的，从而可以根据一个事物推定另一事物的属性。

> **拓展阅读 2**

## 创意十二诀

1. 加一加。在这件东西上添加些什么，看看会有什么效果？
2. 减一减。在这件东西上减去些什么，看看会怎么样呢？
3. 扩一扩。使这件东西放大、扩展，看看结果会如何呢？
4. 缩一缩。使这件东西压缩、缩小，看看会怎么样呢？
5. 变一变。改变一下形状、颜色、音响、味道、气味，或次序，看看会怎么样呢？
6. 改一改。这件东西还存在什么缺点？想一想有改进这些缺点的办法吗？
7. 联一联。把某些东西或事情联系起来，想一想能帮助我们达到什么目的吗？
8. 学一学。想一想周围有什么人或事物可以让自己模仿、学习的？
9. 代一代。想一想周围有什么东西能代替另一样东西的？
10. 搬一搬。把这件东西搬到别的地方，看看还能有别的用处吗？
11. 反一反。如果把一件东西、一个事物的正反、上下、左右、前后、横竖、里外，颠倒一下，看看会有什么结果？
12. 定一定。为了解决某个问题或改进某一件东西，为提高学习、工作效率和防止可能发生的事故或疏漏，想一想需要规定些什么吗？

### 12.2.2 创新策略

1. 首创型创新策略

首创型创新，是创新度最高的一种创新活动。其基本特征在于首创性。例如，率先使用全新的经营模式，率先推出全新的产品，率先开辟新的市场销售渠道，率先采用新的广告媒介，率先研发一项新技术，如此等等，所有这些行为都是首创性创新。

首创型创新具有十分重要的意义，因为没有创新，就不会有改创或仿创。每一项重大的首创型创新，都会先后在不同地区引起一系列相应的改造型和仿创型创新活动，从而具有广泛和深远的创新效应。对于企业来说，进行首创型创新，可以开辟新的市场领域，提高企业的市场竞争力，获得高额利润。对于处于市场领先地位的企业来说，要想保持自己的领先地位，也必须不断地进行首创型创新。一般来说，首创型创新活动风险大、成本高，相应的利润也较高。由于市场需求的复杂性和市场环境的多变性，以及生产、技术、市场等方面的不确定性，使创新型创新活动具有较大的不确定性和风险性。另外，要开辟一个全新的市场，企业必须先进行大量的市场开发投资，包括市场调查、产品开发、设备更新、组织变动、人员培训、广告宣传等市场开发费用。当然，如果首创型创新获得成功，企业便会因此获得巨大的市场利益。如果首创失败，企业就会蒙受一定的经济损失。

首创型创新是一种高成本、高风险、高报酬的创新活动。因此，在采用首创策略时，创新者应根据实际情况，充分考虑各种创新条件的影响，选择适当的创新时机和方式，及时进行创新。

### 2. 改仿型创新策略

改仿型创新的目标是对已有的首创进行改造和再创造，在现有首创的基础上，充分利用自己的实力和创新条件，对他人首创进行再创新，从而提高首创的市场适应性，推动新市场的不断发展。这是一种具有中等创新度的创新活动，改仿型创新策略是介于首创战略和仿创战略之间的一种中间型创新策略。

改创性是改创型创新战略的基本特征，改创者不必率先进行创新，而只需对首创者所创造的进行改良和变造，因此改造者所承担的创新成本和风险比较小，而所获创新收益却不一定比首创者少。当然，改造也是一种创造，也具有一定的风险。

首创是重要的，改造也是重要的，如果没有首创，便没有其市场发展前景。例如，飞机、汽车、计算机等首创产品，如果没有后来的不断改进和再创新，也就不会有今天这样的市场大发展。

### 3. 仿创型创新策略

仿创型创新是创新度最低的一种创新活动，其基本特征在于模仿性。模仿者既不必率先创造全新的新市场，甚至也不必对于首创进行改造。仿创者既可以模仿首创者又可以模仿改造者，其创新之处表现为自己原有市场的变化和发展。一些缺乏首创能力和改创能力的中小型企业，往往采用模仿策略，进行仿创型创新。

一般来说，仿创者所承担的市场风险和市场开发成本都比较小。虽然仿创者不能取得市场领先地位，却可以通过某些独占的市场发展条件来获取较大的收益和竞争优势。例如，仿创者可采取率先紧跟首创者的策略，从而取得市场上的价格竞争优势。

仿创有利于推动创新的扩散，因而也具有十分重要的意义。任何一个首创者或改创者企业，无论它拥有多强的实力，也无法在比较短的时期内占领所有的市场。因此，一旦首创或改创获得成功，一大批仿创者出现就成为必然。

中小企业在制订创新策略时，可以选择一个适当的创新度，进行适度创新，既要适应市场需求的发展情况，又要适应本企业的创新条件。在实施创新策略时，一要将创新与引进有效结合起来，在扩大开放中推进技术创新，降低创新风险成本；二要加强与外界的交流与合作，研究能够吸引高科技企业投资与合作的项目，提升产业发展层次，积极与科研院所联合，发挥企业优势，形成跨地区、跨部门、跨行业的产学研联盟组织；三要舍得人员和资金投入，努力形成集研究、开发、设计、制造于一体的科技创新体系，创造一条适合自己既能发展又赚钱的自主创新之路；四要运用好国家的产业政策和科技创新政策，将自己的科技创新活动积极争取纳入国家创新整体规划之中；五要根据市场需求，对企业产品进行原始创新，紧盯科技前沿，尽可能抢占制高点。

## 12.3　创新管理

目前很多中小企业的创新能力不足，主要表现在产品更新慢，研发组织缺位，经营模式老套，员工素质不高，创新氛围不足。这些现象背后的主要原因大多是由于经营者的创新意识不足，创新能力不足，创新管理不足。

任务12　企业创新管理——中小企业管理创新

如何提升中小企业的创新管理水平？建议从以下几个方面着手。

第一，经营者带头创新。

经营者主导着企业的经营活动，经营者缺乏创新意识，企业必然很难产生创新活动。经营者首先应具有强烈的危机意识和创新意识，产品更新换代很快，技术发展很快，抱着老产品和传统技术不放，企业和你总有一天会被淘汰。其次，经营者要正确理解和扮演"管理者"的角色，自觉地带头创新，并努力为组织成员提供和创造一个有利于创新的环境，积极鼓励、支持、引导组织成员进行创新。

第二，吸引和培养创新型人才。

创新型人才是企业发展的最珍稀的资源，企业的经营者一方面应该慧眼识珠，招揽和培养人才，另一方面应该做好激励。这样的人才往往个性很强，坚持独立见解，因此你要尊重、信任、支持、激励他们，给他们应有的权力，不规定硬性的任务，只讲企业需要什么，请他们来做计划和设计，用宽松的合约来保证企业的利益。

第三，积极营造全体员工创新的氛围。

创新应该是全员的、全面的、立体的，企业一方面要实行比较稳定的奖励制度，另一方面要加强宣传与培训，提高员工的创新意识与创新能力。

创新意识的培养，应该从思想认识和心理因素两个方面着手，从上到下要营造一种正确对待失败、敢于创新、勇于创新的文化氛围，从思想和心理上接受失败是正常的，甚至是必需的道理，形成支持尝试、允许失败、支持失败，甚至鼓励失败的风气。当然，允许失败，并不意味着鼓励组织成员去马马虎虎地工作，而是希望创新者在失败中取得有用的教训，学到一点东西，变得更加明白，从而使下次失败到创新成功的路程缩短。美国一家成功的计算机设备公司在它那只有五六条的企业哲学中甚至这样写道："我们要求公司的人每天至少要犯10次错误，如果谁做不到这一条，就说明谁的工作不够努力。"

创新能力培养，可以有多种政策、制度、活动来支持员工的自主创新活动，由创新领导小组进行评估，给予必要的时间与资金支持。

**拓展阅读3**

### 充满创新精神的组织文化

（1）接受模棱两可。过于强调目的性和专一性会限制创造性。

（2）容忍不切实际。打击对"如果——什么"这类问题做出不切实际，甚至是愚蠢回答的员工，乍看不切实际的回答，可能会带来对问题的创新性解决。

（3）外部控制少。规则、条例、政策这类控制被保持在最低限度。

（4）接受风险。鼓励员工大胆试验，不用担心失败的后果，并认为错误是学习的机会。

（5）容忍冲突。鼓励不同的意见，个人或单位之间的一致和认同并不意味着能实现很好的绩效。

（6）重视结果甚于方法。明确的目标提出后，鼓励个人探索实现目标的各种可能方法。重视结果表明对于给定的问题可能有好几个正确答案。

（7）强调开放式组织系统，时刻监控环境的变化并迅速做出反应。

2. 制订创新发展规划

由企业领导、核心员工、外聘的顾问、一线负责人共同制订企业创新发展规划，具体研究确定：企业未来5~10年的创新方向；企业自主技术开发战略；企业主打产品研发策略；物料供给来源开发（原材料或零部件来源）策略；产品研发的人财物保障措施；估算可能的风险（留出研发失败后企业运营的资金）；规划执行的方法和步骤等内容。

3. 建立创新执行组织

企业的创新组织最好是按照项目划分，一个项目小组就是一个团队，团队负责人具有调动企业资源的权力，团队之间形成紧密地联系，企业的一把手总负责。

对创新组织只规定粗线条的任务，实行弹性工作制，实行目标管理。因为创新需要思考和研究，把每个人的每个工作日都安排得非常紧凑，对每个人在每时每刻都实行"满负荷工作制"，则创新的许多机遇便不可能发现，创新的构想也无条件产生。创新需要尝试，而尝试需要物质条件和试验的场所。要求每个部门在任何时间都严格地制订和执行严密的计划，则创新会失去基地，而永无尝试机会的新构想就只能留在人们的脑子里或图纸上，不可能给组织带来任何实际的效果。因此，为了使人们有时间去思考、有条件去尝试，组织制订的计划必须具有一定的弹性。

项目小组之间要实行比较充分的交流制度，不定期研究项目的进展。

4. 组织开展创新活动

要组织开展技术创新、流程改造、工艺优化、组织变革、设计竞赛等创新活动，并落实应用，对创新成果进行评比奖励。每年年终开展一次创新奖励大会，表彰先进，树立榜样。

要建立合理的奖酬制度，把物质奖励与精神奖励结合起来。奖励应是对特殊贡献，甚至是对希望做出特殊贡献的努力的报酬；奖励的对象不仅包括成功以后的创新者，而且应当包括那些成功以前、甚至是没有获得成功的努力者；奖励制度要既能促进内部的竞争，又能保证成员间的合作。就组织的发展而言，也许重要的不是创新的结果，而是创新的过程。如果奖酬制度能促进每个成员都积极地去探索和创新，那么对组织发展有利的结果是必然会产生的。

关于中国的中小企业的创新能力，有人持怀疑态度。实际上，人人都有创新能力，只在于你有没有创新的意识，有没有敢于承担创新风险的勇气和气魄，能不能持续开展创新活动的尝试。孙贺只是一个创业的小白，他不惧失败，不断尝试管理的新方法，及时学习、跟踪互联网、数字化、智能化新技术，不断拓展经营的新路子。这是企业突破困境的开路石。

## 任务小结

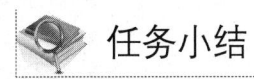

本部分主要学习了三部分内容：

（1）对创新的理解。重点理解创新的含义，创新的内容与作用，企业创新面临怎样的机遇。

（2）创新方法与策略。创新方法主要介绍了创新思维方法和创新技法，包括逻辑思维、形象思维、灵感思维、列举创新法、联想创新法、类比创新法等。创新策略主要介绍了首创型创新策略、改仿型创新策略和仿创型创新策略。

中小企业在制订和运用创新策略时应重点做好五个方面的工作。

（3）中小企业的创新管理。经营者必须树立创新意识，吸引和培养创新型人才，制订创新发展计划，建立创新执行组织，营造全体员工创新的氛围，组织创新活动。

## 学习指导

### 1. 课程总结

课程总结包括知识体系总结与实践问题总结。

知识体系总结如下：

（1）什么是创新。

（2）企业创新包含哪些内容，有什么作用。

（3）企业创新面临哪些机遇。

（4）创新的方法。

（5）创新的策略及其应用。

实践问题总结如下：

（1）新时期创新的机遇与挑战分析。

（2）创新方法和策略的应用方法。

（3）中小企业创新管理的主要工作。

### 2. 知识检测

请同学扫码完成知识测验。

测试12

### 3. 技能训练

（1）设计一款创新型产品。

（2）为创业企业设计一个创新型商业模式。

（3）为创业公司设计一个新的工作流程。

对这三项技能操作，本教材主要介绍操作步骤和方法，在《中小企业管理实务操作手册》任务12中是实际动手操作。

操作建议：

1）阅读案例，系统思考

操作前要通过案例系统思考三项技能的关系，明确操作的意义。

建议仔细研读相关的创新知识，理清每一项创新操作的思路，结合具体企业的实际情况，做好相关的方案。

2）操作的组织形式。

以同学们创建的创业公司或模拟企业为单位，开展训练活动。

3）操作技法及成果。

《中小企业管理实务操作手册》任务9中，有具体的操作步骤、方法指导以及成果形式。三项技能操作在那里完成。

### 4. 能力提升

1）案例分析华为AI发展战略

华为的AI发展战略包括五个方面：

（1）投资基础研究。在计算视觉、自然语言处理、决策推理等领域构筑数据高效（更少的数据需求）、能耗高效（更低的算力和能耗）、安全可信、自动自治的机器学习基础能力。

（2）打造全栈方案。打造面向云、边缘和端等全场景的、独立的以及协同的、全栈解决方案，提供充裕的、经济的算力资源，简单易用、高效率、全流程的AI平台。

（3）投资开放生态和人才培养。面向全球，持续与学术界、产业界和行业伙伴广泛合作，打造人工智能开放生态，培养人工智能人才。

（4）解决方案增强。把AI思维和技术引入现有产品和服务，实现更大价值、更强竞争力。

（5）内部效率提升。应用AI优化内部管理，对准海量作业场景，大幅度提升内部运营效率和质量。

问题：

①案例给你哪些启示？

②结合案例说明，如何应用新技术新方法推动小微企业转型升级。

③请为本企业制订一份产品/服务的创新方案。

2）社会实践

深入企业进行产品创新、技术创新、流程创新、模式创新、组织创新方面的调查，总结它们的创新成果和创新经验。

### 5. 下节课预习内容

（1）自学网络平台任务13中的课件、视频、案例等资料，了解国际化经营的基本内容。

（2）搜集一个中小企业跨国经营的案例。

## 任务13 拓展国际化经营业务

### 教学导航

| 教学任务 | 13.1 选择企业国际化经营模式<br>13.2 制订企业国际化经营管理方案<br>13.3 发展跨境电子商务业务 | |
|---|---|---|
| **教学目标** | 知识目标 | 1. 了解企业国际化经营的几种模式<br>2. 了解企业在营销、跨文化、人力资源、组织、生产方面的国际化经营管理<br>3. 掌握跨境电子商务的概念、平台、基本操作流程 |
| | 技能目标 | 制订企业国际化经营管理方案；跨境电商平台的基本操作 |
| | 素质目标 | 1. 培养全球思维<br>2. 增强国际化发展的意识 |
| 方法建议 | 头脑风暴法、案例分析法、讨论法、演示法、讲授法 | |

### 知识导图

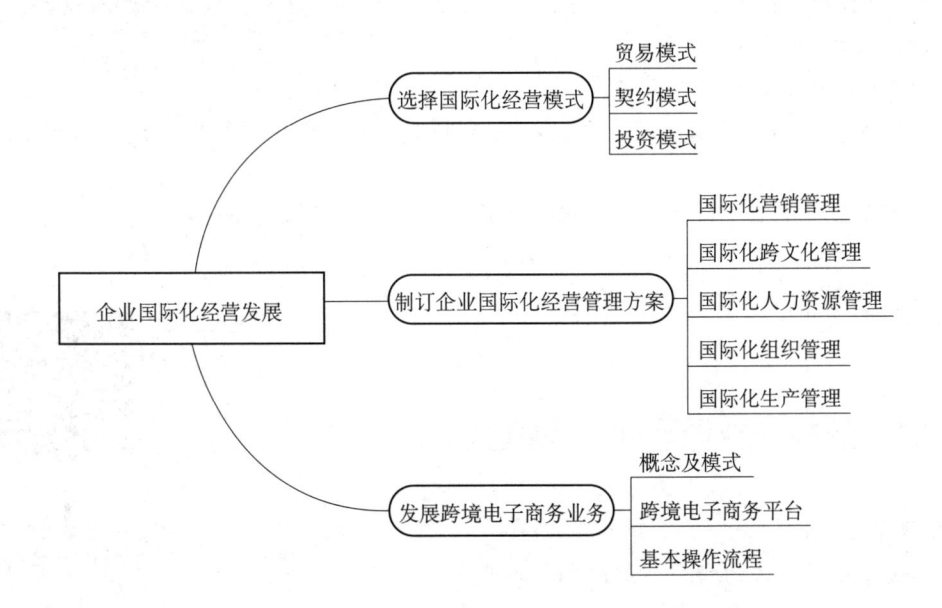

```
                              ┌─ 贸易模式
                 选择国际化经营模式 ─┼─ 契约模式
                              └─ 投资模式

                                    ┌─ 国际化营销管理
                                    ├─ 国际化跨文化管理
企业国际化经营发展 ─┼─ 制订企业国际化经营管理方案 ─┼─ 国际化人力资源管理
                                    ├─ 国际化组织管理
                                    └─ 国际化生产管理

                              ┌─ 概念及模式
                 发展跨境电子商务业务 ─┼─ 跨境电子商务平台
                              └─ 基本操作流程
```

## 导入案例

多年前,张建诚自办了一家儿童服装公司,集设计、生产、销售为一体,经八年的打拼,公司经营在国内市场已经逐渐成熟,已有500多名员工,但竞争也越来越激烈。为了提高企业竞争力,扩大市场,张建城准备开拓国际市场。那如何去开拓呢?如何去实现企业的国际化经营呢?

1. 选择国际化经营模式

张建诚想要开拓国际市场还有一个原因,是身边的好些朋友都已经走出了国门,把自家生意做到了欧洲、美洲、非洲等国家,而且都做得还不错。所以,他觉得这或许是一种好的趋势,他也可以去尝试一下。但是,做任何事情都不是盲目、盲从的,在正式开始投资和筹备之前,张建诚先请教、调查和分析身边那些朋友"走出去"的经营模式,以结合自身企业的情况选择一种合适且合理的模式。

2. 制订国际化经营方案

在跟几位朋友"取经"的过程中,张建诚深感自己知识面和能力的不足,于是报了一个商学院进行"充电"。在做好了充分的资金和知识储备后,为了有效、顺利地开展国际化经营,张总对企业的资源和配置进行了重新整合,并制订了相应的国际化经营方案。

3. 发展跨境电子商务业务

张建诚在世界各地奔波,终于打开了国门,经过三年的努力,成功地把自己的童装品牌销往了16个不同的国家,取得了一定的成绩。但是,随着电子商务的蓬勃发展,传统的国际贸易方式已经无法满足企业和消费者的需要,因此发展跨境电商业务成了张总迫在眉睫的事。经过学习、调查、研究和果敢行动,他终于探索出发展跨境电商业务的新路,并取得了较好的效益。

**案例分析:**

张建诚企业的国际化经营之路很漫长也很艰辛,经过十余年的努力,从模式选择,到经营管理,到跨境电子商务业务发展,他终于成功地实现企业的国际化。在这个过程中,有很多值得思考的问题:

1. 如何选择企业国际化经营模式?
2. 制订什么样的国际化经营方案,以实现企业的国际化经营管理?需要从哪些方面来考虑?
3. 如何发展跨境电子商务业务?它的一般模式和操作流程是哪些?

## 任务解析

### 13.1 选择企业国际化经营模式

**【案例场景1】**

张建诚请教了身边的四个"走出去"的朋友。

朋友王总的公司,是一家制鞋公司,从原来的500多位职工的小公司,发展到了现在的

任务13 拓展国际化经营业务(企业访谈)——中小企业的国际化经营模式

4000多位职工的知名企业,皮鞋出口量与创汇量居省内前茅。王总的国际经营模式开始于贸易方式的间接出口,主要是靠国内的各个代理商打开国际市场。随着国际知名度的提高,开始直接接受外商的订货,逐渐提高企业对市场的营销控制力。

朋友李总的公司,是一家服装公司,该公司的国际运营模式是贴牌加工。他跟某些国际高档品牌合作,给他们做贴牌加工,加工费为40~100欧元每单不等,获得了很大的利润。

朋友郑总的公司,是一家小型的汽车零部件生产企业,他的经营模式是国际分包,与国外大企业合作,做这些大企业的分包商。从只为一个公司做一种零件的分包,到为多个公司做多种零件的分包,郑总的公司逐渐成为国外各大品牌汽车公司的知名配套零部件公司。

朋友戴总的公司,是一家实力较强的安全门制造公司,该公司的国际运营模式是对外投资。戴总首先在非洲国家开设工厂,几年下来,初具规模,也取得了一定的经济效益。为了扩大国际市场,该公司开始在亚洲国家考察,计划投资开拓亚洲市场。

问题:
什么是国际化经营?张建诚该如何选择国际经营模式?

1. 国际化经营的含义及意义

国外著名学者John Fayerweather认为,国际化经营有一个最基本的特征,即它是涉及两个或更多国家的经营活动,或者说其经营活动被国界以某种方式所分割。可以看出,国际化经营是企业将经营范围不局限于国内市场,而是把目标对准国际市场的一种较高层次的经营活动。

首先,企业国际化经营以国际市场为舞台,尽可能地让自己的产品或服务进入和占领国际市场;其次,国际化经营是企业追求自身利益最大化的重要途径;最后,通过国际化经营,企业不断采取措施提高自身的国际竞争力,包括提高生产技术、降低产品成本、增强人才素养等,最终实现规模化、效率化的发展。

2. 国际化经营模式

我国中小企业的国际化经营模式主要有三种:贸易模式、契约模式、投资模式。

1)贸易模式

贸易模式是国际化经营的初级方式,是中小企业参与国际市场的首选方式,它包括间接出口和直接出口两种方式。

间接出口是企业将产品卖给中间商,中间商再将产品销售到国外。对企业而言,这是最简单、风险较小、成本较低、见效较快的一种方式。但由于不直接参与国际市场营销,间接出口对市场信息及反馈的掌控力很有限,从而无法及时应对市场的变化。

直接出口是企业将产品直接销售到国际市场。通过国外中间商或者在国外设立销售机构,把产品销往各地市场。通过直接出口,企业直接参与国际营销,掌握更多的市场信息,从而更好、更灵活地控制国际市场。但是该种方式需要较高的资金和人力成本。

2)契约模式

契约模式是企业与目标国家的法人签订长期的、自始至终的、非投资性的无形资产转让合同,从而进入目标市场,参与国际竞争。我国中小企业采用的契约模式主要有OEM和国际分包。

OEM（Original Equipment Manufacture），指企业按原单位（品牌单位）的委托合同进行产品开发和制造，用原单位的商标，由原单位销售或者经营的合作经营生产方式，也可以理解为定牌生产和贴牌生产。我国中小企业由于自身品牌优势不足、资金及渠道有限，通常采用这种方式，做贴牌加工，利润稳定可观。但该种方式不利于企业品牌的长期深度发展。所以很多企业经过一段时间的贴牌生产后，在学习到宝贵经验的同时，积累资金，为发展自己的品牌打下了基础。

国际分包，指企业承接大牌国际公司的非核心外包业务，这是中小企业参与国家化经营的便捷途径。通过这种方式，企业学习国际大公司的先进技术和经验，了解和熟悉国际市场，不断提高自己的国际竞争力。

3）投资模式

投资模式，指实际拥有和控制国外企业，是适合实力较强、基础较好的中小企业采用的模式，是企业进入国际市场的最高级形式。从股权角度看，它有合资经营和独资经营两种形式。通过直接对外投资，企业可以把竞争压力转化为竞争实力，可以灵活、及时地获得市场信息和技术新知识，从而改善和提高企业的技术生产水平和营销能力。

### 课堂讨论

（1）我国中小企业主要的三种国际化经营模式是什么？这三种模式各自的优势和劣势是什么？

（2）如果你是张建诚，你会选择哪种国际化经营模式？

## 13.2 制订企业国际化经营管理方案

**【案例场景2】**

通过向身边的四位老总取经，张建诚发现里面的门道还挺多的，突然感觉自己的知识储备很贫乏，于是在某个大学的商学院充电学习时，刻苦钻研，做些调查，并经常向同学和老师讨教，最终选择了贸易模式中的直接贸易方式。因为他想要深化发展自己的童装品牌，并且在过去的八年中，积累了一定的经验和资金，他想要直接地接触和掌控国际市场信息。

任务13 拓展国际化经营业务（企业访谈）——如何制订国际化经营管理方案

紧接着，张建诚便开始着手筹备开拓国际市场。为了顺利地实现企业国际化，张总必须重新整合企业资源，制订适合国际化经营的管理方案。

问题：

张建诚需要筹备些什么？或者说他如何制订国际化经营管理方案，从哪些方面考虑？

### 1. 企业国际化经营管理及管理者

企业国际化经营管理不同于一般的企业经营管理，也不只是一般企业经营管理的简单延伸和发展，具有相对独立性。首先，国际环境比国内环境更复杂，存在更多的不可控因素；其次，除了国内企业应承担的风险，国际化企业可能存在汇率、政治、跨国运输等方面的风险；最后，由于不同的国家存在政治上、法律上和文化上等方面的差异，所以在人事、财务、营销和生产等各方面，企业应根据各国的具体情况具体而定。

想要管理好一个国际化企业，管理者首先要跟上全球化的步伐，提升自己的全方位能力。具有全球性视野和思维，全球性地思考企业的人力、物力、财力、技术力、生产力等资源的优化配置，全球性地考虑企业的更稳步、更长期的发展；提高与拥有不同文化背景的人的接受、沟通、合作能力，了解目标国家的风俗习惯、人文文化，提高语言交流水平，提高国际商务谈判能力。

2. 制订企业国际化经营管理方案

企业国际化经营管理方案的制订，主要包括营销、跨文化、人力资源、组织、生产五个方面。

1）企业国际化经营的营销管理

国际营销是企业在两个或两个以上的国家，以全球性资源优化配置为手段，从事跨国界的生产经营活动。它与国内营销的唯一区别在于国际营销活动是在一个以上国家进行的，这个差别表面上看起来很小，但却隐含了国际营销活动的复杂性和多样性。国际营销之所以更为艰难，是因为它比国内营销更具有挑战性。来自海外市场的一系列的陌生问题和为应付各种不确定因素所制订的策略形成了国际营销的特殊性。

根据美国营销学家麦克塞的分类法，营销因素分为产品、价格、销售渠道、销售促进，国际化经营的营销管理方案就从这四个方面入手，如表13-1所示。

表13-1 国际营销管理因素

| | |
|---|---|
| 产品<br>（Product） | 确定适销对路的产品<br>企业必须设计和生产适应目标市场需要的产品，供消费者购买使用，包括产品发展、产品设计、产品牌号、产品包装、交货期等内容 |
| 价格<br>（Price） | 确定对目标市场具有吸引力的公平合理价格<br>企业根据国外消费者的需要和市场竞争状况，结合成本、利润，合理确定产品价格，包括确定的价格目标，制订产品价格的各种方法和策略原则等 |
| 销售渠道<br>（Place） | 把适销商品送到目标市场<br>企业需要研究在何时、何地、有谁使商品顺利地由国内生产者送达国外最终消费者，包括销售所经过的途径和采用的方式方法 |
| 销售促进<br>（Promotion） | 使消费者了解商品，并向目标市场推销<br>企业将有关企业产品的信息，通过各种方式传递给国外消费者或用户，促使其了解、信赖并购买本企业的产品，以实现扩大销售的目的。促销通常包括广告宣传、人员推销、营业推广、公共关系等 |

2）企业国际化经营的跨文化管理

国际企业面对不同的文化环境，必须用跨文化的观点去看待其所处的环境，这是经营成功的条件之一。一个在特定文化环境中行之有效的管理方法应用在另一种文化环境中，可能会产生截然相反的结果。由于人们的不同价值取向，导致了不同文化背景中的人采取不同的行为方式，甚至会产生文化摩擦。

想要有效地实现国际化经营，企业要学会在跨文化条件下克服异质文化的冲突。管理人员需要经常与当地组织、人员进行沟通和交流，了解东道国的社会文化背景，了解东道国与母国的文化差异。只有对文化差异具有高度的敏感性，才能在异文化环境中适应当地文化，更好地开展工作，保障跨国经营的成功与效率。想要对跨文化进行卓有成效的管理，可以从以下几个方面入手。

（1）适应文化与当地化。文化属于非控制因素，企业只能努力去适应它。在不同国家的活动应当与当地社会的文化特质保持一致，做到"入境问俗，适者生存"。讲究根据当地市场的需求对产品进行适应性改进设计或根据当地文化改变营销方式，即采取"当地化策略"，根据当地情况采取具体的措施，才能满足当地需求。

（2）文化差异及文化变革为国际经营带来商机。比如教育水平的高低，会为不同的国际化公司带来商机，在教育程度低的发展中国家，政府希望发展劳动密集型产业，以吸收较多的文化水平低的劳动力就业，这对一些技术并不领先的发展中国家的公司来说可以发挥其相对优势。文化的变革，说明人们的需求也发生了变化，一些原先处于弱势的企业如果能抓住商机，就能反败为胜；而一些以前有竞争力的企业反而由于盘子大、历史包袱重、惯性大，难以适应变化。

（3）对当地文化的影响。跨国企业不但在经济上促进了东道国的工业化进程，对当地文化的变革也产生了巨大的影响，是传播文化的使者。每个企业进入一个国家的新市场，带来新产品、新技术、新思想，会对当地社会产生影响，有时甚至会改变当地人的文化，实现文化变革。

3）企业国际化经营的人力资源管理

挑选配备国际企业人员，可以从三个方面入手：①挑选那些经过本国母公司教育和培训，并且取得经验的本国公民；②经过东道国的分公司教育和培训，并取得经验的东道国的人才；③从第三国中选拔跨国人才。一般国际企业的上层主管由母国公司派出，中下层管理者从东道国或第三国中选拔，其他所有人员则从东道国配备。

人事管理决策方面，也有三种基本选择，其优缺点如表 13-2 所示。

（1）管理人员母国化，指企业在世界各地的重要职务均由母国人员担任。

（2）管理人员当地化，指任用东道国人员管理海外子公司，而母公司则由母国人员管理。

（3）管理人员国际化，指在整个企业中任用最适当的人选担任重要的职务，而不考虑其国籍。

表13-2　三种人事管理决策的优缺点比较

| | 优点 | 缺点 |
| --- | --- | --- |
| 管理人员母国化 | 熟悉母公司的情况，熟悉母公司的政策、习惯做法及人事状况等；更能理解整个公司的全球战略；更能得到母公司的信任 | 可能存在语言、文化、政治和法律等方面的障碍或不适应；可能会将母公司的管理方式不恰当地照搬到子公司；可能会有碍当地管理人员的提拔；派遣母国人员的费用可能大大高于雇佣当地人员 |
| 管理人员当地化 | 可避免因文化差异造成的经营管理方面的问题；可以大大降低费用；在一定程度上保证了子公司管理人员的相对稳定；有利于公司在当地树立良好的形象 | 公司总部与各子公司之间的信息沟通会有许多困难；当地人员往往不了解整个公司的全球战略、产品及技术；不利于公司总部或国内子公司的年轻经理人员到国外工作以获得跨国经营必需的工作经验和知识 |

续表

| | 优点 | 缺点 |
|---|---|---|
| 管理人员国际化 | 理论上讲，是招聘和开发国际企业管理人员最有效的策略；在全球范围内合理地调配和利用自然资源、财务资源、技术、人力资源；避免近亲繁殖和高层管理者的狭隘，更好地挖掘其跨国的潜能 | 花费较大；要求企业在人力资源管理上实行高度集中的控制，从而限制了各地区经理在用人方面的自主权 |

4）企业国际化经营的组织管理

企业国家化经营的组织结构类型可分为两类：传统组织结构和全球组织结构。

传统组织结构又称多样化组织结构，其特点是企业的国内业务和国际业务是相互分离、各自独立的，通常是在原有组织结构的基础上，增设主管国际业务的部分，如出口部和国际部，负责企业的国外业务。

随着企业国际化程度的不断提高，国际业务及国际管理的复杂程度不断提高，传统的组织结构已经无法适应发展的需要，于是形成了全球性的组织结构。

全球组织结构又称一体化组织结构，其总的特征是企业把国内业务和国际业务视为一个整体，按照层级制原则设立组织机构，它分为五种类型：全球职能结构、全球产品结构、全球地区结构、全球矩阵结构和全球混合结构，如图13-1～图13-5所示。

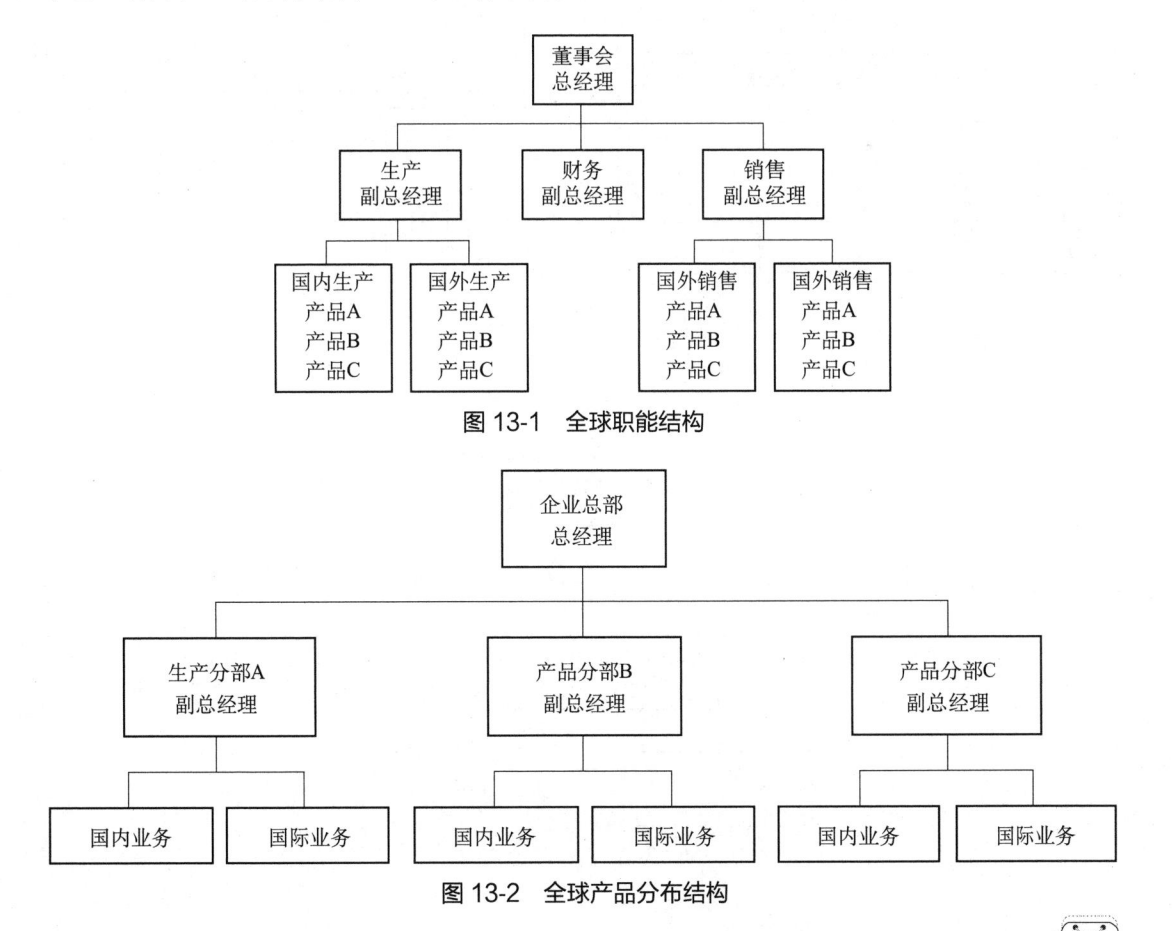

图13-1 全球职能结构

图13-2 全球产品分布结构

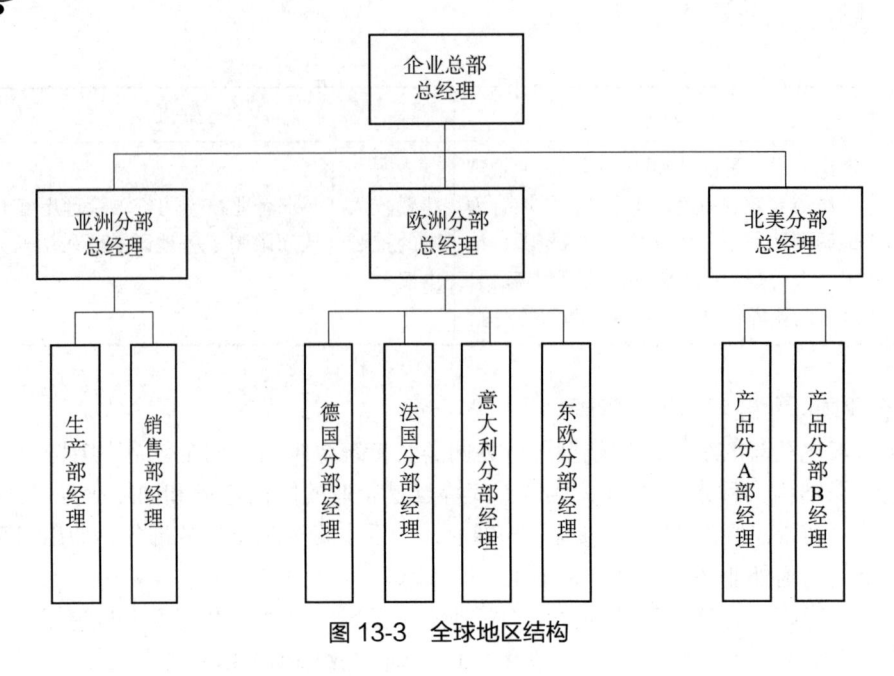

图 13-3　全球地区结构

图 13-4　全球二维和三维矩阵结构

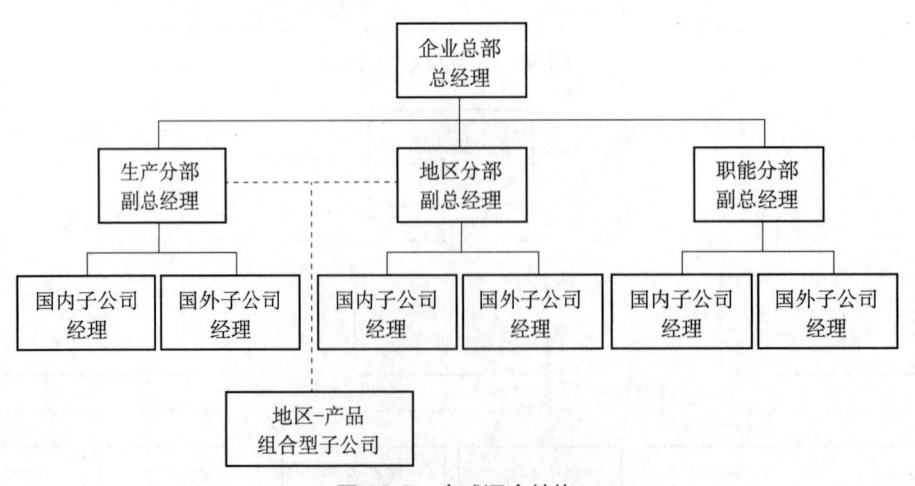

图 13-5　全球混合结构

以上五种全球性组织结构的使用条件、优点和不足，如表 13-3 所示。

表13-3 五种全球性组织结构的比较

| 名称 | 组织结构的适用条件 | 组织结构的优势 | 组织结构的不足 |
| --- | --- | --- | --- |
| 全球职能结构 | （1）经营产品的种类不多，且多为标准化产品，市场需求量较稳定的企业<br>（2）需要以全球为基础、由各个阶段构成的整个生产过程进行紧密协调和控制的企业<br>（3）许多产品的原材料需从世界某一地区向另一地区进行跨国转移的企业，例如，石油、原材料采掘、矿业品加工公司等 | （1）公司总部可集中权利控制企业各个部门的业务，有助于树立母公司的权威性<br>（2）充分发挥各职能部门的积极性，提高专业部门的经营效率<br>（3）各职能部门的工作能合理划分、相互衔接、相互配合<br>（4）各职能部门间没有直接的利益冲突<br>（5）专业管理人员精简 | （1）各职能部门常从专业角度思考问题，有时会意见不一、难以沟通<br>（2）难以适应经营扩大的形势 |
| 全球产品结构 | （1）经营规模庞大、产品种类与产品线众多且制造技术较为复杂的企业<br>（2）跨国运送障碍多，运输成本高的企业<br>（3）宜在东道国就地制造、就地销售，且需充分的售后服务的企业<br>（4）需要将产品设计、制造、营销统一起来的企业 | （1）便于各个产品部根据东道国需要制造出最适宜的产品<br>（2）便于与消费者的沟通<br>（3）便于各个产品部经营行为长期化，使其能够注重原材料投入、生产、成本、研究、人事等工作一元化成长<br>（4）便于母公司对各产品部经营业绩进行正确的考核 | （1）各产品部均设有自己的职能部门，造成与公司总部的管理重合，形成资源的浪费<br>（2）各产品部既负责国内又负责国外，易产生两种倾向，或对国外业务不甚关心<br>（3）处于相同销售区域的不同产品部的管理难以协调与沟通；公司总部与各产品部有时难以协调与沟通；公司总部对各产品部的决策不易把握 |
| 全球地区结构 | （1）企业经营产品种类有限，如未采用大量多元化经营的食品业、饮料业、农业、机械业、原材料业等<br>（2）产品的生产技术成熟、销售稳定，同时，产品的制造技术、销售手段较相似<br>（3）产品在某些方面出现较强的地区性差异 | （1）区域性经营目标明确、战略较单纯，易于下属贯彻执行，有助于母公司及区域部管理效率的提高<br>（2）在同质的产品市场上，充分发挥区域部利润中心的作用，促进各区域部间的有效竞争<br>（3）区域部可根据本地区的特点，协调所属各子公司的资源 | （1）区域部对产品、技术、资金难以横向、综合利用<br>（2）区域部易和母公司战略目标发生冲突<br>（3）无法适应产品多样化的发展<br>（4）各区域部机构重叠、资源浪费、管理费用高<br>（5）公司总部难以制订全球性的产品开发计划 |

续表

| 名称 | 组织结构的适用条件 | 组织结构的优势 | 组织结构的不足 |
|------|------|------|------|
| 全球矩阵结构 | （1）公司产品种类繁多、地区分布甚广<br>（2）公司国外业务的开展，要求公司的产品部、区域部、职能部等要同时做出反应<br>（3）公司最高决策者的协调能力强，公司内部有最完善的、效率高的管理网络<br>（4）公司基础雄厚，允许资源在多重部门中共享 | （1）可综合地、全面地设计公司发展战略，充分利用公司内的各种资源<br>（2）多方面调整各部门的工作积极性<br>（3）能够使公司更加适应外界的变化，及时调整公司的行为 | （1）组织结构过于复杂<br>（2）多重的报告制度有时会造成管理混乱<br>（3）管理决策者们常陷于处理部门冲突之中<br>（4）有时会产生责权不清的现象 |
| 全球混合结构 | （1）公司规模庞大、经营产品种类多、经营地域广<br>（2）公司成长快，兼并或新建了分布于不同国家或经营不同产品的企业 | （1）适应多元化经营<br>（2）多方位地开拓国外市场，使公司的资源得以充分利用 | 设置不当时，易引起指挥失灵，经营效率低 |

5）企业国际化经营的生产管理企业国际化经营生产是跨国生产，因此，管理上具有其特殊性，必须从其战略出发，对产品生产的指导思想的确定、区位的选择、技术和规模等的设计进行决策，以实现全球范围内的产品生产营销的综合成本最小化及利润最大化，如表13-4所示。

表13-4　企业国际化经营的生产管理思路

| | | |
|---|---|---|
| ①确定国际生产体系设计的指导思想 | 实行标准化 | 含义：<br>在产品制造的各个环节中推行统一的标准，包括产品设计、生产工艺、生产流程和产品质量检验方法的标准化，产品的包装、维护、储运规范化等内容 |
| | | 作用：<br>精简机构、降低成本、缩短建设和时间；加强生产的专门化，促进生产资源的合理配置；降低技术复杂性，便于后勤供应；便于公司总部的统一控制与协调 |
| ①确定国际生产体系设计的指导思想 | 实行差异化 | 含义：<br>由于种种障碍在使得标准化难以实施之时，企业在不同地区采用不同的生产系统以达到跨国生产经营的目的 |
| | | 差异化表现：<br>产品的设计和生产上；强调技术的实用性；生产系统相对独立 |
| ②投资区位的选择 | 内容 | 设在哪一国；设在某国的何地；设在某地的哪一处 |
| | 考虑因素 | 气候条件；基础设施，包括电信、交通、供电、供水等；劳动、资本和土地等生产要素的成本；原材料、零部件的可供量；运销成本；当地政府的补贴或其他优惠政策 |

续表

| ③生产系统的设计 | 技术选择 | 决定因素：<br>国际生产体系标准化的要求；劳工成本与人员素质；对产品的质量要求；生产规模；政府就业目标；技术发展 |
| --- | --- | --- |
| | 规模 | 决定因素：<br>市场潜力；市场结构；行业特征；投资力度；生产活动的一体化程度 |
| ④生产系统的运营 | 生产性活动 | 主要问题：<br>产量方面；产品质量方面；制造成本方面 |
| | 辅助性活动 | 采购；维修保养；技术职能 |

## 13.3 发展跨境电子商务业务

【案例场景3】

互联网的发展加速了经济全球化的进程，传统的国际贸易模式已经无法满足企业和消费者的需求。2014年开始，政府对跨境电子商务的政策红利不断深入。通过三年的努力，张建诚的海外市场拓展已经取得了一定的成绩，现在他想借着政府扶植的东风，发展跨境电商业务。

任务13 拓展国际化经营业务（企业访谈）——如何发展跨境电子商务业务

问题：跨境电子商务有几种模式和平台？如何开展跨境电子商务业务？

1. 选择跨境电子商务平台

跨境电子商务是指分属不同国别或地区的交易双方，通过互联网电子商务平台达成交易、进行支付结算，并通过跨境物流送达商品、完成交易的一种国际商业活动。

这个概念说明了跨境电子商务的主要经济活动包括四个环节：搭建电商平台，在平台上完成商品交易，完成支付结算，通过物流送达商品到客户手中。每个环节包含多项业务。发展跨境电子商务业务，不是单单在网上卖点商品那么简单，要统筹规划。如选择哪些市场，进驻什么平台，有利于企业发展；怎样设计店面，凸显企业的个性化风格，能够更好地吸引顾客；如何选品、开发新品，拓展业务；如何摆放产品，便于消费者浏览和选购；如何定价，使消费者乐意接受，达成交易；如何促销，刺激消费，促成交易；如何选择或构建物流通道，让产品快速、完好无缺地送给顾客……所有这些工作的质量都会影响跨境电子商务业务的发展。因此，电商平台、产品发布、推广营销、物流通道等因素都是跨境电子商务业务发展的重要影响因素。

我国跨境电子商务主要分为企业对企业（即B2B）和企业对消费者（即B2C）两种模式。B2B模式下，企业运用电子商务平台发布广告和信息，成交和通关流程基本在线下完成，本质上仍然属于传统贸易模式，并纳入海关一般贸易统计。B2C模式下，企业直接面对国外消费者，物流采用邮政、商业快递、海外仓储等方式，其报关主体是邮政或快递公司，尚未纳入海关登记。

下面就 B2C 模式下的跨境电商平台选择及其操作流程的简单介绍。

目前主流的国际 B2C 跨境电商平台有亚马逊、速卖通、eBay、Wish、敦煌等，如表 13-5 所示。

表13-5　B2C跨境电商平台特点

| 平台 | 特点 |
| --- | --- |
| 亚马逊 | 全球首个跨境电子商务 B2C 平台，也是美国最大的电子商务平台。消费者为发达国家的中产优质客户，客单价较高；流量巨大，拥有自营物流 FBA 系统。入驻门槛很高，对卖家要求也高，产品为王 |
| 速卖通 | 阿里巴巴旗下的跨境电商平台，俗称"国际版淘宝"，主要客体是发展中国家，客单价较低，价格为王；界面简洁，操作简单，有一键代发优势，适合新手 |
| eBay | 操作简单，入驻门槛虽低，但对卖家要求十分严格，平台规则注重维护买家利益，并要求物美价廉；有拍卖和一口价两种方式；选品为主 |
| Wish | 基于移动端 App 的跨境电商平台，根据买家的浏览方式，只能推送产品；主要客体是美国、加拿大、欧洲国家；客单价较低；平台规则偏向买家 |
| 敦煌 | 中国最早的跨境电商平台；拥有完善的在线交易环境和配套的供应链服务；有拼单砍价服务。免费注册，采用佣金制 |

中小企业可以根据各个平台的特点，结合本企业的目标市场所在区域、市场定位及资源能力状况选择适合自己的平台。

2. 开通店铺——以速卖通为例

1）了解平台规则

为了更好地保障广大用户的合法权益，为了公平交易、维护平台经营秩序，各个平台都会制订各类规则。并且，平台规则每年都会有更新变化，所以在正式开店之前，一定要学习和了解平台的详细规则。下面以速卖通平台为例，介绍该平台 2019 年最新的入驻规则、交易及处罚规则等基础规则。

（1）入驻规则

速卖通有两种销售计划类型：标准销售计划和基础销售计划供商家选择，一个店铺只能选择一种销售计划类型。标准销售计划和基础销售计划的区别，如表 13-6 所示。

表13-6　速卖通2019年卖家（中国）招商规则

| | 标准销售计划<br>（Standard） | 基础销售计划<br>（Basic） | 备注 |
| --- | --- | --- | --- |
| 店铺的注册主体 | 企业 | 个体工商户/企业均可 | 注册主体为个体工商户的卖家店铺，初期仅可申请"基础销售计划"，当"基础销售计划"不能满足经营需求时，满足一定条件可申请并转换为"标准销售计划" |

续表

| | 标准销售计划（Standard） | 基础销售计划（Basic） | 备注 |
|---|---|---|---|
| 开店数量 | 不管个体工商户或企业主体，同一注册主体下最多可开6家店铺，每个店铺仅可选择一种销售计划 | | |
| 年费 | 年费按经营大类收取，两种销售计划收费标准相同 | | |
| 商标资质 | √ | 同标准销售计划 | |
| 类目服务指标考核 | √ | 同标准销售计划 | |
| 年费结算奖励 | 中途退出：按自然月，返还未使用年费<br>经营到年底：返还未使用年费，使用的年费根据年底销售额完成情况进行奖励 | 中途退出：全额返还<br>经营到年底：全额返还 | 无论哪种销售计划，若因违规违约关闭账号，年费将不予返还 |
| 销售计划是否可转换 | 一个自然年内不可切换至"基础销售计划" | 当"基础销售计划"不能满足经营需求时，满足以下条件可申请"标准销售计划"（无须更换注册主体）：<br>1）最近30天GMV≥2000美元<br>2）当月服务等级为非不及格（不考核+及格及以上） | |
| 功能区别 | 可发布在线商品数小于等于3000 | 1. 可发布在线商品数小于等于500<br>2. 部分类目暂不开放基础销售计划<br>3. 每月享受3000美元的经营额度（即买家成功支付金额），当月支付额≥3000美元时，无搜索曝光机会，但店铺内商品展示不受影响；下个自然月初，搜索曝光恢复 | 无论何种销售计划，店铺均可正常报名参与平台各营销活动，不受支付金额限制 |

  每个速卖通账号只准选取一个经营范围经营，并可在该经营范围下经营一个或多个经营大类。年费按照经营大类收取，入驻不同经营大类需分别缴纳年费。同一经营大类下，年费只缴纳一份。部分经营大类下类目需要额外提供资质。特殊类目（Special Category）不单独开放招商，而采取随附准入制度，即只要卖家获准加入任一经营大类，即可获得特殊类的商品经营权限。

  （2）处罚规则

  平台将违规行为根据违规性质归类分为知识产权禁限售违规、交易违规及其他、商品信息质量违规、知识产权严重违规四套积分制。四套积分分别扣分、分别累计、处罚分别执行，如表13-7所示。

表13-7　速卖通积分体系处罚节点一览表

| 违规类型 | 违规节点 | 处罚 |
| --- | --- | --- |
| 知识产权严重违规 | 第一次违规 | 冻结（以违规记录展示为准） |
| | 第二次违规 | 冻结（以违规记录展示为准） |
| | 第三次违规 | 关闭 |
| 知识产权禁限售违规 | 2分 | 警告 |
| | 6分 | 限制商品操作3天 |
| | 12分 | 冻结账号7天 |
| | 24分 | 冻结账号14天 |
| | 36分 | 冻结账号30天 |
| | 48分 | 关闭 |
| 交易违规及其他 | 12分 | 冻结账号7天 |
| | 24分 | 冻结账号14天 |
| | 36分 | 冻结账号30天 |
| | 48分 | 关闭 |
| 商品信息质量违规 | 12分及12分倍数 | 冻结账号7天 |

清零逻辑：四套积分的每个违规行为的分数按行为年累计计算，行为年是指每项扣分都会被计365天，比如2019年2月1日12点被扣了6分，这个6分要到2020年2月1日12点才被清零。

2）开通速卖通店铺

在详细了解了速卖通平台的各项规则后，就可以开通店铺，包括账号注册、实名认证、开店考试、开设店铺、下载及安装相关软件等。

（1）注册账号

登录速卖通卖家页面，进行账号注册。也可以直接用淘宝或者天猫账号登录，如图13-6所示。

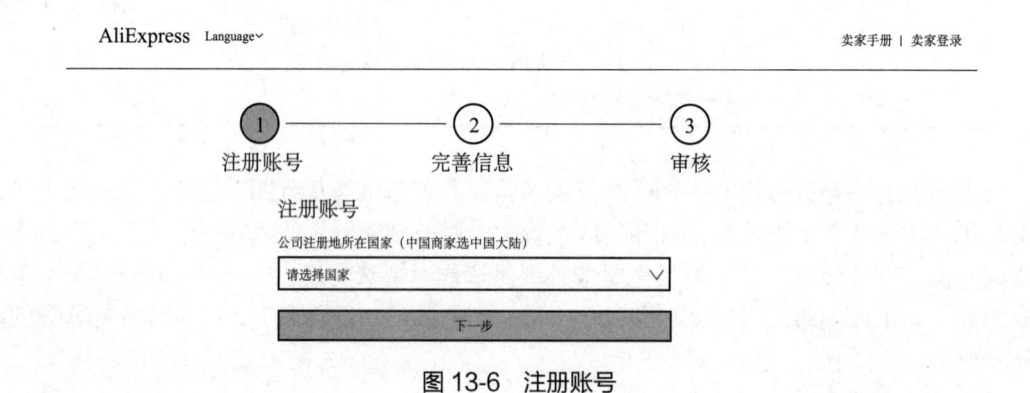

图13-6　注册账号

（2）企业认证

注册完成后，还需要完成支付宝的认证，如图13-7所示。可通过企业支付宝授权认证或者企业法人个人支付宝认证两种方式。

图 13-7　企业认证

3）发布产品

开通店铺后,接下来就是发布自己的产品到速卖通店铺中进行销售。在发布产品之前,要先准备好商品的实物图片和信息资料,然后逐步发布产品,如图 13-8 所示。

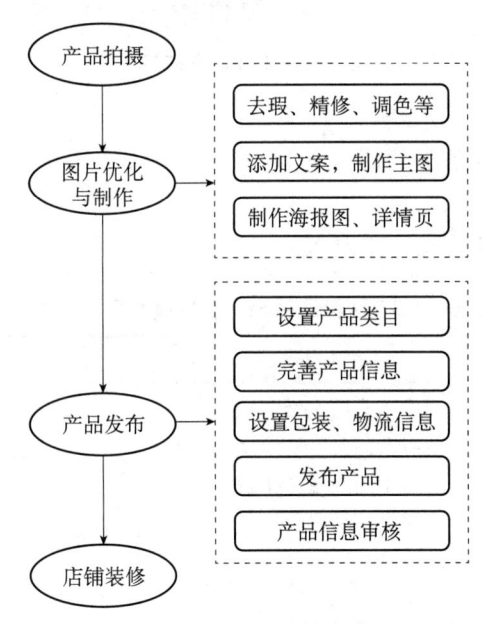

图 13-8　发布产品基本流程

除了上述普通的基本的发布产品方法外,速卖通还有一个淘代销的工具,该工具可以帮助卖家将淘宝和天猫上的商品信息自动翻译成英文,方便、快捷地批量导入速卖通平台。

4）管理商品与推广营销

当卖家在店铺中上传了大量的商品之后,就需要对商品进行科学的管理,主要包括诊断商品、修改商品信息、修改发货期、下架及重新上架商品、添加商品分类和关联产品链接等。

平台上的商品竞争非常激烈,即使有好的产品,假若不会营销也将销量不佳。所以要经常为店铺做促销、做推广,这样才能让店铺有流量、有销量、有活路。速卖通店铺常用的营销推广方式有提高服务质量、店铺自主营销、直通车推广、其他营销几个方面,如图13-9所示。

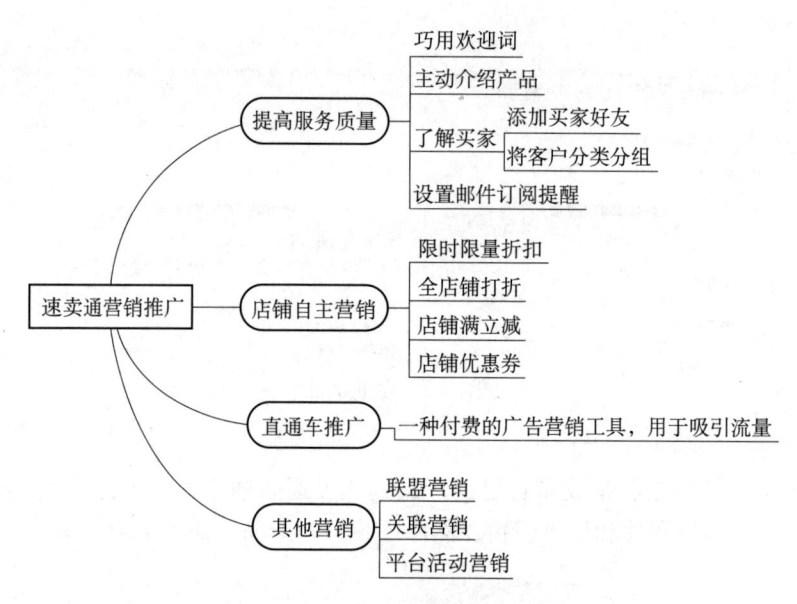

```
速卖通营销推广
├─ 提高服务质量
│   ├─ 巧用欢迎词
│   ├─ 主动介绍产品
│   ├─ 了解买家 ─┬─ 添加买家好友
│   │            └─ 将客户分类分组
│   └─ 设置邮件订阅提醒
├─ 店铺自主营销
│   ├─ 限时限量折扣
│   ├─ 全店铺打折
│   ├─ 店铺满立减
│   └─ 店铺优惠券
├─ 直通车推广 ── 一种付费的广告营销工具,用于吸引流量
└─ 其他营销
    ├─ 联盟营销
    ├─ 关联营销
    └─ 平台活动营销
```

图 13-9 速卖通营销推广方式

5)物流与售后

物流是跨境电商关键而重要的环节,主要有以下方案。

(1)线上发货

速卖通线上发货的物流方案,主要包括经济类、标准类、快递类,如表13-8所示。

表13-8 速卖通线上发货物流方案一览表

| 物流方案 | 物流方式 | 特点 |
| --- | --- | --- |
| 经济类 | 中国邮政平常小包<br>4PX 新邮经济小宝<br>顺丰国际经济小包<br>顺友航空经济小包<br>等 | 运费成本低;适合货值低、重量轻的商品;不提供目的地包裹妥投信息查询 |
| 标准类 | 中国邮政挂号小包<br>4PX 新邮挂号小包<br>e邮宝<br>无忧集运<br>中俄航空 Ruston | 包括邮政挂号服务和专线类服务;运费成本较高;时效较快;全程物流追踪信息可查询 |
| 标准类 | Aramex 中东专线<br>等 | |

续表

| 物流方案 | 物流方式 | 特点 |
|---|---|---|
| 快递类 | DHL<br>DPEX<br>EMS<br>e-EMS<br>FedExIE<br>等等 | 时效快；适合货值高的商品；全程物流追踪信息可查询 |

（2）AliExpress 无忧物流

除此之外，还可以选择 AliExpress 无忧物流，它具有渠道稳定、时效快、运费低、操作简单、平台承担售后和商品赔付等优势。AliExpress 无忧物流包括简易（预估时效 15～20 天）、标准（预估时效 15～35 天）、优先（预估时效 4～10 天）三种。

随着店铺流量的增加，订单也会越来越多，就要做好订单管理和售后服务。在买家下单后，卖家要对订单信息进行分析和确认，包括订单状态、发货提醒、客户地址信息、货物信息、历史交易往来信息等。在交易过程中，由于各种原因，一些退款和纠纷不可避免，卖家就要及时处理解决好这些纠纷。

（3）海外仓

速卖通的海外仓突破航空禁运、重量、体积等物流限制，不仅能增加商品的曝光量和流量，而且 2～7 天即可收到货，提高退换货服务的质量和效率，从而提高购物体验。

关于售后。当交易正常结束后，买卖双方可以对彼此进行评价，其评价包括五分制评分和评论两部分。当完成评价后，卖家就需要对买家的评价进行管理，如卖家对买家的评价很满意，则可以回复买家评价；如卖家认为买家给的评价不公平，那么在评价生效后的一个月内，可以在系统中提起请求，请买家修改评价，也可以向平台提起违规评价的投诉等。

6）管理资金与收款

速卖通店铺在交易过程中，卖家需要对店铺资金进行各种管理，只有把店铺的资金账目管理得井井有条，才能清楚地掌握店铺的利润、开支及销售状况，从而为后面的店铺经营制订出合理的计划。

速卖通平台运用的是第三方支付服务——国际支付宝。

一般情况下，速卖通将在交易完成、买家无理由退货保护期届满后向卖家放款，即买家确认收货或系统自动确认收货加 15 个自然日（或平台不时更新并公告生效的其他期限）后。

## 拓展阅读 1

# 网上广交会

2.5 万家参展企业，在数万个直播间展销 180 万件商品；数十万个全球采购商和数以百万计的中国外贸从业人员，打开直播窗口，用几十种语言，谈生意、聊合作。"网上广交会"不只是传统展会数字化转型的一次有益尝试，还向广大外贸企业传递了一个明确的信号,那就是数字化转型宜早不宜迟、宜快不宜慢,唯此方能危中寻机、化危为机。

广交云上,互利天下。只用了短短两个月的时间,"网上广交会"从承诺变成现实,依靠的正是活力十足的中国互联网产业,是持续推进的5G、云计算、大数据、人工智能、工业物联网等新型数字基础设施建设,是体系完整、韧性十足的制造产能。数字化给全场景、高精度、宽纵深、无边界的网络贸易提供了无限可能和延展空间,不仅让全球市场首次目睹"线上外贸"可能释放的巨大潜力,也让积极投身其中的"中国制造"看到了更深程度拥抱数字化和全球化的可能。

随"云"转型,拥抱"数字经济"。当前,以大数据、云计算、物联网、人工智能等新一代信息技术为核心的世界新一轮科技革命和产业变革正加速演进。顺应新一轮科技革命趋势,关键在于大力发展数字经济,加快新一代信息技术商业化应用。10天24小时不间断,从线下到线上,从展位到直播间,尽管这不是广交会第一次"触网",但却是举办63年来第一次从线下整体搬至"云端"。对于以往不能到会的买家或卖家来说,"网上广交会"让彼此只需"屏对屏",即可完成从下单到接单、从生产到物流的全过程。从这个意义上看,"网上广交会"虽是疫情下的特殊之举,却依托数字技术发展进步,能够在"云端"为中外企业创造互利共赢新商机。由此也启示我们,无论是什么类型的企业和生产模式,都可以借助数字化升级寻找新的发展机遇。

(资料来源:根据罗建华《随"云"转型拥抱企业数字化发展机遇》改编,2020年6月21日,浙江在线)

## 任务小结

本次课程主要解决三个问题:
(1)跨境电子商务有哪些主流平台?如何选择合适的平台?
(2)了解跨境电子商务平台的开店规则(以速卖通为例)。
(3)跨境电子商务平台的开店流程和操作流程是什么?(以速卖通为例)

## 学习指导

### 1. 知识总结

重要概念:国际化经营模式,国际化经营管理方案,跨境电子商务。

重要知识:中小企业主要的三种国际化经营模式,及各自的优劣势;国际营销管理因素;跨文化管理策略;国际企业人员及管理人员配备策略;全球组织结构的类型及其适用条件、优势和不足;跨境电子商务概念及模式;跨境电子商务平台;跨境电子商务平台基本操作流程。

### 2. 知识检测

请同学扫码完成知识测验。

思考题:
(1)契约模式的经营模式主要有哪两种?
(2)国际化经营的营销管理从哪几方面入手?它们的作用分别是什么?

测试13

（3）企业国际化经营的人事管理决策方面，有哪三种选择？
（4）全球组织结构有哪五种类型？
（5）速卖通发布产品的一般流程是什么？
（6）速卖通营销推广可以从哪几个方面入手？
（7）速卖通的线上发货物流方案有哪些？

### 3. 技能训练

（1）掌握我国中小企业主要的三种国际化经营模式及其优劣势，根据张建诚企业的实际情况，选择合适的国际化经营模式。

（2）从营销、跨文化、人力资源、组织、生产五个方面，给张建诚企业制订国际化经营管理方案。

（3）掌握主流跨境电子商务平台及各个平台的优势，根据张建诚企业的实际情况，选择合适的平台。

### 4. 能力提升

请在你选择的跨境电商平台上，注册开店、装修、发布产品、管理销售、发货等。

# 参 考 文 献

[1] [美] 弗雷德里克·泰勒. 科学管理原理 [M]. 马风才, 译. 北京: 机械工业出版社, 2007.

[2] [美] 迈克尔·皮特. 竞争战略 [M]. 陈丽芳, 译. 北京: 中信出版社, 2014.

[3] [美] 迈克尔·哈默. 企业再造: 企业革命的宣言书 [M]. 王珊珊, 译. 上海: 上海译文出版社, 2007.

[4] [英] 维克托·迈尔-舍恩伯格, 肯尼斯·库克耶. 大数据时代: 生活、工作与思维的大变革 [M]. 周涛, 译. 杭州: 浙江人民出版社, 2013.

[5] Gary Hamel, C. K. Prahalad. 竞争大未来: 企业发展战略 [M]. 王振西, 译. 北京: 昆仑出版社, 1998.

[6] James P. Womack, Daniel T. Jones. 精益思想 [M]. 沈希瑾, 张文杰, 李京生, 译. 北京: 机械工业出版社, 2011.

[7] 陈威如, 余卓轩. 平台战略: 正在席卷全球的商业模式革命 [M]. 北京: 中信出版社, 2013.

[8] [美] 约翰·科特, 詹姆斯·赫斯克特, 等. 企业文化与经营业绩 [M]. 李晓涛, 译. 北京: 中国人民大学出版社, 2004.

[9] 彭剑锋, 马海刚, 西楠. HR+三支柱: 人力资源管理转型升级与实践创新 [M]. 北京: 中国人民大学出版社, 2017.

[10] 包政. 营销的本质 [M]. 北京: 机械工业出版社, 2015.

[11] 涂扬举, 郑小华, 何伙辉, 等. 智慧企业 [M]. 北京: 经济日报出版社, 2016.

[12] 从工具革命到决策革命——通向智能制造的转型之路 [EB/OL] http://www.360doc.com/content/19/0419/22/16619343_829997872.shtml